腦의 충돌과 文明의 충돌

腦 이론으로 文明의 새판을 짠다

김 상 일

지식산업사

腦의 충돌과 文明의 충돌

초판 1쇄 발행 2007. 12. 6
초판 2쇄 발행 2008. 8. 20

지은이　김상일
펴낸이　김경희
펴낸곳　㈜지식산업사
　　　　본사●경기도 파주시 교하읍 문발리 520-12
　　　　　　전화 (031)955-4226~7 팩스 (031)955-4228
　　　　서울사무소●서울시 종로구 통의동 35-18
　　　　　　전화 (02)734-1978(대) 팩스 (02)720-7900
　　　　한글문패　지식산업사
　　　　영문문패　www.jisik.co.kr
　　　　전자우편　jsp@jisik.co.kr
　　　　등록번호　1-363
　　　　등록날짜　1969. 5. 8.

책값은 뒤표지에 있습니다

ⓒ 김상일, 2007
ISBN 978-89-423-6032-1 93150

이 책을 읽고 지은이에게 문의하고자 하는 이는
지식산업사 전자우편으로 연락 바랍니다.

책을 내면서

우리가 사는 지구촌의 모습은 정말 실망을 넘어 절망스럽다고 아니할 수 없다. '문명'이라는 것이 생기면서, 지구에서 살아가는 생물체 가운데 같은 종족을 가장 많이 죽이는 것이 우리 인간들이다. 그 이유는 뇌의 신피질이 커지면서 고피질과 괴리가 생겼고, 좌우 뇌의 균열로 말미암아 서로 타협할 수 없는 이념이나 종교 같은 것이 세상을 뒤덮었기 때문이다. 고려의 지눌 스님은 "땅으로 넘어진 자 땅을 짚고야 일어선다"고 했다. 이는 뇌로 파괴된 문명 역시 뇌로서만 치유된다는 말처럼 들린다.

남북극의 얼음도 다 녹아내려 땅은 원래의 모습을 잃어가고 있지만, 수만 년이라는 시간을 고스란히 간직한 채 파충류와 포유류의 본능도 그대로, 본래의 순수함도 여전히 지니고 있는 것이 인간의 뇌이다. 이는 곧 잃어버린 인간의 원형을 그대로 회복시킬 수 있는 것이 뇌라는 말이다. 우리 뇌 속에는 아직 뇌량이 건재하다. 따라서 노력만 하면 언제든지 좌우 뇌의 다리 노릇을 제대로, 고스란히 해낼 수 있다. 지금 인류가 직면하고 있는 모든 문제를 단 한번에 해결할 수 있는 비밀이 뇌 속에 있다는 것이다. 많은 나라들이 지금 뇌 연구에 관심을 집중적으로 쏟고 있는 까닭이 바로 여기에 있다.

이 책에서 나는 동북아 문명권에서 생긴 균열, 특히 중국과 한국의 문화적·문명적 괴리를 뇌의 충돌 차원에서 고찰했다. 중국이 펼치고 있는 동북공정의 논리적 오류를 지적하는 일이 현실적으로 필요하지만, 궁극적으로는 뇌와 지구가 서로 유비적 관계에 있는 한, 뇌가 조화롭듯이 우리도 서로 화목하고 조화롭게 살아야 함을 강조하고자 했다. 이것이 뇌의 운명이자 우리의 운명이다. 이 운명을 거스르는 강대국들의 논리는 성공할 수 없음을 이 책은 지적·고발하고 있다.

지식산업사에서는 일찍이 뇌 연구와 관련한 여러 권의 단행본을 출간한 바 있다. 나에게 뇌 연구의 원초적 동기를 제공해준 자료들이었다. 김경희 사장님께 거듭 깊은 감사를 드린다. 언제나 많은 격려로 글을 쓰는 데 힘을 보태주신 것에 고마운 마음 가득하다. 이렇게 네번째 책을 편집하느라 수고해주신 이경희 선생님과 편집부의 여러 가족들께도 감사의 마음을 전한다. 아무쪼록 많은 독자들이 이 책에서 신선한 자극과 영감을 얻기를 바라마지 않는다.

2007년 11월

삼각산 기슭에서 지은이 김 상 일

腦의 충돌과 文明의 충돌

책을 내면서 / 3

모듬글 / 9

제1부 뇌의 구조와 문명

제2부 뇌 이론으로 본 두 문화 : 韓과 漢

腦의 충돌과 文明의 충돌

제3부 동학, 아시아적 가치, 주체사상

腦의 충돌과 文明의 충돌

모듬글

    인간은 자연과 사물에 대한 수많은 지식을 가지고 있음에도 막상 자기 자신의 몸, 특히 뇌(腦) 속에서 일어나고 있는 일들에 대해서는 거의 알지 못한다. 뇌 연구는 별이나 달 같은 인간 밖의 세계가 아니라 뇌를 연구하는 연구자 자신의 뇌를 대상으로 하기 때문에 자기언급적이며 역설적이라고 할 수 있다. 다시 말해서, 뇌 연구는 '뇌'가 '뇌'를 이해하는 과정이라고 할 수 있다. 이러한 이유로 저 멀리 은하계의 구석구석까지는 연구해왔음에도, 그것을 연구하는 뇌 자체에 대해서는 최근까지도 집중적으로 연구하지 않은 것이다. 그래서 뇌 연구는 우리가 어떻게 이해하는가 하는 것을 이해해야만 만족스럽게 수행할 수 있게 된다. 뇌에 대한 정의를 하면서, 한자 '腦' 자의 구조만큼 현대 뇌 연구에서 밝혀낸 뇌에 대한 정의를 극명하게 잘 보여주는 것은 없다고 생각한다.

    레스탁은 뇌 연구를 두고 우리에게 주어진 '최후의 미개척지(The Last Frontier)'라고 했다. 인간의 문화는 정신을 통해 창조된다. 그리고 정신 작용은 뇌 없이는 불가능하다. 그렇다면 왜 그 정신에 대해서는 연구해왔음에도 뇌에 대한 연구는 해오지 않았을까? 이를 두고 '등잔 밑이

어둡다'고 해야 하는 것 아닐까? 19세기 말 라몬 이 카할(Ramon y Cajal)은 "우리의 뇌가 신비로 남아 있는 한 뇌의 구조가 반영된 우주 또한 신비로 남아 있을 것이다"라고 했다. 뇌 과학이 아직 황무지 같던 시기에 카할이 이런 말을 했다는 것은 놀라운 일이다. 서양에서도 뇌를 학문적으로 연구하기 시작한 것은 20세기 중엽부터이다. 나는 이 책에서 카할의 말 가운데 '우주'라는 말을 '문명'이라는 말로 바꾸어놓고 생각해보려고 한다. 우리는 우리가 살고 있는 시대정신(zeitgeist)을 넘어설 수 없다. 우리는 태양이 지구에서 9억 2,000마일 밖에 떨어져 있다는 시대적 통념에서 벗어나지 못하고 있다. 그러나 뇌 과학자 센지는 그의 책《새로운 두뇌를 향하여(*Toward a New Brain*)》에서 이렇게 말한다. 22세기에는 "태양이란 우리 모두의 머릿골 속에 깊이 자리 잡고 있는 어떤 것(as something situated deep inside the brains of all of us)에 지나지 않음을 알게 될 것"이라고(Senzee, 1986, 15쪽). 센지는 이것이야말로 진정한 의미의 패러다임 변화라고 확신한다. 그래서 인간의 문명에 대한 이해도 시대정신의 반영에 지나지 않는다고 한다.

역사나 문명이란 과거에 있었던 어떤 것으로 생각한다. 그러나 문명을 이해하는 패러다임이 변한다면, 문명이란 '밖에 있는 무엇(something out there)'이 아니고 우리 뇌 속에 깊이 놓여 있는 그 어떤 것으로 이해하게 될 것이다. 이 책은 바로 이러한 문명 이해에 대한 패러다임 변화를 위해 쓴 것이다. 우리는 마치 이상한 나라의 앨리스처럼, 자기가 들고 있는 물병 속에 자기가 들어가 있는 것을 경험하게 될 것이다. 우리는 아직도 우주와 문명을 밖에 실재하는 어떤 것으로 파악하려는 시대정신에서 탈피하지 못하고 있다. 이러한 이해의 한계가 바로 역사교과서 왜곡이나 제국주의적 문명사관을 조장하는 근본적인 원인인 것이다. 이 책에서 나는 문명사, 좁게는 동북아시아 문명사의 왜곡을 뇌의 구조적 이해로써 극복하고자 하며, 나아가 앞으로 뇌와 문명의 관계적 이해를 통해 다음 세기를 준비하는 시대정신을 만들어보려고 한다.

지구의를 앞에 놓고 그것을 한번 우리 인간의 뇌와 같다고 생각해보자. 그러면 마주보는 방향에서 좌반구, 곧 서양은 그 문명적 특징이 좌뇌의 그것과 같고, 우반구, 곧 동양은 그 문명적 특징이 우뇌의 그것과 같음을 알 수 있다. 뇌에는 좌우 반구를 나누는 뇌량(腦梁, corpus cellesium)이라는 것이 있다. 그렇다면 지구에서 그러한 교량 구실을 하는 것은 무엇인가? 이 책은 뇌의 좌우 양반구 특징이 마치 지구의 서양·동양과 같다는 대전제 아래 쓰여졌다. 그래서 뇌를 바로 알아야 인류 문명도 바로 알 수 있다는 대명제를 세워보는 것이다. 문명사의 잘못된 기록, 특히 우리가 살고 있는 동북아시아 지역 문명의 곡해도 뇌 이해를 통해 시정되고 극복될 수 있을 것이다. 나는 양반구를 연결해주는 **뇌량**이라는 것이 있는 것과 마찬가지로, 지구에서는 **우랄-알타이** 산맥이 그러한 구실을 한다고 본다.

카할은 그때까지 분할 뇌 이론을 모르고 있었다. 분할 뇌 이론이란 뇌의 좌우 반구가 서로 다른 특징을 지니고 있다는 이론이다. 이러한 양 뇌 이론은 1960년대에 로저 스페리가 처음으로 제기했다. 그러나 1970년대 중반에 칼 프리브람을 통해 양 뇌 이론은 크게 수정되었다. 다시 말해서, 양반구 이론은 절대적인 것이 아니고 상대적이라는 것이다. 교통사고로 좌뇌 손상을 입은 학생이 하버드 대학교의 수학과를 우수한 성적으로 졸업한 사실은 그 한 예가 될 것이다. 만일 양 뇌 이론이 절대적이라면, 수학적 기능을 가지고 있는 좌뇌가 손상을 입을 경우 수학을 거의 못할 것이기 때문이다. 그러나 결과는 그렇지 않았다.

이 결과를 설명하기 위해 나온 이론이 바로 뇌의 홀로그램 이론이다. 그렇다고 이 이론이 스페리의 양 뇌 이론을 부정하는 것은 아니다. 이 이론이 말하는 것은, 뇌는 홀로그램과 같이 좌우의 어느 부분이든 양쪽 기능과 구실을 다할 수 있다는 것이다. 마찬가지로 지구의 서반구 역시 좌우 기능으로 그리고 동반구 역시 좌우 기능으로 나뉠 수 있다는 것을 뜻한다. 이는 거의 무한대로 끝없이 분할될 수 있는 것이다.

뇌와 문화의 관계에 대한 글들은 그동안 많이 나왔다. 뇌의 각 부위와 문화의 동일성 및 차이성을 비교하는 것은 매우 관심을 끄는 연구 영역이라고 할 수 있다. 지구 위의 각 지역에 관한 지도가 그려져 있듯이, 뇌의 각 부분에 관한 지도 역시 그려져 있는 상태이다. 그런데 문화를 뇌에 되돌려놓고 연구하려는 방법론은 어쩌면 우리가 가장 피하려고 하는 환원론(還元論)의 오류를 범할 수도 있을 것이다. 이러한 위험성을 검증하는 것은 독자의 몫이 될 것이다. 나는 뇌의 각 부위를 세부적으로 나누어 그것을 문화와 견주어보는 것이 아니라, 뇌의 좌우 반구를 지구의 서와 동으로 보면서 지구 위에 인간이 살고 있지만 인간의 뇌 속에 지구가 들어앉아 있다는 현대 과학의 프랙털 이론을 그대로 도입하고 있는 것이다.

이러한 나의 주장과 관련하여 서반구에 국한해 뇌의 양반구 이론을 적용한 연구 결과물이 나와 있다. 노스웨스턴 대학교의 애슈브룩이 내놓은 양 뇌 이론이 바로 그것이다. 그는 서양 건축물의 형식을 크게 고딕형 (gothic style)과 돔형(dome style)으로 나눈 다음, 서방 기독교(천주교와 개신교)와 동방 기독교(그리스 정교회)로 구분한다. 그리고 서방의 고딕형은 좌반구적이고 동방의 돔형은 우반구적이라고 했다. 철학의 경우 영국의 경험론과 대륙의 관념론은 서로 양보할 수 없는 양대 산맥을 이루고 있다. 칸트는 이를 이율배반으로 자리매김했다. 독일의 관념론 철학은 좌반구적이고 영국의 경험론 철학은 우반구적이다. 스페리 박사에 따르면, 좌반구는 합리적-이성적이고 우반구는 감성적-감정적이라고 한다. 그렇다면 지구는 뇌를 닮고 뇌는 지구를 닮아, 동은 우반구적인 성격을 그리고 서는 좌반구적인 성격을 지니고 있다고 하겠다. 서양을 다시 동서로 나눌 때 서방 기독교와 동방 기독교가 그 성격이 다르듯이, 동양의 경우도 다시 동서로 나누면 그 문화적 특징이 판이하게 달라진다. 이렇게 판이하게 서로 다른 구실을 하는 뇌가 인간이라는 하나의 몸에서 뇌량을 통해 연결되어 있다는 것은 비극인가, 행운인가? 여기서 서양은 비극이라고 할 것이고, 동양은 행운이라고 할 것이다. 이제 애슈브룩이 했던 방법론을 동북아시아 지역으로 가져다놓고, 동북아시아 문명 또는 문화를 양반구 이론에 따라 한번 설명해보자. 부사년(傅斯年)을 비롯한 중국의 학자들은 금세기 초부터 동서이하론(東西夷夏論)을 내세우고 있다. 동북아시아에도 분명히 동서를 상징적으로 나누는 선이 있을 텐데, 그것이 바로 만리장성일 것이다. 우랄-알타이 산맥은 자연적이고 만리장성은 인공적이라는 점에서 차이가 있지만, 그 동서 분할의 성격은 아마도 같을 것이라고 생각한다.

　지금 중국은 동북공정이라는 이름으로 엄연한 동북아시아의 양 뇌적 성격을 무시하고 역사상 유래 없는 동방-우반구 말살책을 펴고 있다. 지구를 하나의 살아 있는 유기체로 볼 때, 이는 마치 서양에서 교육이나 종교를 통해 우뇌를 말살하고 우뇌의 기능을 죄악시하려고 했던 노력과 같다고 볼 수 있다. '오랑캐'란 바로 우뇌의 악마화와 같다고 할 수 있다. 그런 의미에서 동북공정은 정치적인 차원을 떠나서 반(反)자연적인 현상이라고까지 볼 수 있다. 서양이 결코 우뇌 말살에 성공할 수 없듯이, 중국의 동북공정도 성공할 수 없을 것이다. 여기서는 다만 동북아시아 문명에 뇌 이론을 적용함으로써, 좌우 뇌가 공존해야 조화로운 인격체가 될 수 있듯이, 동북아시아 지역에서도 동서, 즉 한국과 중국이 서로 공존해야 이 지역의 평화를 유지할 수 있음을 강조하려고 한다. 이렇듯 뇌의 충돌은 곧 문명의 충돌이고, 뇌의 공존은 곧 문명의 공존인 것이다.

《새로운 두뇌를 향하여(*Toward a New Brain*)》(Senzee, 1986)의 표지 그림에서
"지금 태양이란 마치 저기 밖에(out there) 있는 것으로 알고 있지만, 22세기 무렵에는 태양이 바로 우리 뇌의 깊숙한 곳에 자리 잡고 있다는 사실을 알게 될 것이다"(Senzee, 1986, 15쪽).

제1부
뇌의 구조와 문명

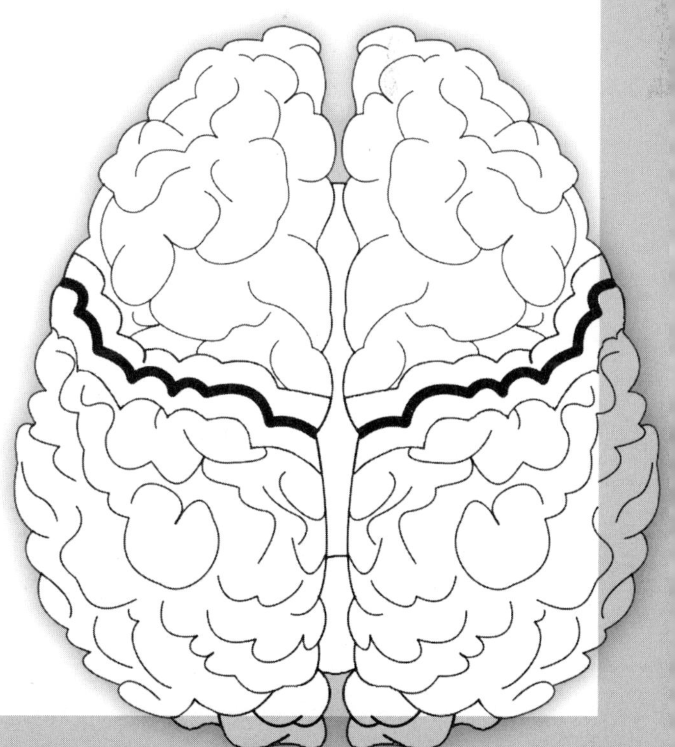

제1장 뇌의 진화와 우주의 역사

1.1 뇌의 진화 연대기 그리고 우주와 문명의 역사

도대체 지금과 같은 인간의 두뇌는 언제 만들어졌는가? 이는 매우 흥미롭고도 어려운 질문이라고 할 수 있다. 미국의 생물학자 홀로웨이(R. Holloway)는 두개골의 구성 비율을 연구해 두뇌에서 유인원(Hominid) 적인 것과 인간적인 것을 정확하게 구별해내는 데 성공했다. 그는 라텍스(Latex)라는 두뇌 내부의 모양을 떠서 조사하는 방법을 썼다. 홀로웨이가 조사한 것은 300만 년 전의 오스트랄로피테쿠스 속(屬)에 속한 것이었는데, 놀랍게도 그것은 유인원이 아닌 우리 인간에 속한 것이었다. 더욱 놀라운 사실은 현재와 같은 두뇌가 이미 300만 년 전에 완성되었다는 것이다. 오스트랄피테쿠스와 현대인의 차이는 정보량과 문화 교육의 차이일 뿐이기 때문에, 그들을 데려와서 지금 우리가 받는 교육 과정을 제대로 밟게 한다면 충분히 우리와 같은 교양인이 될 수 있음을 의미한다(리키, 1995, 239쪽).

한편, 뇌의 진보지수(進步指數, progrecsion zadex)를 잴 수 있는 더 세밀한 분석이 독일 프랑크푸르트의 '막스 프랑크 두뇌 조사 연구소'에서 H. 슈테판의 주도로 이루어졌다. 연구는 나무뒤쥐 같은 표준 동물을 기준 삼아 다른 동물의 지수를 비교하는 방법으로 이루어진다. 물론 지수가 높을수록 영리한 것이다. 이를 두뇌의 '진보지수'라고 하는데, 현재 인류는 진보지수가 최하 19에서 최고 53까지 큰 편차를 보이며, 그 평균지수는 23이다. 침팬치는 12, 오스트랄로피테쿠스는 21, 호모 에렉투스는 27이었다. 인간의 평균지수가 29인 것을 보면, 오스트랄로피테쿠스는 충분히 인류의 범위에 들어가고도 남음이 있다.

뇌의 내용물에 해당하는 신경세포는 그 수가 엄청나기 때문에, 신경세포를 연결하는 시냅스(연접부)가 그것의 흥분과 억제라는 양가(兩價)를 처리하기란 도저히 불가능하다. 결국 인간이 철저하게 합리적으로 되기란 현재의 뇌로서는 불가능하다는 결론이 나올 수밖에 없다. 히스(His)는, 발생 초기의 신경세포들에서는 수상돌기나 축색돌기가 발달해 있지 않음을 발견하고, 두 돌기는 신경세포가 성장함에 따라 생겼다는 사실을 알아냈다. 이러한 발견은 인간 지능의 성장이란 두 돌기의 성장 그리고 두 돌기가 처리하는 정보의 양과 일정한 관계가 있음을 의미한다. 한 개인에게 뇌의 발생 과정은 곧 인류 문명사의 그것과도 같다고 할 수 있다. 문명의 진화는 뇌 속에서 인간 지능이 발달하는 것과 비례한다. 그리고 그 지능이란 수상돌기와 축색돌기의 정보 축적이 어느 정도인가에 따라 결정될 수밖에 없다.

1.2 뇌와 문명에 관한 선행 연구들

뇌의 연구가 본격화하면서 그 결과로 문명과 철학 그리고 신학을 보는 시각이 달라지기 시작했으며, 그에 따라 다양한 연구 결과가 나오게 되었다. 대표적인 몇 가지를 들어보면 다음과 같다.

뇌의 내용물, 즉 신경세포 단위와 정보 전달의 방법을 통해 문화(文化)를 본 시각이 있는데, C. A. 반 퍼슨의 《문화 전략(*The Strategy of Culture*)》이 바로 그것이다. 그 다음으로 뇌의 양반구 이론을 문명사에 적용해본 가장 훌륭한 저작이 있는데, 줄리언 제인즈(Julian Jaynes)의 《양원적 뇌의 파산과 의식의 기원(*The Origin of Consciousness in The Breakdown of The Bicameral Mind*)》(Boston : Houghton Mifflin Company, 1976)이 그것이다. 의식 연구 분야에 뇌 이론을 적용한 저작으로는 로버트 오랙틴(Robert E. Oractein)의 《의식의 심리학(*The Psychology of Consciousness*)》(San Francisco : W. H. Freeman and Company, 1992)을 들 수 있다. 생리심리학 분야에 양반구 이론을 적용한 저술로는 찰스 레린털(Charles F. Lerinthal)의 《심리학에 대한 심리학적 접근(*The Psychological Approach in Psychology*)》(1979)이 있다. 뇌 이론은 신학 분야에도 적용되고 있는데, 그 대표적인 저작은 제임스 애슈브룩(James B. Ashbrook)의 《두뇌와 신념(*The Brain and Belif*)》(Bristol : Wyndham Hall Press, 1988)이다. 국내의 연구로 송준만의 《마음과 두뇌》(서울 : 교문사, 1992)는 양반구 이론을 통해 동서 문명의 차이점을 비교하고 있어 특이하다.

반 퍼슨은 뇌와 인간의 전통과 학습활동을 이해하는 데 뇌의 내용에 관심을 두고 두 가지로 나누어 생각하고 있다. 먼저 뇌의 망상조직은 어린아이에서 성장할수록 차츰 유기적인 복합체로 커간다. 이러한 망상조직의 복합화는 그 자체가 외계의 특정한 행동 패턴으로 나타난다는 것이다. 반 퍼슨에 따르면, 그렇게 나타난 패턴이 신화, 윤리적 규범, 과학, 예술 같은 것을 창조해내며, 이것들이 바로 문화의 전략이다. 다음으로 중요한 사실은, 대뇌피질은 하나의 청사진을 형성하며 패턴을 만드는데, 이러한 패턴은 연접부에서 나오는 화학물질에 따라 만들어진다는 것이다. 여러 경험이 결합해 패턴을 이루며 또한 형태로 보존된다. 우리의 학습이라든지 문화 창조는 모두 이 형태로 이루어지는데, 이러한 형태는 연접부를 연결시키는 화학물질이 만드는 기호에 따른다는 것이다. 아무튼 반 퍼슨은 뇌의 양반구와 상층 구조는 언급하지 않고 뇌의 망상조직으로부터 문화 이론을 이끌어내고 있다.

제임스 애슈브룩은 뇌의 우반구와 좌반구가 서양 기독교 안에서 서방 기독교와 동방 기독교의 특징을 두드러지게 나누는 특징이 되었다고 지적하고 있다. 서방 기독교란 콘스탄티노플을 중심으로 한 가톨릭과 개신교를 모두 포함한 것이고, 동방 기독교란 그리스 정교회(터키와 그리스, 러시아 지방의 기독교)를 의미한다.

서양 기독교는 첨탑형 고딕식 건물을 만들어냈다. 벽돌을 쌓아 올리는 방식으로 하늘 지향적이고 합리적·분석적인 좌반구의 특징을 나타내고 있으며, 동방 기독교는 돔형 건물로 이 지구를 포괄하고 땅을 지향하는 우반구적 특징이 두드러진다. 서방 기독교는 권위주의적이고 합리적이며 교황청의 권위가 모든 것을 통제하는 엄격한 체제인 반면, 동방 기독교는 그렇지 못해 60여 명의 교황이 살해되는 역사도 있었다. 서방은 이성으로 감정을 잘 다스릴 수 있었는데, 동방에서는 그렇지 못했다는 것이다(Ashbrook, 1988, 21~31쪽).

뇌의 양반구 이론을 문명사에 적용시킨 대표적인 인물은 J. 제인즈였다. 제인즈에 따르면, 우반구는 신비적이고 마술과 신화로 가득 차 있는데, 서구에서는 기원전 9세기까지만 하더라도 양반구에 균열이 생기지 않아 트로이 전쟁 때 율리시즈가 신탁을 받아 전쟁을 수행할 정도였다고 한다. 결국 기원전 8세기 무렵부터 양반구 사이에 균열이 생겼고, 그때부터 좌반구적 합리성이 서구를 지배하게 되었다는 것이다. 물론 양반구의 균열은 정신병의 원인이며, 현대는 바로 이러한 균열에서 발생한 정신병에 걸려 있다고 보고 있다.

송준만 교수는 거시적으로 볼 때 뇌의 좌우 반구가 서양 문명과 동양 문명의 특징을 반영한다고 보고 있다. 애슈브룩이 서방 기독교와 동방 기독교를 좌우 반구로 나눈 반면, 송준만 교수는 그것으로 서양과 동양을 나누고 있다. 즉, 서양은 좌뇌의 특징을, 동양은 우뇌적 특징을 지니고 있다는 것이다.

애슈브룩이 뇌의 양반구 이론을 적용해 서방 교회와 동방 교회의 신학을 비교한 것은 매우 흥미롭다. 그런데 이 이론을 더 연장해보면 매우 의미 있는 결과가 나올 수도 있다. 두뇌의 모형을 보면 그것은 지구처럼 공 모양이다. 좌우 반구는 가운데의 뇌량(腦樑, Corpus collosum)으로 연결되어 있다. 지구의 모습을 동반구와 서반구로 나누어서 보면 언어의 특징, 문화의 특징, 사고 유형의 특징이 서로 다름을 발견하게 된다. 보통 우리는 이러한 차이를 동양과 서양의 차이로 구분하고 있다. 여기서 송준만 교수는 두뇌의 좌반구와 우반구를 지구의 서반구(서양)과 동반구(동양)에 견주어, 동반구인 동양에서는 뇌의 우반구가 가지고 있는 성향들(형태적·직관적·비언어적·비직선적·비연속적)이 강조되고 있으며, 이와 달리 좌반구가 가지고 있는 성향들(언어적·수학적·분석적·직선적·연속적)은 특히 서반구(서양)에서 강조되고 있다고 지적한다(송준만, 1992, 205쪽). 우반구적 특징은 동양의 불교·도교·유교 등에서 쉽게 찾을 수 있다. 그리고 좌반구적 특징은 서양 철학 속에서 쉽게 발견된다.

아무튼 좌반구를 서양적 특징에, 우반구를 동양적 특징에 비정하는 데는 무리 없이 동의할 수 있을 것 같다. 그런데 문제는, 서양에서는 우반구적 특징을 사악시하며 열등하게 취급했다는 데 있다. 즉, 좌반구의 뇌가 관장하는 몸의 오른쪽에 대해서는 '정직(rectitube)', '의로움(righteous)', '권리(Rights)', 그리고 '선의의(in his right hand)'라고 했으며, 우반구의 뇌가 관장하는 왼쪽에 대해서는 '사악한(sinister)', '멍청한(gawky)', '악의로(left-handed Compliment)'라고 했던 것이다(세이건, 1990, 174~175쪽).

이러한 분류는 서양이 동양을 멸시하고 심지어는 정치적으로 동양을 공략한 오리엔탈리즘의 이유가 되기도 했다. 동양은 비합리적이며 비과학적이라는 이유로, 동양의 현대화를 위해 서양의 동양 지배는 정당하다고 생각했던 것이다. 영국의 인도 지배 그리고 서양 제국들의 아시아·아프리카 지역에 대한 식민지 지배의 정당성을 그들은 모두 여기서 찾았던 것이다. 동양 국가 가운데 유일하게 메이지유신 이후 서구화한 일본은 이와 똑같은 이유와 논리를 내세우며 조선을 공략했다..

그러면 과연 우반구적 기능은 열등하며 사악한가? 동양에서 이해하는 좌·우의 개념은 서양과는 정반대이다. 예를 들어, 좌의정(左議政)은 우의정(右議政)보다 높으며, 노자의 《도덕경》에도 상장군을 전쟁에서 왼쪽에 세운다고 했다(《도덕경》, 31장). 말의 순서에서도 '좌우'이지 '우좌'라고 하지는 않는다. 한의학에는 특히 좌에 해당하는, 곧 음에 속한 장[肝·肯·脾·肺·腎]을 매우 중요시하는데, 이러한 장은 생명에 치명적인 영향을 주기도 한다.

1.3 뇌 이론과 동서이하론

동서 문화의 특징을 양반구 이론을 떠나 비교사상적으로 분류한 사람은 일본인 D. T. 스즈키라고 할 수 있다. 스즈키는 정(正)과 편(偏)을 구분하면서, '정'은 동양적이고 '편'은 서양적이라고 분류했다. 비교철학을 연구하는 아치 베임(Archie Bahm)도 최근 스즈키와 비슷하게 동서양 사상을 비교·분류했다. 가장 일반적이고 대략적으로 표면에 나타난 현상만을 가지고 서양과 동양을 비교한다면 우리 역시 스즈키나 베임 같은 결론을 쉽게 얻을 수 있을 것이다. 그러나 우리에게 흥미로운 사실은, 위의 애슈브룩이 보여준 바와 같이 서양이라는 하나의 단위를 놓고 그것을 동방과 서방으로 나눌 때 서방 기독교는 좌반구적 특징을, 동방 기독교는 우반구적 특징을 나타낸다는 것이다. 이런 현상은 지중해 연안의 콘스탄티노플(서방)과 안티옥(동방)으로 나뉘면서 지역적으로 두드러진다. 철학적으로 보더라도 영국과 대륙은 그 경향이 서로 다르다. 즉, 전자는 경험론적이며 후자는 관념론적이다. 영국에서 과학 사상과 산업혁명이 먼저 일어난 것도 그들의 철저한 경험주의적 사고방식 때문이었다. 한편, 대륙에서는 종교개혁을 주도했다. 같은 서방 기독교계 안에서도 동서로 나뉠 때 좌반구와 우반구의 특징은 그대로 적용되는 것이다.

우리 동양으로 눈을 돌려보더라도 동서쪽의 양반구적 특징은 마찬가지로 뚜렷하고 분명하다. 같은 동양 안에서도 인도와 중국을 비교해보면, 인도 사상이 그 언어 구조에서나 사상적 특징에서 좌반구적이며 중국은 우반구적이다. 같은 인도 안에서도 힌두교와 불교를 비교해볼 때 힌두교는 좌반구적이고 불교는 우반구적이다.

이제 극동으로 눈을 돌려 중국 하나를 놓고 생각해보자. 유교의 좌반구적 특징과 도가의 우반구적 특징은 분명하다. 유교는 신유학에 이르러 극단적인 합리주의적 경향을 드러내고 말았다. 도가 사상은 불교와 잘 결합되면서 인간의 정감적 내면 세계를 지배해왔다. 서쪽의 하화(夏華)와 동쪽의 동이(東夷)는 그 특징이 너무 달라, 동서이하(東西夷夏)라는 말이 나올 정도로 그 구분이 분명했다. 서쪽의 하화계 도자기는 색채가 있는 채도 문화를, 동쪽의 도자기는 색채가 없는 흑도 문화를 발전시켰던 것이다. 그리고 유가 사상은 서쪽에서, 도가 사상은 동쪽에서 지배적이었다.

동양 사상에서 유가 계통과 도·불 계통이 서로 대립 양상을 보인 것은 결국 좌우 뇌반구가 서로 대립·갈등을 빚은 데서 비롯했다고 할 수 있을 것이다. 극동에서 동서의 대결은 그 역사적 뿌리가 깊다. 황제(서)와 치우(동)의 신화적인 탁록벌 대결은 하나의 큰 사건이었다. 훈족의 게르만 민족 정복 등은 결국 좌우 뇌의 상반된 특징이 빚은 갈등이었던 것이다. 이러한 시각에서 볼 때, 좌우 뇌가 뇌량에 따라 나뉘듯이 이제 동양과 서양은 우랄-알타이 산맥을 분기점으로 서쪽의 카프카스계 백인종과 동쪽의 몽골계 황인종으로 나뉜다. 두뇌 연구에 따라 이제 좌뇌와 우뇌는 서로 조화·통일되어야 창조적인 능력을 발휘할 수 있음이 밝혀졌다. 서양과 동양은 인간의 창조성을 이루는 두 지주이다. 어느 한쪽이 다른 쪽을 지배하거나 말살할 때 인간성은 파괴되고 문명은 병들고 만다.

칼 프리브람의 홀로그래피 뇌 이론에 의거해 보건대, 동양 속에 동서양이, 서양 속에 동서양이 분산·편만해 있는 것이다. 마치 좌우 뇌 속에 모든 정보가 편만해 있는 것과도 같다고 할 수 있다. 양반구의 기능에 차이가 있는 것은 사실이다. 그러나 그 기능이 국소적으로 어떤 장소에 제한되어 있는 것이 아니라 홀로그램처럼 편만해 있는 것이다. 결국 한쪽 기능의 악마화는 끝내 전체를 악마화한다는 결론에 이르게 된다. 다시 말해서, 우반구의 악마화는 곧 좌반구의 악마화와도 같다. 좌반구 속에 우반구, 우반구 속에 좌반구의 기능이 들어 있기 때문이다.

마지막으로 한반도라는 지도를 펴놓고 보자. 북쪽은 함경도와 평안도로 그리고 남쪽은 호남과 영남으로 각각 나뉜다. 뇌의 양반구 기능에 비정해 보건대, 많은 문인들과 예술인들이 호남에서 나온 것은 우연이 아닐 것이다. 그리고 조선 유학에서 퇴계 같은 거두들은 영남에서 나왔다. 마치 동양에 대해 서양이 그러했던 것처럼, 호남민들의 정서와 그 우반구적 특징들은 열악하게 다루어졌다. 동양이 재평가받고 있는 것과 똑같은 논리로, 민족의 반에 해당하는 우반구적 정서에 대해서도 재평가해야 할 것이다. 그리고 동서양이 조화·통일되어야 인류의 창조성이 다시금 발휘되듯이, 영남과 호남 사이에 조화가 이루어져야 민족의 창조성이 나타날 것이다. 북쪽에서 관서와 관북 지방의 갈등도 마찬가지이다. 문명의 진보와 함께 세계 어디서든 심각하게 양 뇌의 균열화가 일어났다. 우리는 지방색의 유래, 식민 지배의 이데올로기, 제국주의의 논리 같은 것을 포함해 이 모든 것들을 뇌의 양반구 이론에서 발견할 수 있다. 좌뇌와 우뇌는 단 한순간도 분리될 수 없다. 이들은 서로 조화를 이루어야 하는 것이다.

뇌 이론을 의식 연구에 적용해 각광을 받고 있는 오른스타인(송준만, 1992, 209~227쪽)은 왜 서양 사람들이 우반구의 기능을 열등하게 다루어왔는지 다음과 같은 알기 쉬운 예로 설명하고 있다. 낮에는 태양이 너무 밝기 때문에 별이 보이지 않는다. 그러나 해가 지면 우리는 별을 볼 수 있게 된다. 서양은 그동안 합리주의와 과학주의가 매우 발달한 대낮과도 같아서 우반구의 우수성을 발견할 수 없었던 것이다. 서양의 합리주의와 과학주의는 이제 저물어가는 태양과도 같다. 그러면 동녘 하늘에서 낮 동안 보이지 않던 별들이 나타날 것이다. 이때 문명의 큰 전환점(Turning point)이 만들어질 것이다. 이러한 전환점은 벌써 세계 도처에서 만들어지고 있다(송준만, 1992, 209쪽).

1.4 학군과 문명군 : 홀로그램

우리가 사는 이 지구촌을 하나의 학군(學群)에 비유해 설명해보기로 한다. 지금까지 자연과학에서는 복잡한 현상을 해명할 때 전체를 몇 개의 단순한 요소로 분해해 그 구성요소의 성질을 설명하는 방법을 사용해왔다. 이것이 현대 과학의 원천이 된 요소환원주의적 방법이다. 환원주의는 물리학만이 아닌 다른 모든 분야에 원용되어 제각기 유효한 힘을 발휘해왔다. 그러나 부분의 성질을 단순히 보태는 것으로는 전체의 성질을 설명할 수 없는 현상도 많다. 그 전형적인 것이 생명체이다. 예를 들어, 심장을 구성하고 있는 세포는 심장의 일부분이지만 세포는 그 자체가 독립된 기능을 가지고 있다. 생체 가운데 거의 모든 것이 이와 같은 관계에 있으며, 부분이 단순한 부분으로 그치는 것이 아니라 하나하나가 전체적인 기능을 지니고 있다. 요컨대, 생명체의 부분은 부분이면서 동시에 각각 독립왕국적인 기능을 가지고 움직이는 것이다.

그러면 개미 실험을 한번 보도록 하자. 칸막이로 상자를 둘로 나누고, 상자 한쪽 방에 100마리의 개미를 집어넣고 그곳에 개미알이 든 개미집을 놓아둔다. 칸막이 가운데에 개미가 다닐 수 있는 길을 만들고 알을 모두 반대편 방으로 옮겨놓는다. 개미에게는 식별 가능하도록 번호를 매겨 100마리의 개미가 움직이는 모습을 살펴본다. 통로를 통해 개미는 옮겨진 알을 개미집으로 되돌려놓으려고 움직이기 시작한다. 그런데 유심히 관찰해보면 알을 잘 운반하는 개미와 그렇지 못한 개미가 있음을 알 수 있다. 한 마리씩 그 옮긴 알의 수를 헤아려본 결과, 100마리의 개미 가운데 약 절반은 일을 잘하고 나머지 절반의 개미는 게으름을 피우고 있음을 발견했다. 일하는 개미는 알의 약 80퍼센트를 운반하고 게으른 개미는 나머지 20퍼센트밖에 옮기지 못했다. 실험에 쓰인 개미는 나이는 물론 유전적 요소도 같다. 나이가 많아서 게으름 피운다거나 하는 변수를 없애기 위해 생물학적으로 같은 부류의 개미를 선택한 것이다. 이렇듯 개체 사이의 차이는 분명히 드러났다.

이번에는 일하는 개미와 게으른 개미들을 각각 절반씩 골라 같은 실험을 되풀이했다. 그러자 처음의 실험에서 게을렀던 개미 가운데 몇 할 정도가 '일하는 개미'로 바뀌었다. 처음 실험에서는 알을 10개밖에 운반하지 않던 개미가 이번에는 40개나 옮긴 것이다. 일하는 개미가 절반이 없어졌다는 사실은 상자 안의 개미 사회에 긴급 사태가 일어났다는 것을 의미한다. 게으른 개미가 예전처럼 게으름을 피우고 있으면 개미 사회는 붕괴한다. 그래서 실험자에게 게으른 개미로 낙인찍힌 개미는 상황의 변화를 민감하게 알아차리고 일을 하기 시작한 것이다. 생물 사회에서는 유전적인 요소 외에 사회적인 조건이 개개의 생체에 강한 영향을 미친다는 사실을 이 실험은 보여주고 있다. 특히 인간 사회에서 사회적 조건은 매우 중요한 요소이다. 인간은 생체적으로도, 정신적으로도 개방계이기 때문에, 바깥과 정보를 교환함으로써 비로소 살아가는 일이 가능하다. "저 녀석은 게으른 놈이다"라든가 "눈꼽만큼도 일하지 않는 녀석이다" 따위의 표현은 비즈니스 세계에서도 자주 들린다. 그런데 이때 '게으른 놈'이라고 딱지가 붙은 사람의 주위 환경은 언급되지 않고 있다. 필경 그 사람은 언제든, 어떤 경우에든 게으른 자라고 낙인찍히고 말 것이다. 그러나 개미의 경우에서 알 수 있듯이, 생명체는 정보를 교환하고 있으며 전체의 균형을 이루는 항상성이 저절로 몸에 배어 있기 때문에, 언제 어느 때고 '절대적인 게으른 자'로 남아 있지는 않는다. 직장에서든 학교에서든 생명체가 개방계라는 사실을 깨닫게 된다면, 인사나 학습 지도가 완전히 바뀌게 될 것이다.

개방계는 유연성을 그 특징으로 한다. 이 때문에 주위 환경에 적응하기 쉽다. 외부의 변화에 크게 좌우되는 생명체는 인간이다. 개미의 예에서 알 수 있듯이, 외부 환경의 변화에 적응하는 장치는 개체만이 아니라 집단도 갖추고 있다. 이처럼 시스템이 전체로서 기능하는 것이 개방계의 사회이고, 그런 사회가 안정된 사회라고 할 수 있을 것이다. 인간은 건강을 유지하기 위해 내부와 외부를 거치며 물질이나 에너지를 끊임없이 주거니 받거니 하고 있다. 이것이 신진대사이다. 대사 기능이 원만하지 않으면 우리들의 안정 상태는 간단하게 무너지고 만다. 병이라는 것은 신진대사 기능에 따라 지탱되던 미묘한 안정이 붕괴된 이상 현상이라고 할 수 있다. 이것이 개방계로서 생명체의 기본적인 특성이다(이시카와, 1990, 31쪽).

지금 우리 한국은 한강을 경계선으로 모든 생활수준이 거의 강북(江北)과 강남(江南)으로 나뉘어 있다. 그 대표적인 예가 학군(學群)이라고 할 수 있다. 강북에는 '공부 못하는 학생들'이 그리고 강남에는 '공부 잘하는 학생들'이 모여 있다는 것을 통념처럼 여기고 있다. 강남의 노른자위라고 할 수 있는 8학군 고교에서 명문대 합격생이 많은 것은 사실이다. 그러나 이는 원래 신입생 학력 수준이 높기 때문이지, 특별히 학교에서 잘 가르친 결과라거나 머리 좋은 학생들이 모여 있기 때문이 아니라는 결과 보고가 나왔다. 서울시 교육위원회는 1991년 1월 30일에 이 같은 8학군과 대학 진학의 상관관계에 대해 하나의 답이 될 수도 있는 조사 자료를 내놓았다. 교육위원회는 학군별로 지난 1988년 고입 선발고사에서 200점 만점에 191점 이상을 받았던 '우수 학생' 가운데 1991학년도 대학 입시에서 서울대·연세대·고려대 등 3개 대학에 몇 명이나 합격했는지를 추적했다. 이 조사에 따르면, 8학군이 남자 456명과 여자 139명을 합격시켜 다른 학군보다 1.5~2.5배가량 많아 단연 1위였으나, 배정자 숫자와 합격자 숫자를 따진 합격률로 보면 남자가 28.8퍼센트, 여자가 18.5퍼센트로 중간 정도에 불과했다. 서울시 교육위원회의 조사에 대해서는 여러 가지 반론이 제기될 수도 있겠지만, 이 조사는 8학군 지역의 학교라고 해서 모두 대학 진학률이 높은 것은 아니라는 사실을 다시 한번 환기시켜주었다.

위의 개미의 예에서 본 바와 같이 '일하는 개미'와 '게으른 개미'가 따로 있는 것이 아니다. 게으른 개미군도 둘로 나누면 거기서 다시 일하는 개미와 게으른 개미가 나뉘고, 일하는 개미군에서도 같은 현상이 나타난다. 공부 잘하는 학생들만 8학군에 모아놓더라도 역시 공부 잘하는 학생과 못하는 학생 두 무리로 나뉜다. 다른 학군이나 학교에 있었으면 공부 잘할 학생이 학군이나 학교를 옮김으로써 공부를 못할 수도, 즉 내신성적이 하위로 떨어질 수도 있다는 것이다. 행운이란 결국 학군이나 학교에 달려 있는 것이 아니라 학생 자신이 상위권에 속할 수 있는 학교와 학군을 만나는 것이다. 학군에 좌우 뇌 분할 이론을 적용해도 그대로 옳다는 말이다.

종래에는 좌뇌가 이성 기능을, 우뇌가 감성 기능을 담당한다고 생각했다. 그러나 프리브람의 실험에 따르면, 우뇌가 절단되어도 좌뇌가 이성과 감성 기능을 나누어 잘 행사하고, 좌뇌의 경우도 마찬가지라고 한다. 이 사실은 모든 부분이 전체라는 홀로그램 이론이 아니고는 설명할 수가 없다.

공부 잘하는 학생과 못하는 학생, 좋은 학군과 나쁜 학군을 구별짓는 것은 좋은 부분과 나쁜 부분이 나뉘어 있다는, 그래서 그것이 합쳐져 전체가 된다는 것은 요소환원주의적 발상에서 생긴 편견이다. 모든 개인은 부분이면서 전체이다. 그래서 자기의 잠재적 능력을 개발하기만 하면 얼마든지 천재적인 전체성을 발휘할 수 있다. 그러나 사회 통념과 편견은 구획을 지음으로써 능력 있는 자와 없는 자를 나누어놓고 이를 이용마저 하고 있다.

제2장 뇌의 양반구와 지구의 양반구

2.1 '腦' 자 풀이로 본 문명

'뇌'에 관한 정의는 아직 정확하게 내려져 있지 않은 상태이며, 다만 "뇌는 신경세포와 신경교(神經膠, glia)와 같은 개개의 독립적인 단위들로 이루어져 있다"(레스탁, 1993, 15쪽)는 설명 정도가 있을 따름이다. 그런데 이런 식의 정의는 순환론일 뿐이다. 왜냐하면 이는 "뇌는 신경세포의 집합이고, 다시 그 신경세포가 뇌를 이룬다는 식으로 되풀이되는 설명이기 때문이다"(레스탁, 1993, 16쪽). 그런데 한자의 '腦' 자는 회의문자로서 현대의 뇌 이론, 즉 양반구 삼층 구조뿐만 아니라 신경세포의 구조 이해에도 유비적으로 많은 도움이 되기 때문에 여기에 소개하려고 한다.

인간 내면 속의 영감·직관력·꿈 같은 것은 도대체 어디서 생기는 것일까? 먼 고대인들은 이들 요소들이 모두 하늘에 있는 신들이 내려주는 것이라고 믿었다. 신들이 인간의 심장과 머릿속에 이런 것들을 부어주었다고 생각한 것이다. 그래서 고대인들은 이 같은 초자연적인 힘들을 내려 부어주는 신들에게 간구해 자신들의 운명을 묻기도 했다. 기원전

6000년 무렵에 메소포타미아 유역에 살았던 수메르인들은 인격신을 믿었으며, 그들은 인격신이 붉은 간(肝) 속에 영적인 요소들을 쏟아 넣어준다고 믿었다. 그래서 만약 인간이 필요 이상의 피를 잃게 되면, 생명도 꺼지고 신이 부어준 영들도 모두 떠난다고 믿었었다. 수 세기 뒤에 이집트인들은 이들 영적인 존재들을 '바(ba)'와 '카(ca)'라고 일컬었으며, 이들이 내장(bowels)과 심장(heart) 속에 깃들어 있다고 보았다. 이집트인들은 그래서 사람이 죽어 미라를 만들 때 두뇌는 버리고 이들 내장과 심장만 처리해 잘 보관해두었던 것이다. 뇌가 인격체의 중심이 된 것은 기원전 350년 무렵 그리스인 히포크라테스에 이르러서였다. 이때부터 드디어 뇌가 정신의 저장소이며 근원임을 파악하고, 거기서 모든 감정들이 우러나온다고 믿게 되었다.

서양과 근동아시아의 종교들은 수메르와 이집트 그리고 그리스의 사상들로부터 영향을 받았다. 19세기에 이르러서는 뇌가 모든 정신 작용과 영이 깃들어 있는 중심부라는 사실을 의심할 여지가 없었다. 재미있는 것은, 20세기 미국 철학자 W. 제임스는 인간이 자는 동안 초자연적인 신적인 요소들이 무의식이라는 관문을 통해 들락날락한다고 믿었다는 사실이다. 그는 공공연하게 "우리에게 어떤 초능력적인 힘이 있다면 그것은 우리의 잠재의식을 통해 접속될 것"(Jaynes, 1976, 13~16쪽)이라고 주장했던 것이다. 현대의 '사이콜로지(Psychology)'라는 말 자체가 '영혼의 연구(Study of the soul)'를 뜻한다는 사실에 주목할 때, 심리학이란 원래 초능력을 다루는 분야였음이 분명하다. 현대 심리학의 대표적인 두 인물인 프로이트와 융이 이 말을 듣는다면 물론 부정했겠지만 말이다.

그러나 주목할 것이 하나 있는데, 뇌의 변연계나 측두엽에 손상이 생길 경우 인간의 신비적 또는 종교적인 감정이 이상 반응을 보인다는 사실이다. 백일몽 또는 종교적인 환상 같은 현상이 나타나는 것을 무시할 수 없다. 이들 부분에 손상을 입은 환자가 어느 날 갑자기 매우 종교적으로 바뀌는 현상을 우리는 발견할 수 있다. 모세의 경우를 예로 들어보자. 《성서》에 기록된 바로 추론해볼 때, 모세는 변연계나 측두엽 부근에 상처를 가지고 있었음이 분명한 것 같다. 그는 언어장애를 가지고 있었으며 간질 증상도 보이고 있다. 그는 가시덤불 속에서 신의 환영도 보았고, 신의 음성을 직접 듣기도 했다. 그는 신으로부터 들은 음성을 몇 달 동안이나 기억하면서 그것을 돌에 새기기도 했다. 이처럼 범상함을 뛰어넘은 모세의 모든 종교적인 행위는 그의 뇌, 즉 변연계와 측두엽에 분명히 무슨 이상이 있었음을 암시하고 있다. 그러나 이렇게 말한다고 해서 그의 뇌 이상이 그의 종교적인 경험 전부를 설명하는 것이라고 단언해서는 곤란하다.

정신과 뇌의 관계를 논의할 때 자주 범하는 오류가 이른바 '범주오류(*categorical mistakes*)'(송준만, 1992, 20쪽)이다. 여기서 말하는 범주오류란 정신 작용에 뇌가 필요조건(必要條件)이라는 주장과, 뇌가 정신 작용을 야기하는 원인이라는 인과론(因果論)을 혼동하는 것을 두고 하는 말이다. 그러나 이러한 오류는 근본적으로 정신 현상이 두뇌 현상과 아무 상관이 없다는 이원론에 그 근거를 두고 있다. 이러한 이원론은 데카르트의 철학으로부터 유래하는데, 정신이 육체인 뇌와는 아무 상관이 없는 자체의 속성, 즉 자성(自性)을 가지고 있다는 전제에서 비롯된 것이다. 여기서는 정신 작용을 육체의 어느 부분과도 상관없는 초자연적인 것으로 간주한다. 이로써 정신을 감히 인간 이성이 근접할 수 없는 영역으로 만들어놓았는데, 정신과 뇌의 상관관계에 관한 연구를 금기시한 이유가 바로 이것이다. 그러나 '腦' 자는 이러한 금기를 깨기에 충분하다. 즉, '腦' 자의 큰 두 부분 가운데 하나인 '月'은 '肉' 자로서 인체의 모든 장기(肝·肯·脾·肺·腎)에 붙는 글자이다. 이는 동양에서는 육체와 정신을 이원론적으로 분리시키지 않았음을 의미한다. '腦' 자 역시 예외는 아니라고 본다. 그런 의미에서 동양에서는 뇌와 정신의 이원론과 범주오류가 성립되지 않는다. 이러한 '腦' 자에 대한 동양적 이해는 "정신과 육체의 비분리성, 정신과 물질의 가역성의 가능성을 추구하고 있는 현대 과학의 기본 정신에 비추어볼 때 어긋나는 것이 아니다"(송준만, 1992, 20쪽).

2.2 '囟'과 신경망

조선의 성리학은 고려 말 조선 초의 양촌 권근이 귀양지에서 《입학도설(入學圖說)》을 지으며 우연히 글자 풀이를 하는 과정에서 시작되었다. 양촌은 한밤중에 어두운 호롱불 밑에서 마음 '心' 자의 기의(시니피에)가 아닌 기표(시니피앙)를 주시하며 저 거대한 조선 성리학의 큰 흐름을 만들어놓은 것이다. 소쉬르의 기호학적 견지에서 볼 때, 한자의 묘미는 글자의 기표가 글자의 의미를 나타낸다는 데 있다. 양촌은 '心' 자의 모양에서 움푹 휘어진 부분을 사람의 마음이라고 보고, 가운데 있는 점을 하늘이 내려준 천명이라고, 좌우의 두 점을 인심(人心)과 도심(道心)이라고 파악했다. 천명은 선과 악 어디에도 치우치지 않고 중립적인데, 그것을 사용하는 데 따라 악-인심과 선-도심으로 나뉜다는 것이다. 기호학에서는 한자의 이러한 묘미를 '에크르튀르'라고 하며, 서예는 능기와 소기의 절묘한 조화를 드러내는 것이라고 극찬했다.

이러한 에크르튀르의 묘미를 우리는 한자 '腦' 자에서 찾아볼 수 있다. 아마도 성리학자들이 현대 뇌 이론을 알고 있었다면 '心' 자 이상의 혁명적인 발상을 할 수 있었을 것이다. 왜냐하면, 1990년대에는 뇌 연구의 10년이라고 부를 만큼 이 분야에서 획기적인 진전이 있었는데, 그렇게 중요한 뇌의 구조를 이해하는 데서 '腦' 자의 시니피앙은 매우 중요한 단서를 제공해주기 때문이다. '腦' 자의 '月'은 '肉'으로서 살을 의미한다. 그래서 인체의 장기를 의미하는 '간(肝)·심(腎)·비(脾)·폐(肺)·신(腎)'

등 오장 육부에는 모두 이 '月'이 붙는다. 중요한 뇌도 인체의 한 부분이기 때문에 예외 없이 이 글자가 붙어어 있는 것이다. 뇌 역시 몸임을 시사한다는 점에서는 서양의 심신이원론과 관련해 중요한 의미를 가질 것이다. 그런데 그보다 더 중요한 것은 바로 '腦' 자의 오른쪽에 자리한 것들의 시니피앙이다. 세 겹의 화살표 모양(巛)과 그 밑 네모(囟)는 과연 무엇을 지시하는 기표라고 할 것인가?

권근의 '心' 자 풀이가 조선 중기에 이르러 조선의 성리학의 대논쟁을 불러일으키는 동기가 되었다면,[1] '腦' 자 풀이는 현대 뇌 이론에서 말하는 좌우 뇌와 삼층 구조론 그리고 뇌의 신경망적 구조를 설명하는 데 더없이 좋을 것이다. 우선 주지할 점은, 뇌 속이 수많은 신경망으로 연계되어 있음이 현대 뇌 이론에서 밝혀졌다는 사실이다.

이른바 신경접촉(synapsis) 그물망이라고 불리는 신경망을 '腦' 자의 오른쪽 아래에 있는 네모 모양의 '囟' 자로 설명할 수 있을 것이다. 이 파자는 현대 과학이 발견한 신경세포의 구조를 설명하는 데 적격이다. 이 파자는 그물을 나타내는 '망'이다. 이는 신경세포의 그물망 같은 구조를 상징적으로 보여준다. 광학현미경과 전자현미경의 발명은 신경계의 기본 단위인 신경세포를 관찰하는 데 획기적인 계기를 만들어주었다. 지금 우리가 알고 있는 신경세포의 구조를 발견한 사람은 데이터스(O. Deiters)로, 그는 1865년에 카민 염색 방법으로 이와 같은 개가를 올렸다. 그는 신경세포도 다른 세포와 마찬가지로 세포체에서 뻗어 나온 원형질과 핵을 지니고 있다는 사실을 최초로 발견했다. 이 세포는 여럿의 수상돌기(樹狀突起, dendlite)와 하나의 축색돌기(軸索突起, axon)로 되어 있다.[2]

---

1) 조선 성리학이 중국과 달리 인성론에 중점을 둔 이유도 바로 이 '心' 자 풀이에 있었던 것이다.
2) 수상돌기란 나뭇가지처럼 여러 갈래로 뻗어 나간 모양에서 붙은 이름이다.

여기서 우리는 '하나'와 '여럿'이라는 말에 각별히 유의해야 한다. 하나와 여럿의 관계 그리고 그것들의 간섭은 앞으로 설명하려고 하는 뇌의 홀로그래피 이론과 맞물려 매우 중요한 의미를 갖기 때문이다. 이와 관련해서는 이 책의 제4장에서 자세히 다루기로 하겠다. 여기서 '돌기'라는 말은 '과정(process)'이라는 말에서 비롯한 것이다. 축색과 수상은 정보전달의 통로 또는 과정의 구실을 하기 때문이다. 과정의 또 다른 말은 '간섭(干涉, interference)'이 될 것이다. 두 돌기가 서로 포개어지면서 간섭현상을 만들기 때문이다.[3]

네모(□)는 신경세포의 단위인 뉴런(neuron)이라고 할 수 있다. 신경세포 역시 다른 세포들처럼 원형질과 핵을 가지고 있으나, 하나의 수상돌기와 하나의 축색돌기가 길게 연장되어 있다는 점이 다르다. 이 두개의 돌기를 바로 네모 안의 'ㄨ'가 지시한다. 일반세포가 네모라면 신경세포는 네모 안의 'ㄨ'를 포함한다. 일반 세포가 세포막의 접촉을 통해 다른 세포와 상호 작용을 하는 것과는 달리, 신경세포의 상호 작용은 세포체에서 뻗어 나간 축색돌기와 수상돌기의 접촉으로만 이루어진다. 그 돌기의 접촉이 바로 네모 안의 'ㄨ'인 것이다. 전자현미경으로만 볼 수 있는 이 신경세포는 독립된 구성단위이지만, 한 신경세포는 수많은 다른 신경세포와 그물망을 이루고 있다. 이러한 그물망 관계를 바로 네모 안의 'ㄨ'가 지시해준다. 게르라크(J. Gerlac)와 골지(C. Golgi, 1843∼1926) 같은 초기의 연구자들은 신경세포가 개별적이라는 것을 모르고, 신경계 전체가 하나의 그물로 연결된 망상조직(nerve-network)이라고 믿었다. 이를 **신경망상체설**(*reticularist theory* 또는 *nerve-net theory*)이라고 한다. 망상조직 이론 또는 신경망상체설에서는 세포의 개별적인 단위를 무시한 채 세포막

---

3) 데이터스는 관찰된 구조적 차이에 따라 축색과 수상을 각각 원형질돌기(protoplasmic process)와 신경돌기(neuron process)로 구분했다.

이 서로 융합되어 있다고 보는 것이다.

그러나 골지의 망상체 이론에 대해 그 반대 이론이 또한 제기되었다. 그것은 바로 1891년 발다이어(Waldeyer)가 내세운 '**신경원설(*neuron theory*)**'이다. 그는 '뉴런(neuron)'이라는 말을 처음으로 사용한 인물로, '뉴런 교의(neuron doctrine)'라는 말도 새로 지어냈다.[4] 그는 이 말을 쓰면서, 뉴런은 독립된 단위이며 연결되어 있는 망상체가 아니라고 주장했다. 이를 망상체설에 견주어 '신경원설'이라고 한다. 나중에 카할이 뉴런을 자기가 먼저 발견한 것처럼 행세하지만, 이는 잘못이다. 실로 이는 르두의 표현처럼 '세포 전쟁(The cell war)'이나 마찬가지이다(LeDoux, 2002, 37쪽). 뉴런의 발견으로 망상체설은 그 설득력을 점차 잃어가는 듯했다. 이 두 설은 마치 물리학에서 파동설과 입자설의 대립과 비슷해 보이는데, 망상체설은 파동설에, 신경원설은 입자설에 비유해볼 수 있을 것이다. 즉, 존재들 사이의 이접(disjunction)과 연접(conjunction)의 문제인 것이다. 그러나 신경원주의자(neuronist)의 선두 주자였던 라몬 이 카할은 1888년에 뉴런들 사이에는 복잡한 생화학적 작용과 분자 활동이 있다는 사실을 인정했다. 망상체설과 신경원설의 대립은 세기를 넘기게 되었고, 골지와 카할은 이들 연구로 노벨상을 받았다.

한편, 1906년에 셰링턴(C. S. Sherrington, 1857~1952)은 세기적 발견을 하게 된다. 두 뉴런을 연결해주는 '시냅스'의 발견이 그것이다. 독립된 뉴런의 돌기 말단이 다른 대상 세포와 만날 때 접촉하는 부위를 시냅스(synapse)라고 한다. 셰링턴은 감각신경과 운동신경 사이에 간격이 있음을 처음으로 발견했다. 무릎의 신경을 자극해 무릎이 움직이기까지, 즉 신경의 자극이 뇌에 전달되어 다시 무릎으로 돌아오기까지 그 간격 말이다. 여기서 셰링턴은 그 간격을 '시냅스'라고 한 것이다. 망상체 이론이

---

4) 'neuron'이라는 말은 그리스어로, 영어로는 'clasp'·'connect'·'join' 등을 뜻한다.

신경원설과 한 가지 다른 점은, 전자는 세포 사이의 간격을 인정하지 않는데 후자는 시냅스라는 간격이 있음을 인정한다는 것이다. 그러나 양자는 모두 연결된 망상조직을 인정한다. 양자의 관계는 마치 라이프니츠의 '단자'와 화이트헤드의 '사실 존재(actual entity)'의 관계와도 같다. 주지하듯이, 라이프니츠의 '단자'에는 창이 없지만, 화이트헤드의 '사실 존재'에는 창이 열려 있다. 이런 점에서 데카르트 철학은 신경원설에, 라이프니츠의 철학은 망상체 이론에, 그리고 화이트헤드의 철학은 뉴런설에 가깝다고 할 수 있다. 이 망상체 이론과 뉴런 이론의 차이를 풀어보면 〈그림 1〉과 같다. 망상체 이론에서 세포들은 단자와 같이 독립적 개체로서 상호 연결망으로 연관된다. 그러나 이들 사이에 대화는 없다. 반면, 뉴런 이론에서 세포들은 서로 연결될 뿐만 아니라 〈그림 1〉의 화살표를 통해 보는 바와 같이 활발하게 의사를 교환한다.

이런 시냅스에 해당하는 것이 네모 위의 '／'라고 할 수 있을 것이다. 다시 말해서, 뉴런들 사이의 신호 전달이 일어나는 특별한 구역을 시냅스라고 한다. 이 시냅스는 1950년에 전자현미경을 통해 육안으로 확인되었다. 이는 골지의 망상체 이론을 지지하는 것으로, 결국 판세가 완전히 뒤집히게 되었다. 만일 동양에서 한자 '腦'의 글자 모양을 철저하게 따라가는 실험만 했더라도 시냅스의 발견은 많이 앞당길 수 있었을 것이다. 아무튼 20세기 중반의 이 같은 확인을 통해 뉴런은 간격을 두고 서로 이접하면서 연접한다는 사실을 알게 되었다.

그러나 시냅스의 발견이 결코 골지의 손을 완전히 들어준 것은 아니다. 연접에 대한 이접의 문제라는 철학적 문제가 아직 남아 있기 때문이다. 다시 말해서, 뉴런들은 연접은 되지만 여전히 이접적인 '단위(unit)'인 것이 분명하기 때문이다. 이는 양자물리학이 입자-파동설(wevicle)로 끝나는 것과 같다고 할 수 있다. 불확정설 이론에 대해서는 '뉴런 패러다임(neoron paradigm)'이라고 말하는 것이 좋을 것이다(처칠랜드, 2006, 63쪽).

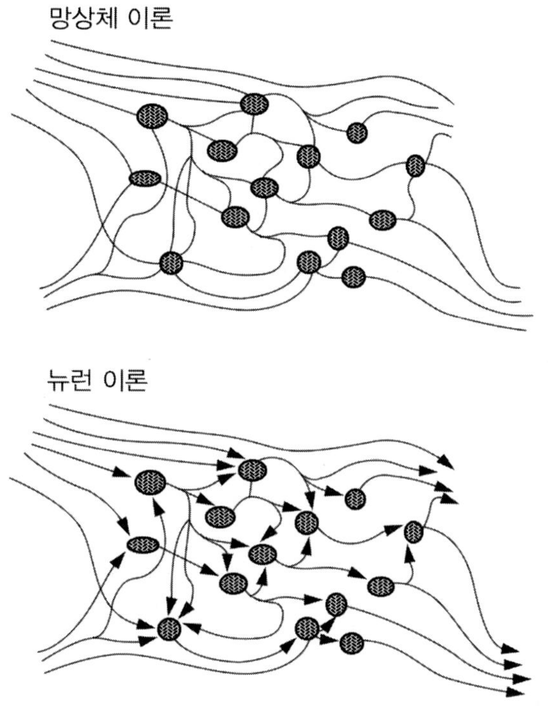

〈그림 1〉 망상체 이론과 뉴런 이론의 비교

19세기 후반부터 신경을 구성하는 요소들이 서로 연결된 망상체인가 아니면 개개의 세포들, 즉 뉴런들이 서로 교환을 이루는 구조인가에 대해 격론이 벌어졌다. 그러나 20세기에 들어오면서 뉴런 이론이 여러 이론들을 잠재웠다(LeDoux, 2002, 38쪽).

여기서는 다만 시냅스에 관한 설명을 더 해두는 것으로 만족해야 할 것 같다. 시냅스에는 화학물질(단백질 통로)이 흐르고 있으며, 뇌의 기능은 이 시냅스에 흐르고 있는 화학물질의 양과 속도에 따라 좌우된다. 우리는 보통 뇌의 기능이 마치 뇌의 크기에 따라 좌우되는 것으로 생각하기 쉽지만, 사실은 시냅스 연결 부위의 접촉에 따라, 그 활성화 정도에 따라 좌우되는 것이다. 이는 국가나 민족의 힘이 영토의 크기로 결정되는 것이 아닌 것과 같다. 즉, 구성원 상호 간의 의사소통과 민주적 의사 결정 과정이야말로 진정한 의미의 국력이라고 할 수 있다는 말이다. 우리 인간이 다른 동물을 지배할 수 있는 이유도 바로 시냅스의 활성화에 있는 것이다. 우리나라는 현재 그 영토 면적에서 중국의 50분의 1밖에 안 되지만, 국력은 결코 그와 같지 않다. 이와 유비적인 관계를 우리는 뇌의 신경세포인 뉴런에서 발견할 수 있다. 쉽게 말해서, 컴퓨터의 하드웨어와 소프트웨어가 병존해야 하겠지만, 실질적으로 중요한 것은 소프트웨어인 것과 같다. 소프트웨어란 정보를 전달하는 시냅스와 같은 것이다. 뉴런 이론으로 보더라도 우리 민족은 하루속히 통일을 해야 한다. 그 방법에서도 이접과 연접이 함께 작용하는 연방제적 통일 방안이 바람직할 것이다. 남북은 연접과 이접이 함께 이루어져 서로 자기의 정체성을 살리면서도 동시에 서로 하나가 되어야 할 것이다.

2.3 수상돌기와 축색돌기의 간섭과 '한'

뇌세포는 크게 셋으로 나눌 수 있다. 체세포(cell body)와 두 개의 돌기가 그것이다. 두 개의 돌기란 축색돌기와 수상돌기이다. 인간의 뇌 용량은 1,600밀리리터 정도이고, 무게는 약 1,500그램이다. 뇌는 위에서 말한 신경세포 그리고 보조세포와 신경교세포로 이루어져 있다. 신경세포는 약 100억 개가량 되는 것으로 보고 있으며, 그것들이 시냅스를 통해 서로 연관을 이루며 만들어내는 조합의 총량은 10조가 된다. 따라서 우리 정보 지식의 총량은 10조라고 할 수 있다. 그런데 문제는 이 신경세포의 발달이 잘 이루어지지 않을 경우 신경세포를 연결하는 돌기의 수가 줄어든다는 것이다. 실로 돌기야말로 개인적으로는 능력이고 국가적으로는 국력이다. 돌기의 수가 줄어들면 신경세포의 성장이 멈추거나 제대로 이루어지지 못한다. 특히 유아기 때 신경세포에 영양 전달이 잘 안

되면 영양실조에 걸리고 만다. 이는 곧 문화실조에 다름 아니다.

올림픽에서 각국의 메달 획득 수를 예측할 때 흔히 그 나라의 국민소득을 큰 변수로 삼는다. 이런 점에서 보면, 우리는 우리의 다른 반쪽인 북한의 식량 문제가 민족문화 발전에 큰 지장을 초래할 것이라고 생각할 수 있다. 하루속히 통일이 되어야 함은 물론, 통일 이전에도 북한을 적극적으로 도와 대외적으로 공동 대처를 해나가야 할 것이다. 실로 국력은 육안으로 보이지 않는 뉴런에 따라 결정된다고 할 수 있으며, 그런 의미에서 경제력 강화에 따른 영양실조의 극복이 최우선 과제라고 할 수 있다. 그래서 나는 동북공정에 대처하는 제1과제가 바로 경제력에 있다고 본다.

신경세포의 성숙 과정은 분열기와 급성장기의 두 기로 나눌 수 있다. 분열기는 두 돌기가 아직 나타나지 않는 '□'의 단계이다. 이때 신경세포는 일반세포와 마찬가지로 세포 사이의 접촉을 통해 세포 수만 증식시킨다. 이 분열기가 끝날 무렵에 태아는 3분의 2 정도 성장을 한다. 다음 단계는 급성장기로, 두 개의 돌기가 생겨나는 '叒'의 단계라고 할 수 있다. 이 두 개의 돌기를 통해 세포들이 서로 접촉을 하며 세포체의 부피도 커진다. 이 급성장기는 출생 뒤 2개월까지 계속된다. 이 기간에 산모가 영양실조에 걸리거나 술·담배 또는 마약 따위를 입에 대면 태아의 두뇌 발달에 결정적인 영향을 미친다. 지금 미국 같은 나라는 술·담배나 마약 등에 중독된 산모들을 막지 못해 인류의 미래를 어둡게 하고 있다. 또한 북한 같은 곳은 영양실조를 막지 못해 우리의 미래를 어둡게 하고 있다. 중국은 지금 마약사범에게 극형을 내리고 있다. 왜냐하면 마약은 인류의 미래뿐만 아니라 국력의 성쇠와 밀접한 연관을 가지고 있기 때문이다.

이 급성장기가 지나면 뇌는 완만하게 성장해 2살 때가 되면 세포 사이의 기본적인 연락망이 완성된다. 6살이 되면 어른 뇌의 95퍼센트까지 성장한다. 뇌는 16~18살까지 성장하다가, 20살이 되면 하루에 수 만개씩 세포가 죽어간다. 뇌를 죽이는 가장 큰 요인은 술·담배·마약이다. 우리나라의 음주량이 세계 최대라고 한다. 술은 간을 상하게 할 뿐만 아니라 뇌세포를 죽이는 살인마이다. 이것을 생각하면 위기감이 들지 않을 수 없다. 우리 국민들은 우수한 뇌를 보존하고 국가 경쟁력을 강화하기 위해서라도 절주를 해야 하며, 아울러 건강한 전통 술을 보존하는데 힘을 쏟아야 할 것이다.

이렇게 중요한 신경세포 뉴런에 대해 더 자세히 설명하면 다음과 같다. 뉴런은 기초 신경 요소이며, 세포체(soma)와 세포체에서 뻗어 나온 돌기로 구분된다. '□'은 세포체를 'ㄨ'는 두 돌기를 상징한다고 할 수 있다. 세포체는 세포의 중추와 같다. 여기서 단백질이 생산된다. 단백질은 **축색 수송**(*axon transport*)을 통해 아래로 이동한다. 신경세포는 일반 세포와는 판이하게 정보를 받아들이고 내보내는 정보 처리 능력이 있다. **여러 개의 수상돌기**(*dendrite*)는 정보를 받아들이는 구실을 한다. 이렇게 받아들인 정보는 빈 공간을 이용해 전류로 처리되어 하나의 축색돌기로 전달된다. 세포체에서 조작·처리된 화학정보는 전기신호로 바뀌어 축색돌기의 끝까지 이동한다.

두 돌기 사이에는 신경전류가 흐르고 있다. 이 신경전류는 화학물질로 환원되어 중간 매체인 호르몬의 중계를 거쳐 다른 신경세포로 전달되며, 거기서 다시 신경전류로 바뀐다. 다시 말해서, 전류에서 화학물질로, 다시 전류로 바뀌는 것이다. 축색돌기의 막은 화학정보신호를 전기정보신호로 바꾸도록 특수하게 분화되어 있다. 축색돌기 끝에서 다른 세포로 정보를 전달하는 과정에서 전기정보신호를 다시 화학정보신호로 바꾸어야 한다. 이 화학신호는 신경전달물질을 이용해 축색돌기의 끝이 분화해 이루어진 시냅스를 건너 다른 세포로 전달된다. 신경세포에는 가는 실돌기들이 많다. 그 가운데 정보를 다른 세포에 보내는 축색돌기 하나를 제외하고는 모두 정보를 체세포에 수입하는 수상돌기들이다. 대뇌피질 안에 있는 신경세포의 수상돌기는 많은 가시(*spine*)를 가지고 있다. 이 가시들은 다른 세포의 축색돌기 끝가지와 연접해 시냅스를 형성하면서 정보를 받아들인다. 이 가시들은 정보를 받아들이는 면적을 넓혀주며, 축색돌기는 각 신경세포에 하나씩 있다. 그 끝은 여러 갈래로 갈라져 다른 신경세포·근육세포·선세포들과 접촉해 시냅스를 형성하면서 정보를 전달한다(박만상, 1992, 38쪽). 이에 대한 자세한 설명은 이 책의 제4장에서 이루어질 것이다.

우리는 여기서 신경세포를 지배하고 있는 하나의 논리를 발견하게 된다. 그것은 하나와 여럿의 관계이다. 여러 수상돌기의 가시들은 많은 정보를 수집해 하나의 축색돌기로 전달하고, 축색돌기는 이를 다시 수상돌기로 전달한다. 하나가 여럿으로 변하고, 여럿은 다시 하나로 변한다. 그래서 하나와 여럿은 상호 순환 관계를 만든다. 하나와 여럿은 따로따로가 아니다. 그러나 우리 일상의 겉모습을 보면 일(一)과 다(多), 즉 하나와 여럿이 별개인 것처럼 여겨진다. 모든 문제는 여기서부터 발생한다. 철학의 문제에서부터 정치·경제의 영역에 이르기까지, 여럿의 개별자와 하나의 전체 사이에서는 언제나 가치관의 갈등이 벌어진다. 전자를 강조하면 개인주의가 되고, 후자를 강조하면 전체주의가 된다. 그러나 우리의 뇌세포는 하나와 여럿의 순환적 조화 관계 속에서 정보를 전달한다. 하나와 여럿의 순환은 신경전류와 화학물질이 서로 교환되는 것과 관계 있음이 밝혀졌다.[5]

기능적인 차원에서 볼 때, 뉴런은 '감각 뉴런(sensory neuron)'과 '운동 뉴런(motor neuron)' 그리고 '중간 뉴런(interneuron)'으로 나뉜다. 감각 뉴런

---

5) 대개의 경우 축색돌기가 다른 뉴런의 수상돌기에 시냅스를 이루지만, 축색이 축색끼리 또는 수상이 수상끼리 연접하는 경우도 있다. 하나가 하나와 또는 여럿이 여럿과 연접하는 경우가 있다는 말이다(처칠랜드, 2006, 74쪽).

은 빛이나 기계적인 변화 같은 물리적 신호를 전기신호로 바꾸어 전달한다. 운동 뉴런은 수축하는 근육에 닿아 있다. 중간 뉴런은 두 뉴런의 중간에서 그 밖의 모든 뉴런을 망라하는 기능을 갖는다. 하등동물은 이렇게 전문화한 기능을 가지고 있지 않다. 특히 무척추동물에게서는 수상돌기와 축색돌기가 나뉘지 않는다. 이는 하등동물의 경우 하나와 여럿이라는 관계의 기능이 발달하지 않았음을 뜻한다. 여기서 '기능'이란 결국 하나와 여럿의 역동적 작용을 말한다. 그래서 어떤 문화의 질을 알고자 할 경우 그 민족문화를 대표하는 언어에서 하나와 여럿의 의미를 그리고 그 관계를 어떻게 정의하며 이해하고 있는지 파악하면 된다. 그것으로 전체를 다 파악했다고 해도 좋을 것이다. 참고로 말하면, 감각 뉴런은 하나의 기능을, 운동 뉴런은 여러 기능을 가지고 있으며, 중간 뉴런은 그것을 역동적으로 조화시키는 구실을 한다. 이와 관련해서는 이 책의 제4장에서 자세하게 다룰 것이다. 이러한 역동적인 관계로 말미암아 다음에 말할 뇌의 홀로그래피 이론이 가능해진다고 본다.

이러한 역동적인 기능은 문화의 이해에도 그대로 적용할 수 있을 것이다. 한 민족이나 국가의 문화를 대표하는 말을 **문화목록어**라고 한다. 중국의 '도(道)', 그리스의 '로고스(logos)', 인도의 '범(Brahman)' 같은 말이 이에 해당한다. 나는 그러한 문화목록어에 해당하는 우리말이 '한'이라고 본다. 물론 중국에서도 '도'와 같은 정도의 문화목록어로 '한(漢)'이 있다. 여기서는 중국의 '한'과 우리의 '한'을 비교해보려고 하는데, 이를 통해 두 문화 사이에 차이성과 동일성이 있음을 발견할 수 있을 것이다. 우리의 문화목록어 '한(韓)'과 중국의 문화목록어 '한(漢)'을 이런 관점에서 비교하지 않을 수 없다. 쉽게 사전적 의미부터 살펴보면, 우리말 '한'은 '하나'와 '여럿'이라는 의미를 동시에 지니고 있으며, 그 밖에도 '가운데[中]'·'같음[同]'·'어떤[或]' 등을 비롯한 스물두 가지의 다른 뜻을 담고 있다. 그리고 그 의미들은 철학에서 중심적 위치를 차지하는 중요한 것들이다. 그러나 중국의 '한'은 한국의 '한'과는 큰 차이를 보인다. 중국의 '한'에서는 일과 다, 곧 하나와 여럿의 균형이 파괴된다. 중국의 '한'은 '큼'을 나타내는 '하나'의 뜻만을 지니고 있을 뿐이다. 그리스에서 파르메니데스가 여럿을 배제시키고 하나, 곧 일자만을 택한 것과 같이, 중국도 일자·큼·하나 지향적임을 쉽게 발견할 수 있다.

이러한 관점에서 하와이 대학교의 에임즈 교수는 《한으로부터의 사유(*Thinking From Han*)》라는 책을 통해 중국의 '한'은 하나와 여럿 그리고 일자와 다자의 유기적 관계성을 상실했다고 말한다. 그래서 중국 사상을 내재(여럿)과 초월(하나)이 균열된 것으로 본다. 공자에 이르러 처음으로 궁극적 일자를 '태극(太極)'이라고 부르게 되었다. 태극이라는 개념이 생긴 이후로 그것과 음양오행(여럿)의 관계를 유기적으로 연관시키는 데 어려움을 겪고 있는 것이 중국 사상사의 현실이다. 이는 중국의 불교와 유교 이해에도 그대로 나타난다. 중국 현장에 대한 한국 원측(圓測)의 유식 이해, 중국 법장에 대한 한국 원효의 화엄 사상 이해 같은 데서 그 차이가 여실히 드러난다.

하나와 여럿의 관계를 이렇게 순환적으로 파악하지 못한 것은 현대 신경과학이 발견한 이론들과 상치한다. 신경세포에서 하나와 여럿은 위에서 본 바와 같이 화학물질에서 신경전류로, 신경전류에서 화학물질로 전환되면서 순환·반복한다. 이런 의미에서 한국의 '한'은 신경세포 이론과 일치하고 있다. 다시 말해서, 하나의 축색돌기는 여럿의 수상돌기와 순환적이다. 두 돌기는 세포체에서 만나 가져온 정보를 서로 교환한다. 하나는 전기를 가지고 오고 다른 하나는 화학물질로 그것을 바꾸는 등 활발한 교환 작용을 하는 것이다.

이런 점에서 한국은 중국과 그 목록어에서 서로 다르며, 한국의 문화 목록어 '한'은 뉴런 이론과 일치하고 있는 것이다. 이러한 차이로 말미암아 두 나라의 문화 양상은 판이하게 나타난다. 불교나 유교를 이해하는 방식 역시 필연적으로 다를 수밖에 없다. 원효는 그의 《판비량론(判比量論)》에서 중국 현장의 사유 방식에 문제가 있음을 논리적인 표현 기법을 통해 명료하게 증명한다. 하나와 여럿이 역동적으로 순환한다는 것이 원효의 '회통(會通)' 개념이다. 그러나 현장은 여럿을 버리고 하나의 전체를 지향하며, 하나에서 회통이 이루어진다고 보았다. 두 사람의 뇌 구조는 이처럼 다르다.

중국의 '한'은 동북공정의 중화주의(中華主義)에서도 여실히 드러난다. '중국'이라는 말은 1911년 손문의 신해혁명 때 처음으로 등장한다. 우주와 세계의 중심이라는 뜻이다. 이러한 중심주의는 '중화'라는 문화 제국주의로 발전하고 있는 것이다. 그러나 한의학의 오행에서 중앙 '토(土)'는 동시에 다른 오행과 같은 위치에 있다. 중국은 이 사실을 알아야 한다. 멱집합에서 전체는 동시에 부분의 한 요소이다. 좌뇌와 우뇌를 모두 담는 제3의 뇌는 없다. 좌우 뇌를 연결해주는 뇌량이 있을 뿐이다. '중국'이라는 나라 자체가 처음부터 있었던 것이 아니라, 하나의 용광로 안에 온갖 것이 녹아들듯 50여 개의 민족이 모여 융합되는 과정에서 중국이 생겨난 것이다. '차이나(China)'의 유래는 '지나(支那)'이다. 말 그대로 '여러 가지들'이라는 뜻이다.

중국이란 '지나'이며, 여러 다른 가지의 족속들이 모여 지금의 중국이 된 것이다. 이러한 유래를 무시하고 중화제일주의로 나가는 동북공정은 참으로 위험한 발상이라고 아니할 수 없다. '中華'는 진정한 의미에서 '中和'가 되어야 할 것이다. 그렇지 않으면, 일본의 대동아공영론이 일본 자신과 나아가 아시아 모든 국가들에 불행을 안겨다주었듯이, 중국의 중화주의에 따른 동북공정론은 더 큰 불행을 초래할 것이다. 더 큰 불행이란 중국의 대분열을 의미하는 것일 수 있다. '中華'에서 '中和'로 가치관의 대변화가 요청되고 있다. 현대 뇌 이론에 걸맞지 않는 중국 중심적 사고방식 그리고 중국이라는 실체가 마치 있는 것처럼 여기는 사고방식은 그들의 문화목록어인 '한'에 그대로 드러나고 있는 것이다.

2.4 '巛'와 뇌의 삼층 구조 그리고 양반구 이론

양촌의 '心' 자 풀이는 그 글자의 어원을 역사적으로 고찰해가며 들어간 것이 아니다. 양촌은 글자의 외관에 따라 임의로 다양한 해석을 시도했다. 실제로 뇌를 해부해보면 회색의 덩어리로 되어 있는 것을 쉽게 발견할 수 있다. '囟'은 '머리'를 의미한다. 그러므로 '囟'은 '月'과 대칭되는, 눈에 보이지 않는 정신적 기능을 상징한다고 할 수 있다. 그렇다면 '腦' 자는 심신이 마치 음양처럼 조화를 이루는 상태를 의미하는 것과 같다. 뇌는 정신적이면서 동시에 육체적임을 뜻하는 것이다. 한자는 뇌뿐만 아니라 우리 몸의 모든 장기가 심신일체임을 보여준다. 갑골문에 따르면, 세 개의 화살표는 정수리의 털을 상징하고, '囗'은 갓난아이가 숨을 쉬는 숨구멍을 상징한다고 한다. 그러나 이러한 외형을 가지고 '腦' 자의 시니피앙을 풀이하는 것은 피상적이다. 나는 여기서 '腦' 자를 뇌의 심층 구조에 적용해 그 시니피에를 풀이해보려고 한다.

뇌의 구조를 보더라도 뇌는 역시 애매하다고 할 수밖에 없다. 양반구 삼층(三層) 구조를 볼 때도 역시 그렇다. 과학기술은 논리적으로 올바른 것을 지상의 목표로 삼아왔다. 논리적이라는 것은 인간의 좌뇌를 자극시키는 것이다. 그러나 좌뇌보다 훨씬 발달된 우뇌가 바로 그 옆에 나란히 있다는 사실은 우리를 당황하게 만든다. 우리가 좌뇌를 써가며 아무리 합리적으로 생각하려고 해도, 감정이나 상상 같은 비합리적인 우뇌적 요소들이 그것을 방해하고 있기 때문이다. 그래서 우리의 '사고'라는 것은 합리적인 것과 비합리적인 것이 뒤섞여 있는 틈 사이로 빠져나온 행위라고 할 수 있다. 인간이 모순과 역설로 가득 찬 이유도 바로 여기에 있다. 다른 동물과는 구분되는 인간의 구조, 파스칼이 말한 '생각하는 갈대'와 같은 역설적 구조가 최근의 뇌 연구를 통해 밝혀지고 있다.

다른 것과 마찬가지로 인간의 뇌 역시 오랜 진화 과정을 거쳐 발달해왔다. 이런 뇌의 구조를 매클린은 삼층 구조로 그리고 스페리는 좌우 양반구로 파악했다. 여기서 상하 층은 시간축에 따라, 좌우 반구는 공간 축에 따라 결정된다. 뇌의 삼층 구조란 뇌를 상·중·하의 세 층으로 나누는 것인데, 이는 각각 별개의 진화 과정을 거치며 형성되었다. 다시 말해서, 삼층 구조는 시간축의 변화 과정을 통해 진화해왔다는 것이다. 이들 상·중·하의 뇌 구조는 신경해부학적으로 볼 때 서로 다른 기능을 하는 것으로 알려져 있다. 기능뿐만 아니라, 화학적으로도 뇌에 중요한 신경 화학물질인 도파마인(dopameine)과 콜리네스테라스(cholinesterase)의 분포 가 각 층의 차이를 결정하는 데 중요한 구실을 한다는 사실이 드러났다 (송준만, 1992, 39쪽).

그런데 뇌의 구조가 이렇게 결정되기까지 시간의 진화 과정을 밟아왔기 때문에, 이들 층은 시간축과 연관된다고 본다. 뇌의 최하층은 이른바 **파충류층(爬蟲類層)**이라고 한다. 파충류층은 뇌의 가장 오래된 신경구조로, 척추(脊椎)가 이에 해당한다. 척추 위에 연수(modular oblongata)·뇌교(ponz)·소뇌(cerebellum)·중뇌(midbrain)가 있다. 이것들을 모두 결합한 것이 신경의 **기본틀**(chassis)이다. 이 기본틀은 인간의 가장 기본적인 생명을 유지해주는 구실을 맡는다. 마르크스가 말하는 '먹고 추위를 느끼는 것' 그리고 프로이트가 말하는 '성적 본능' 등이 모두 이 기본틀 속에 들어 있는 뇌의 조각들에 따라 좌우되는 것이다. 물고기와 양서류는 이 부분만을 가지고 있다. 이 부분만 있어도 생명을 유지할 수는 있다. 이는 파충류와 포유류도 모두 공유하고 있는 부분으로, 시간적으로는 약 10억 년 전에 형성되어 진화해왔다고 본다. 이 층은 인간의 생존 본능과 안전에 최대한 관심을 기울이는 층이라고 할 수 있다.

맥클랜에 따르면, 뇌 속의 이 삼층 구조는 전혀 다른 정신세계를 이루고 있다고 한다. 그는 어떻게 한 사람의 두뇌 속에 이토록 다른 세계가 함께 있는지 의아스러울 정도라고 말한다. 각 층을 살펴보면, 아래 하층을 **파충류층**(*reptile complex*), 가운데 중층을 **포유류층**(*limbic system*), 상층을 **신피질층**(*neocortex*)이라고 한다. 파충류층이라고 하는 것은, 말 그대로 공격적이고 무자비한 행동과 같은 거의 조건반사적인 기능밖에 지니고 있지 않기 때문이다. 틀에 박힌 위계질서적 행동밖에 하지 못하는, 뱀이나 악어 같은 파충류에게서만 볼 수 있는 뇌 기능을 인간이 가지고 있다는 것이다. 매클린은 또 이 층을 두고 **파충류 복합구조**(*reptilian complex*)라고 일컬었다. 만일 20세기를 마르크스–프로이트의 세기라고 한다면, 20세기는 곧 파충류층의 세기라고도 할 수 있을 것이다. 두 번에 걸친 전대미문의 세계대전은 마치 파충류들이 정글에서 약자들을 집어삼키듯 약육강식하던 세기의 소산이다. 정글의 법칙은 곧 뇌 구조의 법칙이기도 하다. 물론 마르크스–프로이트의 세계관은 이미 19세기에 다윈이 예측한 것이기도 한다.

파충류에게는 없지만 인간을 포함한 포유동물은 가지고 있는 층이 뇌의 가운데를 이루고 있는 **대뇌변연계**(*limbic system*)이다. 이 층은 시간축으로 볼 때 1억 5,000만 년 전에서 5,000만 년 전 사이에 진화된 것으로 보인다. 그래서 포유류층은 이른바 '대뇌변연계'로 더 많이 알려져 있다. 시상·시상하부·편도·뇌하수체·해마가 모두 여기에 속해 있다. 파충류에게서는 발견이 안 되는 층이다. 이 층은 합리적 이성이 아닌, 인간의 감정과 정을 담고 있다. 유학에서 논쟁이 일고 있는 '희로애락애오구'의 7정이 바로 이 층에서 나온다고 할 수 있다. 한국인을 일컬어 '정이 많은 사람들(chung people)'이라고 하는데, 대뇌변연계는 이와 관련해 고려해볼 만한 층이라고 하겠다. 이는 엄연히 인간 뇌의 중심부를 차지하고 있는 층이다. 같은 종족끼리 보여주는 우애의 행동과 집단행동 그리고 공동적 유대감을 형성할 줄 아는 기능 등이 모두 이 층에 담겨 있다. 이러한 포유류층에서는 집단이기주의와 모성애도 나올 수 있기 때문에 매우 중요하게 다루어볼 필요가 있다. 무리 생활을 하면서 서로 정을 나누고 울고불고 하는 감정을 교류하는 동물들, 즉 포유동물의 성격을 그대로 지닌 층이라고 할 수 있을 것이다. 이 가운데 층은 아래의 파충류층과 인간의 특징을 나타내는 위의 신피질층을 연계해주는 층이라고 할 수 있다. 이 층을 통해 동물들은 서로 소속감(membership)을 가지고 우애를 나누며 무리 생활을 즐긴다. 이러한 소속감이 생기면서 인간은 무리 생활과 함께 농사 기술을 터득하기 시작한다.

뇌의 가장 상층부에 자리한 신피질층은 1~200만 년 전에 진화·발달한 것으로, 영장류에만 있는 층이다. 진화의 가장 마지막 단계에 나타난 신피질층에서 언어와 수학 같은 종합과 분석을 할 수 있는 모든 능력이 나온다. 삼층의 뇌 구조는 기능에서뿐만 아니라 신경화학물질의 분비에서도 큰 차이를 보여주고 있다. 다시 말해서, 도파마인과 콜리네스테라스의 분포가 세 두뇌 사이에 두드러진 차이를 보인다는 것이다. 인간이 지닌 신피질층은 다른 영장류와 비교가 안 될 정도로 크다. 여기에는 앞의 두 층과는 비교가 안 될 정도로 많은 정보가 담겨 있다. 마르크스가 정죄한 관념론을 만들어내는 층이 바로 이것이다. 마르크스 혁명이 성공적이려면 뇌에서 이 층을 제거해야 하는데, 이는 생명을 앗아가는 것이나 마찬가지이다. 신피질 또는 두뇌피질의 양을 전체 몸무게와 견주어볼 때, 다른 어떤 영장류보다 인간이 단연 우위에 있다. 그런데 이 신피질이 등장하면서 생긴 문제가 있다. 바로 아래 두 층과 선린적 관계를 유지하는 데서 문화와 문명에 따라 차이가 난다는 것이다. 특히 인도-유럽권, 즉 지구의 좌반구에서는 기원전 2000년 무렵부터 아래층을 억압해 균열이 벌어지기 시작했다. 이를 유럽적 균열(*European dissociation*)이라고 한다. 정도의 차이는 있지만, 한국에 견주어 중국 문명권에서도 그러한 균열

증상이 보인다.

　이러한 뇌 구조에 따르면, 마르크스의 계급 혁명은 필연적이기도 하지만 그 실패는 이미 예견된 것이었다고 할 수 있다. 필연적이라고 함은 마르크스-프로이트의 층이 뇌의 가장 낮은 층에 해당하면서 인간의 기본적인 생존을 위해 필요불가결한 층이라는 데 있다. 그러나 사강이 지적한 것처럼, 생명체의 근본 구조를 허물고 고치기란 힘든 일이다. 왜냐하면 파충류층 위에는 인간의 관념과 이념 그리고 정서를 좌우하는 층이 굳건하게 버티고 있기 때문이다. 그렇다고 거꾸로 유물론을 겨냥해 관념론이 아래층을 억압하려고 한다면, 10억 년 동안 진화해온 파충류층이 요지부동으로 버틸 것이다. 만일 뇌의 상층부에 있는 신피질층이 아래층을 억압하며 제거하려고 한다면, 생명에 치명적인 결과를 끼치게 될 것이다. 그래서 새로운 변화는 이미 있는 층에 새로운 층을 얹어놓음으로써만 가능해진다. 뇌의 구조를 들여다본다면 관념론자도 유물론자도 자숙할 수밖에 없을 것이다. 사강이 지적한 것처럼, 뇌의 구조로 볼 때 혁명에 따른 급작스러운 변화보다는 점진적인 개혁이 인류 문명사에 더욱 바람직할 것이다. 공자가 말한 온고지신(溫故知新)이 역사 발전에 더 적합하다고 할 수 있다. 신피질이 아래의 두 층을 따뜻하게 달래면서 진화해가야 한다는 것이다. 그러나 그렇지 못한 데서 인류의 비극이 비롯되었다.

　모태에서 잉태되는 순간부터 인간의 개체발생(ontogeny)은 계통발생(phylogeny)을 반복한다. 인간은 처음에 파충류로 잉태되지만, 어머니 몸속에서 포유류를 거쳐 영장류로 진화한다. 이를 독일의 해부학자 헤켈(E. Haeckel)은 '발생반복설(recapitulation)'이라고 했다. 그런데 발생반복설은 헤켈에서 시작된 것이 아니고 사실상 고대 그리스 철학에서부터 있어왔다. 즉, 아낙시만드로스·아낙시메네스·데모크리토스 등 고대 사상가들에게서 이미 이 학설이 발견되는 것이다(Gould, 1981, 13~14쪽). 데모크리토스의 우주관에 따르면, 우주는 사랑과 갈등이 지배하고 있다. 이들 두 힘의 작용에 따라 개체와 계통은 반복·순환하는 것이다. 개체발생과 계통발생은 결국 개체와 전체의 관계로, 이 두 관계는 철학의 풀지 못할 난젯거리로 지금까지 남아 있다. 홀로그래피와 카오스-프랙털 이론이라는 20세기의 혁명적 발견이 있고 나서야 개체와 전체는 되먹힘한다는 사실이 밝혀지고 있다. 그러나 되먹힘은 혼돈 그 자체이며, 헤켈이 생각한 것처럼 일정한 질서가 있는 것은 아니다. 그럼에도 분자생물학에서 전체와 개체가 되먹힘할 수 있음을 보여준 그의 공헌은 크다고 하겠다. 그런 차원에서 뇌 연구에 그의 수정된 이론, 곧 프랙털 이론이 도입될 필요가 있다고 생각한다. 나는 여기서 이 수정된 이론을 적극적으로 수용하고자 한다. 배아기의 발달 과정은 조상들의 계통발생 과정을 반복한다. 인간 배아의 경우를 보더라도 두뇌 신경 구조는 안에서 밖으로 진화한다. 그 발생 과정은 앞에서 살펴본 것처럼 신경틀-파충류층-포유류층-신피질의 순서로 이루어진다.[6] 이러한 발생반복설은 뇌의 진화뿐만 아니라 문화와 사상 그리고 문명사를 이해하는 데 근본적인 도움을 줄 수 있다. 또한 이로 말미암아 지금까지의 여러 이론들을 수정할 필요가 생길 것이다.

---

6) 생후 3주 뒤와 7주 뒤 그리고 4개월 뒤의 뇌 구조를 보면 파충류-포유류-영장류의 순서로 발생하는 것이 확연하게 나타난다. 영아의 초기 단계에서 물고기의 아가미가 보이는 것은, 탯줄에 아무런 도움도 되지 않음에도 남아 있는 것으로 볼 때, 인간이 물고기 단계에서 진화한 것이 분명함을 보여준다.

제3장 분할 뇌 이론과 문명론

　적어도 지금까지 밝혀진 이러한 양반구 삼층 구조로서 뇌 구조를 '腦'
자의 파자인 '巛'만큼 잘 나타내는 것은 없다. 뇌는 상·중·하로 나누어
볼 때 확연하게 삼층 구조로 되어 있으며, 아울러 좌우로 양분된다. 좌우
양반구는 신피질에서 나누어지는 층이다. 그렇다면 뇌는 논리적으로 여
섯 개의 영역으로 구분할 수 있게 된다.

　고등동물일수록 뇌의 크기가 커지는 것을 보면, 신피질층은 인간을
인간답게 구별해주는 층이라고 할 수 있다. 뇌의 기능은 뇌 속에 유입된
정보의 양과 비례한다. 그리고 정보의 양이란 '한'의 작용, 즉 분열과
통합의 작용에 따라 좌우된다. 오감을 통해, 즉 귀·눈·코 등으로 받아들
인 정보들은 부분적(partial)이다. 그런데 이렇게 감각의 각 부분이 받아들
인 정보들은 대뇌피질(neocortex)로 말미암아 통합된다. 대뇌피질은 그
밑에 있는 두 층에 견주어 엄청나게 크다. 클 뿐만 아니라 주름으로
뒤덮여 있다.[1] 대뇌피질은 다른 두 층보다 그 영역이 세분화해 있으며,

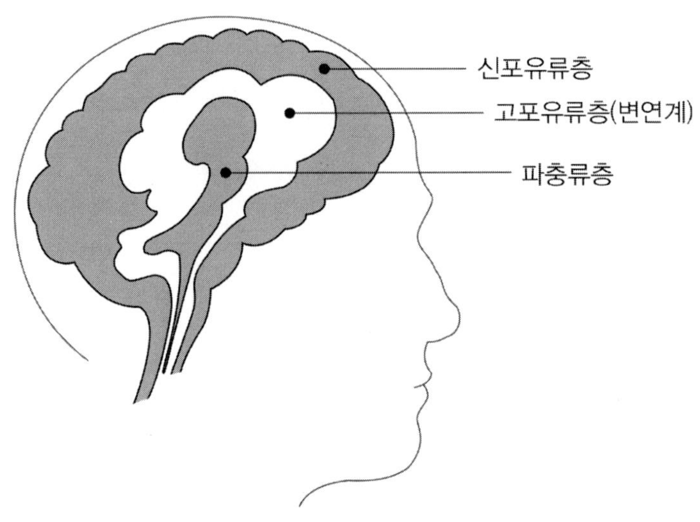

<그림 1> '腦' 자의 '巛'을 잘 보여주는 삼층 구조 이론

이 삼층 구조 이론은 폴 맥린(Paul McLean)이 처음 제시했다. 현대 인간은 이 삼층을 모두 지니고 있다. 뇌가 진화하면서 과거의 층들이 더해지고, 그러면서 세 겹이 만들어졌다. 파충류층과 포유류층이 신피질층과 한시도 분리될 수 없는 것이 인간의 현재 운명이다(Hooper, 1986, 44쪽).

그 기능 역시 다양하다. 신피질은 크게 전두엽·측두엽·후두엽·두정엽으로 나뉜다. 전두엽에는 브로카 영(Broca's area)이라는 것이 있는데, 이것은 인간의 언어 구조(문법)와 얼굴·입술·후두의 근육 운동에 관계한다. 유인원에게 학습을 시켜도 말을 못하는 까닭은 바로 유인원이 사람보다 훨씬 빈약한 브로카 영을 가지고 있기 때문이다(리키, 1995, 233쪽). 브로카 영은 측두엽에 있는 베르니카 영(Wernicka's area)과 신경섬유다발로 연결되어 있다.

브로카 영과 베르니카 영을 아치형 섬유와 각회(angular gyrus)가 잇고 있는 것이다. 이 세 부분(브로카·각회·베로니카)이 **좌뇌**를 구성하고 있다.

---

1) 우리말로는 뇌를 '골'이라고 한다. 뇌는 주름진 골로 되어 있다. 침팬지의 경우 주름(골)이 피질의 25퍼센트이지만, 인간의 경우는 65퍼센트를 차지한다.

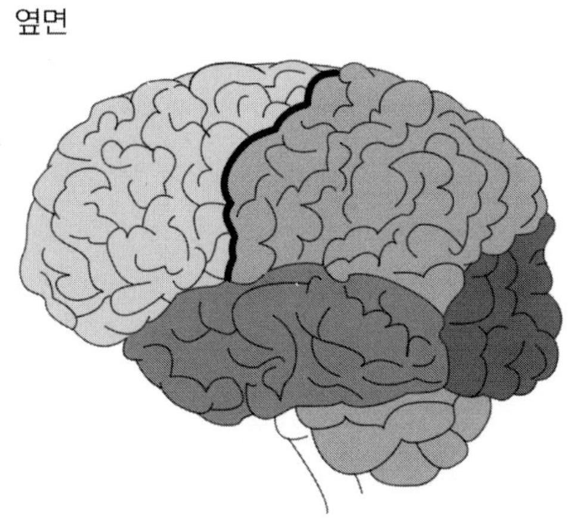

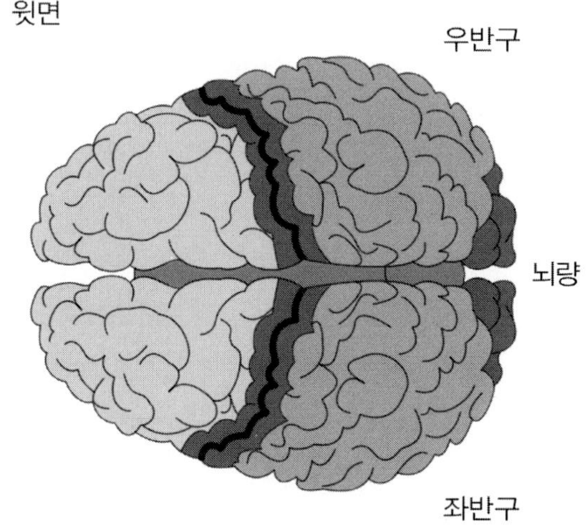

〈그림 2〉 뇌의 옆면과 윗면
뇌의 조감도라고 할 수 있다. 뇌는 이렇게 다양한 부위가 하나의 구조를 이루고 있는 것이다.

그리고 이 세 부분은 상호 작용을 긴밀하게 하면서 부분이 전체가, 다시 전체가 부분이 되는 분열과 통합 작용을 동시에 한다. 측두엽에 있는 각회는 시각·청각을 비롯해 피부에서 오는 모든 정보들을 취합하는 초

연합령(Superassociation area)이다. 언어중추라고 할 수 있는 베르니카 영은 바로 이 각회에 붙어 있으면서 연합된 정보 가운데 적절한 말을 골라 브로카 영에 전달해주고, 브로카 영은 이를 구조적인 언어로 짜맞춘다.

'이것은 나무다'라는 문장이 구성되기까지 이러한 과정을 거치게 된다. 눈·코·입·피부 같은 기관은 정보를 수집하며, 수집된 정보는 각회에 모인다. 이들 정보 가운데 필요한 부분이 베르니카 영에 따라 선별되며, 이렇게 선별된 정보가 브로카 영에 전달되어 판단이 내려지게 된다. 이와 같이 두뇌 속에서는 부분과 전체가 하나의 역동적인 작용을 벌이고 있다. 이로써 정보가 처리되고, 정보 처리 능력에 따라 의식은 발달하게 된다. 이는 '하'는 운동, 곧 '한의 운동(han movement)'이다. 동물이 인간보다 의식이 낮다는 것은 그것들이 지닌 통합령이 인간보다 작기 때문이다. 그래서 인간만큼 '한'의 작용을 활발하게 '하'지는 못한다. 정보를 취합하고 전달하며 그것을 다시 분산시키는 능력에서 인간보다 훨씬 뒤떨어진다. 조각난 낱개의 정보를 취합해 처리하는 베르니카 영에 각회가 붙어 있다는 사실은 활발한 의식의 분산과 취합에서 그것이 얼마나 큰일을 맡고 있는지 가늠하게 해준다. 덕분에 인간은 만물의 영장으로 등장해 지구의 강자로 설 수 있게 된 것이다. 그런 점에서 우리는 각회의 구실에 각별히 감사해야 할 것이다.

그러면 여기서 뇌의 '한 작용'을 통해 중국의 '漢'과 한국의 '韓'을 비교해보자. 이러한 비교를 통해 중국 사람과 한국 사람이 분열과 통합을 어떻게 수행하는지, 나아가 다(多)와 일(一)의 분열과 통합이 어떻게 이루어지는지 한눈에 볼 수 있을 것이다. 문화의 질이나 성격은 모두 이 '한 작용'의 차이에서 생긴다. 이러한 분열을 통한 차이성과 통합을 통한 동일성의 반복이야말로 들뢰즈가 말하는 '주름(fold)'일 것이다. 그리고 주름은 다름 아닌 뇌 안의 '골'인 것이다. '골'이란 한마디로 뇌 안에서 생기는 주름의 펴기와 접기 작용이다. 그러면 지금부터 중국의

‘漢’과 한국의 ‘韓’이 어떤 다른 방식으로 그 주름을 펴고 접는지 뇌 이론을 통해 살펴보도록 하자.

‘인간’이라고 할 때 그 완전한 의미는 바로 이 세 가지 뇌의 층이 균형과 조화를 이루고 있는 상태를 지시할 것이다. 그러나 인간은 문화와 문명이라는 이름으로 아래 두 층을 억누르고 악마화해 전인적 인격 형성을 파괴시켜온 것이 사실이다. 우리는 중국의 ‘한 문화’와 한국의 ‘한 문화’가 뇌의 삼층 구조를 어떻게 이해했는가에 따라 두 문화의 차이성을 분명히 하려고 한다. 뇌신경학적으로 볼 때 ‘漢’과 ‘韓’이 일과 다의 관계에서 차이를 보여주었듯이, 뇌의 삼층 구조로 볼 때도 중국 문화는 유럽만큼이나 아래층에 대한 억압 정도가 심각했음을 알 수 있다. 아래층을 억압하면 할수록 문명은 병들게 되는 것이다.

삼층 구조만 하더라도 역설적이다. 파충류층(R–복합체)은 포유류층(림계)과는 완전히 다른 기능과 작용을 한다. 마치 물과 불 같기도 하고, 백마와 흑마가 서로 반대 방향으로 끄는 마차 같기도 하다. 우리는 인간이 애매할 수밖에 없는 존재라는 사실을 뇌 구조 속에서 새삼 발견하게 된다. 뇌의 내용 면〔白〕에서든 구조 면〔黑〕에서든, 그 어느 측면에서 보더라도 인간은 철저하게 논리적이요 합리적일 수만은 없는 존재인 것이 분명하다. 뇌만큼 이 사실을 극명하게 나타내 보여주는 것도 없을 것이다. 실존주의자들은 인간을 역설적 존재로 파악했다. 뇌의 내용과 구조를 통해 보면 그 사실은 더욱 분명해진다. 현대 과학이 그 합리적 철저함에서 한계에 직면한 이유도 뇌의 구조와 내용에서 찾으면 확실히 알 수 있을 것이다. 이성 중심의, 이른바 하이데거의 존재신학은 더 이상 설 땅이 없다.

뇌의 삼층 구조를 밝혀낸 인물이 매클린이라면, 뇌의 좌우 반구와 관련해 최초로 연구·구명한 학자는 로저 스페리 박사이다(Sperry, 1964, 42쪽). 뇌의 좌우 반구란 삼층 구조에서 볼 때 신피질이 좌우로 나뉜

것을 가리킨다. 하층 척추에서 상층 두뇌 신피질로 진화·발달하는 동안 주어진 기능을 좌우로 나누어 수행하는 평면적인 분화 작용이 일어났다. 이는 마치 한 무리의 개미를 한곳에 모아놓았을 때 한쪽이 일을 하면 다른 쪽은 일하지 않는 것과 같다. 신피질 부분에서는 밑의 층에서 일어나는 좌우 분할을 넘어서서, 그 기능 면에서도 분할의 정도가 세세하다.

브로카 영역으로 알려진 왼쪽 전두엽이 손상을 입을 경우 실어증이 생긴다는 1861년도의 발견은 나중에 뇌의 양반구 이론에 결정적인 단서를 제공한다. 이 영역의 손실을 **브로카** 실어증이라고 부를 만큼, 이것의 손상은 쓰기와 말하기에 심한 장애를 초래한다. 그렇지만 한편으로 이런 실어증 환자가 아무런 이상 없이 가락을 구사하며 노래를 부를 수 있다는 사실도 알게 되었다. 그 이후 뇌의 좌반구가 실어증과 연관되며, 좌우 뇌는 그 기능이 다르다는 암시를 받게 되었다.

로버트 오른스타인(Robert Ornstein)은 1972년에 나온 《의식의 심리학 (*Psycology of Consciousness*)》에서 인간 대뇌의 좌반구는 그 기능에서 합리적 양상을, 그리고 우반구는 직관적 양상 또는 정감적 양상을 지니고 있다고 주장했다. 좌반구와 우반구의 이러한 비대칭성은 여러 가지 연구에서 두드러지게 나타난다. 예를 들면, 뇌의 좌반구가 언어 기능을 통제하고 있음은 좌반신불수자가 우반신불수자보다 실어증과 더 밀접하게 관계되어 있다는 보고[2]에서도 여실히 나타난다. 해부학적으로 보더라도 우반구와 좌반구는 그 모양에서부터 다르다. 이러한 차이는 임신 31주만 되어도 나타난다고 한다. 1978년 사케임(Sackheim)과 구르(Gur) 그리고 샌시(Sancy)는 정서 반응에서도 왼쪽과 오른쪽이 다르다는 사실을 다음과 같이 보고하고 있다. 즉, 사람의 얼굴 사진에서 왼쪽의 반쪽 얼굴로

---

2) 안네트는 106명의 반신불수자의 표본을 통해, 우반신불수의 46퍼센트가 언어에 지장을 겪는 반면, 좌반신불수의 경우에는 15퍼센트만이 그렇다는 것을 발견했다.

또는 오른쪽의 반쪽 얼굴로 합성한 모습을 만들어 제시해보았더니, 왼쪽 얼굴로 합성한 것이 오른쪽 얼굴로 합성한 것보다 정서 표현에서 강하지 못했다는 것이다.

뇌의 이러한 구조로 보더라도 뇌는 애매모호하다고 할 수밖에 없다. 삼층 양원적 구조에서 볼 때 뇌는 애매하다. 논리적이라는 것은 인간의 좌뇌를 자극시키는 것이다. 그러나 좌뇌보다 훨씬 발달된 우뇌가 바로 그 옆에 엄연히 붙어 있다는 사실은 우리를 당황하게 한다. 우리가 좌뇌를 써가며 아무리 합리적으로 생각하려고 해도 감정이나 상상 같은 비합리적인 우뇌적 요소들이 그것을 방해하기 때문이다. 그래서 우리가 사고한다는 것은 합리적인 것과 비합리적인 것이 뒤섞여 있는 틈 사이로 빠져나온 행위라고 할 수 있다. 인간이 모순과 역설로 가득 찬 이유도 바로 여기에 있는 것이다. 서구 문명이 우뇌의 기능을 열등시했다는 것은 불행이 아닐 수 없다. 여기서 뇌의 충돌과 문명의 충돌은 연관된다.

좌우 반구는 그 성격이 역설적으로 상이하지만, 서로 상보하고 있다. 좌우 반구는 뇌량(腦梁)으로 서로 연관되어 있다. 〈그림 3〉에서 보는 바와 같이 양반구는 크게 3단계에 걸쳐 서로 상보 작용을 한다. 초기 단계에서는 양반구가 공통적인 정보 처리를 함께 수행하고 있다. 이 단계를 감각 단계라고 한다. 피아제의 감각 운동(sensory motor) 같은 것이다. 안네트의 연구 보고에 따르면, 생의 초기에는 좌우 반구가 거의 같은 기능을 발휘한다고 한다. 다시 말해서, 생의 초기에는 좌반구에 손상을 입어도 우반구에서 손쉽게 해당 기능을 복구해낼 수 있다는 것이다. 심지어 뇌량 없이 태어나는 아이의 경우에는 19세에 이르러 양반구에서 모두 언어 기능이 살아나는 것을 발견했다고 한다(레빈탈, 1986, 116쪽). 이는 좌우 반구가 분리되지 않는 공통된 시기가 있었다는 것을 의미한다. 양반구의 비분리기, 즉 공통의 기간이 끝나는 시기는 대략 5~11세경으로 보고 있다. 피아제는 이때를 전조작기가 끝나는 시기라고 파악한다. 비대칭성

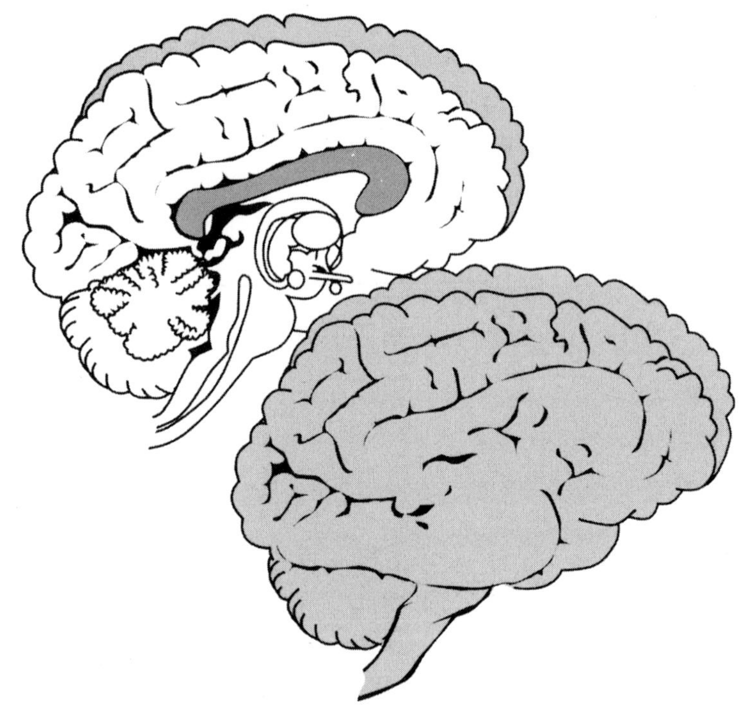

<그림 3> 뇌량으로 나누어본 좌우 뇌
이는 곧 서양과 동양을 나누는 것이다(Goswami, 2007, 128쪽).

이 나타나는 7세 무렵의 기간을 피아제는 구체적 조작기라고 했다. 비대
칭성이 끝나고 극심한 대칭성이 나타나기 시작하는 것이 구체적 조작기
라는 것이다. '남녀칠세부동석(男女七歲不同席)'이라는 말이 이상하지 않
을 정도이다. 이는 좌뇌와 우뇌의 비대칭성이 끝나고 대칭성이 시작되는
것을 의미한다. 좌우 반구가 대칭성을 보이는 세번째 단계가 이렇게
시작된다.

　좌우 반구 사이에 대칭성을 보이면서, 뇌량은 양반구 사이에 소통이
활발하게 진행되도록 한다. 이러한 연구를 수행한 학자 가운데 한 명이

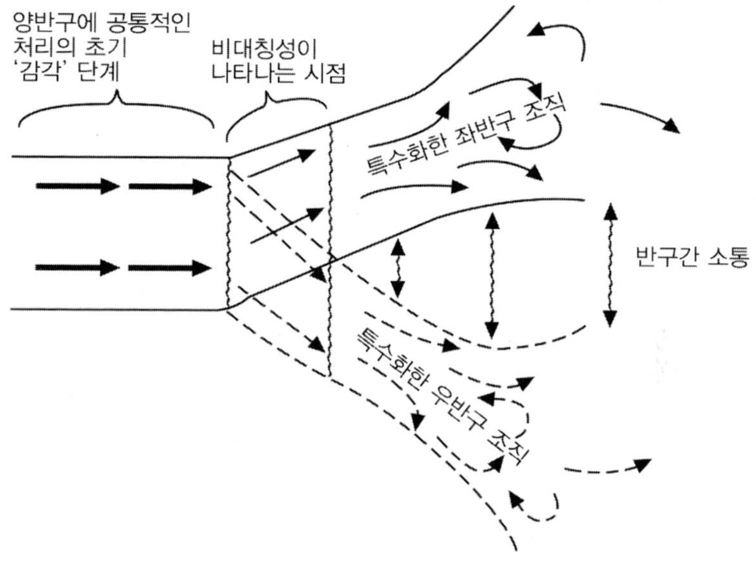

〈그림 4〉 좌우 뇌의 정보처리 모델로 본 대칭성과 비대칭성(모스코비치, 1978, 391쪽 ; 레빈탈, 1986, 117쪽)

모스코비치이다. 이러한 학자들의 노력은 문명사 연구에도 큰 도움이 된다. 양반구 사이의 기능이 미분화된 기간은 비대칭이 나타나는 기간, 대칭이 심화되는 기간, 그리고 반구 사이의 소통이 일어나는 기간으로 나누어 생각해볼 수 있다. 문명의 성격을 좌우 반구로 나누어 생각할 때도 같은 과정을 겪는다고 볼 수 있다. 즉, 뇌의 양반구가 지구의 양반구를 닮아 있다는 가설에 따른다면, 뇌의 양반구 대칭 구조와 발전 단계는 곧 지구 위에서 펼쳐지는 인류 문명사와 연관된다고 마땅히 생각해볼 수 있는 것이다.

좌우 뇌는 〈그림 4〉에서 보는 바와 같이 통합과 분열 그리고 다시 재통합의 과정을 겪으면서 상보한다. 마찬가지로 전 지구는 우랄-알타이 산맥을 뇌량으로 해서 동서가 각각 우뇌와 좌뇌의 특징을 보인다.

그리고 프랙털적 성격에 따라 동양 안에서도 중국과 한국은 각각 좌뇌와 우뇌의 성격을 보인다. 서양의 경우는 애슈브룩이 동방 교회와 서방 교회를 우뇌적인 것과 좌뇌적인 것으로 나누어 살펴본 연구 결과를 이미 내놓았다. 동양의 경우도 이렇게 뇌 이론을 적용해 같은 연구를 할 수 있을 것이다. 뇌 이론을 통해 볼 때, 중국 정부와 학자들이 진행하고 있는 동북공정의 문제점도 드러난다고 하겠다. 이들은 좌우 뇌가 서로 상보하듯 중국과 한국이 동북아시아에서 문명을 창조해왔다고 보지 않고, 중국 일변도의 문화제국주의적 독단에 빠져 동북아시아의 역사와 문명을 함부로 재단하고 있는 것이다. 이는 매우 바람직하지 않은 행태이며, 뇌 이론에 비추어도 걸맞지 않은 일이라고 할 수 있다.

3.2 좌뇌와 우뇌의 특징과 차이

뇌가 그 기능에서 좌우로 분할되어 있다는 분할 뇌 이론(split brain theory)은 1950년대부터 학자들 사이에 연구가 시작되었다. 이 무렵은 이미 현대 과학의 상대성 이론(1910년대)이나 불확정성 이론(1920년대)이 거의 완성된 때이다. 이때까지만 하더라도 뇌에 관한 연구는 거의 황무지나 다름없는 상태였다. 뇌는 뇌를 연구하는 연구자 자신의 것이기 때문이라는 점도 연구가 부진한 이유 가운데 하나였다. '등잔 밑이 어둡다'는 속담을 실감할 수 있을 것이다. 1950년대부터 일군의 생물학자와 심리학자 그리고 외과의사 사이에 종합적인 연구 과제로 뇌 연구가 부상했다. 1950년대 시카고 대학의 로널드 메이어스와 로저 스페리 박사의 고양이 뇌 연구를 필두로 분할 뇌 이론에 대한 연구가 활발해지기 시작한 것이다. 드디어 1960년대 초 스페리 박사와 미카엘 가자니가 교수는 분할 뇌와 관련한 결정적인 공동 연구 결과를 발표했다.

스페리 박사의 연구에 따르면, 좌뇌반구는 언어 정보 처리 능력에서 우뇌반구보다 뛰어나며, 이와 달리 우뇌반구는 시공간적 패턴 인식에서 좌뇌반구보다 뛰어나다고 한다. 이러한 분할 뇌 이론의 내용은 동물에게서는 발견되지 않는, 인간 뇌의 특성이라는 사실도 밝혀졌다. 동물의 경우는 언어가 발달하지 않아서 분할 뇌 이론을 적용할 수 없다고도 할 수 있고, 거꾸로 좌뇌 기능이 없어서 결국 언어가 발달하지 않았다고도 할 수 있다. 인간에게만 있는 언어 기능을 좌우하는 것이 좌뇌반구이고 보면 좌뇌의 중요성은 대단하다고 할 수 있다. 그래서 좌뇌를 'mojor'라고 했는데, 이 속에는 '지배적'·'주도적'이라는 의미가 포함되어 있다. 그리고 상대적으로 우뇌반구는 'minor'라고 했다. 이 말 속에는 '종속적'이라는 의미가 내포되어 있다.

이러한 뇌 이론은 문명사 연구에도 그대로 적용될 수 있다. 즉, 좌뇌적인 특징을 가지고 있는 서양 문명이 우뇌적 특징을 가지고 있는 동양 문명을 어떻게 바라보고 있는가는 짐작하고도 남음이 있는 것이다. 그리고 한편으로 페미니즘의 시각에서 본다면, 좌뇌적 특징을 가지고 있는 남성이 우뇌적 특징을 가지고 있는 여성을 어떻게 바라보고 있는가도 쉽게 짐작할 수 있다. 그런데 뇌 연구가 거듭될수록 우뇌의 중요성이 더 부각되기 시작했다. 최근 미국의 현장 교사들의 연구에 따라 제기되고 있는 '총체적 언어 교육(holistic language education)'을 보면, 언어 교육이 주위 환경을 포함한 알파벳 인식은 물론 다양한 정신적 과정을 통해 이루어진다는 다요인설이 제기되면서 우뇌의 중요성이 재인식되기 시작했다.

분할 뇌 연구가 진행되면서 양 뇌의 기능적 특징이 동양과 서양을 나누는 특징과 일치한다는 점이 발견되었다. 1960년대 말에서 1970년대 초에 베버와 보겐에 따라 이루어진 연구는 좌우 뇌 사이의 이분법을 잘 보여주고 있다.

찰스 터너는 《마음의 지도(*Maps of Mind*)》에서 여러 학자들의 이론들을 좌우 뇌의 성격에 따라 다음과 같이 나열해놓았다.

좌뇌(언어적·분석적·귀납법적·계열적)	우뇌(비언어적·종합합리적)
상징적(symbolic)	시공간적(visual–spatial)
연합(associative)	유비(apperceptive)
명제적(propositional)	동격(apposional)
부분 요소 분석적(analytic)	전체 부류 종합적(synthetic)
휴부리스	네메시스(그리스 비극)
음	양(역)
정신·마음	물질·몸(데카르트)
의식	무의식(프로이트)
사고	감정
페르소나	그림자(융)
적극적	소극적(메이)
거짓 자아	참 자아(Laing)
자연종교	4차원 비전(Blake)
수직적 사고	수평적 사고(드 보)
나–그것	나–너(부버)
영토	지도(Korzybski)
대상언어	메타언어(러셀)
표층	심층(Chomsky)
Ego	being(Salk)
Tree	Net(Varela)
Positive	Mythic(레비 스트로스)
서양	동양
중국 '漢'	한국 '韓'
도스적(*DOS*)	윈도우적(*Windows*)

'나무를 보고 숲을 보지 못한다'는 속담이 있다. 뇌의 구조를 보면 이 속담이 말하는 바를 실감할 수 있다. 좌뇌는 나무를 보고 우뇌는 숲을 본다. 전자는 부분을 먼저 보고 후자는 전체를 먼저 본다는 뜻이다. 그런 면에서 서양은 확연히 전자와 같고 동양은 후자와 같다. 분할 뇌 연구가 이루어질 당시에는 아직 전산 용어가 마련되지 않았지만, 좌뇌를 도스적이라고 하고 우뇌를 윈도우적이라고 하면 가장 손쉽게 분할 뇌 이론을 이해할 수 있을 것이다. 자료를 배열하는 방법에서 도스는 계열적으로 분석적인 방법을 사용한다. 그래서 높은 추상의 단계로 올라가는 방법이 마치 나무의 가지와 같이 순차적이다. 이를 도스적이라고 한다. 그러나 윈도우는 여러 개의 정보를 병렬적으로 처리한다. 마치 모니터의 창에 한꺼번에 모든 파일이 떠오르듯이 말이다. 사실 우리도 모르는 사이에 오른쪽 눈(좌뇌)은 도스를 좋아하고 왼쪽 눈(우뇌)은 윈도우를 좋아하고 있다. 윈도우 시대에도 여전히 도스를 사용하는 사람들이 있는 것은 바로 이 때문이다.

도스의 연속적 처리 방식을 우뇌는 수행해내기가 어렵다. 그래서 좌뇌가 활성적인 사람은 도스가 편한 것이 사실이다. 그러나 지금은 대부분의 사람들이 윈도우의 편리함에 편승하고 있다. 화이트헤드는 이러한 좌뇌적-연속적이며 경과적인 것을 일컬어 '전이적(transitional)'이라고 했고, 우뇌적-병렬적인 것을 일컬어 '합생적(concrescence)'이라고 했다. 여기에 'AA'와 'Aa'라는 두 가지 문자를 통해 좌우 뇌의 기능적 차이를 실험한 경우가 있다. 기호학적으로 볼 때 양자의 기의(記意)는 모두 같다. 그러나 기표(記表)는 다르다. 즉, 모양은 다르나 같은 뜻을 갖는다는 말이다. 정상적인 사람들은 형체가 같은 'AA'가 왼쪽 시야에 보이면 '같다'고 즉시 대답하지만, 같은 의미를 가지고 있으나 모양이 다른 'Aa'가 보이면 곧바로 대답하지 못한다. 그런데 이를 오른쪽 시야에 제시하면 사정이 달라진다. 즉, 'Aa'가 '같다'고 즉시 대답을 한다는 것이다. 이는 왼쪽 시야를 담당하는 우뇌는 모양(pattern) 인식에 빠르고, 오른쪽 시야를 담당하고 있는 좌뇌는 의미(meaning) 인식에 빠르다는 것을 뜻한다. 모양을 기표라고 하고 의미를 기의라고 할 때, 기호학은 뇌 연구와 밀접하게 관련되어 있음을 실감할 수 있다.

여기서 우리는 동양이 왜 그렇게도 문자와 언어에 대해 혐오감을 느껴왔는지 거슬러 추리해보게 된다. 예를 들면, 불교의 '불립문자(不立文字)'와 노장 사상의 '도가도비상도(道可道非常道)'에서부터 심지어 '교언영색(巧言令色)'을 너무도 싫어해 '눌언(訥言)'을 기꺼이 찬양한 공자까지 말이다. 이 때문에 눌언은 지금까지도 덕(德)의 표준처럼 여겨지고 있다. 이러한 까닭에 동양은 상상력·초감각·우주의식·신비 등의 측면에서 서양과는 비교할 수 없을 정도로 탁월한 능력을 개발해올 수 있었다. 이는 뇌의 생리적 구조에서 볼 때 어쩌면 숙명이자 필연이라고 할 수 있을 것이다. 이와 관련한 더 자세한 고찰은 1970년대에 키무라의 이분 청취 검사(*dichotic listening technique*)에서 이루어졌다. 우뇌가 언어 감각에 무딘 데는 그럴 만한 이유가 있었다는 것이 이 검사를 통해 증명되었다.

3.3 이분 청취 검사와 동양의 불립문자론

동양이 문자를 혐오하는 이유를 우리는 뇌의 구조에서 확연히 파악할 수 있다. 지금까지의 뇌 연구는 주로 뇌 손상을 입은 환자를 중심으로 이루어졌다. 그 결과 좌뇌 손상을 입은 환자가 현저하게 언어 능력이 저하된다는 사실을 발견하게 된 것이다. 키무라는 1961년과 1967년 두 차례에 걸쳐 정상인을 상대로 한 연구에서도 이 사실을 입증했다. 키무라는 이분 청취 검사를 통해 정상인을 대상으로 한 실험에서도 좌뇌가 인간의 언어 능력과 관계된다는 사실을 발견한 것이다. 이 연구에 따르면, 좌뇌가 우뇌보다 언어 파악 능력이 탁월한 것은 본질적인 것도 아니고 필연적인 것도 아니라고 한다. 좌뇌가 탁월한 듯한 결과가 나오는 것은 단지 언어 파악 과정이 '직접적'이고, 그래서 시간적으로 경과 과정이 빠르기 때문이라고 한다.

키무라가 밝혀낸 것은, 좌뇌와 연관된 오른쪽 귀에 언어를 들려주면 그것은 좌뇌에 직접 전달되지만, 우뇌와 연관된 왼쪽 귀에 언어를 들려주면 우뇌반구를 거쳐 좌뇌로 전달된다는 사실이다. '직접적'이라고 하는 것은 바로 이런 뜻이다. 언어를 청취하는 능력에서 보자면 좌뇌이냐 우뇌이냐 하는 것은 본질적인 문제가 아니다. 좌뇌는 직접적으로 언어를 파악하지만, 우뇌는 간접적으로 파악한다. 이는 정상인들을 상대로 연구한 것이지만, 비정상인 환자를 상대로 한 연구와 결과에서 일치한다. 이로써 문장의 문법적 구조는 언어의 음조와 마찬가지로 좌뇌반구에서 잘 수행된다는 것이 증명되었다. 여기서 본질적이 아니라고 하는 것은 좌뇌가 언어 기능을 전적으로 수행하는 것은 아님을 두고 하는 말이다. 전달 과정에서 좌뇌는 직접적이지만 우뇌는 간접적이라는 것이다. 왼쪽 귀에 전달된 언어는 반드시 우뇌반구를 거쳐 좌뇌로 간다. 여기서 우뇌는 좌뇌보다 한발 뒤처지게 되는 것이다. 그렇다면 직접·간접의 전달 과정에서 '시간'이라는 요소가 문제로 떠오른다. 우반구적 특징을 가지고 있는 동양 문화권이 언어를 혐오하는 이유는 본질적인 어떤 것 때문이 아니라 경과 과정이 간접적이기 때문이라는 것을 의미한다. 가령, 모르스 부호는 점과 선으로만 시간적 순서에 따라 연결되는데, 모르스 부호를 아는 피험자와 그것을 모르는 피험자를 상대로 실험을 한 결과 좌반구가 손상된 사람들이 훨씬 부호 인식이 안 된다는 결과를 얻게 되었다.

그러면 그 경과 속도는 어느 정도일까? 에프런(Efron)의 연구 결과에 따르면, 약 3초 정도라고 한다. 다시 말해서, 같은 소리를 왼쪽 귀에

3초 정도 앞서게 들려주어야 피험자는 양쪽의 자극을 동시에 인식한다는 것이다. 이는 동양인과 서양인이 같은 소리를 들을 때 전자는 후자보다 3초 늦게 그 소리를 파악한다는 것을 뜻한다. 앞에서 언급했듯이, 왼쪽 귀에 들려준 말은 오른쪽 귀에 들려준 말보다 긴 경로, 곧 간접적인 경로를 거치기 때문이다. "왼쪽 자극은 (좌반구에 이르는) 보다 더 긴 통로를 가지고 있어서, 왼쪽의 자극은 그것이 우뇌반구로 가는 통로를 따라 진행해야 하므로 좌뇌반구에 전달되는 오른쪽 자극보다 더 먼 길을 가게 된다는 가설과 일치 한다"(고영희, 1990, 87쪽). 이 3초의 차이가 동양과 서양의 차이를 가늠하는 동기가 될지도 모른다. 긴 경로와 짧은 경로의 이 같은 차이가 동양과 서양의 언어 인지를 가르는 것이다. 1973년에 라커너(Lackerner)와 튜버(Teuber)는 '찰각'거리는 소리의 분리되는 거리감을 파악하는 데서 좌반구 손상 환자들이 우반구 손상 환자보다 더 긴 매개 자극을 필요로 한다는 사실을 알게 되었다. 이를 두고 시간 소산(*temporal resolution*)이라고 한다.

이러한 연구는 언어 영역을 좌우 반구로 확연히 나눈다는 것이 절대적이 아님을 보여주는 것이라고 할 수 있다. 언어를 나타내는 데도 음성을 기록하는 표음문자가 있는가 하면, 이미지로 된 상형문자가 있다. 같은 상형문자의 경우에도 음을 주로 나타내는 이집트의 것과 모양을 나타내는 동북아시아의 한자가 있다. 이는 단적으로 언어 영역을 좌우 뇌의 기능으로 나눌 수 없다는 것을 의미한다. 그럼에도 좌우 뇌반구는 언어를 인지하는 데서 시간 간격을 보이는 것도 사실이다. 다만 여기서는 우뇌적 특징을 보이는 동양 문화권이 왜 언어에 대해 그렇게도 백안시해 왔는지를 뇌 구조로써 알아보는 데 그 의미를 둘 뿐이다.

〈창세기〉의 바벨탑 사건 이후 언어에 대혼란이 온 것도 뇌 이론으로 설명할 여지가 있다고 본다. 이는 좌우 뇌의 분할이 개인의 나이로 언제쯤 가능하게 되었는지를 살펴보면 간접적으로 알 수 있을 것이다. 레니

버그(Lenneberg)의 1976년 연구에 따르면, 어린아이의 뇌는 분할되지 않은 상태라고 한다. 그는 기능 분할(lateralization)이 사춘기 즈음에 이루어진다고 보았다. 크라셴(Krashen)은 그보다 빠른 약 5세경부터 분할이 완성된다고 보았다. 그런데 신생아 시기에 이미 분할 뇌 현상이 보인다는 연구도 나오고 있다. 즉, 신생아 때 이미 뇌의 분할 현상이 나타나 5세경이면 그 분할이 확연히 드러난다는 것이다. 이러한 가설은 피아제의 인지 발달 과정과 일치한다. 피아제에 따르면, 4~7세는 직관적 전조작기로서 언어 발달이 활성화하는 기간이다. 켄 윌버는 이 기간이 계통발생으로 보아 기원전 12000~2000년 무렵에 해당한다고 보았다. 그는 말하기를, 이 기간은 인간이 농경 생활을 시작하는 때이며, 언어는 인간의 농경 생활과 밀접한 관련이 있다고 했다. 집단으로 무리를 지어 살게 되면서 서로 의사소통이 필요하게 되었고, 그 수단으로서 언어의 발달은 필수적이었다. 이 기간을 엘리아데는 '중요한 시기'를 뜻하는 '일로 템포레(illo tempore)'라고 일컬었으며, 줄리언 제인즈는 양 뇌의 붕궤가 시작되는 때로 보았다(김상일, 1995, 108~210쪽).

이러한 양 뇌 분할은 언어의 등장으로 가능하게 되었고, 언어 습득을 하면서 가속도가 붙게 되었다. 양 뇌 분할과 언어 습득은 이렇게 상호 순환적이라고 할 수 있다. 인간이 농경을 시작하면서 터득하게 된 언어와 시간 개념은 매우 중요한 것이다. 앞의 실험에서 본 바와 같이, 좌뇌와 우뇌에서 언어 이해의 차이가 시간의 동시성 및 소산성과 관계된다는 결과가 나온 것은 단순한 우연의 일치가 아닐 것이다. 5세 이전의 언어 장애 아동들에게 현저하게 나타나는 현상은, 양쪽 귀에서 정상인들에게 보이는 동시성이 보이지 않는다는 것이다. 이는 인간의 언어 능력이 이 나이 즈음에 생긴다는 것을 의미한다. 이는 곧 이 나이의 아동들에게는 아직 분할 뇌의 특징이 분명하지 않다는 말이기도 하다. 이런 견지에서 볼 때, 동서양의 차이도 계통발생적으로 기원전 2000년 전까지는 그렇게 분명하지 않았다고 하겠다. 전세계 곳곳에서 발굴되는 유물들이 서로 동일한 특징을 보인다는 사실은 이를 잘 입증해주고 있다.

어떤 연구자들은 심지어 성인에게서도 분할 뇌 특징이 보이지 않는다는 결론을 얻고 있다. 왼손잡이의 3분의 2 정도는 오른손잡이처럼 언어와 시간 개념 기능이 좌반구에서 일어나고 있다. 우뇌반구에서 일어나는 경우는 나머지 3분의 1 정도이다. 이러한 연구 결과는 좌우 뇌의 기능을 언어 기능에 절대적으로 적용하는 것이 위험하다는 사실을 지적해준다. 연구 결과에서 한 가지 확실한 것은 남자들이 여자들보다 분할 뇌 특징이 두드러진다는 점이다. 이분 청취 실험에서 남자들이 여자들에 견주어 현저하게 분할 뇌적 특징을 보여주었다. 이를 근거로 남성적인 서양 문화가 더 분할 뇌의 특징을 보여준다고 할 수 있다. 아울러 이러한 특징은 동서양의 신화를 비교하는 데서 가장 잘 드러난다.

단군 신화에는 곰과 호랑이가 나온다. 이 두 동물의 특징은 뇌 이론을 가지고 분명하게 설명할 수 있을 것이다. 뇌 연구에 이용된 안구 측면 운동(conjugate lateral eye movement) 실험에 따르면, 내적으로 회상하거나 계산하도록 요구받았을 때 사람들은 양쪽 눈을 좌우 어느 한쪽으로만 움직이는 경향이 있다고 한다. 데이(Day)의 연구에 따르면, 오른쪽 주시자들은 행동을 밖으로 표출하는 외향적 경향이 강하며, 반대로 왼쪽 주시자들은 내면적 경향이 강하다고 한다. 이는 신화의 호랑이와 곰의 성격적 특징을 그대로 보여준다. 호랑이는 서양의 외향적 특징을, 곰은 동양의 내향적 특징을 드러내는 것이다. 이런 차원에서 단군 신화가 호랑이와 곰을 대비시킨 것은 서양의 코카시안과 동양의 몽골리안을 대비시키는 것과 같은 문명사적 의미가 있는 것이다. 고구려 고분벽화인 무용총에 보이는, 곰과 호랑이 옆에 서역인과 고구려인의 씨름 모습은 이런 점에서 많은 것을 시사해준다고 할 수 있다. 이와 관련해서는 다음 장에서 자세하게 다루도록 하겠다.

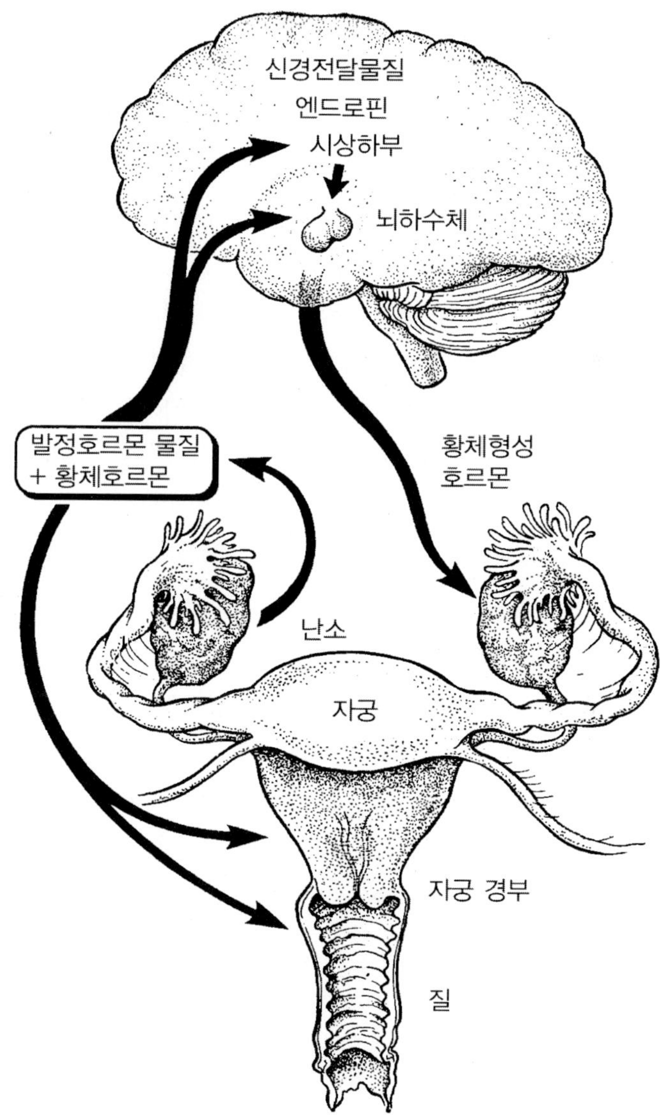

〈그림 5〉 뇌와 골반의 상호 연관성으로 본 여성의 심신일체도(Northrup, 1998, 116쪽)

남자에 견주어 여자는 골반을 통해 좌우 뇌와 삼층 구조를 하나로 잘 조화시킨다. 여성 해방가들은 좌우 뇌의 조화가 곧 여성성의 특징이라고 본다.

안구의 좌우 운동은 뇌의 반구성과 관계가 있다. 안구의 왼쪽 운동과 오른쪽 운동은 각각 뇌의 오른쪽 및 왼쪽과 연관된다. 실제로 왼쪽 주시자들이 우뇌 기능과 연관된 시공간적 기능을 관장하는 데 음악적이고 더 예술적임을 확인할 수 있다. 이는 동이족이 중국의 한족과는 달리 가무를 즐겼다는 문헌 기록들과도 일치하는 것이며, 한류를 설명하는 데 하나의 근거가 될 것이다. 이와 달리 오른쪽 주시자들은 좌뇌의 기능적 특징을 그대로 보여준다. 즉, 이들은 명제적·개념적 작업에서 탁월함을 보여주는 것이다. 미국 SAT 시험이나 한국의 대입 수학능력시험에서 오른쪽 주시자들이 우수한 성적을 보인다는 것은 이미 공인된 사항이다. 과학과 수학을 평가하는 SAT 하위 시험에서도 이 학생들은 두각을 나타낸다. 언어 영역 평가에서도 오른쪽 주시자들이 압권을 보인다. 이런 면에서 대입 수학능력시험이 다분히 좌뇌 중심적임을 알 수 있다. 이는 오늘날 세계가 서양 지배적인 것과 궤를 같이한다고 할 수 있다. 미국은 학생들의 학교생활 전반에 걸친 평가를 통해 이런 좌뇌 중심적 학생 모집을 보완하고 있으나, 우리나라는 수시 입학이 있기는 해도 아직 미흡하다고 할 수 있다. 하루속히 시험 제도를 바꾸어 좌뇌와 우뇌가 균등하게 발달한 인재를 선발하는 데 관심을 기울여야 할 것이다. 지금과 같은 교육 제도는 어느 한쪽으로 편향된 가자미 눈 인간을 양산할 따름이다. 이는 국가 경쟁력 면에서 보더라도 심히 우려되는 바가 아닐 수 없다.

제4장 뇌와 한버스

4.1 홀로그래피의 논리적 구조

한의학과 홀로그래피의 관계에 대해 나는 이미 《현대물리학과 한국 철학》(서울 : 고려원, 1993) 제2편에서 말한 바 있다. 그리고 홀로그래피와 포토그래피의 관계에 대해서는 《러셀 역설과 과학혁명구조》(서울 : 솔, 1996)에서 다루었다. 이 양자의 관계를 처음 말한 지도 10여 년이 지난 터라, 그 사이 새롭게 얻은 지식과 이론에 기초해 여기서 다시 다루어보려고 한다.

홀로그래피는 20세기 과학의 꽃이라고 할 수 있다. 혁명적이라고 할 만큼 홀로그래피에 따른 기틀 전환(paradigm shift)은 다른 어느 것에 비교할 수 없을 정도이다. 그만큼 영향력이 큰 것이 바로 홀로그래피의 발견이다. 한의학의 현대적 이론 구성에는 다른 어떤 것보다도 홀로그래피 이론이 도움이 된다. 한의학의 기본 논리는 부분과 전체가 같다는 논리, 곧 '부분 즉 전체(parthole)'의 논리이다. 어떻게 이러한 논리가 가능한지 그 이유를 파악하는 것은 무엇보다 중요하다. 이를 파악함으로써 홀로그래피가 현대 과학의 총아로 모든 분야에서 각광받는 이유를 알게 될 것이다.

홀로그래피의 구조는 그것이 만들어지는 과정에서 선명하게 드러난다. 홀로그래피는 일종의 사진 기술이다. 종래의 포토그래피란 우리가 이미 100년 이상을 사용해온 것이다. 그런데 홀로그래피는 포토그래피와 비교함으로써 그 구성 원리를 더 분명히 알 수 있다. 포토그래피는 부분 즉 전체가 아니다. 우리말 '한'은 부분 즉 전체를 가장 정확하게 나타내지만, 여기서는 부분(part)와 전체(whole)의 합성어인 '파트홀(parthole)'을 함께 사용하려고 한다. 부분과 전체의 관계는 19세기 말에 수학자 칸토어로 말미암아 그 개념이 획기적으로 변하게 되었다. 유클리드는 '부분의 합이 전체'라는 하나의 공준을 만들었다. 그러나 칸토어는 자연수 전체에서 그것의 절반인 홀수나 짝수를 일대일로 대응시키는 기법을 통해 부분과 전체, 그리고 유한과 무한이 같다는 것을 증명했다. 이는 유한의 합이 무한이고 유한의 연장이 무한이라는 종래의 생각을 근본적으로 바꾸어놓았다. 유한 속에 '包숨'된 무한을 일컬어 칸토어는 '실무한(transfinite)'이라고 했다. 그리고 무한 속에 '包涵'된 유한을 '가무한(potential infinite)'이라고 한다. 가무한은 유한과 무한이 일대일로 대응하지 않는다. 포토그래피는 바로 이러한 가무한에 기초한 것이며, 홀로그래피는 실무한에 기초한 것이다. 실무한의 발견은 20세기의 거의 모든 분야에서 기틀 전환을 가능하게 만들었다. 이런 점에서 홀로그래피의 발견은 이미 19세기 수학에서 예견되었던 셈이다. 잘 알려진 것처럼, 아인슈타인의 상대성 이론 역시 19세기 초 리만의 비유클리드 기하학에 그 기초를 둔 것이었다.

칸토어가 실무한을 발견한 배경은 '일대일 대응'이었다. 그러면 홀로그래피에서 이 기법이 어떻게 적용되는지 살펴보도록 하겠다. 실무한의 정립은 일대일 대응의 발견으로 가능해졌으며, 이는 20세기 과학의 기틀을 바꾸는 계기가 되었다. 다시 강조하지만, 한의학은 이러한 일대일 대응 개념 없이는 파악이 불가능하다. 경맥과 장부의 일대일 대응은 그 좋은 실례이다. 어느 부분도 전체와 같아지는 홀로그래피는 바로 일대일 대응이라는 기법을 통해 수학에서 이미 발견된 것이다. 이제 1970년대 중반부터 홀로그래피 이론은 뇌 연구에도 도입되기 시작한다.

4.2 하나의 뇌와 여럿의 뇌

분할 뇌 이론과 관련한 연구는 주로 1960년대에 이루어졌다. 이러한 분할 뇌 이론은 1970년대에 들어와 수정을 요구받는다. 이론 자체가 부정된 것이 아니라, 좌우 뇌가 자기동일성을 반복한다는 점 때문이었다. 다시 말해서, 현대 물리학의 카오스-프랙털 현상처럼 좌뇌 속에 좌우가, 우뇌 속에 좌우가 분할된다는 점을 칼 프리브람(Karl Pribram)이 관찰·실험한 것이다. 이는 홀로그래피 이론 그리고 데이비드 봄의 '숨겨진 질서와 나타난 질서 이론' 등이 배경이 되고 있다.

작은 도토리 하나라도 그 도토리나무의 모든 정보를 포함하고 있으며, 인간의 유전자 역시 그 속에 한 인간에 관한 모든 정보를 포함하고 있다. 불교에서는 이미 '하나의 작은 먼지 속에도 온 우주가 다 포함되어 있다〔一微塵中含十方〕'고 했다. 부분이 곧 전체라는 이러한 생각이 현대에 이르러 과학적으로 설명되고 있다. 오스트리아의 신부 멘델(Gregor Mendel)이 유전자 이론을 발견했을 때 우리는 이미 전체가 부분 속에 나타난다는 사실을 알게 되었던 것이다. 1960년대 초에 데니스 게이버가 홀로그래피 이론으로 노벨상을 받음으로써, 물리학에서마저 이러한 '부분 즉 전체' 이론을 실험으로 증명할 수 있게 되었다.

멘델은 수도원 정원에 심은 완두콩을 통해 이러한 사실을 발견했으며,

완두콩의 색깔이 일정한 비율로 나타나리라는 것을 예견할 수 있었다. 멘델의 유전자 이론은 현대 유전자 이론의 기초를 닦아주었다. 그러나 멘델 이후에 사정은 바뀌었다. 신부의 신분이 물리학자로 바뀐 것은 물론이다. 완두콩으로 하던 실험은 우주로 가는 길을 닦았으며, 멘델의 채소밭 정원은 곧 우주 그 자체가 되었다. 멘델의 발견한 단순한 완두콩 수의 비례는 양자물리학의 매우 복잡한 수학의 수식으로 거듭났다. 멘델의 철통같던 결정론적 유전자 이론은 확률과 통계로 탈바꿈했다. 양자물리학자들 가운데는 멘델 법칙의 밑바닥에 흐르고 있는 원리를 우주 전체에 적용해, 우주(universe)의 부분 부분이 곧 전체 우주 자체를 포함한다는 주장을 하기에까지 이르렀다. 이는 마치 완두콩의 유전자가 완두콩 전체를 재생해낼 수 있다는 원리와도 같다.

이러한 주장은 너무나 대담해서, 데이비드 봄(David Bohm)의 이론이 나오기까지 서양에서는 매우 생소하게 느꼈던 것이 사실이다. 아인슈타인의 친구이기도 한 봄은 런던 대학의 이론물리학 교수였다. 그는 현존하는 이론물리학자 가운데 가장 탁월한 사람 가운데 한 명이다. 봄 역시 부분 속에 전체의 정보가 모두 저장되어 있다고 주장했다. '홀론(holon)'이란 전체를 뜻하고, '그램(gram)'이란 정보를 뜻한다. 이 두 말이 합쳐진 '홀로그램(hologram)'은 레이저광선을 물체에 쏘아 3차원 공간 속에서 기묘한 현상을 만들어내는 것이다. 서로 동조하는 빛(coherent light)을 비추어주면 놀랍게도 전체의 일부분인 조각이 전체 영상을, 곧 홀로그램을 드러낸다. 전체 정보가 각 부분 속에 저장되어 있는 것이다. 봄은 이러한 홀로그램의 원리를 전체 우주에 적용할 수 있다고 했다.

봄은 홀로그램의 원리를 하나의 기틀로 소개하고 있기 때문에 여기서 언급해두기로 한다. 홀로그램의 바탕을 이루고 있는 수학적 이론은 1940년대에 노벨 물리학상을 수상한 바 있는 데니스 게이버가 이미 제기한 바 있다. 게이버가 홀로그램의 가능성을 제기한 뒤 이것을 실제로 실현

할 수 있게 된 것은 그로부터 20년이 지나 레이저광선이 발견된 이후였다. 홀로그램이란 렌즈 없이 사진을 만드는 원리이다. 진행 방향이 일정하고 규칙적이며 단일 파장을 지닌 빛을 우리는 '동조성 빛'이라고 한다. 동조성 빛의 특성을 가장 강하게 지닌 것이 바로 레이저광선이다. 레이저광선의 가장 중요한 특징은 단일 진동수의 빛을 내보내는 것이라고 할 수 있다. 예를 들어, 태양광은 프리즘을 통과하면서 무지갯빛 스펙트럼을 만들지만, 레이저광은 단 하나의 색만을 내보낸다. 이를 단색광(單色光)이라고 한다.

레이저에서 방출된 빛은 간섭성이 강하다. 다시 말해서, 방향이나 파장이 일정해 레이저에서 나오는 모든 빛은 일정하고 규칙적으로 진행한다. 이런 까닭에 간섭 동조성이 높은 단색광인 레이저는 가느다란 빛으로도 대단히 멀리까지 보내는 것이 가능하다. 이와 달리 우리가 사용하는 백열광은 일직선적으로 나가지 않고 사방으로 퍼진다. 레이저광선도 만일 동조성을 잃게 된다면 백열등과 같이 사방으로 빛이 분산되고 말 것이다. 홀로그램을 만들 때 레이저광선을 사용하는 것은 바로 이와 같은 이유 때문이다.

그러면 홀로그래피가 만들어지는 과정을 한번 살펴보자. 먼저 레이저광선은 반투명한 거울을 통과한다. 거울은 모든 빛 가운데 어느 빛이 사진 감광판에 도달해야 할지를 결정한다. 그러나 많은 빛 가운데 일부분은 촬영된(photographed) 대상에 반영된다. 대상 역시 사진 감광판 위에 동조성 빛을 반영한다. 그 대상에 반영된 광선(작용 광선)은 반투명한 거울에서 통과되어 나온 광선(표준 광선)과 서로 마주칠 것이다. 그리고 이 두 빛이 만나 서로 간섭(interference)하면서 간섭무늬가 만들어진다. 이것이 바로 홀로그램이며, 사진 건판에 기록된 정보이다. 간섭성 빛 가운데 하나가 사진 감광판을 통과할 때, 그 감광판에서 멀리 떨어져 있는 관찰자는 대상물의 뚜렷한 3차원 영상이 나타나는 것을 관찰하게

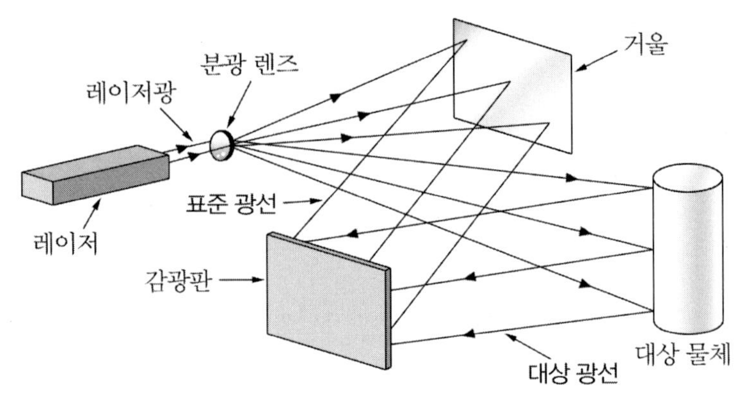

〈그림 1〉 홀로그래피를 만드는 방법
표준 광선과 대상 광선의 상호 간섭으로 홀로그래피가 만들어지는 과정은 이와 같다.

된다. 그러나 더욱 놀라운 사실은 어느 한 부분의 홀로그램을 동조성 빛으로 비추면 같은 현상이 다시 나타난다는 점이다. 그 조각이 작으면 작을수록 덜 분명한 상이 나타나고, 크면 클수록 더 자세한 상이 나타난다. 그러나 그 대상물을 대표하는 전체 상이 홀로그램의 각 조각마다 포함되어 있다는 사실은 너무나도 분명하다.

봄은 이 우주가 홀로그램과 똑같은 원리로 조직되어 있다고 하는 매우 대담한 주장을 했다. 그의 이러한 주장은 현대 물리학에서 실험을 통해 전개된 개념들에 바탕을 두고 있다. 현대 물리학의 이론에 따르면, 이 우주는 요소들의 조각들이 모여 이루어졌다기보다는 하나의 나눌 수 없는 전체(indivisible whole)로 보인다는 것이다. 이러한 고찰은 고전 물리학의 '조각들의 부분과 덩어리(bit pieces and blocks)'라는 개념에서 '과정(process)과 상호 연관성(interrelated)'의 개념으로 가는 길을 열어주었다. 봄의 대담한 주장은 뇌 연구에도 직접적인 영향을 미쳤다.

일상의 경험 속에서 인지되는 세계는 따로 독립된 부분들(isolated parts)로 보인다. 피상적으로 관찰되는 세계에서 나무는 나무로, 돌은 돌로,

서로 비연관적(disconnected)이고 비관계적(unrelated)인 것처럼 보인다는 것이다. 비연관적 세계관은 밑바닥에 감추어져 있는 만물의 상호 연관적 하나와 통일(oneness and unity), 즉 '한'을 잘못 본 데서 생긴 결과에 불과하다. 잇달아 일어나는 것이 세계의 본질적인 성격임을 알아야 한다는 말이다. 이제 이러한 연관적 세계관에 따라 분할된 이론이 심각한 도전을 받는다.

4.3 홀로무브먼트와 숨겨진 질서

이러한 한 통일체(unity)로서 우주는 만물이 서로를 '껴안고(enfolded)' 있는 것이라고 할 수 있다. 즉, 함께 더불어 있는 우주라고 말할 수 있는 것이다. 봄은 이를 숨겨진 질서(*implicate order*)라고 했다. 어떻게 이러한 숨겨진 질서가 그동안 바깥에 드러나지 않았을까? 우리는 너무나도 오랜 세월을 피상적인 세계관 속에서 살아왔던 것이다. 전자기장·음파·전자파를 비롯해 그 밖의 수많은 운동 형태들이 숨겨진 질서 속에서만 나타나고 보이지는 않았다. 자연은 그동안 숨겨진 질서 속에서 자신들의 살림살이를 해왔던 것이다. 서로 연관되어 있는, 그리고 연결되어 있는 전체성을 강조하기 위해 봄은 이러한 질서를 유지하는 운동에 **홀로무브먼트**(*holomovement*)라는 이름을 붙여주었다.

과학자들은 전자·소립자·소리 등을 관찰함으로써 홀로무브먼트의 여러 양상들을 실험해온 것이다. 더 일반적으로 말해서, 홀로무브먼트의 모든 형식들은 서로 함께 더불어 있는 덩어리이다. 그 전체에서 홀로무브먼트는 어느 특수한 경우에만 국한될 수 없다. 그리고 어느 특정한 정도에 해당하지도 않는다. 이와 같이 홀로무브먼트는 무엇이라고 규정되지도, 어느 특수한 것에 제한되지도 않는다.

봄은 우리 눈앞에 나타나지도 않고 숨겨지거나 감싸여 있는 질서를 설명하기 위해 다음과 같은 단순한 예를 들어 설명하고 있다(카프라, 1985 참고).

조그마한 원통이 담겨 있는 크고 속이 빈 원통을 상상해보자. 두 원통 사이의 공간은 글리세린 같은 맑고 끈적한, 투명한 액체로 채워져 있다. 이어서 글리세린의 표면에 잉크 방울을 떨어뜨린다고 해보자. 글리세린의 성질 때문에 잉크 방울은 투명한 액체 위에 검은 점으로 그대로 떠 있으며, 우리는 그것을 볼 수 있다. 만약 한 개의 원통을 시계 방향으로 돌리면 잉크 방울은 반대쪽으로 퍼져 점차 엷게 되고 결국 안 보이게 된다. 잉크 방울은 글리세린 속으로 완전히 사라졌지만 아직 존재한다. 원통을 다시 반대 방향으로 돌리면 잉크 방울이 다시 나타난다. 처음에는 엷던 선이 차츰 굵어져 하나의 점으로 다시 응집한다. 만약 원통을 반시계 방향으로 계속 돌리면 똑같은 일이 반대로 일어난다. 이런 과정을 계속 되풀이할 수 있다. 어떤 경우에도 잉크 방울은 엷은 선이 되어 사라졌다가 원통의 회전 방향을 바꾸면 다시 나타난다.

여기서 원통을 반대 방향으로 돌린다는 것은 우리의 감관에 잡히는 것을, 곧 나타난 질서(explicate order) 속에 드러나는 것을 의미한다. 봄의 경우에 질서와 통일은 전 우주 속에 퍼져 있다. 이러한 질서와 통일은 우리들의 감관을 벗어나 있다. 질서와 통일은 숨겨진 질서의 한 부분이다. 우리 눈에는 숨겨져 보이지 않을지 몰라도, 실재의 한 궁극적인 측면은 드러내 보여준다. 질서와 조직은 홀로그램 전반에 퍼져 있다. 우주의 각 부분은 전체를 구성할 만한 충분한 정보를 모두 포함하고 있다. 전세계의 형식과 구조는 각 부분 속에 감싸여 있다.

봄이 여기서 지적하고 있는 내용은 뇌 연구에 중요한 시사점들을 던져준다. 많은 물리학자들은 이러한 결론이 양자물리학과 상대성 이론에서 나온 불가피한 결론으로 보고 있다. 이는 세계가 어떻게 움직이는가를 단순히 지적하기 위한 것도 아니고, 은유적으로 그럴싸하게 설명하려는 것도 아니다. 그러나 한편으로 이러한 주장들이 안고 있는 문제점과 한계를 파악하는 것도 중요하다. 우리는 보통 양자물리학이 전자나 소립자 같은 자연의 미시적 영역을 다루고 상대성 이론이 별들이나 은하계처럼 매우 거대한 영역을 다루는 것처럼 생각하고 있다. 봄은 이 양쪽의 중간 현상을 다룬다.

> 궁극적으로 보아 전체 우주는 — 입자·인간·실험실·관찰기구를 포함한 — 하나의 갈라지지 않은 전체(a single undivided whole)로서 이해해야 한다. 이 전체성 속에서 나뉘고 구별화한다는 것은 결코 근본적인 상태라고 할 수 없다(쥬커브, 1989 참고).

봄은 홀로그램 현상을 전 우주적인 현상으로 보고 있다. 비록 사진 건판에 부딪힌 동조성 빛 앞에 두 개의 간섭 파장이 인공적으로 조성되어 있기는 하지만, 이러한 인공적 조작에 따른 현상은 곧 전 우주적 현상이기도 하다. 음파로도 광파로도 홀로그램을 만들 수 있다. 보이는 것이든 보이지 않는 것이든 운동하는 모든 것의 어떤 형식이든, 이 우주는 파동 형식(wave form)으로 가득 차 있다. 우리는 홀로그래피로서 우주, 즉 홀로버스(Holoverse) 속에 살고 있다.

만일 우주가 혼동의 심장부에 있다면, 우리는 요소적 부분들로서 우리들 자신들이 바로 이 혼돈의 소용돌이 속에 있는 것이다. 우리 인간들도 홀로버스의 한 부분들이다. 그렇다면 우리 인간들도 자기 자신을 홀로그래픽적 우주관에 따라 이해할 수 있다는 말이 아닌가? 이러한 질문에 대해 스탠포드 대학의 신경생리학 교수인 칼 프리브람은 그렇다고 대답한다. 프리브람은 수십 년 동안 두뇌 기능을 연구해온 세계적인 학자이다. 그는 방대한 연구를 거치며 매우 충격적인 결과에 도달하게 되었다. 즉, 홀로그램은 두뇌 기능의 한 표본이 될 수 있다는 것이다. 두뇌란 사진 건판과 같은데, 이 건판 위에는 우주 안에 있는 모든 정보가 암호로 저장되어 있다는 것이다. 만약 봄과 프리브람의 주장이 결합되기만 한다면, 우리 인간과 우주에 관한 매우 놀라운 새 모형(model)이 나타날 것이라는 기대감이 든다. 우리는 지금 정보를 홀로그래피로 암호화하는 두뇌를 사용하고 있다. 그리고 이 두뇌는 우주 자체라는 더 큰 홀로그램의 부분인 홀로그램인 것이다.

프리브람의 이러한 충격적인 보고는 현대 신경생리학의 선구자 가운데 한 사람인 칼 래슐리(Karl Lashley)의 실험 결과에서 비롯되었다고 할 수 있다. 우리는 보통 두뇌가 영역별로 나뉘어 말하는 중심부, 보는 중심부, 먹는 중심부, 잠자는 중심부가 따로따로 있다고 생각해왔다. 그런데 래슐리의 실험 결과에 따르면, 우리 인간의 기억과 관련해서는 그런 영역 중심을 발견할 수 없다고 한다. 그는 동물 실험을 통해 다음과 같은 사실을 발견했다. 즉, 동물의 두뇌에서 한 무더기의 뇌피질을 제거하는 수술을 했는데도, 그 동물의 경우 남은 뇌피질만을 가지고도 거의 정상적인 활동을 한다는 것이 관찰되었다. 두뇌 작용의 신속성이라든지 정확성 같은 것은 약간 흐려졌지만, 지식의 정보량은 그대로 보존되어 있더라는 것이다. 만약 두뇌를 영역 중심의 국지적인 면에서 바라본다면 이런 일은 있을 수 없다. 말하는 영역의 뇌피질이 제거되면 말하는 기능이 곧 사라져야 하기 때문이다. 그러나 실제로는 그렇지 않았다. 상당한 양의 뇌피질을 제거한 다음에도 각 부분의 뇌 기능이 정상적으로 발휘되었던 것이다(Dossey, 1982 참고).

이러한 발견은 지금의 의학 이론과는 잘 부합되지 않는다. 지금의 의학 이론에 따르면, 두뇌 속의 모든 정보는 영역 중심별로 뇌피질에 저장된다. 그러나 두뇌의 기억 정보는 두뇌 전체에 산만하게 퍼져 있다고 할 수 있다. 그러면 어떻게 그럴 수 있는지, 그것이 의문이다. 프리브람의 실험 결과는 이러하다. 두뇌는 기억 정보를 두뇌의 각 부분에 독자적으로 저장한다고 할 수 있다. 각 부분은 정보의 부분 영역이 아니라, 전체 정보가 그 속에 포함되어 있는 전체 그 자체이다. 바로 홀로그램의 유비(類批)가 적중하고 있는 것이다. 전체적인 기억 정보가 뇌피질의 전 표면에 퍼져 있다. 즉, 정보가 홀로그래피의 원리에 따라 뇌피질에 기억되어 있다고 할 수 있다.

두뇌 전 뇌피질에 걸쳐 정보가 저장되어 있고, 부분 속에 전체의 정보가 포함되어 있다는 말에 저항감을 느끼는 사람들이 있는 것이 사실이다. 그들이 저항감을 느끼는 큰 원인은 그들의 사고가 요소환원주의적으로 되어 있기 때문이다. 즉, 어느 특수 두뇌 영역(말하는, 보는, 냄새 맡는 등)이 하나의 특수한 신체적 또는 심리적 영역을 담당하며 그것을 조정한다고 생각하기 때문이다. 우리는 흔히 두뇌 속에 중심부가 있을 것이라고 생각하고 있지만, 그것은 부적합한 사고이다. 모든 부분이 곧 자기중심적이다.

존 로버(John Lorbor)는 〈당신의 두뇌는 실제로 필연적인가?〉라는 글에서 원상 그대로 손상되지 않은 대뇌피질일지라도 정상적인 정신 작용에 그것들이 필요한 것인지 의문을 제기하고 있다. 로버는 이 의문을 해결하기 위해 보통 CT 스캐닝(CT scanning)이라고 알려진 단층 X선 촬영 방법으로 우리 두뇌의 뇌피질 두께를 측정하기 시작했다. 이 방법으로 로버는 수많은 뇌수종 환자들을 진찰했다. 뇌수종 환자는 머릿속에 뇌청수가 증가하는 증세를 가지고 있다. 그는 뇌수종 환자의 두뇌에서 정상적인 뇌피질을 갈아주는 수술을 단행했다. 로버는 실험 결과 다음과 같은 사실을 발견했다. 즉, 대부분이 물로만 가득 차 있는 해골일지라도 정상적인 또는 정상 이상의 지능을 환자가 보였다는 사실이다. 정상인이 가지고 있는 뇌피질의 두께는 약 4.5센티미터이다. 그 속에는 15~20억

개의 신경단위(neuron)가 들어 있다. 로버 박사가 의뢰받은 대학의 한 수학과 학생의 경우는 뇌가 팽창해 뇌피질의 두께가 고작 1센티미터밖에 되지 않았다. 그의 뇌피질 두께는 정상인의 4분의 1밖에 되지 않는 것이다. 그러나 이 학생의 경우 지능지수(IQ)는 126이었으며, 지적으로나 사회적으로나 아무런 이상이 없는 정상인 행세를 할 수 있었다. 이는 두뇌의 상당 부분이 손상되어도 극히 작은 부분이라도 남아 있으면 전체적으로 정상적인 기능을 발휘할 수 있음을 입증해주는 것이다. 홀로그램의 원리에 따라 부분이 전체 기능을 발휘한 것이다.

오른손잡이인 사람의 경우, 대부분 두뇌의 왼쪽 부분이 몸의 오른쪽 운동을 조정하는 것으로 추측한다. 따라서 중풍이나 상처 등으로 두뇌의 왼쪽 부분에 상처를 입으면, 몸의 오른쪽에 마비 현상이 나타난다고 당연히 예측할 수 있다. 그러나 리처드 레스탁(Richard Restak)은 하나의 신기한 사례를 우리에게 보고하고 있다. 21세 여성의 경우인데, 그녀는 간질성 발작 때문에 두뇌의 왼쪽 부분을 완전히 들어내는 수술을 받지 않을 수 없었다. 수술 결과 간질 발작은 물론 중단되었고, 몇 주 뒤에는 몸의 오른쪽 운동 기능을 완전히 회복할 수 있었다. 그녀는 직장으로 되돌아와 완전히 정상적인 사회생활을 하게 되었다. 두뇌의 왼쪽 부분을 완전히 제거했는데, 어떻게 몸의 오른쪽 부분이 제 기능을 발휘할 수 있다는 말인가?

1975년에도 스미스와 슈가가 비슷한 연구 결과를 발표한 적이 있었다. 사람들은 전통적으로 우리의 두뇌 가운데 대뇌피질의 왼쪽 부분이 언어와 수학적·논리적 사고를 책임지고 있으며, 오른쪽 부분이 직관력과 비합리적·비언어적 감정을 책임지고 있다고 생각해왔다. 그런데 스미스와 슈가는 간질성 발작 때문에 뇌의 왼쪽 부분을 완전히 제거할 수밖에 없었던 7세 소년의 경우를 통해 전통적인 견해와는 완전히 다른 결과를 얻게 되었다. 이 소년은 나중에 학교에서 천재 소년(a gifted student)으로도 뽑혔으며, 추리나 언어 부분에서도 탁월한 능력을 발휘했던 것이다. 지능지수도 보통 이상임을 보여주었다. 이는 뇌를 좌우로 나누어 그 기능을 구획화하는 것이 절대적이 아님을 밝혀주는 예라고 할 수 있다. 이러한 사례들을 볼 때, 두뇌 기능이 홀로그램적이라는 프리브람의 이론은 매우 탁월하다고 할 수 있다. 아니, 탁월한 것이라고 아무리 강조해도 오히려 부족하다는 느낌이 들 정도이다. 두뇌 기능을 연구하는 많은 전문가들은 홀로그램 이론에 매료되기 시작했으며, 지금의 이론들이 얼마나 부정확한지도 알게 되었다.

도대체 두뇌가 어떻게 모든 정보를 홀로그래피에 따라 저장하고 기록할 수 있다는 말인가? 최근까지는 뉴런, 즉 신경단위들이 두뇌 속에서 '예'·'아니오' 같은 두 가닥 양상(binary mode)에 따라 작용한다고 믿었다. 다시 말해서, 작동을 했다가 안했다가 하는 두 작용을 번갈아 한다고 믿었던 것이다. 아울러 번갈아가며 작동하는 사이에 신경세포의 연접부(synapse), 곧 뉴런과 뉴런을 잇는 부분은 전기화학적으로 침묵을 지킨다고 여겼다. 그러나 이러한 견해는 시정될 수밖에 없었다. 현재 알려진 바로는 작용 순간의 사이에 신경세포 연접부의 구실은 느린 파동의 퍼텐셜(slow wave potentials)로 이해된다는 것이다. 매우 낮은 정도일지라도 전기화학적 작용이 일어나고 있는 것이다. 뉴런 사이의 접합부라고 할 수 있는 연접부의 갈라진 부분은 결코 침묵을 지키며 조용히 있는 것이 아니었다. '바람 불지 않는 곳은 없다(There is no where it does not blow)'는 텍사스 주의 속담처럼 말이다.

연접부의 갈라진 틈에는 대략 200옹스트롬 정도의 넓이가 생긴다고 한다. 그 사이에서 양자 현상이 일어나는 것으로 보고 있다. 15억에서 20억에 이르는 뉴런(신경단위)들은 이만한 간격을 사이에 두고 전기화학적 작용을 끊임없이 하고 있다. 한마디로, 바람 잘 날이 없다. 그 가운데 어떤 뉴런은 초당 20회 작동하기도 한다. 여기서 수많은 파동이 생기고,

파동은 간섭 현상을 일으킨다. 바로 두뇌 안의 이러한 파동들로 홀로그램에 기록되는 정보를 만드는 것이다. 두뇌피질 전체에 걸친 뉴런의 작용과 이러한 파동은 정보의 산일적 분산 현상을 일으켜 정보 저장과 기억 작용을 가능하게 한다. 그리고 바로 이러한 이유로 말미암아 앞의 임상 실례에서 본 것과 같은 치료 효과도 가능해지는 것이다. 즉, 일부가 손상되어도 다른 부분에서 전체 기능을 발휘할 수 있게 되는 것이다. 두뇌는 홀로그램적으로 정보를 저장하기 때문이다.

이와 관련해 과학자들 사이에 의견이 통일된 것은 아니다. 홀로그램적 두뇌 이해에 강하게 반대하는 신경과학자들이 있는 것도 사실이다(홀로그램으로 인간 두뇌를 이해하려는 태도는 전통적인 신경의사들에게 심한 반박을 받고 있다). 이런 방식으로 두뇌를 이해하는 것은 환상적이며 신비적인 것으로 조롱받기도 했다. 우스꽝스러운 의학으로 질시까지 받았던 것이다. 그러나 우리가 알아야 할 점은, 전통적 의학 지식으로는 두뇌의 작용을 도저히 설명할 수가 없다는 사실이다.

우주의 중심부는 '한'으로 자리 잡고 있으며, 그래서 전체는 부분 속에 포함되어 있다. 그러나 부분들은 엄격하게 말해서 개별화(particulate)되어 있는 것이 아니다. 부분들이 전체를 형성시킨다. 봄은 이어져 연속되어 있는 전체가 양자역학적으로 설명될 수 있다고 했다. 우리는 이 우주를 전자나 양성자(proton) 등의 집합으로 생각하고 거기에 입자나 파동 또는 어떤 양상을 적용해보곤 한다. 설령 그렇다고 하더라도, 우리들이 만약 이 우주를 하나의 나눌 수 없는 고리들의 연속적 얽힘(single structure of indivisible links)으로 이해하지 않는다면 그것은 분명 과오일 것이다. 나눌 수 없는 이러한 연속적 얽힘을 우리는 뇌 연구에도 그대로 적용해볼 수 있다. 문명이 뇌를 닮았다고 한다면, 그 문명 역시 충돌을 일삼기보다 이어지고 연결되는 홀로버스의 우주를 닮아야 할 것이다. 한편으로, '홀로버스'에 대해 '홀로빌리제이션(holovilization)'을 말할 수도 있을 것이다.

4.4 홀론에 대한 세 가지 견해들

체계 이론(system theory) 가운데 새로운 것은 부분의 전체가 더 큰 전체의 부분이 된다는 홀론의 개념이다. 새로 나타난 이 홀론 개념은 처음에는 물리학에서 나왔으나, 차츰 철학에 응용되면서 여러 다른 해석들이 구구하게 쏟아지게 되었다. 홀론의 이해에서 최근의 서로 다른 세 가지 견해는 발생론(emergentism)·구조론(structuralism)·유기론(organicism) 속에서 드러난다. 발생론이란 전체와 부분 그리고 전체에 대한 더 큰 전체 사이에 발생 관계가 성립된다는 것을 주장하는 이론이다. 구조론이란 하급 체계(subsystem)가 어떤 불변하는 원칙들에 따른 위계적 또는 환경적 결정소에 적응한다는 이론이다. 이러한 홀론 이해는 뇌 이해에도 그대로 연관되기 때문에, 이 발생론과 구조론을 결합시킨 유기론을 제시함으로써 홀론의 개념을 바르게 이해하려고 한다.

'홀론'이라는 말이 체계 이론에 처음 도입된 것은 1967년이다. 홀론은 체계 이론에 큰 충격을 던져주었다. 즉, 어떤 통전적 사고(integrative think-ing)를 하도록 홀론이 만들어준 것이다. 발생론과 구조론 그리고 유기론은 세 학자들이 각각 제시한 것으로, 케슬러는 발생론을, 라스즐로(Ervin Laszlo)는 구조론을, 그리고 베임은 유기론을 주장했다.

■ 발생론

발생론자들은 부분을 구성하는 새로운 전체들이 발생하게 될 것이라고 주장한다. 사물들은 어떤 경향성을 가지고 있다. 그 경향성이란 사물의 본성이 가지고 있는 것인데, 다름 아닌 항상 새로운 전체 체계로 조직되려는 경향성이라고 할 수 있다. 새로운 종류의 전체성이 나타나면 그 전체를 구성하는 힘·자료·안정성·구조 같은 것이 나타난다. 새로운 전체(체계)는 부분에 완전히 의존하게 되며, 전체는 부분에 계속적인 상호 협조를 구하지 않을 수가 없다. 부분들이 안정성을 기하게 되면, 이 안정성 자체는 하나의 든든한 실체적 존재 구실을 하게 된다. 즉, 새로운 전체는 마치 하나의 존재자(a being) 같은 구실을 하게 된다. 부분에 의존하고 있기는 하지만, 자기 자신의 효능성(effective)도 함께 가지게 된다. 새로운 전체는 부분들의 전체(a whole of parts)로서 기능을 발휘한다. 자신 속에 참여하고 있는 부분들을 더 높은 조직 속에 통전시키는 구실을 한다. 이 통일시키는 영향력이 서로서로 협조하도록 조장한다.

발생론자들은 매번 발생하는 전체가 다음과 같은 의미에서 늘 새롭다고 주장한다. 새로 등장한 전체는 어떤 존재를 구체적으로 구상화한다. 부분들 속 그 어디에도 있지 않으며 있지 않았던 결과들을 창출해내는 힘을 새로운 전체는 가지고 있다. 비슷한 종류의 현존 체계(existing systems)가 수없이 발생한다. 그래서 많은 다른 체계 이론가들처럼 발생론자들도 수없이 많은 현존 체계들의 단계들(levels)을 인정하게 된다. 더 새로운 높은 단계로 올라감에 따라 독특한 법칙 같은 것들이 또한 발생한다. 낮은 단계의 법칙에 높은 단계의 법칙이 의존하고 있으며, 이들 법칙들은 상호 작용을 한다. 가장 높은 단계까지 발생했다고 하더라도, 또 한 단계 더 높은 단계로 발생할 여지는 남아 있다. 가장 높은 단계가 무너지면, 가장 낮은 단계의 것을 제외한 나머지 단계들은 함께 무너질지 모른다. 무너지지 않고 남은 가장 낮은 단계는 여전히 활기가 넘치며, 또 다른 전체·구조·법칙들을 시동시킬 수 있다.

전체는 부분들에 따라 움직이지만, 전체가 동시에 부분들을 움직이기도 한다. 그래서 발생론자들은 전체와 부분이 영향을 주기도 하고 받기도 한다는 이중 인과론을 주장한다. 그러나 부분에서 전체가 출발하고 부분이 전체를 계속 지탱하고 있으며 부분이 전체를 고이는 기반이기 때문에, 부분에 따라 전체가 움직인다는 인과론이 전체에 따라 부분이 움직인다는 인과론보다 더 중요시되는 것이 사실이다. 그래서 가장 낮은 단계에 있는 에너지가 위로 향하며 영향을 끌어올리고 있다. 위에서부터 하향하는 인과적 영향력은 더 낮은 단계에 별로 영향을 끼치지 못한다고 하는 것이 발생론의 핵심 주장이라고 할 수 있다.

■ 구조론

구조론자들의 주장은 발생론자들과는 다르다. 그들은, 모든 전체들은 한 전체로서 우주를 제외하고는 더 큰 전체들의 부분들로 존재한다고 주장한다. 구조론자인 라스즐로는 일원론(monism)을 선택한다. 그는 우주를 하나의 큰 모체(a giant matrix)로 생각한다. 자연은 자기 체제를 만들기 위해 부분들을 전체 속에 적응시키는 방법을 택한다. 그리고 전체는 또 한층 높은 전체의 부분이 된다. 이와 같이 자연은 더 낮은 체제를 포함하는 높은 체제를 설정하며 층위적 작용을 극대화한다.

라스즐로는 층위적 차별이 체제에 따라 생긴다고 믿는다. 그리고 자연에는 불변하는 체제가 있다고 생각한다. 그는 또한 이 불변하는 체제를 항구적이고도 보편적인 억제력을 가진 것으로 본다. 조직의 더 높은 단계에서 억제력을 갖는 법칙들은 발생하고 사라지는 성격의 것이 아니다. 오히려 관찰되든 안 되든 상관없이 모든 층위의 체제들에 나타난다. 그는 새로운 것이 발생해 나타난다는 발생론을 거부한다. 모든 체제들을 성격짓는 불변하는 속성을 지닌 구조가 있을 뿐이다. 새로운 것이란 구조가 다양하고 복잡해지는 것뿐이다.

라스즐로는 자연히 그의 결정론적 체제 속에서 씨름하는 인간의 자유 문제를 심각하게 생각하지 않을 수 없었다. 그는 발생론자들이 주장하는 생물의 진화와 유아 발달 그리고 문화의 진보에 대해서도 생각해보지 않을 수 없었다. 그는 대담하게도 "자연은 구조를 만들었지, 특수 개체들을 만들지는 않았다"(Laszlo, 1980 참고)고 주장했다. 사회 체제가 더 많이 조직화할수록 개인은 그의 동료들과 더 많이 교류할 수 있게 된다. 더 높은 단계로 올라갈수록 더 많은 자기조직을 할 수 있게 되고, 더 큰 자율적·내적 구조를 갖게 되며, 개인들은 주위 환경으로부터 덜 구속받게 된다. 설령 사회의 낮은 층위의 체제에 개인이 속해 있다고 하더라도, 이것은 그의 자유를 구속하는 것이 아니라 또 다른 방법으로 자유를 구사할 수 있게 하는 것을 의미한다. 그래서 사회적 억제력은 개인의 자율적 판단을 시험하는 구실을 한다.

■ 유기론

유기론자들의 부분과 전체의 관계를 유기적으로 본다. 유기론자들이 파악하는 현존 체제는, 부분은 전체가 아니고 전체는 부분이 아니라는 것이다. 부분과 전체는 서로 반대 처지에 있다. 그러나 부분과 전체는 모두 한 사물을 구성하는 본질적인 요소들이다. 한 사물 또는 체제는 부분에 반대되는 한 전체가 아니라 하나의 유기적 전체(an organic whole)로서 파악된다. 유기론자들에 따르면, 전체를 포함하는 전체, 서로 상반되는 부분들을 포함하는 전체, 전체와 부분을 상보하는 전체 등이 있다고 한다. 그래서 유기론자들은 현존하는 체제가 유기적 전체들로서, 상반성(opposites), 상보성(complementary), 상호 의존성(interdependency), 상호 작용성(interaction), 상호 인과성(mutual causation) 속에 있다고 본다. 유기론자들의 주장은 발생론과 구조론을 함께 포괄하는 것으로, 양쪽에 모두 타당성을 부여함을 알 수 있다. 홀론에 대한 이와 같은 여러 견해들은 곧 뇌와 문명 이해의 여러 견해라고도 할 수 있다.

4.5 뇌 구조와 홀론

1970년대에 들어와 뇌 연구에 획기적인 변화가 생긴 까닭은 바로 홀로그래피 이론 때문이다. 로저 스페리 박사의 분할 뇌 이론은 다분히 포토그래프 패러다임에 근거하고 있다. 그리고 좌우 뇌가 각각 자기의 고유한 특징을 가지고 있다는 국소적인 뇌 이해 방식이다. 이는 두뇌생리학계의 뉴턴 이론과 같다고 할 수 있다. 그러나 1970년대 칼 프리브람의 홀로그래피 뇌 이론은 이 분야의 기틀을 바꾸었다. 다시 말해서, 기틀이 포토그래피에서 홀로그래피로 바뀐 것이다.

그러나 프리브람은 왜 뇌가 홀로그래피적인가에 대해서는 설명하지 못하고 있다. 그 까닭을 알려면 먼저 홀로그래피 제작 과정으로 눈길을 돌려야 할 것이다. 포토그래피와는 달리 홀로그래피에서는 같은 근원에서 나온 빛이 **표준 광선**(순수광)과 **대상 광선**(불순광)으로 나뉘고, 그것이 다시 같은 건판 위에서 간섭을 한다. 그렇다면 뇌 구조에서도 이와 같은 원리와 구조를 찾아야 할 것이다. 뇌 안에서는 제국주의가 통하지 않는다. 뇌 안에서는 어느 부분도 전체를 반영하기 때문이다. 프리브람의 실험에서 본 것처럼, 분할 뇌 이론은 절대적이지 않다. 그러나 프리브람의 연구에서 약점은, 그가 뇌의 홀로그래피 이론을 제시하기는 했어도, 왜 그리고 어떻게 뇌가 홀로그래피적인지에 관해서는 설명하지 않고 있다는 점이다. 뇌에도 표준 광선과 대상 광선 같은 구실을 하는 부위가 있는가? 이는 하나와 여럿이 서로 간섭하는 작용을 뇌도 하고 있는가 하는 물음이다. 나는 있다는 결론에서부터 시작한다. 뇌에는 두 개의 돌기가 있다고 했다. 축색과 수상이 바로 그것이다. 여기서 축색은 하나이지만 수상은 여럿이다. 수상돌기는 몇 개의 짧은 섬유로 이루어진 것에서부터 나무처럼 수많은 가지의 섬유로 이루어진 것에 이르기까지 섬유의 수와 모양이 다양하다. 수상돌기는 시냅스로 뒤덮여 있어서 뉴런이 정보를 받아들이는 면적을 넓혀주는 구실을 한다. 이렇게 수많은 수상돌기에 따라 수용된 정보는 단 하나의 축색을 경유해 다른 뉴런으로 전달된다. 수상돌기의 정보원 구실을 하는 것이 다름 아닌 '가시'인 것이다. 수상돌기는 되도록 많은 대상으로부터 정보를 수집해 축색으로 보내고, 축색은 이를 종합해 하나가 여럿이 그리고 여럿이 하나가 되도록 한다. 문명에서도 이러한 두 돌기와 같은 구실을 하는 것이 있다. 결론적으로 말해서, 뇌는 하나의 축색과 여러 개의 수상돌기가 서로 교차함에 따라 정보를 창조하고 그것을 전달한다. 그렇다면 우리는 여기서 뇌가 어떻게 홀로그래피적인지 그 비밀을 바로 간파할 수 있다. 축색을 표준 광선으로 보고 수상을 대상 광선으로 보면 되기 때문이다. 이것들은 홀로그래피에 견주어 그 기능에서 같다.

물론 이러한 견해를 성립시키려면 뇌에 관한 이론적인 그리고 논리적인 설명이 필요할 것이다. 그런데 뇌 이론에 다른 어떤 이론을 적용하기란 아직 시기상조이다.[1] 앞에서 본 프리브람의 홀로그래피 뇌 이론마저도 아직 수용하기에는 힘든 상황이기 때문이다(처칠랜드, 2006, 594쪽). 그러나 이론이 항상 완전한 실험의 결과에 뒤따르는 것만은 아니라는 사실을 알아야 한다. 이론이란 마치 순수 도상 연습과도 같다. 집의 청사진이 먼저 만들어져야 하지만, 그런 뒤에도 집을 짓는 과정에서 청사진 자체를 고쳐나가듯이, 이론 역시 실험의 결과에 앞서 전제로 제시될 수 있으나 수정될 수도 있다.

수상돌기는 정보를 수집하는 수많은 가시라는 정보원을 거느리고 정보를 수집 또는 입력하는(input) 구실을 한다. 다음 〈그림 2〉에서 보는 바와 같이, 이렇게 입력된 정보는 세포체에 집결되어 하나의 다발을 이루고 아래 축색으로 전해진다. 그런데 여기서 재미있는 현상은, 수상이 반드시 축색과 연관되는 것만은 아니라는 것이다. 〈그림 2〉에서 보는

---

1) 시기상조인 이유를 처칠랜드는 다음과 같이 말하고 있다. (1) "뇌 구조에 관해 아직 상세히 알지 못하므로 이론화할 시기가 되지 않았다", (2) "이론화에 이용될 것들이 너무 추상적이고, 아직 실험조차 되지 않았으며, 실험 신경과학에 적절하지 않은 면도 있다", (3)"그런 우스꽝스러운 연구에 대한 지원금을 누가 주겠는가?"(처칠랜드, 2006, 588쪽).

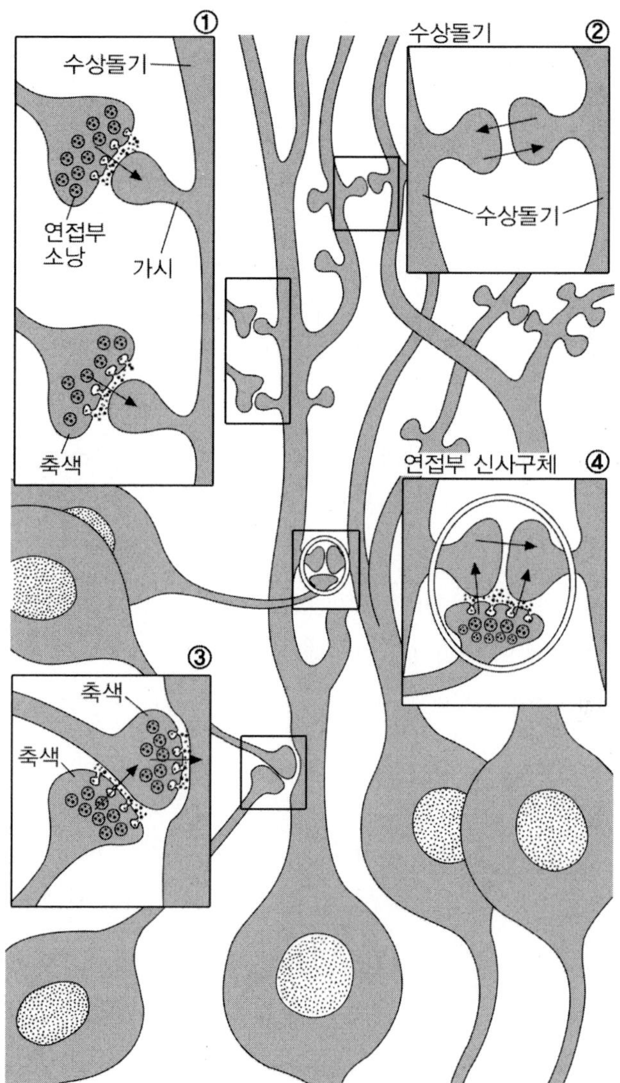

〈그림 2〉 뉴런들 사이의 교류와 교환(Llinas, 1977, 30쪽)

① 한 개의 축색돌기에서 방출된 신경전달물질이 수용자인 수상돌기로 전달된다. ② 각각의 수상돌기는 서로 다른 수상돌기끼리 정보를 상호 교류한다. ③ 한 개의 축색돌기가 다른 축색돌기를 통해 제3의 수상돌기에 정보를 전달한다. ④ 한 개의 축색돌기가 정보를 다른 두 개의 수상돌기에 동시에 전달하면, 이 두 개의 수상돌기 가운데 하나가 다른 것에 전달한다.

것처럼, 수상과 수상끼리도 그리고 축색과 축색끼리도 서로 연관된다. 과학자들은 이와 관련해 별다른 설명 없이 넘어간다. 왜 그러한 불규칙적인 현상이 생기는가에 대해 이론적인 설명을 하지 않는다는 것이다. 그러나 철학자들은 이 점에 주목한다. 이는 전체와 부분의 관계에서 부분의 합이 전체가 아니라는 매우 중요한 점을 시사하고 있기 때문이다. 이는 집합론을 통한 설명으로만 충분히 해명될 수 있을 것이다. 집합론의 멱집합에서 전체는 제 자신의 부분의 한 요소이다. 즉, {a, b, c}의 멱집합은 {0, a, b, c, ab, bc, ca, abc}인데, 여기서 보듯이 'abc'는 제 자신이 전체이면서 부분인 것이다.

이는 나뭇가지가 자라는 과정과 비슷하다고 할 수 있다. 즉, 뿌리에서 나온 하나의 줄기가 둘로 갈라질 때, 본래의 줄기 자체가 곧 동시에 두 가지 가운데 하나가 되는 것과도 같다. 이러한 이유로 하나의 축색에서 나온 정보가 수상의 가시에 연결되면, 제 자신이 전체이면서 동시에 부분이기 때문에, 축색이 수상과 연관되기도 하고 축색이 축색과 연관되기도 하며 수상이 수상끼리 연관되기도 한다. 위의 멱집합에서 본 것처럼, 'abc' 자신을 제외한 대부분의 요소들이 전체에 '包涵'되기 때문에 하나의 축색이 여럿의 수상에 자연스럽게 연결된다. 한자에서 전체가 제 자신의 부분 속에 한 요소가 되어 포함되는 것은 '包含'이라고 하여 '包涵'과 구별한다. 두 돌기 사이에는 이 두 포함(包涵과 包含) 관계가 모두 일어난다. 그래서 마치 불규칙적인 것처럼 보인다. 그러나 멱집합의 논리로 볼 때 아무런 이상이 없다. 알랭 바디우는 이러한 칸토어의 집합론을 존재론과 문학에 적용하는 철학적 시도를 하고 있다(Badiou, 2005 참고).

이제 축색에 모인 감각신경은 모두 신체로 전달되어 몸을 움직이게 한다. 여기서 가시의 구실은 매우 중요하다. 수상돌기에 난 수많은 가시는 이전 축색으로부터 정보를 수집하는 구실도 하고 그것을 수상돌기를 통해 다음 돌기로 전달하는 구실도 한다. 그래서 가시는 하나이면서 여럿의 구실을 동시에 해야 한다. 이러한 가시의 구실에 따라 지능이 높아지기도 하고, 두뇌 회전이 빨라지기도 늦어지기도 한다. '한'의 '하나'와 '여럿'이라는 두 가지 기능은 가시의 기능과 같다. 이른바 '머리가 좋다'는 것은 두 기능이 활성화해 있음을 뜻한다.

멱집합의 논리로 보더라도 축색은 대부분의 경우 하나이다. 그러나 축색은 종말부(terminal)에 도착하기까지 수많은 갈래를 만든다. 그래서 단 하나의 뉴런이 수많은 종말부를 만들어내는 것이다. 그 결과 하나의 세포에서 나온 정보는 수많은 다른 것들에 영향을 미친다. 이를 두고 **분산**(*divergence*)이라고 한다. 동시에 각각의 뉴런들은 수많은 다른 뉴런들로부터 정보를 받아 입력한다. 이를 두고 **수렴**(*convergence*)이라고 한다. 이렇게 정보를 주고받으면서 수렴과 분산, 분산과 수렴을 동시에 수행하도록 만드는 것이 바로 연접부인 시냅스이다. 다시 한번 정리하면, 정보는 이전 축색의 종말부에서 흘러 들어온다. 이를 일컬어 '전기(前期) 시냅스(presynaps)'라고 한다. 이렇게 들어온 정보를 입력하는 것이 수상돌기의 가시들이다. 이를 일컬어 '후기(後期) 시냅스(postsynaps)'라고 한다 (LeDoux, 2002, 42쪽).

세포와 세포 사이에서 벌어지는 것는 화학적 작용이고, 축색과 수상으로 흐르는 것은 전기적 작용이다. 두 개의 뉴런, 즉 전기 뉴런과 후기 뉴런과의 관계를 알아보기 쉽게 나타낸 것이 바로 앞의 〈그림 2〉이다. 그 그림을 다시 한번 보자. 전기 뉴런에서 정보를 담은 전류는 축색을 통해 흐른다. 그 전류가 후기 뉴런의 수상돌기 가시에 와 닿는다. 여기서는 화학적 작용을 한다. 전기에서 후기로 접속되는 부분은 사각형 안에 나타내었다. 하나의 축색에서 내려온 정보는 수상의 가시와 접촉한다. 이 부분은 화학적이다. 후기 뉴런은 다음 뉴런과의 관계에서 전기 뉴런이 되어 같은 방법으로 정보를 전달된다. 하나가 여럿이 되고 다시 여럿

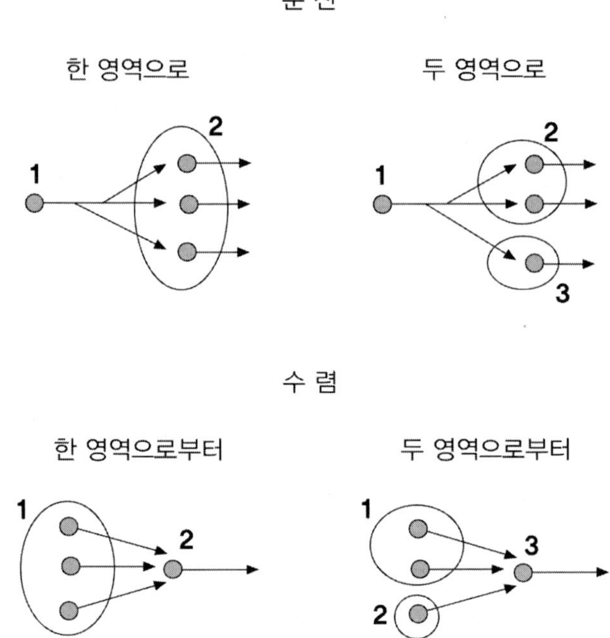

〈그림 3〉 뉴런의 분산과 수렴(LeDoux, 2002, 42쪽)

분산은 한 영역(1)에서 다른 한 영역(2) 안에 있는 세 축색을 향하는 경우이다. 또 한편으로 한 영역(1)에서 두 영역(2·3)으로 분산되는 두 경우가 있다. 거꾸로 수렴은 한 영역(1)에 있는 세 개가 한곳(2)으로 수렴되는 경우와, 두 영역(1·2)에서 한 영역(3)으로 수렴되는 경우가 있다.

이 하나가 되며 정보는 축적되어나간다. 내 생각으로는, 바로 이렇게 하나와 여럿이 사상(mapping) 또는 되먹임(recursive)하는 과정에서 뇌 속에 홀로그래피가 만들어지는 것이 아닌가 싶다. 이 과정에서 전기 작용과 화학 작용이 번갈아 반복된다.[2]

다시 말해서, 축색은 표준(순수)광 그리고 수상은 대상(작용)광의 구실

2) 뉴런이 작용하는 논리와 관련해 처음으로 연구를 시도한 이는 McCulloch이다. 연구 결과, 마치 컴퓨터의 이진법과 같이 두 개의 뉴런 가운데 어느 하나가 작용하면 다른 것은 작용하지 않는다는 사실이 밝혀졌다(Harth, 1983, 58~59쪽).

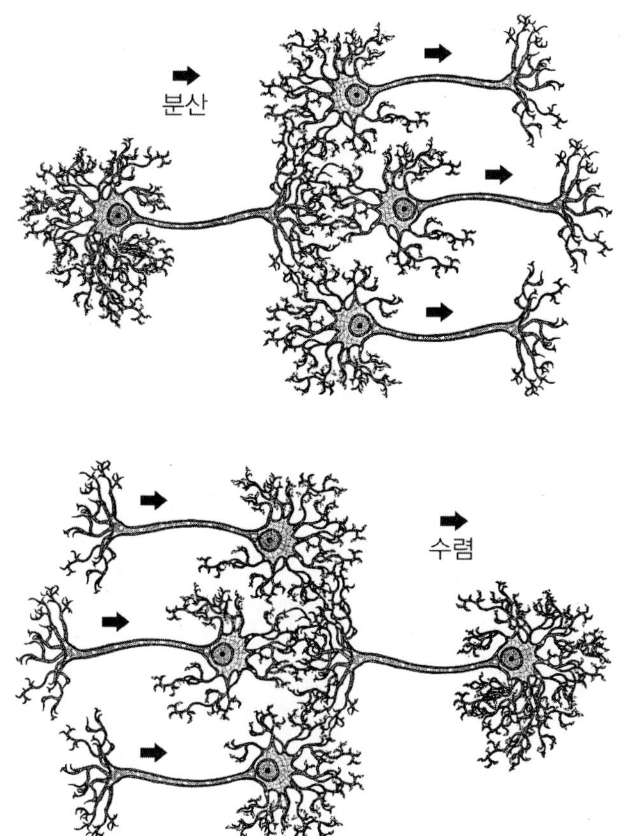

〈그림 4〉 분산과 수렴이 이루어질 때의 뉴런과 시냅스(Goswami, 2007, 84쪽)
하나의 뉴런에서 여러 뉴런으로 분산이 이루어지고, 여러 뉴런에서 하나의 뉴런으로 수렴이 이루어진다.
이 그림으로도 알 수 있듯이, 하나의 세포에서 나온 정보는 수많은 다른 것들에 영향을 미친다(분산). 동시에
각각의 뉴런들은 수많은 다른 뉴런들로부터 정보를 받아 입력한다(수렴). 이렇게 정보를 주고받으면서 수렴과
분산, 분산과 수렴을 동시에 수행하도록 만드는 것이 바로 연접부인 시냅스이다.

을 수행하고, 그것이 서로 간섭하는 관계에서 홀로그래피가 만들어진다
는 것이다. 다음에 설명할 감각세포와 운동세포 사이에서도 같은 현상을
발견할 수 있을 것이다. 이러한 점들이 이론에 대한 확신을 더욱 굳게
해준다.

4.6 감각신경과 운동신경의 텐서

프리브람의 홀로그래피 뇌 이론은 아직 확고한 것은 아니고, 뇌 이론으로서 정착하는 단계에 있다. 지금으로서는 뇌가 홀로그래피적인 이유를 제대로 설명하지 못하고 있기 때문이다. 이제 텐서 뇌 이론에 대해 언급하려고 하는데, 이를 주장하는 학자들 역시 자신들의 이론을 홀로그래피와 연관시키지 못하고 있다. 이러한 이유와 관련해 나는 이들 학자들이 홀로그래피 제작 과정의 중요성을 지나쳤기 때문이라고 생각한다. 그 제작 과정을 주의깊게 살펴본다면, 홀로그래피 뇌 이론과 텐서 뇌 이론을 모두 일괄적으로 연관시킬 수 있을 것이다.

홀로그래피 뇌 이론은 이미 앞에서 살펴보았는데, 수상돌기와 축색돌기의 구조를 홀로그래피 제작 과정에 보이는 표준 광선 및 작용 광선과 연관시킴으로써 양자의 관계를 설명했다. 사격수가 목표물을 겨냥하는 데서도 그 원리는 마찬가지로 적용된다. 사격수는 목표물을 직접 겨냥하기 전에 총신 자체를 먼저 겨냥해야 하는데, 이를 조준선 정렬이라고 한다. 그러니까, 가늠구멍을 통해 총구 끝에 있는 가늠쇠를 먼저 겨냥하는 것이다. 이렇게 겨냥한 다음 다시 목표물을 겨냥하는 것을 두고 정조준이라고 한다.

그런데 놀랍게도 이러한 현상은 올빼미가 들판의 쥐를 잡을 때도 그리고 인간이 물건을 집을 때도 일어난다. 올빼미가 쥐를 확인하는 일은 감각신경(sensori nerve)이 하지만, 쥐를 잡는 일은 운동신경(motion nerve)이 한다. 그렇다면 두 신경은 어떻게 서로 조화를 이루는 것일까? 올빼미는 어떻게 한번의 실수도 없이 쥐를 낚아챌 수 있는 것일까? 이 두 신경이 서로 조화를 이루는 방식에 대한 것이 바로 텐서(tensor) 이론이다. 텐서란 기하학, 특히 위상기하학에서 쓰이는 말로, "한 공간의 좌표에서 다른 공간의 좌표로 변환하는 것"(처칠랜드, 2006, 619쪽)을 일컫는다. 목표물의 위치는 일정하지만, 감각신경과 운동신경은 따로 움직인다. 이것이 문제인데, 이는 마치 표준 광선과 작용 광선이 서로 따로인 것과 같다고 할 수 있다. 결국 올빼미의 정확성은 두 신경이 서로 간섭을 해 조화를 이루는 데서 이루어지며, 이는 사격수의 정확도와 명중률을 높이는 데 관계되는 것이기도 하다.

여기서 두 신경이 두 광선과 일치하도록 하려면 논리적인 것으로 문제를 환원시켜야 한다. 이를 위해 먼저 두 신경의 성격을 확인하는 작업이 필요하다. 감각신경이 '있는 그대로의 세계'라면 운동의 위상공간은 '신체'의 표상이다. 비유하자면, 감각신경은 표준 광선, 곧 순수 광선이고, 운동신경은 대상에 닿아 작용을 하는 작용 광선이라고 할 수 있다. 그런데 올빼미가 쥐를 잡을 때는 두 신경이 서로 텐서를 만들어야 한다. 이는 사격수가 정조준을 하는 것과 완전히 같다고 할 수 있다. 즉, 사격수가 가늠구멍(감각신경)을 통해 가늠쇠(운동신경)를 먼저 일치시키고 그다음 목표물을 조준하듯이, 위 두 개의 신경은 일치·조화를 이루어야 한다는 것이다.

컴퓨터와 인간의 두뇌를 비교하는 것은 마치 포토그래피와 홀로그래피를 서로 비교하는 것과 같다고 할 수 있다. 포토그래피는 대상에서 반사되어 나온 하나의 빛을 감광판에 각인한 것이다. 이와 마찬가지로 컴퓨터는, 마치 도서관에서 그러하듯이, 각각의 자료들을 '기억 장치'라는 특정한 공간에 저장하며, 그 각각의 자료들은 저장 위치를 검색하는 중앙처리장치(central processor)의 명령에 따라 수정된다. 다시 말해서, 컴퓨터는 대상과 감광판이 직접 대응하는 포토그래피와 같이 작동하는 것이다(처칠랜드, 2006, 666쪽). 그러나 인간의 기억은 부분적인 자극으로도 나머지 기억들을 모두 재구성해낼 수 있다. 한마디로 홀로그래피적이다. 뇌와 홀로그래피에서는 하나와 여럿의 대응이 가능한 것이다. 그 이유는 다름 아닌 감각세포와 운동세포가 서로 간섭해 텐서라는 위상공간을 만들어내기 때문이다.

　더 구체적인 구조를 살펴보면 다음과 같다. 전기-시냅스(pre-synaps)에서 흘러온 전류가 후기-시냅스(post-synaps)로 바뀔 때 시냅스 공간을 통해 화학물질이 형성된다. 이 흐름은 한 방향으로 나가는 직선운동이다. 왜냐하면 화학물질이 전기-시냅스의 종말부(terminal)에는 저장되어 있으나 후기-시냅스의 수상돌기에는 없기 때문이다. 이 화학물질을 신경전달자(neurotransmitters)라고 한다. 신경전달자는 뉴런들 사이를 연결하고 시냅스의 빈 공간을 횡단하며 뉴런들끼리 서로 교류·교환·교통하도록 만든다. '腦' 자로 보면, 두 선 사이를 연결하는 것〔×〕이 바로 화학물질로 된 신경전달자인 것이다. 다시 말해서, 서로 이접된 뉴런들 사이를 연접시켜주는 것이 바로 화학물질로 된 신경전달자이다.

　여기서 가시(spine)의 중요성이 다시 부각되지 않을 수 없다. 가시는 스스로에게 서비스를 한다. 자기지시적이라는 뜻이다. 수용자이면서 동시에 배달자의 구실을 하기 때문이다. 연접자이면서 이접자라는 역설적인 이중적 구실을 동시에 해내는 것이 바로 가시이다. 이렇게 가시가 자기지시적인 것을 일컬어 '가시의 자기언급(spine reflex)'이라고도 한다. 가시의 이러한 이중성 때문에 감각신경과 운동신경을 서로 조화시키는 임무를 해낼 수 있는 것이다. 수용자인 감각신경과 배달자인 운동신경을 가시가 조화시키기 때문이다. 뢰비(Otto Loewi)는 1920년에 화학물질의 존재를 결정적으로 증명했다. 화학물질에 따라 수용자와 배달자가 서로 닮기도(mimicked) 하고 서로를 차단하기도(blocked) 한다는 사실을 발견한 것이다.

　전기-시냅스의 종말부에 자극이 가해지면 시냅스의 빈 공간에 신경전달물질이 방출된다. 그러나 이것은 하나의 과정이지 목적은 아니다. 목적이란 후기-시냅스에 전류적 방출을 이끌어내는 것이다. 이는 보통 후기-시냅스의 수상돌기에서 일어나지만, 수상돌기에서 생긴 전류는 세포체와 축색돌기까지 확산된다. 왜냐하면 전기-시냅스에 있던 축색이 이미 세포체에 연결되어 있기 때문이다. 이것은 또 하나의 멱집합의 문제이다. 수상은 여럿이고 축색은 하나라고 할 때, 축색은 이미 전기-시냅스에서는 여럿과 연관되어 있었다. 그뒤 여럿을 하나로 만드는 과정에서 자기 자신도 여럿의 한 요소가 되어버린 것이다. 그래서 축색은 후기-시냅스에서는 하나이면서 여럿이 되는 것이다. 이를 두고 화이트헤드는 "하나가 여럿이 되고 여럿은 하나에 따라 축적된다(One becomes many and many is increaed by one)"고 했다.

전기-시냅스에서 전달물질이 왔다고 해서 바로 후기-시냅스에 어떤 잠재적 행동을 유도하는 것은 아니다. 수많은 전기-시냅스 종말부에서 온 전달물질로 후기-시냅스의 세포들이 폭발할 때만 그것이 가능해진다. 후기-시냅스가 잠재적 행위를 실재적인 것으로 바꾸면, 그것은 수용자(receiver)와 전달자(sender)의 구실을 동시에 수행한다. 〈그림 5〉를 보면, 휴지 상태에서 축색 안에는 + 전류가, 밖에는 − 전류가 흐른다. 그러나 활동이 촉발되는 순간 안팎의 양전기와 음전기는 뒤바뀌기 시작한다. 그래서 활동이 확산될수록 안팎의 양전기와 음전기는 완전히 뒤바뀐다. 이는 마치 위상기하학에서 뫼비우스 띠의 안팎이 뒤바뀌어 마주 붙는 것과도 같고, 거짓말쟁이의 역설처럼 거짓말이 참말이 되고 참말이 거짓말이 되는 것과 같다고 할 수 있다.

이제 텐서 이론으로 돌아와 이를 홀로그래피 이론과 연관시켜보자. 올빼미가 쥐를 정확하게 단 한번에 잡는 것이나 사격수가 목표물을 정확하게 맞히는 것이나, 그 원리는 궁극적으로 같다. 이 원리는 홀로그래피 제작 과정과 텐서의 비교를 통해서도 파악되는데, 뇌의 구조를 이해하는 데 많은 도움이 될 것이다. 처칠랜드(Paul M. Churchland)에 따르면, 감각신경과 운동신경은 서로 샌드위치 모양으로 격자층을 만들어 아래위에서 간섭 또는 사상을 한다고 한다. 올빼미의 눈(감각신경)에 잡힌 쥐에 대한

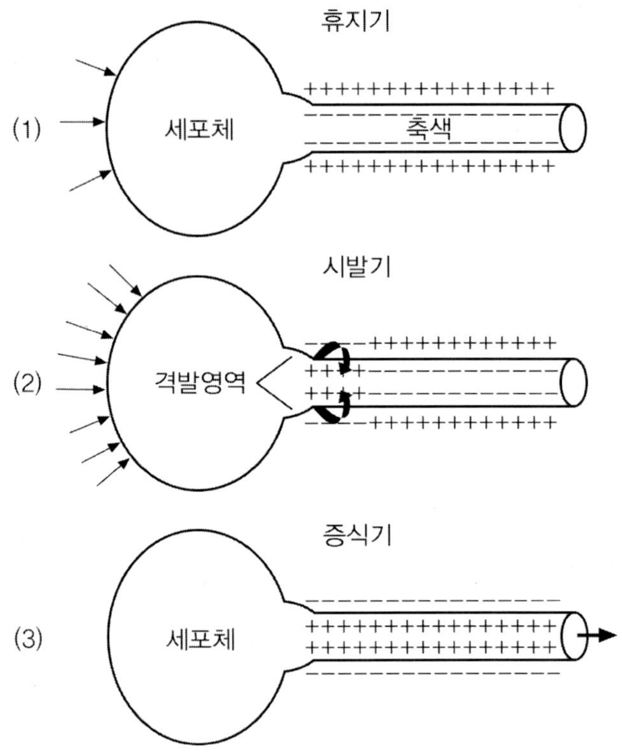

〈그림 5〉 뉴런의 작용 메커닉(LeDoux, 2002, 48쪽)

한 뉴런이 다른 뉴런에 의해 자극을 받으면 활동이 시작된다(1). 격발 영역(2)에서 전기 폭발이 일어난다. 이 영역에서 축색은 체세포와 결합한다. 결합이 이루어지면 다음 영역(3)으로 넘어간다. (1)의 휴지(休止)기는 전기적 폭발을 할 만큼 충분한 전기를 받지 못하고 있는 상태이다. 휴지 기간 동안에 축색의 내부에서 전기 충전이 일어나면 바깥의 양전기(+)에 대해 안은 음전기(-)가 된다. 이제 충분한 전기가 충전되면 축색을 향해 여행을 떠나며, 안팎의 음전기와 양전기가 상호 교환을 한다(2). 이제 안팎의 음양이 완전히 교체되면 전기는 밖으로 출력되어 종말부에 이르고, 신경전달물질은 시냅스에 방출된다(3).

정보는 운동신경에 전달된다. 그러면 두 격자층은 서로 간섭 또는 사상을 하기 시작한다. 입력된 감각공간과 출력된 운동공간 사이에는 수많은 간섭 위상공간들이 만들어진다. 어떤 간섭공간은 실제 모습보다 더욱 추상화할 것이다. 여기서 감각신경은 총의 가늠구멍과 같고 운동신경은

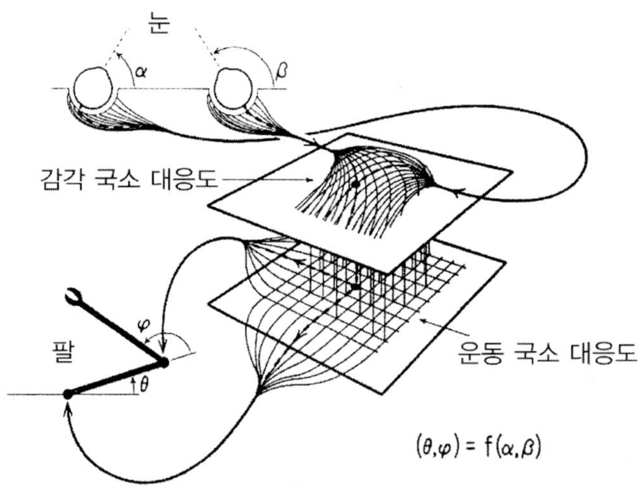

〈그림 6〉 감각 국소와 운동 국소의 간섭도

통합 눈 위치는 동시 자극에 따라 상위 대응도(map)의 단일 교차점에 등록된다. 엔드-게이트(and-gates)처럼 활동하는 수직 연결은 정확히 그 위치로부터 아래의 운동 대응도로 신호를 내려보낸다. 그럼으로써 양 교차운동섬유 외부로 활동이 유도되며, 그 신호를 담은 섬유들에 적절하게 각 팔 관절이 각도를 맞출 수 있다(처칠랜드, 2006, 642쪽).

가늠쇠와 같다. 두 신경계가 서로 간섭해 정렬된 것은 마치 조준선 정렬과 같다고 할 수 있겠다. 이렇게 정렬된 다음 목표물인 쥐를 겨냥하게 된다.

올빼미 눈의 정조준은 이렇게 이루어진다. 올빼미가 조준선 정렬에서 정조준으로 가는 단계를 알기 쉽게 나타내면 〈그림 6〉과 같다. 원래 이 그림은 게(crab)의 운동을 설명하기 위한 것이지만, 올빼미나 사람 모두에 적용해볼 수 있을 것이다. 눈은 시각 감각신경과 일차적 사상을 한다. 사격수가 자기 눈으로 가늠쇠를 들여다보는 것과 같다. 다음으로 운동신경(가늠쇠)을 일치시키는 사상 작업을 한다. 그 다음은 실제 대상물인 쥐를 겨냥하는 사상을 한다. 이는 마치 사격술에서 조준선 정렬과 정조준을 하는 것과 같다고 할 수 있을 것이다. 백발백중이란 다름 아닌

이 세 격자층이 완전히 간섭을 해, 어느 부분이든 전체를 그리고 전체는 어느 부분이든 표상할 수 있어야 한다는 것을 의미한다. 여기서 감각신경은 표준 광선, 운동신경은 작용 광선 그리고 실제 공간은 다름 아닌 감광판에 해당한다고 할 수 있다. 위의 두 격자층이 간섭해 그것이 감광판에 각인될 때 홀로그래피 현상이 나타난다.

어린 새끼 올빼미는 이러한 일을 잘 해내지 못하는데, 어떻게 어른 올빼미는 잘 하는가? 그것은 다름 아닌 오랜 사냥 학습 과정이 결정해준 것이다. 이런 점에서 배우고 또 익힌다는 논어의 첫 구절은 상당히 과학적인 의미를 담고 있다고 할 수 있겠다.

제2부

뇌 이론으로 본 두 문화 : 韓과 漢

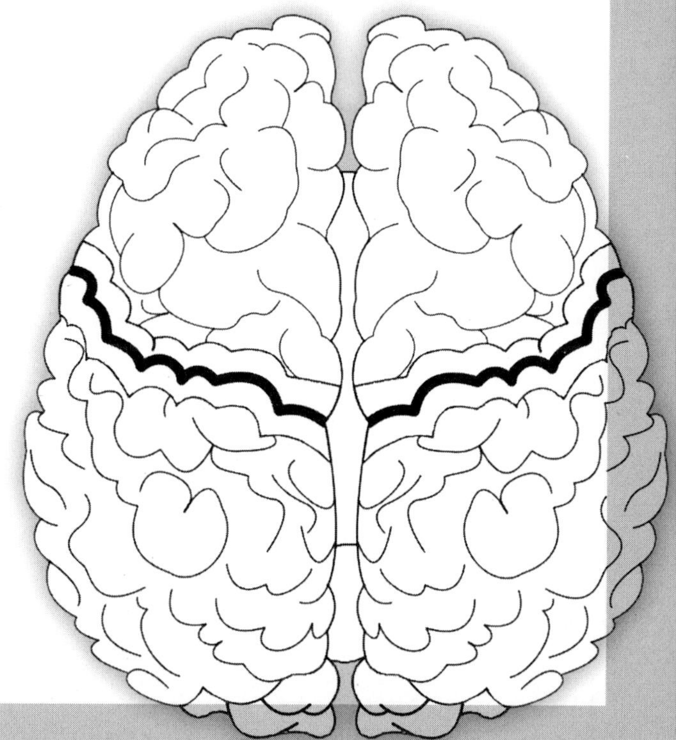

제5장 양 뇌의 파열과 문명의 균열

5.1 뇌는 문명의 청사진 : 신피질에서 생긴 병적 현상

인간 뇌의 양반구적 특징은 헤세의 소설 《지와 사랑》에 등장하는 골트문트와 나르치스라는 두 주인공을 통해서도, 《지킬박사와 하이드》를 통해서도 잘 나타난다. 나르치스는 좌반구를 상징하는 지적인 인물이고, 골트문트는 우반구를 상징하는 정적인 인물이다. 인간에게 파충류층이 없다면 당장 먹고 숨쉬는 일이 불가능할 것이고, 포유류층이 없다면 가족끼리 애정을 유지할 수 없을 것이다. 그리고 신피질층이 없다면 문화생활도 애당초 없었을 것이다. 또 신피질의 좌반구가 없다면 언어활동을 할 수 없을 것이고, 우반구가 없다면 사물의 전체 모양을 파악할 수 없을 것이다. 그런데 뇌의 상하를 나누고 좌우를 나누어볼 때, 전자가 후자를 억압하고 말살하려고 시도해온 것이 지금까지 우리의 문명사임을 알 수 있다. 이러한 시도로 말미암아 양자의 균열이 심화되었다. 이러한 균열은 역사적 기록보다는 신화적 기록 속에 더 적나라하게 드러난다. 서양은 동양보다 그 균열의 정도가 더욱 심하다.

문제는 지금으로부터 3만여 년 전 갑자기 신피질층이 다른 층에 견주어 비대해지면서부터 시작된다. 인간이 가장 낮은 층, 곧 파충류층을 억압하면 불행해진다는 사실을 처음으로 지적한 사람은 19세기의 심리학자 프로이트이다. 프로이트는 파충류층을 본능(Id)의 층이라고 했으며, 신피질이 파충류층을 포함한 아래 두 층을 억압하는 것은 마치 끓는 주전자의 뚜껑을 닫아버리는 것과 같다고 했다. 지구의를 양반구로 나누어 볼 때 서에서 동으로 이동할수록 그 억압의 강도는 약화된다. 유럽에 견주어 인도가, 인도에 견주어 중국이, 중국에 견주어 한국이 그렇다. 이런 순서로 뇌의 좌·우 및 상·중·하 층의 균열과 억압 구조가 약화된다는 것이다. 시기로는 대략 청동기가 시작되는 기원전 2000년 무렵부터 균열이 심화되었으며, 이른바 **차축시대**(*axial age*, 기원전 8~2세기)에 들어와서는 그 균열의 정도가 불치의 지경에까지 이르렀다. 동북아시아에서 차축시대는 바로 춘추전국시대(기원전 7~2세기)에 해당한다.

야스퍼스에 따르면, 차축시대는 기원전 8~2세기에 해당하며, 전세계를 통틀어 그리스와 인도 그리고 중국의 세 곳만 이러한 시대에 들어섰다고 한다. 그는 이 시기를 자랑스럽게 경축이라도 하는 듯하다. 그러나 차축시대란 뇌 이론상으로 볼 때 좌우 뇌의 균열이 심화되고 신피질의 기능이 비정상적으로 확대되는 시기이다. 제인즈는 차축시대 이전의 시대를 **양원적 뇌**(*bicameral mind*) 시대라고 했다. 이 말은 좌우 뇌의 균형이 깨어지지 않던 시대라는 것을 의미한다. 그런데 차축시대의 인물들인 그리스의 소크라테스·플라톤·아리스토텔레스, 인도의 석가, 중국의 공자·노자·맹자 같은 인물들이 나타나면서 좌우 뇌 사이의 균형은 깨지고 균열이 생기기 시작했다. 정도의 차이는 있지만, 이들은 모두 이성을 중요시하고 중심적인 것으로 이해했다. 이를 일컬어 데리다는 이성 중심주의(logo-centrism)라고 했으며, 제인즈는 '양원적 뇌의 대파열(breakdown of bicameral mind)'이라고 했다.

그런데 지금까지 우리는 이 시대를 매우 이상적인 시기로 그리고 인간이 합리적 사고를 최초로 할 수 있었던 시기로 보고 예찬해왔다. 나아가 좌뇌 기능이 우뇌의 그것을 억압해 압살할 지경에까지 이르고, 심지어는 악마화(demonization)까지 해버렸다. 우리는 지금까지도 그러한 결과를 지켜보고 있는 것이다. 뇌 이론으로 볼 때, 춘추전국시대는 인간의 전인적 통전성과 전일성을 잃게 한 시기였다고 할 수 있다. 중국의 양원적 마음의 파괴는 동쪽의 한국에까지 영향을 미치지 않을 수 없었으며, 삼국시대에 들어와 유입된 불교와 유교로 말미암아 양원성의 파괴는 불가피했다. 이러한 중국적 정신의 파열은 무씨사당 화상석에 나타난 단군 신화의 흔적에서도 쉽게 확인할 수 있다. 그리고 최치원이 당에서 신라로 돌아가며 "내 나라에 가서 풍류도를 하느니만 못하리라"라고 한 말의 의미 역시 중국적 균열과 깊은 관련이 있는 것이다. 기원 9세기 무렵은 중국에서 양 뇌의 균열에 따라 노장 사상과 공맹 사상의 균열이 심각할 때였다. 최치원의 말은 그 시대의 불치의 양 뇌 균열상을 그대로 보여준 것이라고 할 수 있다.

그렇다면 차축시대가 전세계를 통틀어 세 곳에서만 있었다고 하는 야스퍼스의 말은 우리에게 또 다른 의미를 안겨준다. 우리는 차축시대 이론을 좌우 뇌의 3단계 대칭과 비대칭의 발전 단계에 입각해 새롭게 해석해볼 필요가 있다. 좌우 뇌의 양원적 균열이 미분화된 1기, 양원성이 파열되는 2기, 그리고 다시 뇌량에 따라 양원성이 회복되는 3기로 나누어 생각해보아야 할 것이다. 문명의 행복과 불행은 이 3단계 과정을 정상적으로 겪느냐 그렇지 않느냐에 달려 있다. 여기서는 중국의 '漢'과 한국의 '韓'이 이 3단계 과정을 어떻게 처리하면서 문명을 건설하고 파괴했는지를 고찰할 것이다.

인류 문명이 추구하는 궁극적인 목적이 행복에 있다고 할 때, 이 행복의 정의를 심리학자 매슬로만큼 잘 정리한 인물도 없을 것이다. 이른바

5단계 행복 추구 이론은 매클린의 뇌의 삼층 구조를 그대로 확장해놓은 듯하다. 매슬로에 따르면, 행복이라는 욕구 충족의 가장 낮은 단계는 뇌의 파충류층의 욕구, 즉 먹고 마시는 등 기본적인 욕구 충족의 단계로, 이를 기본 욕구(*basic need*)의 충족 단계라고 했다. 두번째 단계 역시 여기서 과히 멀지 않은 안정 추구의 단계이다. 식욕이나 성욕 같은 기본 욕구가 충족되면 인간은 신변의 안전(*security*)을 추구한다. 이 두 단계는 모두 뇌의 파충류층에 속하는 행복의 단계이다. 이렇게 신변의 안전이 확보되고나면, 인간은 다음으로 어디엔가 소속되려고 한다. 매슬로는 이 세번째 단계를 소속감(*membership*)의 단계라고 했다. 이는 뇌의 중간층인 포유류층에 해당하는 욕구 충족의 단계이다. 시골에서 도시로 모여드는 경향이라든가, 라이온스 클럽이나 YMCA의 회원이 되고 싶어하는 것은 모두 집단 애정에서 나온 심리이다. 네번째 단계는 자기존중(*self-esteem*)의 단계이다. 인간은 소속감에서 오는 집단 애정의 군집 심리에서 벗어나 그림을 그린다든지 홀로 명상을 한다든지 하는 방식으로 자기 자신의 가치를 추구하려고 한다. 그리고 다섯번째 단계는 자기실현(*self-realization*)의 단계이다. 앞의 네 단계가 모두 타자와 맺는 관계나 자기가 아닌 밖의 요소에 따라 결정되는 것이라면, 마지막 두 단계는 자기언급적이다. 소크라테스의 말처럼 자기를 아는 것에 진정한 행복이 있다는 사실을 인지하고, 인간은 이를 위해 스스로를 투자한다. 이러한 자기언급적인 현상은 뇌의 상층부인 신피질에서 일어난다.

한국은 해방 뒤 보릿고개라는 기본 욕구 충족의 단계를 넘어섰고, 1960~1970년대에 자기 신변의 안전이라는 단계를 넘어섰다. 1980년대부터 WTO와 OECD 등과 연대하며 국제적인 소속감의 단계를 건너고, 지금은 자기존중과 자기실현이라는 목표를 향해 나가고 있다. 이런 시각에서 볼 때, 중국도 지금 우리와 같은 과정을 거쳐 비슷한 단계에 도달해 있다. 중국의 동북공정이라든가 일본의 역사교과서 왜곡 등은 모두 자기

자존심과 자기발견이라는 네 번째 단계에서 자기를 과대하게 포장함에 따라 발생한 피할 수 없는 결과라고 할 수 있다. 매슬로의 시각에서 보자면, 등소평의 부국강병론이나 고이즈미의 야스쿠니신사 참배 같은 것은 모두 네번째 단계에서 자아가 왜곡됨에 따라 생긴 현상인 것이다. 이데올로기라든가 주의·사상 같은 것도 모두 신피질에서 생기는 현상이다. 다른 동물에게 이러한 이념이나 사상 같은 것이 없는 까닭은 바로 신피질이 상대적으로 발달하지 않았기 때문이다.

중국이나 일본이 지금 추구하고 있는 단계는 진정한 인간 행복에 미치지 못하는, 소수민족의 소속 의식을 강화하고 중국의 정체성을 확보하려는, 어쩌면 저차원의 발버둥이라고 할 수 있다. 일본 역시 천황 중심의 소속감을 강화하려는 애처로운 노력을 하고 있는 것이다. 우리는 이들에게 자기실현이 진정한 행복이며 스스로 만족할 줄 아는 것이 역사의 진보라는 사실을 알리고 계몽해야 할 것이다. 그렇지 못할 때 약육강식의 파충류적 본능은 표면으로 올라오며, 인류는 전쟁 속에 휘말리게 된다. 역사의 비극은 여기서 분명하게 나타난다. 아래 두 층의 고피질과 위 상층부의 신피질 사이에 균열이 생기고 좌우 뇌가 분열하는 데서 근본적인 비극이 싹트기 시작한다.

초인격 심리학자인 켄 윌버는 자아를 전자아·자아·초자아로 나눈다. 전자아가 파충류와 포유류층에 해당한다면, 자아는 신피질에 해당하고, 초자아는 이 세 자아가 통전되는 자아이다. 그리고 전자아는 다시 우로보로스(Ouroboros)와 타이폰(Typhon)적 시기로, 그리고 자아는 소속감과 태양화 시기로 나뉜다. 우로보로스는 뱀이 자기 꼬리를 자기가 물고 있는 형상을 하고 있다. 우로보로스적 시기의 자아란 이처럼 아직 분별적 자아의식이 생기지 못한 단계의 자아로, 파충류층보다 더 하층의, 즉 척추조차 갖추지 못한 단계의 자아인 셈이다. 타이폰은 그리스 신화에서 나오는 반인반수의 동물적 인간이다. 이 타이폰적 시기가 바로 파충류층에 해당한다고 볼 수 있다. 윌버가 말하는 소속감 시기란 바로 이 포유류층과 같은 층에 속하는 것으로, 문명사로 보자면 신석기의 모계사회 시대를 반영한다. 이는 낮은 단계의 자아가 생성되는 시기이다. 태양화 시기(Solar age)란 청동기시대로 들어와 부계 가부장제도가 등장하면서 남성신들이 태양빛을 받으며 하늘에서 내려오는 때를 가리킨다. 이 시기에는 인간의 신피질이 이미 성장할 대로 성장한 상태였다. 신피질은 석기시대부터 확대되기 시작하지만, 그것이 지금과 같은 기능을 발휘하는 때는 기원전 2000년 무렵부터이다. 이를 태양화 시기라고 하며, 이것이 연장된 시기가 바로 기원전 6~5세기의 차축시대인 것이다. 뇌 이론에 따른 문명사에 대한 이러한 평가는 앞으로 동북아시아 문명사를 조명하고 동북공정을 평가하는 데도 필요할 것이다.

5.2 마술적인 것과 신비적인 것

뇌의 균열이 심하게 일어난 시기는 차축시대이다. 차축시대가 등장한 문명권은 북위 33~43도 사이에 자리하고 있다. 기후가 온화하고 환경이 쾌적한 곳으로, 무층(巫層)에서 차축시대의 철학층으로 넘어오는 중간층을 선층(仙層)이라고 한다. 양 뇌의 균열이 아직 생기지 않은 층이다. 융의 말을 빌려 표현할 때, 무층이 우로보로스와 타이폰에 해당하는 무의식 층이라면, 선층은 낮은 의식이 나타나는 태모(Geater Mother)의 층이다. 우로보로스의 층은, 자기 입으로 자기 꼬리를 물고 있는 뱀의 모양이 말해주듯이, 의식의 내면에서 뇌의 균열이 생기지 않은 층이다. 타이폰의 층은, 짐승몸을 한 인간의 모습이 말해주듯이, 의식구조에서 몸과 마음이 분리되지 않은 층이다. 이 층에서는 인간이 마술적 사고를 하는 것이 특징이다. 이들은 모두 구석기인들의 특징을 그대로 반영한다. 매슬로가 말한 기본 욕구와 안정감이 그 가치관으로 추구되던 시기이다. 신석기 농경시대의 의식구조를 '소속감'으로 정의한 학자는 카스테네다이다. 파슨·화이트·프롬·미드 같은 학자들도 카스테네다의 정의에 동의하고 있다. 소속감의 농경시대는 크게 두 시기로 나눌 수 있다. 즉, '낮은 소속감'의 시기인 기원전 9500~4500년 무렵과 '높은 소속감'의 시기인 기원전 4500~1500년 무렵이 그것이다. '낮은 소속감'의 시기이든 '높은 소속감'의 시기이든 모두 이전의 수렵채취 생활 때는 경험하지 못했던 현상이 나타났다. 높은 소속감 시기에 속했던 이집트와 수메르 사회에는 이미 왕조와 신정 통치 그리고 사제 계급 같은 것이 등장했다. 그만큼 인간 무리들을 통제해야 될 필요성을 느끼게 된 것이다. 포유동물의 전형적 의식구조가 등장한 시기이다.

수렵채취 시기의 짐승몸을 한 타이폰 인간들(정확하게는 오스트랄로피테쿠스)이 마술적 사고를 했다면, 농경 시기의 인간들은 신비적 사고를 했다. 신비적 사고는 마술적 사고에서 이성적·합리적 사고(네번째 문명층)로 넘어가는 그 사이에 생긴다. 마술적 사고에서는, 벽화에 그려놓은 그림들에서 보듯이, 물건의 멀고 가까움을 구별하지도, 크고 작음을 구별하지도, 그리고 안과 밖을 구별하지도 못했다. 이런 사고 유형을 병렬적(竝列的)이라고 한다. 우리는 지금도 어린아이들이 그려놓은 그림들 속에서 이러한 병렬적 현상을 발견하게 된다. 우뇌는 사물의 전체 윤곽만 파악한다. 이는 원시인들에게는 우뇌가 활성화해 있었음을 의미한다. 프로이트는 이러한 병렬적인 상태를 '기초 과정(primary process)'이라고 했다. 한마디로 말해서, 기초 과정은 마술적이다. 뇌의 균열이 생기지 않은 이 시기의 벽화들이 20세기 피카소의 작품과 비슷하다는 것에 우리는 주목할 필요가 있다. 왜 그런 현상이 일어나는 것일까?

이제 농경시대로 접어들면서 인간들의 뇌에 균열이 일어나기 시작한다. 병렬적 기초 과정을 청산하고 제2차 과정으로 넘어오게 되는 것이다.

이 제2차 과정은 직선적이다. 여기서 '직선적'이라는 것은, 직선상에 놓고 볼 때 멀고 가까움과 크고 작음 그리고 앞과 뒤가 구별·분별됨을 일컫는 말이다. 농경과 함께 발달한 언어는 구문론적 사고를 하도록 만들어주었다. 구문론적 사고가 가능하다는 것은 주어·동사·목적어·보어 등으로 분절시켜 언어를 사용할 수 있게 되었음을 의미한다. 그래서 직선적 사고와 구문론적 사고는 농경의 소속감과 함께 생겨난다. 그러나 우리가 알아야 할 사실은, 완벽한 의미에서 직선적·구문론적 사고는 청동기시대로 넘어오면서 활발해진다는 것이다. 세번째 문명의 고리인 농경의 소속감 시기는 마술적 사고의 시기와 합리적 사고의 시기 사이에 끼어 있는데, 앞에서 언급했듯이 '신비적'이라고 부르는 시기이다. 이러한 신비적 단계의 층에 해당하는 것이 바로 선층이다. 한국의 풍류도(風流道)나 낭도(郎道) 또는 신도(神道)에 해당하는 층이라고 할 수 있다. 이렇게 농경과 함께 좌뇌가 활성화 단계로 접어든 것이다.

이러한 신비적인 유형의 층을 J. 제인즈는 좌우 뇌가 아직 분리되지 않았다는 뜻에서 **양원적**(*bicameral*)이라고 불렀다. 이성과 마술의 양면성을 띠고 있는, 그래서 좌뇌(이성적)와 우뇌(마술적)가 분리되지 않는 상태인 것이다(Jaynes, 1976 참고). 하지만 농경과 함께 언어가 등장하고, 드디어 좌우 뇌 사이에 균열이 생긴다. 농경 시기에 등장한 언어는 양 뇌의 파열을 조장하는 데 결정적으로 기여한다. 데리다는 그의 〈문자학〉에서 음성 문자(phonetic language)가 이때부터 이성 중심적(logo-centralism)으로 되었다고 했다. 이러한 이성 중심적 사고는 결국 좌뇌를 강화하고 우뇌를 약화시키는 결과를 초래하고 말았다. 아리스토텔레스는 음성이 인간 영혼에 각인되어 있다고 했다. 이렇게 각인된 언어는 하이데거가 말하는 존재신학(onto-theology)의 이론적 바탕이 되었다.

아무튼, 완전히 논리적이라고 할 수도 없고 그렇다고 비논리적이라고도 할 수 없는 중간 상태가 의식 발달 단계나 인지 발달 단계의 어느 한때 나타난다. 이는 차축시대로 넘어오기 직전의 단계로, 그리스의 호메로스 시대 그리고 동북아시아 일대의 선도 문화 시대라고 할 수 있다. 이른바 신선들이 등장하는 때, 반인반수의 모습에다 아직은 온전한 이성적 사고가 등장하지 않은 때, 그러나 그 문턱에 서 있는 때인 것이다. 호메로스 시대와 선도 문화 시대에는 아직 양 뇌의 균열이 심화되지 않았다. 우리 한국 문화의 주체성과 정체성은 바로 이 선도 문화에서 찾아야 할 것이다. 일찍이 신채호는 이를 '신도' 또는 '낭도'라고 했다. 적어도 이때의 문명층은 한국 고유의 것으로 지켜야 할 것이다. 아직 합리적인 의식이 등장하지 않았다고 해서 이 시기를 야만스럽게 다루면 안 된다. 이 층의 큰 장점은 바로 양 뇌의 조화에 있다. 지금 우리는 이 조화와 균형을 절실하게 회복해야 할 처지에 있는 것이다. 최치원은 풍류도나 낭도를 일컬어 유·불·도를 포함한 '포삼교(包三敎)'라고 일컬었다. 이는 양 뇌가 아직 파열되지 않은 상태를 강조한 말에 다름 아니다. 그러나 이 단계는 인간이 거쳐야 할 한 단계일 뿐이지, 마지막으로 도달해야 할 이상적인 종착역은 아니다. 문제는 다음 단계로 향할 때 이 층을 어떻게 처리하느냐 하는 데 있다.

개체발생적으로 볼 때, 피아제는 이 층을 전인과적(前因果的, precausal), 프로이트는 전논리적(前論理的, prelogical), 페렌치는 애니미스틱(animistic, 사실은 무층이 애니미스틱이며 선층은 마나이스틱이다), 아리에티는 고논리적(古論理的, paleological), 설리번은 자폐 언어적(autistic language)이라고 했다. 이 분야에 집중적인 연구를 한 라캉은 '아이들의 잃어버린 언어'라고 표현했다. 우리가 흔히 접할 수 있는 신화적 표현들이란 거의가 전인과적·전논리적·고논리적 언어들로 가득 차 있다. 농경 시기와 함께 낮은 단계의 자아의식이 등장하면서, 신과 인간 사이의 구별이 아직은 없는 선층의 선인(仙人)이 이 시기에 주도적인 구실을 한다. 거듭 말하지만, 그리스에서는 이때가 바로 **호메로스 시기**(*Homer period*)에 해당한다. 또한 동북아시아 일대에서는 고조선이 등장하는 시기로, 환인·환웅·단군이 모두 선인에 속한다. 이때의 특징은 천·지·인의 합일과 유·불·선의 융합이다. 이때의 합일과 융합은 전분별적인 것이기 때문에, 이 시기를 이상화하는 것은 오류에 빠질 위험이 있다. 전분별적인 것은 초분별적인 것과 구별하기가 매우 힘들고 어렵다. '합일'과 '융합'에서 '합(合)'이라는 글자는 '동(同)'이라는 글자와 마찬가지로, 동굴 속에서 하나가 아직 균열되기 전의 모양을 하고 있다. 바로 양 뇌의 균열이 생기기 이전의 합일이며, 《구약성서》에 등장하는 에덴 동산의 상태이다. 인간들이 이런 합일에서 탈출하는 것, 즉 에덴에서 추방되는 것이 발전을 위한 필수 조건인 것이다. 합일의 단계는 '마술적(magical)'이며, 마술의 단계에서 한 단계 넘어선 것은 '신비적(mystical)'이다. 그러나 기독교 신학은 지금까지 에덴 동산에서 당한 추방을 '타락'으로 정의하고 있다. 이는 시정되어야 할 교리임에 분명하다. 마술적인 것과 신비적인 것은 뇌의 교량을 사이에 두고 그 경계선에 접해 있다.

일단 그 인접성 때문에 마술적인 것과 신비적인 것이 매우 비슷한 것처럼 보인다. 신비적인 사고도 마술적인 것과 매우 비슷하게 부분과 전체를 동일시하고, 주관과 객관을 합일화하기 때문이다. 들뢰즈가 말하는 '유사(類似)'와 '상사(相似)'를 아직은 구별하지 못하던 단계인 것이다. 기초 과정과는 달리 제2차 과정에서는 구술적이고 청각적인, 즉 입과 귀를 동원한 추상적 상징물(언어)을 사용한다. 여기서는 좌뇌의 도움이 필요하다. 그러나 이들 언어들이 '신비적'이라고 하는 것은, 이들이 모두 기초 과정의 마술에서 전달된 것들이기 때문이다. 그래서 설리번은 전인과적 사고는 백일몽과 환상의 언어에서 나온 것이라고 했다. 환상을 언어로 조금 논리화한 것이 바로 신비적 언어인 것이다. 이를 두고 양원적이라고 한다. 좌뇌가 아직 우뇌와 분리되지 않고 있는 균형적 상태를 유지하고 있는 것이다. 양원적인 뇌 구조에서 인간들은 자기의 삶을 신비적으로 묘사하며 살아간다. 묘사하는 언어와 묘사되는 삶·세계가 이중적으로 형성되면서 공동체의 소속감이 마련된다.

신비적 사고는 논리적 사고만큼 합리적이지는 못하지만, 마술적 사고보다는 훨씬 합리적이다. 마술적 사고는 추상적 사고를 하지 못하는 반면, 신비적 사고는 그것을 해낼 수가 있다. 인간들은 신비적 사고를 하면서 복잡한 자료들로부터 비슷한 것들을 뽑아 분류할 줄 알게 되었다. 그리고 사물들을 부류(class)와 요소(element)로 구분할 줄도 알게 되었다. 집합론적 사고를 하게 되었다는 뜻이다. 마치 유아들이 많은 색 가운데 빨강색·노란색 등을 가려낼 줄 알게 되듯이 말이다. 그러나 그 분류 작업이 조금만 복잡해지면 혼란을 일으키고 만다. 셈을 할 수는 있어도 '셈의 셈'을 하지는 못한다. 프랑스 철학자 바디우는 이를 '상황(situation)'과 '상황의 상태(state of situation)'로 구별한다(Badiou, 2005, 81~112쪽). 이를 구별하지 못한다는 것은 수를 메타화하지 못한다는 뜻이다. 유아들의 부분–전체의 분류는 불완전하다. 그러나 점점 인지가 발달할수록 논리적 사고, 즉 부분–전체의 분류를 완벽하게 해낸다. 병렬적인 것에서 직선적인 것으로 바뀐 것이다. 부분과 전체가 병렬적이라고 함은 바로 혼동 상태라는 뜻이다. 좌뇌는 직선적 사고를 하고 우뇌는 병렬적 사고를 한다. 직선적 사고와 병렬적 사고의 특징은, 전자는 추리를 잘하고 후자는 상상을 잘한다는 것이다. 전자는 좌뇌를, 후자는 우뇌를 잘 반영한다. 그런 면에서 좌우 뇌의 조화는 교육의 필수 요건이기도 하다.

그런데 언어·문법·구문 같은 것들이 병렬적 사고를 해체시킨다. 양 뇌를 균열시키는 장본인이 바로 이런 것들이다. 합리적으로 됨에 따라 개인과 문명의 균열 현상이 생기기 시작했다. 마술적인 것과 신화적인 것을 병리적(pathological)인 것으로 보아서는 안 됨에도, 이성·논리·언어 등이 등장하면서 병렬적인 것을 비합리적인 것으로 억압하기 시작했다. 심지어 교육은 이를 추방하는 것을 주된 목표로 삼는다. 컴퓨터의 윈도우와 같이 병렬적 사고는 시간의 과거·현재·미래를 하나의 것으로 보지만, 직선적 사고는 이를 직선상에서 나누어 생각한다. 여기서 뉴턴의 절대시간 개념이 생긴다.[1] 우리말에는 미래에 해당하는 말이 없다고 한다. 그러나 이는 전제부터가 잘못되었다. 과거·현재·미래를 병렬적으로 생각하는 문화권에서는 뉴턴의 절대시간 개념이 없다. 우리말에서는 '오늘'을 '온날'이라고도 하는데, 이때는 과거도 미래도 모두 '온'날인 것이다. 이는 병렬적 시간 개념을 그대로 반영하고 있다. 타이폰들에게는 과거도 미래도 오늘이었으며, 오늘은 늘 '지나가는 현재(passing present)'였던 것이다. 에덴 동산의 시계는 언제나 지나가는 현재만 가리키고 있었다. 그러나 인간은 에덴 동산에서 추방된 이후부터 농사를 짓기 시작했으며, 농사와 함께 인간들은 '시제화된 자기의식(tensed-self-sense)'을 느끼게 되었다. 이때부터 인간은 자기가 언제 태어나(과거) 언제 죽는다(미래)는 사실을 알기 시작한다. 곧 불안해지기 시작한 것이다. 개체발생적으로 볼 때, 4세 이전의 어린아이들은 이런 타이폰적인 시간 개념 속에서 살아간다.[2]

5.3 양원적 마음과 문명

줄리언 제인즈는 분할 뇌 이론을 문명사에 적용해 연구를 시도한 학자이다. 분할 뇌 이론은 1950년대 말에서 1960년대 초에 스페리 박사가

---

1) 뉴턴은 시간이 일정하게 한 방향으로, 직선적으로 진행한다고 보고, 이를 절대시간(absolute time)이라고 했다.

2) 3만 년 전, 거대한 빙하군이 유럽 북방으로 퍼져감에 따라 인류는 생존을 위해 뇌 속 뉴런의 집합 양식을 변화시켰다. 이러한 뉴런의 변화와 함께 신비적 사고가 탄생하게 되었다(나카자와, 2005, 8쪽).

내놓은 이론이다. 분할 뇌 이론에 따르면, 인간의 두뇌 기능은 좌뇌와 우뇌로 분할되어 있으며, 양쪽 뇌는 가운데의 뇌량(腦樑)으로 연결되어 있다고 한다. 또한 양반구가 전혀 다른 방법으로 생각한다고 한다. 즉, 좌뇌는 언어로 생각하고, 우뇌는 직접적인 개념(이미지)으로 생각한다는 것이다. 좌뇌는 언어와 논리적인 사고를 다루고, 우뇌는 언어로 바꾸기 어려운 패턴을 다룬다. 그래서 우뇌는 마술적·신비적인 상징들로 가득 차 있다. 로버트 오른스타인(Robert Ornstein) 박사는 분할 뇌 이론을 적용해 과학·역사·철학·종교 등의 분야와 관련한 다양한 연구 결과를 내놓은 바 있다(Ornstein, 1991, Part II 참고).

애슈브룩은 신학에까지 분할 뇌 이론을 적용했다. 그 결과, 서방 기독교는 좌뇌형이고 동방 기독교는 우뇌형이라고 했으며, 전자의 건축 양식은 고딕(Gothic)이고 후자의 건축 양식은 돔(Dome)이라고 했다. 고딕 양식은 첨탑 형식이다. 즉, 위계적 사고를 하는 것이 특징으로, 이는 전형적인 좌뇌 구조를 반영한다. 고딕 건축에서는 들어가는 문과 나오는 문이 다르다. 하지만 돔 양식 건축에서는 사방에 문이 있다. 이는 병렬적 사고 양식을 반영하는 것이다. 교리에서도 양자는 판이하게 다르다고 한다. 삼위일체 교리에서 전자가 위계적인 반면, 후자는 상호 평등적이다.[3] 이러한 면은 문학작품에서도 볼 수 있다. 앞에서도 잠시 언급했지만, 헤르만 헤세의 《지와 사랑》에 나오는 두 인물, 나르치스와 골트문트는 분할 뇌 이론을 반영이나 하듯이 각각 좌뇌의 성격과 우뇌의 성격을 그대로 반영하고 있다. 지적인 인간 나르치스와 감성적인 인간 골트문트 사이의 관계는 양 뇌의 관계만큼이나 차이가 극명하다.

제인즈는 인류 역사가 두 시대로 나뉠 수 있음을 이론화했다. 즉, 분명

---

3) 고딕 양식의 서방 기독교는 성령이 성부에서 나왔다고 하지만, 돔 양식의 동방 기독교에서는 삼위를 동등하게 본다.

한 의식을 지니지 못했던 초기 그리고 의식이 존재하는 후기로 인류 문명사를 나눈 것이다. 제인즈가 '의식'을 '전의식'과 '의식'으로 양분해 단적으로 문명사를 갈라놓은 것은 비판받을 수도 있다. 그러나 분할 뇌 이론을 문명사에 적용한 것은 높이 평가해야 한다. 제인즈는 뇌 이론을 시간축에 적용하고 있지만, 나는 이를 시간·공간 두 축에 동시에 적용해야 한다고 생각한다.

제인즈는 자기 이론의 정당성을 주장하기 위해 역사 속에 나타난 저술을 근거로 삼고 있다. 제인즈는 전의식적 인간상을 고찰하기 위해 기원전 12세기에서 8세기 사이에 쓰여진 호메로스의 《일리아드》에 초점을 맞추고 있다. 트로이 전쟁 때 그리스의 총사령관인 아가멤논이 아킬레스의 부인을 강탈하는 순간, 아킬레스의 노란머리를 거머쥐고 아가멤논을 때리지 못하게 경고한 것은 어떤 신이었다. 또한 아킬레스가 전쟁에 나가지 않겠다고 약속하도록 만든 것도 신이었다. 또 다른 신은 싸움터에 나가도록 했다. 사실상 트로이 전쟁은 사람이 하는 싸움인지 신이 하는 싸움인지 분간하기가 힘들 정도이다. 현대 전쟁에서 지휘관이 신의 신탁을 받아 작전 계획을 세운다는 가정을 한번 해보라. 정말 터무니없는 일이 아닐 수 없을 것이다. 그러나 이성과 환상이 뒤섞여 구별되지 않았던 기원전 12~8세기 무렵에는 전혀 이상할 것 없는 일이었다. 한마디로, 좌뇌와 우뇌가 혼동되어 있었다는 말이다.

제인즈는 말하기를, "트로이 전쟁은 환상에 따라 지휘되었다. 그리고 그렇게 지휘되었던 병사들은 전혀 우리와 비슷하지 않았다. 그들은 그들이 무엇을 하는지 알지 못하는 훌륭한 자동인형이었다"고 했다(Jaynes, 1976, 75쪽). 신탁이나 주술 등은 우뇌에 의존하는 것이다. 전의식이란 우반구가 활성화한 의식이다. 우반구의 활성화와 그것이 좌반구의 언어 중추에 미치는 환상적 효과가 결국 뇌로 하여금 양원적 마음을 갖도록 만드는 것이다. 이성 옆에 환상이 함께 해 마음이 양원적으로 작동하던

<그림 1> 트로이 전쟁

트로이 전쟁은 사람과 신이 뒤엉킨 싸움이었다.

시기는 대체로 기원전 12~10세기였던 것으로 보고 있다. 이른바 차축시
대, 즉 철학의 층이 나타나기 이전 시기이다. 기원전 8~7세기 무렵에
이성적 의식이 확연히 나타나기까지는 양원적 마음이 지배적이었다. 이
런 양원적 마음은 문명사의 한 층을 장식하는 동시에 현대의 몇몇 정신
분열증 환자의 경험 속에서도 관찰된다는 것이 제인즈의 주장이다. 이는
현재 정신병자로 취급되는 사람들이 수천 년 전에는 완전히 정상인으로
살아갈 수 있었음을 의미한다.

제인즈 이론의 문제점은 의식 발전의 단계를 시간적으로 너무 단적으로 양분해 단순화했다는 점이다. 즉, 전의식의 단계 그리고 그것이 좌초된 이후 이성적 자아의식의 단계로 이분화한 것이다. 그러나 켄 윌버가 지적한 대로 인간의 매우 낮은 의식은 농경 생활을 시작한 기원전 9000년 무렵부터 싹트기 시작했다. 그래서 윌버는 양원적 마음의 시기를 기원전 9000~2000년으로 보아야 한다고 주장한다(Wilber, 1981, 107쪽). 그리고 자아의식을 전자아(pre-ego)와 초자아(trans-ego)로 나눌 때, 제인즈는 오직 하나의 의식적 자아만을 다루고 있다. 한국에서는 무층과 철학층 사이에 선층이 있다. 이는 뇌량과 같은 층이다.

5.4 갑골문 속의 양원적 마음

제인즈는 양원적 마음을 '환각적(hallucinatory)'이라고 했다. 양원적 마음의 소지자는 스스로는 거의 의사 결정을 하지 못하고, 위로부터 들려오는 소리나 환영을 보고 결정한다. 이런 소리를 보통 신탁(神託)이라고 한다. 신탁은 직접 소리가 들리거나 점복(占卜)을 통해 전해지기도 한다. 우뇌는 이런 신탁의 저장소와도 같다. 이러한 점복을 기록해놓은 문자들을 갑골문(甲骨文)이라고 한다. 갑골문 속에는 양 뇌가 분리되지 않은 양원적 마음으로 가득 차 있다. 기원전 500년 무렵의 어느 날, 춘추시대 패왕 가운데 하나인 초나라의 소왕은 〈상서여형〉을 읽다가 깊은 생각에 잠긴다. 그 글은 기원전 11세기 말에 주나라 목왕이 여후(呂侯)에게 명령한 내용을 기록한 것으로, 그 가운데 전욱이 "신하 중과 려에게 명하여 하늘과 사람의 교통을 단절시키게 했다(命重黎絶天地通)"는 부분이 있다. 소왕은 '하늘과 사람의 교통을 단절시켰다'는 내용이 무엇인지 옆에 있는 신하에게 물었다. 그 신하는 소왕에게, 무당이 하늘과 땅을 넘나들며 신탁을 받는 내용을 들려주었다(장광도, 1990, 82쪽). 즉, 그 '단절'의 내용은 무당이 하늘과 땅을 넘나들며 환각적 행위를 하지 못하도록 금지하라는 것이었다. 공자가 논어에서 귀신의 일을 모른다고 한 것과 별반 다를 것 없는 내용이다.

옛날 무당들은 분명히 양원적 마음의 소유자였으며, 하늘의 음성을 들어 사람들에게 전달해주었다. 이렇게 양원적 마음의 소지자가 아니면 그것은 곧 왕의 자격이 없는 것이나 마찬가지였다. 그러면 하늘과 땅의 교통이 끊어졌다는 것은 곧 양원적 마음이 파괴(breakdown)되었다는 말과도 같다. 춘추시대의 초나라 소왕이 이 말을 이해하지 못했다는 것은, 이미 그때는 양원적 마음이 파괴되었다는 것이다. 기원전 10세기 이전에는 양원적 마음이 매우 성행했으며, 이 마음의 소지자는 자유자재로 하늘과 땅을 넘나들 수 있었던 것이다. 고대 3대 왕조를 건설한 창립자들을 보면 모두 양원적 마음의 소지자들이었다. 가령, 하의 우 임금은 홍수를 막을 때 신의 힘을 빌렸고, 은의 탕도 하늘에 빌어 비를 내리게 했으며, 후직(後稷)은 신탁을 받아 다른 사람들보다 더 빨리 농작물을 자라게 했다. 이러한 이야기는 《일리아드》에 나오는 양원적 마음과 그다지 먼 것이 아니다.

갑골문에 따르면, 전쟁·사냥·순시 등을 나갈 때나 특별한 제사를 거행할 때, 모든 조상에게 점을 쳐 그 인가와 찬동을 구했다고 한다. 왕 자신이 길흉을 묻기도 하고 해몽을 구하기도 했으며, 왕비의 생육과 관련한 일들도 조상에게 물었다. 나아가 병이 걸리지 않을까, 심지어는 이가 아프지 않을까 하는 것까지도 물었던 것이다. 갑골문에 담긴 한 구절을 보면, 왕이 그 다음날 제사를 하기 전에 "기혜일에 점하여 묻습니다. 희생으로 강인(羌人)을 데려왔습니다만" 하며 묻는 부분이 있다. 여기서 '강인'이란 서부에 살던 종족의 이름으로, 동쪽 사람이 그들을 희생 제물로 삼아도 되느냐고 묻는 내용이다(류승국, 1983, 35쪽).

우리는 갑골문의 이러한 기록으로, 그때까지 사람을 희생제물로 바치는 관습이 있었으며 서부 종족과 동부 종족 사이에 깊은 원한이 있었다는 점도 알 수 있다. 갑골문이라고 하면 우리는 흔히 은나라에서 발견되었으므로 으레 은나라의 것이라고 생각하기 쉽다. 그러나 갑골문의 발상지는 발해 연안이며, 그것이 서남쪽으로 내려가 황하 이북의 은허에서 성행하게 되었음을 알 수 있다. 지금까지 갑골문자는 중국 하남성 은허에서 집중적으로 출토되고 있지만, 초기의 갑골문화는 발해 연안을 중심으로 서남쪽으로는 대행산 이동과 황하 이북, 북쪽으로는 흥안령 이남의 요령 지방과 요동반도, 그리고 흑룡강 이남의 송화강·두만강 유역에 분포되어 있다. 물론 이 지역은 두말할 나위 없이 동이족이 활동하던 지역이다. 1981년에는 경남 김해에서도 발굴되어 갑골문화의 주인공이 동이족이었음을 더욱 실감할 수 있었다(이형구, 1991, 112쪽). 동이족이 이렇게 하늘과 땅을 자유자재로 왕래하는 행위에 반대해, 춘추전국시대에 들어오면서, 동북아시아의 차축시대가 시작되면서, 합리적 사고가 서쪽에서 등장하면서, '절천지통(絶天地通)'의 논리가 등장하게 된다.

아무튼, 인류 문명사에는 이성적 합리성이 싹트기 직전에 좌뇌와 우뇌가 분리되지 않은 양원적 마음 구조가 있었으며, 이때의 인간들은 하늘과 땅을 자유자재로 넘나들었다. 이런 의식 상태를 두고 환각적이라고 한다. 양원적 마음 구조가 파괴되면서 자연히 하늘과 땅의 교통도 단절되었다. 그 단절의 궁금증이 춘추전국시대 소왕의 의문 속에 남아 있고, 그 뒤로 지금까지 우리 모두는 같은 궁금증 속에 살고 있다. 그리스에서는 차축시대에 이르러 아테네를 중심으로 일련의 철학자들이 등장하면서 양 뇌의 파열이 생기기 시작한다. 그 이전의 호메로스 시대란 양 뇌가 균형 잡힌 시기였다. 그러나 아테네 철학자들은 '절천지통'에 앞장선다. 그러나 소크라테스 자신은 여전히 델파이 신전에 자주 찾아갔으며, 그의 마지막 유언에 나타난 바와 같이 닭을 제물로 삼아 델파이 신전에 바치기도 했다. 사실 그의 말로 알려진 '너 자신을 알라'는 경구는 델파이 신전 입구의 비석에 쓰여진 것이라고 한다. 이 말의 원래 의미는 '델파이 신에게 제물을 바치기 전에 네가 무엇을 말할 것인가를 미리 알라'였다고 한다. 다분히 무속적인 의미가 담겨 있다. 그러나 소크라테스는 이를 자기반성적인 의미로 둔갑시킨 것이다.

5.5 갑골문과 이집트 상형문자 비교

중동과 근동 그리고 원동은 유럽권에서 볼 때 모두 아시아권에 속한다. 그런 면에서 우뇌 적 특징인 상형문자(象形文字)권에 속한다. 그러나 같은 아시아권에 속해 있음에도 이집트 상형문자와 극동의 상형문자인 갑골문을 비교해보면, 전자는 좌뇌적 특징을 그리고 후자는 우뇌적 특징을 보여주고 있다. 우리말 '그림(圖)'과 '글(字)'은 그 어원으로 보아 같다. 그러나 한자에서는 전자를 '文'이라고 하고 후자를 '字'라고 했으며, 이 둘을 결합해 '文字'라고 했다. 좌뇌는 '글'을, 우뇌는 '그림'을 파악한다. 세계의 어떠한 언어들도 한글만큼 그림과 글이 이렇게 엇비슷할 수는 없다. '그림'과 '글'은 같으면서도 다르다는 뜻이다. 이는 좌뇌와 우뇌의 조화를 우리 문화가 제대로 이루어내고 있음을 의미한다.

'상형문자'란 우리말로 '그림글'이다. 그리고 인류 최초의 글은 그림글에서 비롯한다. 그림글은 사람이나 사물을 모두 직접 그림으로 그려내는 것이다. 그러나 두 문화권의 상형문자 사이에는 상당한 차이가 있음을 쉽게 발견할 수 있다. 이집트의 상형문자는 '성스러움(hiero)'과 '그림문자(graphy)'를 결합해 'hierography'라고 한다. '성스러운 문자'라는 뜻이다. 그래서 여기서는 동북아시아의 상형문자와 이집트의 상형문자를 각각 '갑골문'과 '성스러운 문자'로 구별하려고 한다. 갑골문이란 거북이의 등과 소의 뼈에 그려진 문자라고 해서 붙은 이름이다.

우선 갑골문에 보이는 상형문자의 특징을 먼저 검토해보기로 한다. 갑골문은 (1) 그림 그리기, (2) 그림 합치기, (3) 그림 빌리기의 세 가지 원칙에 따라 만들어진다. 그림 그리기는 말 그대로 실물을 그 모양에 따라 그리는 것이다. 개는 개의 모양을 본떠 그리면 된다. 그림 합치기는 그려진 글을 두 개 합쳐 하나의 글로 만드는 것이다. 예를 들어, 가르친다는 뜻의 '교(敎)'를 보면, 문자 '효(爻)'에 아들 '자(子)' 그리고 아버지 '부(父)'가 한 글자 안에 모두 모여 있다(김경일, 2005, 45쪽).

다음으로 '그림 빌리기'는 실물이 없는 것을 표기하는 방식이다. 가령, '아니다' 같은 경우는 앞의 두 가지 방법으로는 글자를 만들 수 없다. 이렇게 추상적인 글자를 만드는 것은 상나라 이후 1,000여 년이나 지나서야 가능해졌다. 보이는 잎에 대해 뿌리는 보이지 '않는다'. 이 점에 착안해 '아니다'는 식물의 뿌리 모양을 따라 '不'로 표현하게 되었다. 우리말의 '뿌리'는 이런 점에서 '불'과 소리가 비슷하다. 풀을 의미하는 '초(草)'의 발음은 이와 비슷한 '조(무)'에서 빌려온 것이다.

이처럼 갑골문이 순수한 상형문자가 아닌 까닭은 바로 '草'와 같이 아무 상관없는 것에서 음만 빌려온 것들이 있기 때문이다. 기표와 기의가 마치 표음문자처럼 아무 상관이 없어 보인다. 그렇다고 하더라도 갑골문의 경우 아직 모음과 자음의 분절도 없고, 아무런 규칙도 없이 자유분방하게 글이 배열되어 있다. 그러나 이집트의 성스러운 문자를 보면 사정이 다름을 알 수 있다. 자음과 모음이 마치 표음문자처럼 분절되어 있으며, 글의 배열 또한 매우 규칙적이다. 물론 성스러운 문자의 경우는 파피루스 위에 그려져 있고, 갑골문은 동물의 뼈에 그려져 있다는 차이 때문일 수도 있다. 무엇보다도 갑골문은 어디까지나 점을 치기 위해 만들어진 것이다. 그래서 글자가 훼손되어서는 안 되었는데, 이를 방지하기 위해 뼈가 이리저리 갈라진 곳을 피하자니 글의 배열이 자유분

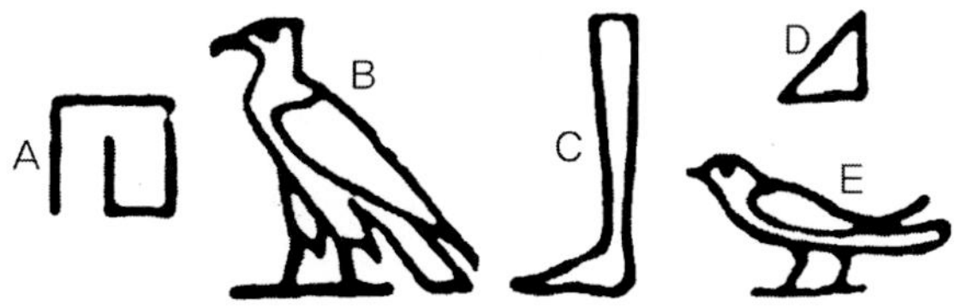

〈그림 2〉 이집트의 성스러운 문자
이들 글꼴의 조합은 부정이나 실패를 나타낸다.

방할 수밖에 없었다(김경일, 2005, 53~55쪽).

여기서 말하는 동서양의 차이란 같은 아시아권 안에서 동서양을 두고 하는 말이다. 유럽을 서양이라고 한다면 근동과 중동 그리고 극동은 모두 같은 아시아권이다. 같은 아시아권 안이라면 중동은 서양적이고 극동은 동양적이다. 이러한 프랙털적인 이해는 문명의 성격을 파악하는 데 매우 중요하다. 그러면 같은 아시아권 안에서 이집트의 성스러운 문자는 극동의 갑골문과 역사적으로 서로 상관이 있었을까?

갑골문과 성스러운 문자 사이의 특징은 언어의 분절 현상에서 우뇌와 좌뇌의 특징이 분명하게 나타난다는 점이다. 위의 '不' 자의 경우는 하나의 사각형 속에 넣을 수 있지만, 똑같이 부정을 뜻하는 성스러운 문자의 경우에는 사정이 다르다. 〈그림 2〉를 보면, 부정을 뜻하는 성스러운 문자는 모음과 자음이 규칙적으로 잘 배합되어 'A'는 'H' 음을, 'B'는 'A' 음을, 'C'는 'Be' 음을, 'D'는 'Q' 음을 각각 나타낸다. 이를 하나로 모으면 'HABEQ'가 된다. 여기서 'E'가 부정의 뜻을 가지고 있다. 새 모양의 이 글자는 메추라기를 나타낸다. 이집트인들은 이 새를 싫어해서 부정이나 실패의 뜻으로 썼는데, 이렇게 해서 글 전체의 의미는 부정이 된다. 이집트의 상형문자는 발음+의미를 보완하고 강조하면서 글자를 완성해 나가는 부호의 삼원 구조로 되어 있다(김경일, 2005, 66쪽). 김경일의 지적에 따르면, 이집트의 상형문자는 이와 같은 발음 부호 100여 개를 가지고

자음과 모음을 자유자재로 구사해 글자를 만들어나간다고 한다. 이에
견주어 갑골문의 경우는 전체의 28퍼센트 정도만이 음과 형의 합성이고,
나머지는 모두 그림문자라고 한다(김경일, 2005, 67~68쪽).

이 정도라면 이집트의 상형문자는 사실상 표음문자이며, 표음문자의
전신이라고까지 할 수 있을 것이다. 갑골문은 우뇌의 전형적 특징인
패턴 인식을 통한 문자이다. 하나의 사각형, 즉 방괴형(方塊形) 틀 속에
넣어 단 한번에 감각적 인상으로써 의미를 파악한다. 갑골문은 대상이
지니고 있는 위치·방향·특성 등을 그 영상으로써 거의 그대로 파악할
수 있는 상자형이다. 이는 전형적인 우뇌의 특징을 보여준다. 그러나
성스러운 문자는 수직이나 수평으로 자음과 모음을 나열해 한 줄로 나란
히 세워놓기 때문에, 논리적 사고를 통해서만 의미를 파악할 수 있다.
전형적인 좌뇌의 특징을 보여준다고 하겠다. 표음문자에 견줄 때 상형문
자 자체는 우뇌적이다. 그렇지만 같은 상형문자라도 지역의 동서에 따라
좌우 뇌의 특징이 이처럼 여실히 드러나는 것이다.

우리의 한글을 한번 생각해보면, 여러 가지 점에서 두 문자 사이의
유사성과 차이성을 보이고 있다. 이집트의 상형문자는 100개의 상형으
로 자음과 모음을 나누어 그 배열로써 의미를 드러낸다. 그러나 한글은
24개(처음에는 28개)의 자소로 구성된다. 자음이 14개, 모음이 10개이다.
한글이 이집트의 상형문자와 닮은 점은, 한글의 경우 발성 기관의 모양
에서 글자 형을 본뜬 상형문자라는 점이다. 이집트의 그것이 사물의
모양에서 따온 것이라는 점에서는 다르나, 자음과 모음을 상형으로 사용
하고 있다는 점에서 같다고 할 수 있다. 그리고 한글은 초성·중성·종성
의 삼원 구조를 엄격하게 지키면서도, 그 모양에서는 갑골문처럼 방괴형
이라고 할 수 있다. 그렇다면 한글은 갑골문과 성스러운 문자의 양쪽
특징을 모두 지닌 글이라고 할 수 있다. 즉, 한글은 뜻을 드러내면서
좌뇌와 우뇌를 모두 자극하는 글이라고 할 수 있는 것이다.

제6장 뇌 이론으로 본 동북아시아 문명

6.1 뇌로 본 한국〔韓〕과 중국〔漢〕

한국을 대표하는 문화목록어(cultural inventory)는 '韓'이고 중국을 대표하는 문화목록어는 '漢'이다. '문화목록어'란 어느 문화를 대표하는 말의 목록을 일컫는 것이다. 인도의 '범(Brahman)', 이슬람의 '알라', 그리스의 '로고스' 같은 것들이 대표적인 문화목록어이다. 문화가 오래된 곳에서는 이러한 문화목록어가 있게 마련이다. 동북아시아의 역사는 곧 서쪽의 '漢'과 동쪽의 '韓'이라는 두 개의 목록어가 충돌하고 공존하던 역사였다고 할 수 있다.

우리말 '한' 속에는 '한민족'·'한글'·'하나님'·'한식' 등에서처럼 우리 민족을 대표하는 의미가 들어 있는 동시에, 철학적으로 그리고 논리적으로 매우 중요한 '하나〔一〕'·'여럿〔多〕'·'가운데〔中〕'·'닮음〔同〕'·'어떤〔或〕' 등의 의미 또한 담겨 있다. '하나'는 전체를 뜻하기도 하고 부분을 뜻하기도 한다. 다시 말해서, 우리말의 '한'은 하나로서의 '한'과 개별자로서의 '한'을 다같이 의미하는 것이다. 우리말은 전자를 '온'이라고, 후자를 '낱'

이라고 구별한다. '한' 속에는 이렇게 '온'과 '낱'의 의미가 동시에 포함되어 있다. 이는 현대 집합론에서 볼 수 있는 내용, '낱개의 요원을 하나로 묶는 어느 집합의 경우 그 집합 자체도 요원 속의 한 부분이 된다'는 것과 같다. {a, b, c}의 부분집합은 {0, a, b, c, ab, bc, cd, ac, abc}이다. 그렇다면 'abc' 자체는 전체의 '온'이기도 하고 개별자의 '낱'이기도 하다. 이는 집합에서 발생하는 멱집합의 역설이다. 현대 수학은 이런 역설과 씨름하고 있다. 화엄 불교에서는 이런 곤혹스러운 '온'과 '낱'의 구별을 두고, 개별자의 전체집합 온을 '일체(一切)'라고 하고 개별 요원인 낱을 '일(一)'이라고 하여 '일즉일체'라고 하고, 일(一)과 다(多)를 대립시킬 때는 '일중다'·'다중일'이라고 한다. 서양에서는 이러한 역설을 병적인 것으로 보고 해소시키려고 한 반면, 동양에서는 거꾸로 이를 '자연스러운(natural)' 것으로 수용한다. 그러나 뇌 이론에서 보는 바와 같이, 뇌는 좌우 뇌의 기능이 상반됨에도 서로 하나로 연결된다. 좌뇌는 낱으로 흩으려고 하고, 우뇌는 온으로 묶으려고 한다.

생명체 속에서 온은 개별자를 총체적으로 모으는 힘이고, 낱은 개별자로 흩뜨리는 힘이다. 만약 인체나 자연계에 이 두 힘이 없다면 당장 대파열이 일어날 것이다. 예를 들어, 심장이 피가 한곳에 모여드는 수축 작용과 모세혈관을 통해 확산되는 작용을 동시에 하지 않으면 생명은 한순간에 끝나고 말 것이다. 우리 한민족이 약 6,000여 년에 걸쳐 '한'이라는 어휘를 사용해오면서 이렇게 다양한 뜻을 담아놓았다는 것은 그것이 민족의 생명력을 지켜내고 살려온 저력과 같은 것이었음을 말해준다. 온과 낱을 '한'이라는 하나의 말 속에서 함께 파악해온 것은 중국의 그것과 문화적으로 분명하게 차이를 긋고 있다. 중국의 '漢'은 한마디로 말해서 온과 낱을 함께 파악하는 데 상당한 어려움을 겪고 있다. 이는 유교나 불교가 한국에 들어와 그 열매를 맺는 것과 무관하지 않다. 예를 들어, 중국에서는 하나의 부처와 여러 중생 속에 있는 부처를 하나로 파악하지 못해 '일중다(一中多)'라고 하지만, 우리는 '한부처'라고 함으로써 이런 어려움을 극복하고 있다. 결국 중국의 불교가 한국의 원효나 의상에 이르러 **통불교(通佛敎)**가 되고, 인도에서 뿌린 씨앗이 한국에서 열매를 맺는 이유도 온과 낱의 관계를 제대로 설정하기 어려웠던 중국이나 인도의 사정 때문이었다. 이러한 어려움은 인도의 '범'이나 중국의 '도' 같은 문화목록어에 여실히 나타난다.

온은 수렴이고 낱은 확산이다. 그래서 '한'은 온과 낱이 상호 작용 '하'는 개념인 것이다. '한'의 이러한 양방향적 작용은 뇌의 구조 속에 숙명적으로 깃들어 있다. 부분(낱)과 전체(온)라는 의미가 모두 포함되어 있다는 것인데, 다시 말해서 '한'에는 사물을 분산시키는 힘과 수렴시키는 힘이 동시에 아우러져 있다는 뜻이다. 이때 한은 동사적인 의미 작용(actirity)의 의미를 지니게 되며, '하(doing)' 동사와 각별한 관계를 갖게 된다. 의식과 생각의 모든 작용에서 상승·발달한다는 것은 부분이 전체가 되고 전체가 다시 부분이 되는 작용, 즉 분산과 수렴 작용이 일어나고 있음을 뜻한다. 의식이 분열만 할 때는 정신분열증(schizophrenia)에 걸리게 되고, 통합만 할 때는 애집증(incestuous tie)에 시달리게 된다. 전자는 '다자 병'이고 후자는 '일자 병'이다. 인간의 의식은 이렇게 애집증과 분열증이라는 암초와 소용돌이를 피해 나가야 한다.[1] 문명의 질과 양은 한의 성격에 따라 결정된다. 이제 우리는 뇌의 구조를 통해 우리의 한과 중국의 한을 비교하면서 동북아시아 문명의 두 주인공들 사이의 차이와 동일성을 살펴보아야 한다. 우리는 앞에서 뉴런의 축색돌기와 수상돌기가 수렴과 분산을 하는 과정을 보았다.

---

1) 에리히 프롬 같은 학자는 일자병을 특히 '공서적 합일(共棲的 合一)'이라고 한다. 그는 사디즘과 마조히즘이 모두 이 공서적 합일이라는 애집증에서 생긴다고 했다. 인간이 사랑하는 데 어려움을 겪는 까닭은 바로 여기에 있다. 이 두 함정은 마치 암초와 소용돌이 같고, 사랑을 한다는 것은 이 두 함정 사이를 빠져나가는 것과도 같다고 했다.

한국의 한은 스물두 가지의 다양한 의미로 발전한 반면, 중국의 한은 '크다' 또는 '전체'로서의 의미밖에는 갖지 못하게 되었다. 중국이 대국주의와 중국 중심주의로 나가고 마는 근본적인 원인이 바로 여기에 있다. 그러나 '온'은 '낱'과 동전의 양면과 같으며, 하나는 여럿과 상호 작용 '하'는 관계인 것이다. 중국의 한이 분산을 통한 수렴이라는 과정을 반복하지 않는 한, 그 존속마저도 어려워질지 모른다. 한국의 한류 바람이 중국에서는 불고 있으나 그 반대의 일은 일어나지 않고 있는데, 그 진정한 이유는 다름 아닌 한국적 한이 지닌 온과 낱의 역동성 때문이다. 문명이 일자 병이나 다자 병에 걸리지 않으려면 반드시 이런 역동성을 유지해야 한다. 일본에서 배용준 욘사마는 이미 일본 남녀의 정신적 치료에도 일익을 담당하고 있는데, 이것이 가능한 이유도 바로 그 역동성에 있는 것이다. 일본은 지금 분열의 '다자 병'에, 그리고 중국은 전체주의의 기치 아래 '일자 병'에 걸려 있다. 그런데 이를 치유할 수 있는 유일한 처방은 한국의 한류인 것이다. 우뇌는 일자 병을, 좌뇌는 다자 병을 유발한다. 여기서 양 뇌를 연결하는 뇌량과 같은 구실을 하는 것이 바로 '한'이다. 그러면 이런 문명의 치유는 어디에서 비롯되는 것인가?

6.2 동북아시아 차축시대의 재고 : 야스퍼스 차축시대론의 비판

칼 야스퍼스의 차축시대(기원전 8~2세기) 이론은 세계사를 보는 구조에서 문제가 있다. 그는 서양·인도·중국이라는 3대 축으로 차축시대를 보았다. 그렇다면 과연 '중국'이란 어디이고 그 정체는 무엇인가? 야스퍼스는 아직 중국의 홍산 문화의 등장을 모르고 있었다. 송화강 유역의 홍산 문화는 황하강 유역의 용산 문화보다 1,000년 앞선 문명으로, 강한 모계사회적 특징을 보여준다. 홍산 문화가 등장한 이후 중국 학자들은 중국 문명의 발생과 관련해 황하강 유역 한 곳에 집중하던 태도에서 벗어나 다문화 발생설로 관심을 옮기고 있다. 그런데 다문화설은 주변 소수민족의 문화를 자기들의 것으로 만들려는 장기적인 포석 아래 기획되었다는 사실을 알아야 한다. 일견 문화의 다원주의를 인정하는 것 같지만, 사실은 종래의 사관으로는 새로 발견되는 고고학적 발굴에 대처할 수가 없어 급조해낸 사관일 따름이다. 게다가 종래의 중화주의를 한결 강화한 것이라는 점을 잊지 말아야 한다(오재성, 2006 참고).

이런 전제 아래에서 보자면, 야스퍼스가 생각했던 것처럼 황하강 유역만이 중국 문화라고는 할 수 없다. 또 차축시대에는 중국이 지금처럼 통일된 국가를 이루고 있지도 않았다. 오히려 부사년(傅斯年)이 주장한 것처럼, '동서이하론(東西夷夏論)'에 따라 서쪽은 '화하계'가 그리고 동쪽은 '동이계'가 세력을 형성하고 있었으며, 결국 중국 문명이란 동서 진영의 각축 관계에서 형성되었다고 하는 것이 정당한 평가일 것이다.[2] 야스퍼스는 차축시대를 말하면서, 동북아시아의 동서 문화와 문명이 상호 작용을 하며 그 이전의 문명을 계승·발전해 등장한다는 사실을 간과했다. 이런 균형 잡힌 사관을 수립하는 데는 뇌 이론이 적합하다. 인도만 하더라도, 모헨조다로 문명은 2,500년 전 수메르 문명을 계승한 것이다. 서양의 그리스 역시 수메르의 연장선에서 이해해야 한다. 그래서 인도-유럽 지역에서 '수메르 문제점(Sumerian problem)'이 등장한 것은 바로 이런 이유 때문이다. 한마디로, 수메르의 정체가 밝혀지기 전에는 어설픈 차축시대론을 말할 수 없다는 것이다. 이런 점에서 야스퍼스의 차축시대 이론은 차축시대의 중요성을 부각시킨 점 외에는 별 가치가 없어 보인다. 실로 수메르 문제점 이상으로 문제가 되는 것이 바로 '동북아시아

---

2) 윤재근은 한문화(韓文化)와 한문화(漢文化)를 대비시키면서, 두 문화는 서로 전쟁 관계에 있었을 뿐만 아니라 그 역사적 뿌리와 내용도 서로 다르다고 했다. 그는 우리나라의 한(韓)문화가 그 특색을 잃을 때 위기가 발생한다고 보았다(윤재근, 1996 참고).

문제점(North East Asia Problem)'일 것이다. 과연 동북아시아 문명의 주인공은 누구인가? 이렇게 중국 중심적으로 문제를 끌고 가도록 방치할 수는 없는 일이다.

차축시대가 전 지구권에서 벌어진 포괄적인 사건임에도 야스퍼스는 다음과 같이 단순화해버렸다. "차축시대가 전개되는 동안 제자리를 찾지 못한 민족은 수백 년 또는 수천 년 동안 일종의 역사가 없는 삶을 사는 '자연민족(naturvolk)'으로 남아 있었다. 차축시대에 중국·인도·서양 세 지역 외의 세계에서 생존하던 사람들은 완전히 제거되어버렸거나, 이 세 개의 정신적인 영향권 밑에 들어가게 되었다. 그러므로 그러한 사람들은 남의 역사를 수용하게 되었다"(야스퍼스, 1986, 31쪽). 야스퍼스의 이 말은 잘못되었다. 전형적인 헤겔류의 오리엔탈리즘을 그대로 반영하고 있기 때문이다. 문명은 자라서 성숙하면 사라지게 되고, 다른 지역에서 또 성장과 성숙 그리고 소멸을 반복한다. 차축시대가 이들 세 지역에서 발생한 것은 사실이지만, 그러나 그곳의 문명 역시 다른 곳의 문명이 쇠퇴하면서 옮겨진 하나의 과정에 불과했다. 그런 점에서 차축시대는 여러 시기에서 가능하다.

내가 보기에는 시기적으로도 야스퍼스가 말한 차축시대란 제2기에 해당할 뿐이다. 그렇다면 제1기와 제3기에 대해서도 논해야 할 것이다.[3] 그리고 야스퍼스는 차축시대를 말하면서 이성주의의 전형을 포기하지 않고 있다. 차축시대에 등장한 이성이 마치 그 이전의 자연민족의 의식을 일깨운 것처럼 말하고 있다. 이는 구조주의에 전면적으로 반하는 결론이기도 하다.[4]

---

[3] 차축시대는 이미 기원전 2000년 무렵 청동기시대부터 낮은 단계의 이성의 등장과 함께 싹텄다. 이를 제1기 차축시대라고 볼 수 있을 것이다. 이성은 18세기에 다시 한번 개회하는데, 이를 제3기 차축시대라고 할 수 있다.

[4] 구조주의는 모든 문명을 우열의 차이가 없는 동등한 것으로 본다. 그러나 야스퍼스는

야스퍼스는 차축시대에 진입한 민족과 그렇지 못해 자연민족으로 남은 민족을 다음과 같이 분류한다. 차축시대에 들어와 서양에서는 게르만·슬라브 민족이 여기에 진입했고, 동양에서는 일본인들과 말레이시아인 그리고 태국인들이 진입했다는 것이다. 도대체 야스퍼스가 역사를 얼마나 알고 이러한 주장을 했는지 의심스럽다. 동양사를 조금만 연구했더라도 아마 일본 문명의 기원을 어디에서 찾아야 할지 알았을 것이다. 여기서 구태여 한국을 내세울 필요는 없다. 다만 야스퍼스의 무지만은 지적하고 넘어가야 할 것이다. 이것은 역사의 커다란 왜곡이며, 동북공정의 빌미를 제공하는 이론이다. 이런 인물을 지금까지 세계 사학계의 태두로 대접하고 있는 것은 수치라고 아니할 수 없다. 고대의 문화를 이끌어나갔던 종족들은 차축시대가 대두함으로써 차츰 사라지고 역사 이전의 뒤안길로 잊혀져갔다. 수메르–아카드 문명이 대표적인 예이다. 부사년이 주장했던 것처럼, 동이계와 화하계는 다른 고대 문명이 그러했던 것처럼 그 영향 관계가 역동적이었다. 이 점 역시 역사를 하나의 연속선에서 보지 못하는 단견의 소치라고 할 수 있다. 구조주의에 앞서 이미 한국의 최수운은 이성 중심주의의 차축시대를 선천시대로 비판했다. 그는 "유도(儒道)·불도(佛道) 누천년에 운이 역시 다했다"(〈논학문〉)고 함으로써 차축시대 유산의 종언을 선언한 것이다. 수운의 서학관은 대부분 차축시대의 가치관을 비판했다는 점에서 당대의 실학자들과도 달랐다. 다산이 아직 근대적 서양을 향한 향수에 빠져 있을 때 수운은 과감하게 차축시대의 종언을 고하는 예언을 했다.

둘째로 야스퍼스는 '성(gender)'의 관점에서 차축시대를 재평가하는 데 실패했다. 야스퍼스는 왜 차축시대의 여러 인물들이 모두 '남성들'이

이성의 등장이 자연에 잠자고 있던 자연민족의 원시·야만적 의식구조를 창발시켰다고 보고 있다. 이는 헤겔식 변증법의 아류라고 할 수 있다.

어야 했는지 이 문제를 그렇게 민감하게 생각하지 않았다. 야스퍼스가 《역사의 기원과 목표》에서 '차축시대'라는 말을 처음 사용할 때만 하더라도 그가 페미니즘 운동을 그다지 심각하게 의식하지 못하고 있었음이 분명하다. 차축시대란 다름 아닌 남성들의 개체적 자아가 좌뇌적 합리성이라는 무기로 문명의 중앙에 터를 잡는 시기였다. 차축시대의 문화 영웅들, 즉 소크라테스를 비롯한 그리스 철학자들과 부처 그리고 공자와 맹자 등은 모두 천편일률적으로 남자들이다. 이는 이미 부계사회가 등장하는 청동기 때부터 나타난 현상이다. 이는 18세기의 제3기 차축시대까지 그대로 이어진다. 마르크스가 제대로 보지 못한 것 가운데 하나가 바로 '성의 충돌(clash of gender)'이 '계급의 충돌'보다 더 심각하다는 사실이었다.

만약 '성의 충돌'이라는 관점에서 문명사를 한번 본다면, 제1기 차축시대는 사실상 기원전 800~200년이 아니라 기원전 2000년 무렵임을 알 수 있을 것이다. 종교학자 일리아데의 말을 빌리면, 기원전 2000년은 '매우 중요한 시기'이다. 양원적 마음이 겨우 파열을 면하고 있는, 그리고 그 파열이 바로 일어나기 시작하려는 시기이다. 이 시기가 왜 매우 중요한 시기인지 알기 위해서는 신화로 눈을 돌려야 한다. 이 무렵을 배경으로 한 신화의 세계 속에서는 한결같이 하늘-남성신이 땅-여성신을 살해한다. 즉, 그리스에서는 하늘-남성신 제우스가 땅-여성신 타이폰을, 바빌로니아에서는 남성신 마르두크가 여성신 티아마트를, 인도에서는 남성신 인드라가 여성신 브리트라를 살해한다. 특히 바빌로니아의 경우 마르두크가 티아마트를 살해하고 등장하는 것을 '에누마 엘리시(*ennuma ellish*)'라고 한다. 그리고 남성신의 여성신 살해는 우주 창조 사건으로 묘사되며, 《구약성서》의 창조 설화는 바빌로니아의 에누마 엘리시의 연장선에서 이해될 수 있다.[5] 에누마 엘리시 같은 사건을 두고 린 화이트는 '유럽적 균열(*European dissociation*)'이라고 한다. 이는 양 뇌의 균열에 대한 또 다른 표현이라고 할 수 있다. 뇌의 파괴와 문명의 파괴 가운데 어느 것이 먼저인가 하는 질문은 또 다른 주제라고 할 수 있을 것이다. 아무튼, 뇌 속에 새로운 뉴런의 증가와 좌우 뇌의 균열에 따른 충돌은 그야말로 원초적이라고 하겠다.

뇌 이론으로 볼 때, 이는 좌우 뇌의 균열이요 파열을 의미한다. 물론 좌뇌는 남성적인 원리를, 우뇌는 여성적인 원리를 상징한다. 대파열의 시기는 기원전 2000년 무렵으로, 청동기시대와 함께 도시국가와 강력한 가부장제도가 등장하던 시기이다. 그래서 청동기-도시국가-가부장제와 '남성신'은 불가분리적 관계 속에서 생각할 수밖에 없다. 아이슬러는 《찻잔문명과 칼날문명(*The Chalice and the Blade*)》에서 이때의 상징물이 '청동검(blade)'이라고 했다. 결국, '찻잔(chalice)'으로 상징되는 신석기-농경사회-모계사회-여성신을 청산하고 새로운 문명이 동튼 시기인 것이다(Eisler, 1988, xiii쪽). 사실 1차적 차축의 변화는 이때 일어났으며, 야스퍼스가 말하는 차축시대는 그 연장선에서 일어난 사건에 불과하다. 차축시대를 어떻게 남성들이 주도하게 되었는지, 그 진정한 이유도 바로 여기서 찾을 수 있다. 즉, 그것이 '매우 중요한 시기'의 연장에 불과했기 때문인 것이다. 그래서 제인즈의 뇌 이론은 야스퍼스의 차축시대 이론을 재점검하기에 적합하다고 본다. 뇌의 충돌은 계급과 성의 충돌에 모두 선행하기 때문이다.

여기서 다시 아이슬러의 책을 간단히 소개하기로 한다. 기원전 2000년은 여성 세상에서 남성 세상으로 넘어가는 문지방에 해당하는 시기였다. 아이슬러는 '찻잔' 여성 문명과 '칼날' 남성 문명으로 문명사 전체를 재단했다. 청동기시대가 등장함에 따라 이전의 찻잔 농경 문화에서 칼날

---

5) 《구약성서》의 에누마 엘리시 사건은 마야 문명권에서도 나타나며, 이를 '신의 지문'이라고 한다. 즉, 신의 지문처럼 세계 어디에서든 에누마 엘리시 현상이 나타난다는 것이다.

문명이 등장한다는 것이다. 기원전 2000년 무렵을 '제1기 차축시대(the first axial age)', 야스퍼스가 말한 시기를 '제2기 차축시대(the second axial age)'로 일컬으려는 이유가 여기에 있다. 물론 '제3기 차축시대'는 18세기에 해당한다. 이 시기에 데카르트-칸트-헤겔 같은 철학자들이 등장해 제3기 차축시대를 장식했다. 그러나 차축시대는 1·2·3기에 상관없이 모두 남성들이 주도했으며, 결국 남성 이데올로기를 강화하는 역사가 되고 말았다. 그런 점에서 차축시대의 차이를 따져본다는 것은 무의미하기도 하다. 동양의 역사에서는 차축시대의 1·2·3기 전체를 모두 '선천시대(先天時代)'라고 부른다. 왜냐하면 모두 남성이 위주가 되어 여성을 탄압한, 성의 갈등이 증폭되는 시기였기 때문이다. 야스퍼스가 기원전 800년 전후를 별난 시기로 본 것은 그가 성의 충돌로 문명사를 보지 않았기 때문이다. 그는 성의 충돌에 관심이 없었던 듯하다. 그의 문명사관은 강대국과 남성 중심의 사관임이 분명하다.

6.3 차축시대 이상 있다

지금까지 지적한 차축시대의 문제점에 이어, 차축시대에 대한 다음과 같은 야스퍼스의 발언은 문제투성이이다. 그가 말한 세 나라들이 전혀 접촉을 하지 않았다고 하더라도, 그러한 차축시대는 보편사의 기초를 마련해주었고 모든 인간을 정신적으로 하나가 되도록 했다. 그러면 과연 차축시대가 보편사의 기초와 인간을 하나로 만드는 데 공헌했는가? 이 질문과 함께 우리는 왜 한국이 차축시대에서 제외되었는지, 그리고 한국에도 과연 차축시대가 있었는지 묻지 않을 수 없다. 야스퍼스는 앞의 세 나라 외에 다른 곳에서는 차축시대가 없었다고 보았다. 야스퍼스의 차축시대론은 먼저 문명의 이동이라는 관점에서 그 시대를 보지 못한

약점을 지니고 있다. 문명은 고대에서 현대로 지역을 따라 역동적으로 이동하면서 발생하고 자라왔다. 그리스는 고대 수메르 문명을 이어받았으며, 인도의 모헨조다로 문명 역시 수메르의 연속에 불과하다. 그리고 중국의 차축시대란 결국 춘추전국시대(기원전 8~2세기)[6]를 이르는 말인데, 동쪽은 동이족이 그리고 서쪽은 화하계가 지배했다는 부사년의 '동서이하론'을 구태여 내세우지 않더라도, 서쪽의 화하계와 동쪽의 동이계가 서로 충돌하는 과정에서 동북아시아 일대의 문명이 창출되었음을 부정할 수는 없다. 중국 역사의 절반인 청·원·요·금 등이 동이계의 역사가 아닌가?

야스퍼스는 차축시대가 인간의 보편적 정신과 인간을 하나로 만드는 데 공헌했다고 하지만, 사정은 그 반대이다. 차축시대는 인간의 이성적·분별적 자아가 두드러지게 등장하는 시기이다. 철학의 층, 즉 '철층(哲層)'이 등장하는 시기이다. '철(哲)'은 그 글자 모양에서 알 수 있듯이, 말하는 '입[口]'을 '나눈다[折]'는 의미가 거기에 담겨 있다. 말에 따라서 분석하고 밝히는 것이 그 특징인 것이다. 그래서 철층은 그 특징으로 말미암아 이전의 무층(巫層)이나 선층(仙層)의 특징을 칼질하려는 경향이 있다. 신화에서는 우로보로스 용을 살해하는 것으로 나타난다. 그래서 철층은 그 이전의 무와 선을 전제로 놓아야 이해할 수 있는 층이다. 용은 여성의 상징으로, 철층의 등장은 결국 여성 원리의 비극을 의미한다. 그래서 페미니즘의 시각에서 볼 때, 차축시대는 남성적 가치가 확고해지는 시기이자 여성적 원리가 퇴각하는 시기이다.

무층과 철층의 가운데 끼어 있는 층이 있다. 이 층이 바로 앞에서 말한 선층이다. 선층이 바로 그리스의 호메로스 시기에 해당하며, 양

---

6) '춘추시대'는 공자가 죽는 기원전 479년까지의 기간을 이르며, '전국시대'는 그 이후 기원전 200년 무렵 진시황 2년까지의 기간을 이른다.

뇌의 균열이 아직 일어나지 않은, 그러나 일어나려고 하는 시기라고 할 수 있다. 그래서 선층은 무층과 철층의 특징을 어느 정도 그대로 지니고 있다. 상반된 두 특징, 곧 우뇌(무층)와 좌뇌(철층)의 특징적 요소들을 불안정하게 유지하고 있기 때문에 언젠가는 균열이 일어나리라 예상할 수 있다. 우리는 지금 차축시대의 남성 주인공들이 칼질을 해 선층을 파괴시킨 사실을 잘 알고 있다. 제인즈의 말을 빌리면, 선층(호메로스 시기)은 양쪽 뇌의 균형이 무너지는 시기이기도 하다. 따라서 보편적 가치인 이성적 '정신'이 등장했다거나, 상호 소통에 대한 요구 같은 것이 가능해졌다거나 하는 야스퍼스의 주장은 잘못된 것이다. 차라리 그 반대가 옳다. 즉, 보편적 정신이 아니라 남녀 성의 균열된 정신이 발생하는 시기로 표현하는 것이 더 옳을 것이다. 한국 문화의 특징과 정체성은 선층이 지닌 좌우 뇌의 균형을 유지하는 데서 찾아야 할 것이다. 선층을 무층과 구별하지 않음으로써 무층과 함께 차축시대의 인물들에게 난도질당한 것이다. 예를 들어, 이 선층의 특징으로 쓰여진 사서들, 곧《규원사화》나 《환단고기》, 심지어 《삼국유사》 같은 사서들이 정통 사서로 인정받지 못한 이유도 바로 여기에 있다. 합리적 사고와 실증성이 부족하기 때문에 사서로서 가치가 없다는 것이다. 이는 문헌적인 좌우 뇌의 충돌 현상이라고 하겠다.

켄 윌버의 말을 빌리면, 하늘-태양으로 상징되는 남성 문화 영웅들이 대거 등장하는 기원전 2000년 무렵을 '태양화 시기(solarization age)'의 제1기로 보았을 때, 차축시대는 바로 제2기에 해당하는 시기로서 남성 원리가 여성 원리를 배척·억압하는 정도가 극에 달한 때라고 할 수 있다. 그래서 차축시대란 보편적 통일의 정신세계가 등장하는 시기가 아니라, 도리어 균열과 분열이 시작되는 시기인 것이다. 역은 이를 가리켜 선천시대라고 하며, '선천도'인 주문왕 팔괘도를 통해 알 수 있듯이 대립과 갈등이 심화되는 시기이다.

그리고 세 지역을 묶어 차축시대를 너무 단순화해 이해한 것도 야스퍼스의 문제이다. 왜냐하면 그리스적인 것이 인도나 중국적인 것과 같다고는 볼 수 없기 때문이다. 세 곳에서 모두 남성 주인공들이 등장해 여성적인 것을 억압하는 것이 공통적이기는 하지만, 그렇다고 여성 원리를 대하는 태도가 세 곳에서 모두 같았다고는 할 수는 없다. 적어도 인도와 중국의 경우는 서양처럼 여성을 악마화하지는 않았다. 인도와 중국에서는 남녀의 성을 조화시키는 기교를 알고 있었으며, 그 가운데 음양조화 사상은 좋은 예가 된다. 인도와 중국에서는 이 시기에 이미 윌버가 말한 초인격 또는 초분별적 자아가 등장했다. 그래서 야스퍼스가 세 곳을 하나로 묶어 바라본 것은 맹목적이라고 할 수 있다. 이는 큰 잘못으로, 선층의 잔존 여부에 따라 균열의 정도에 차이가 생긴다는 사실을 그는 쉽게 지나치고 말았다.

이런 몇 가지 점을 지나쳐버리고 야스퍼스가 차축시대를 과대 포장한 것은 문제이다. 그러므로 그의 차축시대 이론은 다음 몇 가지 점을 수정·보충해야 한다. 온전한 이해는 그 다음에 가능할 것이다. 먼저 무층과 선층의 연속선에서 차축시대를 이해할 수밖에 없다는 점이다. 그런데 그리스에서는 선층에 해당하는 호메로스 시대가 차축시대의 등장과 함께 배척될 수밖에 없었다. 동북아시아의 갑골문 신탁에서 그랬던 것처럼, 호메로스 시대에는 사람들이 신율이라는 '데스모이(Desmoi)'에 따라 의사 결정을 할 정도였다. 그러다가 드디어 솔론에 이르러 합리적 이성에 따른 법률이라는 '노모이(Nomoi)'가 등장한다. 이러한 일련의 비슷한 일들이 동양에서는 공자에 따라 이루어졌다. 공자는 무층과 선층을 지배하던 신율을 철저하게 배제하고, 합리적인 사고를 하도록 교육했다. 《논어》의 첫 구절인 "배우고 또 익히면"이라는 부분은 그의 이러한 의도를 가장 잘 보여준다. 즉, 신비적·마술적 사고를 배제하고 합리적인 실천이성에 호소하려고 했던 그의 철저한 정신이 '배우고 익히는' 학습 정신에 잘 나타나 있는 것이다. 이런 점에서 공자는 소크라테스보다 훨씬 더 무·선층과 거리를 둔 셈이다. 그러나 그의 이모(어머니의 여동생)가 무당이었기 때문에 그의 어머니도 그 영향권 안에 있었다는 점은 쉽게 짐작할 수 있다. 공자가 한 모든 언행은 거의가 무·선층의 가치들을 폄하내지 비판하는 것이었다.

공자가 살던 춘추전국시대부터 동북아시아 일대에서는 차축시대의 징이 울리기 시작했다. 즉, 배워야 사람이 될 수 있다는 이성과 합리성 중심의 교육열이 고조되기 시작한 것이다. 오늘날의 고액 과외에 이르기까지 말이다. 공자가 이상적으로 생각한 군자(君子)는 땅에서 물질적 생산과 다산에 따른 이익을 추구하는 태모가 아니라, 그 반대인 도(道)와 덕(德)을 구현하는 사람이다. '군자'는 춘추전국시대라는 동북아시아 지역에서 두드러진 이상적 남성 존재이다. 주지하다시피, 이 시기에 유가와 도가는 서로 등을 돌렸다. 공자는 학습을 통해 사람을 사람답게 만들어야 한다고 했지만, 인간을 자연 상태로 내버려두라고 강조한 도가 사상이 다른 한편에 있었다는 사실을 기억해야 한다. 여성적 상징성을 더 중요시한 노장 사상이 동북아시아 역사 지대에 공존했다는 것은 매우 특이한 현상이다. 왜냐하면 지중해 연안에서 여성 원리는 이미 악마화해 그 흔적이 거의 사라진 상태였기 때문이다. 만약 차축시대를 이와 같이 성이라는 관점에서 본다면, 같은 차축시대 안의 차별성을 부각시킬 수 있을 것이다.

그러나 일정 정도 남성 원리의 대변격인 유가 사상과 여성 원리의 대변격인 도가 사상은 중국 안에서는 서로 물과 불의 관계였다고 할 수 있다. 물론 선층에서는 이 둘이 분리되지 않았다. 유가 사상과 도가 사상의 분리는 차축시대에 이르러 시작되었다. 이것을 차축시대의 '중국적 균열(*Chinese dissociation*)'이라고 해도 좋을 것이다. 그리스의 경우 플라톤이나 아리스토텔레스에 대한 스토아 사상의 차이 정도라고 생각해도 좋을 것이다. 그러나 서양인 그리스의 경우와는 달리 동북아시아의 유가와 도가는 서로 쌍벽을 이루면서 중국 역사를 지배해왔다. 즉, 한나라 때의 유가, 위·진 때의 도가, 수당 때의 불가, 그리고 송명 때의 신유학(삼교의 종합)이 중국의 역사를 지배해온 것이다. 서양에서는 이런 경우를 찾을 수 없다. 아리스토텔레스 학파에 대해 스토아나 헤라클레이토스 사상이 역사의 주 무대에 등장한 적은 없다. 그러나 동북아시아에서는 유가와 도가 그리고 불가가 서로 순환-역동적(cyclic-dynamic) 관계를 유지하고 있었다. 그 근본적인 이유는 무엇인가?

공자는 선층의 요소들을 선택적으로 받아들였다. 초자연적인 실재에 대해서는 부정했지만, 공자는 엄연히 '술이부작(述而不作)', 즉 '자기는 서술했을 뿐 새로 지어내지 않았다'고 했다. 이는 그가 차축시대 이전의 가치관을 전면 부정한 것이 아니라 해석하고 풀이한 데 그쳤음을 말한 것에 다름 아니다. 그리고 그는 '옛것을 따뜻하게 하여 새것을 안다'고 할 정도로 자기 이전의 것을 수용하고자 했다. 좌뇌적 유가와 우뇌적 도가가 서로 어느 정도 교류한 것이 동북아시아 문명의 특징이다.

그러나 같은 시기의 그리스 지식인들은 사정이 달랐다. 동북아시아에서는 유불 사상과 노장 사상이 서로 역동적인 관계를 유지한 반면, 그리스에서는 수학에서 무리수를 제거하고 비유클리드적인 곡선을 배제하는 등 반차축시대적인 요소들, 즉 플라톤과 아리스토텔레스에 반하는 요소들을 모두 배격하고 말았다. 플라톤이 《국가》에서 철학자로 하여금 시를 읽지 못하게 한 반면, 공자는 《시경》을 300번도 넘게 읽었다고 한다(원형갑, 1994, 4~7쪽). 이성이 감정과 조화되는 가치가 공자 사상의 중심인 것이다. 그리고 아리스토텔레스의 모순율·배중률·동일률이라는 좌뇌적인 3대 법칙만이 사고를 지배하는 논리가 되고 말았다. 그리고 그러한 사고의 틀은 거의 2,500여 년 동안 서양의 역사를 지배해왔다. 이는 페미니즘을 논할 때도 중요한 의미를 갖는다. 즉, 남성 원리와 여성 원리가 역동적인 관계를 유지할 수 있었던 것이 동북아시아 문명권의 큰 특징이지만, 그리스에서는 그렇지 못했던 것이다. 그 근본 이유는, 차축시대인 철층 이전의 무층과 선층을 그리스에서는 억압했기 때문이다. 그러나 동북아시아 일대에서도 중국적 균열에서와 같은 균열이 심각하게 발생한 것이 사실이다. 이는 이 책의 제8장에서 다룰 무씨사당 화상석을 통해 분명히 알게 될 것이다. 그리스에서는, 소크라테스가 델파이 신전을 출입한 것을 제외하고는, 플라톤과 아리스토텔레스 같은 그의 제자들은 이를 외면해버렸다. 이렇게 우뇌적인 비합리적·신비적 요소는 철저히 배제되었다. 그러나 동양에서는 유학에서마저 유선(儒仙)이라는 말이 있을 정도로 선층은 모든 층에 살아 있었던 것이다.

인도는 그리스와 중국의 사이에 있다. 인도의 인드라는 제우스처럼 하늘에서 내려와 땅의 브리트라 여신을 살해한다. 이 점을 우리는 '인도적 균열(Indian dissociation)'이라고 해야 할 것이다. 인도의 인드라를 일연은 《삼국유사》에서 '제석 환인'이라고 했다. 그러나 한국에서는 같은 신이 자기 아들인 환웅을 내려 보내고, 그 아들은 땅의 태모인 웅녀와 결합해 단군을 낳는다. 어쩌면 이렇게 다를 수 있을까? 이를 두고 '한국적 화합(Korean association)'이라고 부르도록 하자. 단군 신화의 연장이라고 할 수 있는 일본 신화에서는 남신과 남신의 누이 사이에 서로 살해 위협을 하는 장면이 보인다. 문명의 여명기에 벌어진 이와 같은 남신과 여신의 균열과 화합은 뇌 속에서 벌어지는 좌뇌와 우뇌의 양상 바로 그것이라고 할 수 있다. 우리는 선층의 원형을 보존함으로써 우리 문화를 동북아시아나 세계 다른 지역의 문화와는 차별적으로 변모시킨 것이다. 이런 점에서 선층은 뇌량과도 같다.

부처는 힌두교가 물려준 요소들을 전면 부정하면서도 한편으로는 수용한다. 힌두교에서 브라흐만이 아트만(Atman)이라고 할 때, 불교는 '범아일체' 사상을 수용했다. 그런가 하면 다른 한편으로 '아트만'의 실체성을 부정하고 '무아'의 '아나트만(Anatman)'을 말하기도 한다. 부처는 차축시대에 나타난 '자아'를 긍정하지 않는다. 이성적 합리성을 '분별지(分別知)'라고 하여 망상으로 치부해버린다. 야스퍼스는 차축시대의 삼중주에서 이러한 차이를 알지 못했던 것이다. 부처는 일면 자아를 넘어선 초자아의 세계로 들어가고 있었다. 서양의 분별지는 전분별과 초분별을 구별하지 못하는 오류를 범했다. 부처의 이러한 특징을 우리는 다분히 동북아시아의 선도 문화, 다시 말해서 선층에서 찾아야 할 것이며, 이는 앞으로의 과제로 남아 있다.

제7장 좌우 뇌를 선맥으로 잇는다

7.1 문명의 뇌량으로서 선교

신채호는 철학이 있기 전에는 오직 무속밖에 없었다는 정설에 제일 처음으로 반론을 제기하고, 지금 여기서 말하고 있는 선층의 문화가 있었다는 점을 역설했다. '신도(神道)'·'선도(仙道)'·'낭도(郎道)' 등 그 이름은 다양하지만, 모두 선층을 일컫는 말이다. 그는 1910년 3월 11일자 《대한매일신보》에 실린 〈동국고대선교고(東國古代仙敎考)〉에서 불교·유교·도교 같은 외래 종교가 들어오기 전에 우리 고유의 선교가 있었다고 했다. 유·불·도 삼교밖에 모르고, 더욱이 우리의 고유한 것이라고는 생각도 하지 못할 때 이런 주장을 한 것은 놀라운 일이다. 셈을 할 때도 물건과 물건 사이에 있는 간격에 대해서는 제외할 때가 있다. 마찬가지로 선층은 무층과 철층의 사이에 있고 또 양자의 성격을 모두 가지고 있기 때문에 그 존재가 무시되었다. 우리가 선층을 잊고 지낸 이유는 우리 것에 대한 무지가 원인일 수도 있지만, 이러한 사이적 존재로서 선교가 갖는 특징 때문이라고도 할 수 있다. 나는 후자에 더 비중을 두고 싶다. 최근에 한국선도문화연구원에서 편찬한 《한국선도의 역사와 문화》는 앞으로 선도 연구에 큰 도움이 될 것이라고 생각한다. 여기서는 이 자료에 근거해 내용을 요약하고, 신채호의 선교 연구의 단면을 뇌 이론과 연관해 설명하려고 한다. 실로 선교는 '사이 문화(between-culture)'라고 할 수 있으며, 우리 시대에 이를 발굴하는 것만큼 중요한 것도 없다고 본다.

신채호는 여섯 가지 이유를 들어가며 선교의 실체를 다음과 같이 조목조목 서술하고 있다. 그 하나하나에 대해 여기서 설명을 더해두도록 하겠다. 선층이 좌우 뇌를 연결하는 뇌량(corpus cellusum)과 같은 구실을 한다고 볼 때, 이는 뇌 이론상에서 실로 지대한 의미를 갖는다. 신채호가 미처 지적하지는 못했으나, 앞으로의 교육이 좌우 뇌를 균형 있게 발달시키는 데 달려 있듯이, 파괴된 현대 문명을 수술하고 치료하고자 한다면 이 선도 문화를 회복하는 길밖에 없다. 선교의 시원자요 담지자로서 우리 민족에게 지워진 사명은 막대하다고 할 터인데, 그런 의미에서 신채호의 말에 귀를 기울여야 할 때인 것이다. 글의 서두에서 신채호는 선교의 특징이 지금의 종교 가운데 도교와 매우 비슷하기 때문에 흔히들 그것과 혼동한다고 지적한다. 그는 "동국의 역사를 보건대, 선교는 동국 고대에 성행한 자이다……. 혹자는 이를 중국의 도교가 들어온 것이라고 하나 선교가 동국에 고유한 것이라는 증거가 허다하다"라고 하면서, 다음 여섯 가지 논거를 통해 선교가 우리 민족의 고유한 것임을 강조한다.

첫째, 천선·대선·국선이라는 이름은 삼국시대 이전부터 이미 보인다. 둘째, 선교는 중국에서 불교와 도교가 들어오기 이전부터 있었다. 셋째, 도교는 단군보다 1천 수백 년이나 후대의 인물인 노자에서 시작되었는데, 우리나라에서는 이미 《기년아람(紀年兒覽)》이나 《삼국사(三國史)》에 단군을 천선 또는 선인(仙人)이라고 기록했으니, 어찌 선대의 사람이 후대의 종교를 수입했겠는가? 넷째, 만약 수입을 했다면 불사약을 구하려고 밖으로 사람들을 보냈을 터인데, 사실은 그 반대이다. 이는 선교의 원조가 한국임을 뜻한다. 다섯째, 중국의 도사들은 천제 집전의 권력이 없는 제사장에 불과했지만, 고구려의 조의, 백제의 대선 등은 막강한 힘을 가지고 있었다. 여섯째, 중국의 도교는 죽음을 두려워 하여 세속을 떠나 양생과 섭생을 주로 하는 입산수도에 전념했다. 그러나 우리나라의 선인들에게 입산수도는 현실 참여를 위한 수단이었지, 그 자체가 목적인 것은 아니었다.

이상 여섯 가지 이유를 들면서 신채호는 선교가 우리 고유의 것이라고 했다. 그리고 문헌적으로는 최치원의 〈난랑비서(鸞郎碑序)〉에 기록된 "나라에 현묘한 도가 있는데 풍류라고 한다. 선사(仙史)에 상세히 기록되어 있다"는 부분을 예로 들면서, "만일 이 선사가 현존했다면, 사학사상 일대광제라 할 것이다"라고 했다(《대한매일신보》, 1910. 3. 11). 신라의 화랑, 고구려의 조의선인, 백제의 대선이 모두 선교와 맥을 같이한다고 보았다. 신채호는 선교의 유무가 실로 중국과 우리를 구별하는 척도와 같다고 보았으며, 삼국이 모두 선교를 가지고 있었다는 사실은 이들이 한 핏줄임을 증명해주는 것이라고 생각했다. 그러나 내가 여기서 선교를 강조하는 이유는 다른 데 있다. 즉, 나는 선교에 그 근원을 두고 있던 유가와 도가 사상이 중국에 들어가 중국적 균열에 따른 고질적인 불치의 분열을 초래하고 말았다는 사실을 드러내려고 하는 것이다. 최치원이 중국에서 18년 만에 돌아오면서 "내 나라에 가서 풍류도를 하느니만 못하다"고 한 말도 결국 중국적 균열을 단적으로 암시한다고 할 수 있다. 유교가 좌뇌적인 특징을 그리고 도가가 우뇌적 특징을 반영한다면, 선맥은 이 두 강의 물줄기를 아우르고 있다고 할 수 있다.

신채호는 유교가 들어오면서 이러한 선맥이 무너진 것을, 즉 양 뇌의 뇌량이 파괴되어버린 것을 안타깝게 생각하며, 이를 다음과 같이 술회하고 있다.

대개 화랑은 단군 때부터 내려오던 종교의 혼이요 국수의 중심이었거늘 나말여초에 유교도에 잔멸당하여 그 역사를 알 수 없게 되었다.

이는 마치 서양에서 아리스토텔레스의 철학이 등장하면서 호메로스의 세계와 그 밖의 다른 사상들이 잔멸당하는 것과도 같다. 유교의 이러한 선교 말살의 연원은 이미 공자가 논어에서 한 언행에서도 충분히 발견할 수 있다. 그가 무층과 선층의 비합리적인 요소들을 척결하라고 자신의 제자들에게 주문하는 내용은 논어의 구석구석에서 발견된다. 도가 사상이 선교의 전통을 이어받는다고는 하지만, 이미 유가 사상으로 말미암아 상대화한 것이다. 여기서 우리가 주의해야 할 점은 선맥이 양대 물줄기를 그 안에 포함하고 있다는 사실이다. 그래서 유교가 선교를 배척하는 것이지, 그 반대는 아니라는 사실이다.

최치원이 '포함삼교(包含三敎)'라고 할 때, '포함'은 한자로 두 가지가 있다는 사실에 유의해야 한다. 즉, '包含'과 '包涵'이 그것이다. 후자는 전체 속에 부분을 넣은 것을 뜻한다. 마치 우체통에 편지를 넣고 빈 그릇 속에 물을 넣듯이 말이다. 그러나 전자는 사정이 다르다. 마치 차와 물의 관계처럼, 서로가 서로를 자기 속에 넣은 것과 같다. 후자를 외인적 관계(external relation)라고 하고, 전자를 내인적 관계(internal relation)라고 한다. 그리스어에서도 이를 구별해 전자는 'en'으로 그리고 후자는 'in'으로 표현했다. 여기서 '포함삼교'는 바로 전자의 경우이다. 이렇게 양자의 차이는 엄청나게 크다.

만일 '包涵三敎'라고 쓰면, 삼교가 들어오기 전에 우리나라에는 빈 그릇처럼 아무 고유한 것이 없었는데, 나중에 삼교가 들어오면서 그 그릇을 채워주었다는 뜻이 된다. 거꾸로 '包含三敎'라고 쓰면, 삼교가 들어오기 전에 이미 삼교의 원형을 가지고 있었으며, 나중에 들어온 것과 서로 내인적 관계를 맺는다는 뜻이 된다. 혹시라도 최치원이 외인적 관계를 드러내는 '包涵三敎'라는 표현을 썼더라면, 주체성의 위기는 말할 것도 없고 선교가 설 자리도 사라지고 말았을 것이다. 담는 것과 담기는 것은 서로 침투하는 관계인 'en'의 관계인 것이다. 좌우 뇌는 바로 이 'en'의 관계이다.

포스트모더니즘의 주류는 지금 해체주의의 날을 세우고 있다. 신채호는 '국수(國粹)'를 "역사적으로 전래하는 풍속·습관·법률·제도 속에 들어 있는 귀중한 정신"이라고 정의하고 있다. 그래서 화랑과 관련해 "단군 때부터 내려오던 종교의 혼이요 국수의 중심이었거늘"이라고 할 때, '국수'라는 말은 다름 아닌 선교와 삼교의 영양분이 우리 몸속에 들어와 피와 살이 되었음을, 다시 말해서 그것들이 내인적 관계를 맺었음을 뜻한다고 하겠다. 단재가 말하는 국수의 정의에 따르면, 이는 우리 고유의 주체와 외래의 객체가 창조적 변혁(creative transformation)을 이룬 것이라고 할 수 있다. 이것이 바로 '포함삼교'의 정의인 것이다.

창조적 변혁은 외래 문화가 유입되었을 때 고유한 것이 보일 수 있는 반응 가운데 가장 바람직한 것이다. 가령 불교의 전래를 볼 때, 몽골과 만주는 창조적 변혁을 이루어내지 못한 경우이다. 몽골의 경우는 불교가 고유 사상 속에 '包涵'되고 말았는데, 그것이 바로 라마교이다. 거꾸로 만주의 경우는 불교가 고유 사상을 '包涵'해버리고 말았다. 그러나 한국에서는 '대웅전'이라는 현판에서 볼 수 있듯이 창조적 변혁을 이루었다. '대웅전'이란 '한웅전'을 한자로 고스란히 전음한 것이다. 이는 불교가 민족 고유의 선층이나 무층과 섭합(攝合)해 창조적 변혁을 이루며 상호 '包含'된 경우라고 할 수 있다. 수천 년 동안 대웅전의 윗부분에 모셔져 있는 삼성각이나 산신각은 모두 불교와 선교가 하나의 맥을 이루고 있음을 보여주는 것이다. 이는 양 뇌 이론으로 볼 때, 그리고 한민족의 뇌 구조상으로 볼 때, 좌뇌와 우뇌의 절묘한 조화가 이루어낸 하나의 대표적인 사례라고 하겠다.

7.2 선맥으로 본 漢文化와 韓文化

뇌는 공간적으로는 우주의, 시간적으로는 문명사의 축소판이며, 뇌의 구조는 곧 우주와 문명사의 구조를 반영한다. 이와 관련해 송준만 교수는 "두뇌의 모형을 보면 지구와 같은 공이 반쪽으로 나뉜 채 가운데의 구조(corpus collosum)에 따라 연결되어 있고, 그 모양은 우리가 살고 있는 지구와 흡사한 데가 있다"(송준만, 1992, 203쪽)고 했다. 지구의 동반구적·서반구적 문화의 특징과 거기에 살고 있는 인간의 성격적 특징마저 뇌의 우뇌와 좌뇌의 특징과 같다는 것이다.

여기서 반구로 나뉜 것을 홀로그래피 이론에 따라 보자면, 동반구 안에서도 동서로 그리고 서반구 안에서도 동서로 다시금 나뉜다. 우리 동북아시아는 서양에 대해 동양이다. 그러나 같은 동양 안에서도 동서가 나뉘어 동서이하론(東西夷夏論)이 나오게 된다. 즉, 동쪽은 '이(夷)'이고 서쪽은 '하(夏)'라는 것이다. 이렇게 해서 동쪽의 한문화(韓文化)와 서쪽의 한문화(漢文化)가 결정된다(윤재근, 1996, 231~485쪽). 이러한 전제는 바로, 한문화(漢文化)가 차축시대 철층의 공헌자라고 할 때, 한문화(韓文化)가 무층과 선층의 종주국이라는 주장을 뒷받침한다.

선의 두 가지 중요한 형태는 외단(外丹)과 내단(內丹)이다. 외단은 금단(金丹)을 중심으로 나타난다. 금단이란 약물 복용 뒤 환각 속에서 초월적 경험을 하도록 만드는 것이다. 금단에 대한 내용은 중국의 《포박자》에서도 볼 수 있다. 아편과 같은 외부의 약물이 금단이라고 할 수 있다. 외단은 단전(丹田)의 원단(元丹)을 수련함으로써 선의 지경에 이르고자 하는 것인데, 그것이 후한대에 이르러 위백양의 참동계로 발전한다. 그 뒤 중국에서는 금단도가 주류를 이루었다. 그 결과 19세기 말 아편전쟁으로 나라가 망하는 지경에까지 이른다. 그러나 우리나라에서는 이러한 외단을 위험시하고 금기시하기까지 했다.

그래서 한국의 선맥은 그 양상이 중국과는 아주 다르다. 우리나라에서는 개인의 수기양생(修己養生)을 주로 하는 실천적 내단학이 주류를 이룬다. 중국에서도 원대에 이르러 천진교를 통해 다소 내단을 중요시하는 경향이 있었으나, 외단을 금기하지는 않았다. 그러나 우리나라에서는 금단의 제조 자체를 엄격하게 금했다(민영현, 1998, 259쪽). 전통적으로 한국은 중국에 견주어 내적인 심성 수련을 중요시했다. 진시황제가 불로초를 구한 데서 볼 수 있듯이, 중국은 선약 제조 중심인 외단학을 중요시한다. 윌버의 말에 따르면, 외단은 '평균적 양상(average mode)'이고 내단은 '전향적 양상(advanced mode)'이다. 이 두 양상은 각각 '외양적 종교(exoteric religion)'와 '내밀적 종교(esoteric religion)'를 결정한다. 외양적 종교는 건물·교리·제도 같은 겉모습에 치중한다. 그리고 내밀적 종교는 정의와 사랑 그리고 신비적 체험 같은 내적 깨달음에 치중한다.

아무튼 우리나라 선맥의 내단적 성격은 후대 한국 사상의 방향을 가늠하는 나침반이 될 정도로 중요하다. 무층이 철층으로 넘어가는 계기는 선의 이러한 두 성격에 따라 마련되기 때문이다. 논리적인 측면으로 볼 때, 내단은 '자기언급'을 뜻한다. 소크라테스가 델파이 신전의 문 앞에 새겨져 있는 '너 자신을 알라'는 문구에서 철학을 시작하는 까닭도 여기에 있다. 즉, '너 자신을 알라'는 자기반성적 표현이기 때문이다. 단군신화에서 곰이 굴속에 자리하고 인고의 내적 수련을 단행하는 것도 바로 우리나라의 내단적 특징을 여실히 보여준다. 이러한 내단적 특징이 28년에 걸친 수운의 수련과 고행 과정에서도 나타난다. 수운뿐만 아니라 화랑들도 내적 수련 과정 없이는 화랑이 될 수 없었다. 화이트헤드는 종교의 특징을 '고독(solitude)'에 두었다. 고독을 통한 내적인 자기심화 없이는 고등종교가 될 수 없다는 것이다. 화이트헤드의 이러한 말은 바로 우리나라의 내단적 특징을 일컫는 것이다.

존 캅에 따르면, 철학적 사유는 반성의식에서 생기며, 반성의식은 내단의 자기성찰에서 출발한다고 한다. 무의 '신내림'은 수용의식(receptive consciousness)을 반영하는 것이며, '신남'은 '반성의식'의 출발점이다. 외단은 바깥 외물에서 영향을 받아야 내적 효과가 나타난다. 그래서 수용의식에 치중한다고 할 수 있다. 금단에 의존하는 중국의 선은 신선장생을 얻는 것이 목표이며, 한국의 내적 단학은 독특한 내적·자력적인 수련을 강조해 내단양생을 강조한다(민영현, 1998, 261쪽). 김시습은 중국의 이러한 외단을 비판하면서 내단을 강조했다. 그는 중국의 외단적 특징에 대해 "나는 기를 길러서 천명을 즐긴다는 말을 들었으나, 기를 마시어 수를 늘린다는 말은 듣지 못했다"고 했으며, 또 "어찌 가히 이 생 이외에 다른 생을 훔치고 평안할 수 있겠는가"라고 했다.

김시습의 이러한 생각은 윌버의 초인격 심리학의 차원에서 이해할 수 있다. 즉, 중국의 선이 아직 육체의 보양이라는 평균적 양상을 벗어나지 못하고 있을 때 한국의 선은 이를 전향적으로 고양시켰던 것이다. 윌버는 자아가 자기보양의 집착에 빠지는 것을 '아트만 프로젝트(Atman project)' 또는 '자기비틀림'이라고 했다. 다른 한편으로, 중국에서는 춘추전국시대라는 차축시대에 접어들면서 물질적 이익과 육체의 감정을 도외시하는 유가 사상이 등장했다. 그리스의 차축시대와 같이 무층과 선층에 대한 억압적 구조가 나타난 것이다. 이 때문에 자아부정과 자아긍정이 극단적인 방향으로 치닫는다.

김시습은 여기서 기를 기르는 '양기(養氣)'와 기를 마시는 '복기(服氣)'를 구별했다. 양기는 해월의 '양천(養天)'과 함께 내단의 중요한 개념이다. 외단이 기를 마시는 것이라면, 내단은 내면의 기를 길러내는 것이다. 기를 기르기 위해서는 수기연성(修己煉性)하는 능동적 과정이 필요하다. 기를 마신다는 것은 밖에 주어진 기를 수동적으로 받아들이는 것을 의미한다. 이를 수용의식적이라고 한다. 그러나 양기에는 자기언급이라는 과정이 필수적이다. 자기언급은 반성의식적이다. 자기가 자기를 기른다는 역설의 논리가 필요하다. 자기가 주체인 동시에 객체가 된다. 김시습은, 목숨을 늘리기 위해 납과 수은으로 단련하고, 소나무 씨와 잣을 먹고 수레를 돌리며, 부적을 차고서 천지의 운행을 도둑질하면서까지 구차하게 살고 싶지는 않다며, 외단에 대한 강한 반감을 나타내고 있다(《용호[龍虎]》). 여기서 김시습의 자아부정적 사상이 나타난다. 이 단계가 결여된 사상이란 결국 하등종교로 타락할 수밖에 없다. 굴속의 곰과 호랑이를 다시 한번 보자. 내단을 겪어야 하는 자기와의 싸움에서, 호랑이로 대표되는 외단적 전통과 곰으로 대표되는 내단적 전통은 서로 갈라진다. 우리나라의 내단적 전통은 그대로 신라의 화랑과 고구려의 선인으로 이어진다. 화랑들의 자기버림의 정신은 바로 이러한 내단적 전통에서 비롯한다. 자기죽음과 자기버림이 없는 '자기비틀림'은 파괴적으로 될 수밖에 없으며, 결국 문명의 퇴화를 초래한다.

수운은 구한말의 우리나라가 내단적 전통을 통해서만 보국안민할 수 있다고 보았다. 이 길만이 살길이라고 본 것이다. 김시습의 생육신으로서 삶도 결국 내단적 전통에서 나온 것이다. 그러나 이러한 내단적 전통을 거스르면서 곰의 간이나 뱀 등으로 양생(養生)과 보신(補身)을 하려는 것은 자기애에 대한 지나친 집착이라고 할 수 있다. 그 때문에 중국에서는 이러한 양생과 보신에 반대하는 공자의 '살신성인'과 '사생취의'가 나오게 되었다. 그러나 이러한 균열적 양상을 초인격 심리학은 바람직하지 못한 것으로 본다. 우리는 그래서 김시습의 지나친 내단의 강조와 함께 탈속적인 그의 행각을 비판적으로 바라보는 것이다. 초인격의 회복된 모습을 우리는 최수운에게서 발견하게 된다.

지금 미국이 벌이고 있는 '마약과의 전쟁'은 내단을 통해서만 극복될 수 있을 것이다. 그러기 위해서는 동양으로부터 배워야만 한다. 동학이 그들에게 주는 의미도 여기에 있다. 이러한 외단을 서양은 타자신앙적 기독교에서 배웠다. 그래서 수운은 서교를 가리켜 자기 몸만 위한다고 했다. 내단과 외단의 궁극적 목적은 좌우 뇌의 조화에 있다. 그 방법에서 외단은 약물에, 내단은 자기 수련에 의존한다.

7.3 현묘지도와 선교 그리고 뇌량

선맥의 종주국은 동이족이 살던 지역이다. 이는 중국 선의 특징과 문헌을 통해 분명히 알 수 있다. 우선 선진 시대 이전(기원전 3세기 이전)의 중국 신선 사상을 알아보면 다음과 같다. 신선 사상에 대한 최초의 기록은 앞에서 말한 《사기》에 있다. 이 기록에 따르면, 제의 위왕(기원전 356~320년)과 선왕(기원전 319~301년) 그리고 연의 소왕(기원전 311~279년) 시대에 신선 사상이 유포되었다고 한다. 또한 이들 왕은 사람을 시켜 바다에 들어가 삼신산을 찾게 했는데, 삼신산은 발해 안에 있었다고 한다. 그곳에는 불사약이 있고, 선인들이 살고 있으며, 만물과 금수는 모두 희게 빛나는 황금궁궐 속에서 산다고 했다. 그래서 세상의 군주 가운데 동경하지 않는 이가 없었다는 것이다(《사기》, 〈봉선서〉, 제6).

이에 대해 도광순은, 중국 문헌에서 '바다 한가운데'라는 말은 곧 우리나라를 일컫는 것이라고 했다. 그에 따르면, 《사기》의 이러한 기록은 동이지국과 관련해 '군자가 죽지 않는다'고 한 말과도 일치한다고 한다. 나중에 진시황제가 불사약을 구하려고 한반도와 제주도에까지 사람을 보낸 경우를 보더라도, 《사기》에서 말하는 신선국은 동이족이 살던 한반도와 발해 지역을 뜻한다고 하겠다. 그리고 무엇보다도 제와 연이 동이족의 은왕조와 가까운 지역에 있었다는 사실을 상기해야 한다. 이러한 이유 외에도 《사기》에서 직접적으로 표현하고 있는 '선'의 연원이 동이족에 있음은 분명하다(도광순, 1992, 25~26쪽).

한편, 제나라는 공맹의 고향과 가까운 곳이다. 이는 동북아시아 일대에서 차축시대가 그 맥락상 무층·선층과 이어지며 등장함을 반영한다. 이는 마치 올림포스 신전이 있는 아테네에서 차축시대의 철학이 등장하는 것과 같다. 여기서 무층·선층의 문제와 차축시대의 연속성·비연속성의 문제가 제기될 수밖에 없다. 이제 중국·인도·그리스의 세 곳에서 차축시대가 등장했다는 야스퍼스의 주장과 차축시대와 함께 인류의 보편적 가치인 이성이 등장했다는 주장은 재고되어야 할 시점에 이르렀다. 왜냐하면 야스퍼스의 이론은 차축시대에 속하지 않은 문명권을 상대적으로 야만시하고 열등시하는 경향을 보이기 때문이다. 우리나라에서는 왜 차축시대가 등장하지 않았는가? 최치원이 말한 풍류도는 바로 신선사상이다. 이는 근본적으로 야스퍼스식의 차축시대에는 걸맞지 않는다. 최치원이 중국에서 목격한 것은 차축시대가 1,000년쯤 지난 다음에 나타난 그 폐단이었다. 그는 차축시대가 빚은 유·불·도의 폐단을 극복하는 방법이 그 융합에 있다고 보았으며, 풍류도가 바로 그것을 종합해낼 수 있다고 여겼던 것이다. 우리는 최치원의 이러한 사유를 따라 성찰해볼 필요가 있다.

우리나라의 선층은 무층에서 자연스럽게 발전한 것이다. 앞에서 지적한, 무에서 선으로 넘어올 수 있는 세 가지 조건으로 보아 우리나라는 선이 나타나는 데 가장 적합한 지역임에 틀림없다. 철학의 기원이 그리스 아테네라면, 선맥의 기원은 바로 우리나라일 것이다. 무와 선을 아예 철학에서 도외시하고 무시해버리려는 사람들에게는 선의 강조가 수치스럽게 여겨질지도 모른다. 유가가 선가의 책을 불태운 것이 이를 증명해준다. 그러나 나의 견해는 이와는 다르다. 선층의 구실에 따라 그 이후에 나타나는 철학사상의 성격이 달라진다고 보기 때문에, 나는 선층의 몫에 높은 비중을 두고 있다. 선층이 파괴되지 않았기 때문에 '유럽적 균열'에 대해 '한국적 화합'의 모습을 보여줄 수 있는 것이다. 이러한 한국의 선맥은 오히려 중국의 문헌을 통해 그리고 중국 선맥의 연원을 통해 분명하게 밝혀진다. 이러한 귀중한 선맥을 지금 우리 자신이 혐오하고 있는 것이다. 이는 곧 우리 자신에 대한 혐오이다.

선층은 도교와 그 형태가 비슷한 탓에, 중국에서 유입된 도교와 많은 혼동을 빚는다. 그래서 선맥이 중국에서 유래한 것은 아닌지, 우리의 고유성에 대해 의심하기도 한다. 그러나 선맥에는 그 지적소유권을 우리나라로 돌릴 수밖에 없는 확실한 전거들이 있다. 그 전거들이란 우리 쪽이 아니라 오히려 중국 쪽에 있는 것들이다. 가령, 《사기》나 《포박자》 등에 따르면, "옛날에 황제가 있었는데, 청구(한국)에 이르러서 풍산(백두산)을 지나다가 자부 선생을 만나 삼황내문을 받았다. 이로써 여러 신선들을 불러들이게 되었다"(《포박자》, 〈지진〉, 권18)고 한다. 선맥이 한국에서 유래한 것과 관련해 김범부는 "신선의 선도는 조선에서 발생했다. 그것이 중국으로 옮겨간 것이지, 중국 고유의 것이 아니다. 그러므로 중국 고대 문헌에는 신선설이 없다. 12경과 《노자》에도 없다. 시기적으로 춘추시대에도 없었고, 《장자》에 비로소 선인·신인설이 나온다. 이는 전국시대에 해당한다"(류병덕, 1985, 36쪽)고 했다. 우리 쪽 문헌으로는 《삼국유사》의 단군 신화만큼 선맥의 실체를 뚜렷이 그려낸 것도 없다.

전세계적으로 마나이즘(manaism)은 북위 40도를 전후해 발생한 것으로 보인다. 춥고 더운 기후에서는 선풍이 일어나기 어렵다. 선층의 중요성은 바로 유·불·도를 잉태하고 있었다는 데 있다. 차축시대에 접어들어 삼중주의 균열이 생겼음은 이미 앞에서 살펴본 바와 같다. 나중에는 서로 반목·질시하는 현상마저 보였다. 이는 마치 좌우 뇌가 서로 질시하는 것과도 같다. 무층이 애니미즘(animism)이라면 선층은 마나이즘이다. 전자가 '신내림'이라면 후자는 '신냄'이다. 하나가 수의적이라면 다른 하나는 자의적이다.

최고운이 말하는 풍류도가 선맥에 해당한다. 그러나 풍류도는 아직 철학의 단계에는 이르지 못한, 양 뇌가 분할되기 이전의 의식구조에서 나온 것이다. 철학이란 분할 뇌의 소산이기 때문에, 거기서의 바른 판단이란 긍정과 부정의 양가적 평가를 모두 하는 것이다. 선층은 아직 문자화하기 이전의 설화들로 가득 차 있으며, 기록된 자료 역시 호메로스의 《일리아드》처럼 신비롭고 신화적인 이야기들로 이루어져 있다. 우리의 선사에 이에 해당한다. 이것들은 문명의 유년기에 나온 작품이기 때문에 마치 어린아이들이 꿈꾸는 동화의 세계와 같다. 그런데 어른들이 동화를 비과학적이라고 매도해서는 안 되듯이, 이런 유년기의 문화유산을 비과학적이라 치부하는 것은 어리석은 일 가운데 어리석은 일이다. 아동문학이 그 자체로 문학적 가치를 지니고 있듯이, 선층의 유산 또한 그 나름대로의 가치를 지니고 있는 것이다. 호메로스의 《일리아드》를 통해 트로이 전쟁의 역사적인 전모를 거의 복원할 수 있듯이, 분할 뇌 이전의 자료를 가지고도 얼마든지 이면적 역사를 찾을 수 있다. 서양 문학의 근원을 거슬러 올라가면 호메로스의 작품과 통하듯이 말이다. 우리나라의 선맥과 관련해서는 남아 있는 도가의 사서류를 통해 간접적으로 파악하는 길밖에 없다. 그런데 불행하게도 이러한 사서류들이 유가들의 손에 소멸되고 말았다. 만약 이런 선사에 해당하는 사서들을 전멸시킨다면 오직 재앙만이 남을 것이다.

7.4 차축시대라는 선맥의 수난기와 뇌 이론

차축시대가 시작되면서 무층과 선층은 이제 수난기에 접어든다. 소크라테스 이후 델파이 신전에 올라간 철학자는 없다. 여성들만이 숨어서 신전을 지켰을 뿐, 남성들에게는 신전 방문이 금기시되었다. 공자의 경우도 예외는 아니었다. 그러나 우리는 사정이 달랐다.

고조선이야말로 도가 사상과 일맥상통하는 선맥의 광맥과도 같은 시대이며, 그 기간도 가장 길었다. 지금 우리에게 전해지는 선맥에 관한 사서류가 모두 고조선에 관한 기록인 까닭이 바로 여기에 있다. 유·불·도 삼교의 정립이라는 미명 아래 이보다 오래된 선맥의 사서들이 대개 제거된 탓이기도 한데, 한마디로 '차축시대 콤플렉스(axial age complex)'라고나 하겠다. 《규원사화》나 《환단고기》 같은 사서류들이 모두 선가의 문헌에 속한다. 유교가 지배 이념이던 시기에 중국보다 오래된 역사나 공자를 훼손하는 글을 쓴다는 것은 여간한 모험이 아니었다. 또 그것을 보관한다는 것 자체도 쉬운 일이 아니었다. 그리고 도가 사서류들은 신비적인 것과 신화적인 내용들로 가득 차 있기 때문에, 지금까지도 실증주의 사학자들과 과학주의 사상들로 말미암아 모두 위서로 취급되고 있는 실정이다. 한마디로, 사가들은 육안으로 영안을 오해하는 범주 오류를 범하고 있다. 그러나 호메로스의 《일리아드》를 통해 트로이 전쟁의 역사를 거의 완벽하게 복원해낼 수 있듯이, 이들 선가 사서들을 통해 우리는 숨겨진 역사를 얼마든지 찾아낼 수 있다. 말에 말귀가 있듯이 글에도 글귀가 있다. 선가 사서류 속에 있는 글귀를 찾아낼 생각은 하지 않고, 한칼에 이들 글을 매도하는 것은 매우 우려스러운 일이다.

전해지는 도가 사서류로는 《해동전도록》·《해동이적》·《청학집》을 들 수 있다. 그리고 《규원사화》·《환단고기》 같은 사서류들을 모두 이들과 같은 부류에 넣어도 좋을 것이다. 아무튼 이들 사서류들이 빛을 보지 못한 것이 사실이다. 위협감을 느낀 유학자들은 이들 사서류의 줄기를 잘라 자기들 역사의 상한선 밑에 두려고 했고, 불교학자들은 자기들 교리에 맞게 각색하려고 했다. 그리고 서교나 기독교는 이것들을 아예 뿌리째 뽑아버리려고 한다. 단군을 부정하려는 기독교의 근본 의도 역시 여기에 있다. 차축시대의 이들 유산들은 선맥을 제거하는 것이 자기들의 설 자리마저 부정하는 일임을 모르고 있다. 수운은 이 선맥을 다시 찾았다. 도가 사서류는 한민족의 자존심이다. 이를 부정해버리면 우리가 우리라고 언급할 수 있는 자기언급을 근본적으로 할 수 없게 된다. 민족정신이 송두리째 흔들리게 되는 것이다. 우리 학계가 왜 이런 자학적인 행위를 의도적으로 하려고 하는지, 그 저의가 의심스럽지 않을 수 없다. 그러나 이제 그러한 행위는 뇌 이론으로 극복될 것이다.

《청학집》을 보면, 우리 선맥의 조종(祖宗)은 '환인진인'이다. "환인진인이 동방선파의 조종이고, 환웅천황은 환인의 아들이다"(조여적, 1998, 16쪽). 《청학집》의 저자 조여적은 이러한 내용이 변지의 《기수사문록》에 기록되어 있다고 그 전거를 밝혔다. 그에 따르면, 환인의 선맥은 환웅으로 이어지고 환웅의 선맥은 단군으로 이어진다. 단군의 선맥은 신라의 사선(四仙)인 영랑·보덕·옥보고·이순보에게 이어지고, 사선의 선맥은 다시 물계자·원효·도선을 거쳐 대세·구칠로 이어지며, 그리고는 드디어 최치원에게 이른다. 《청학집》은 환인에 대해 자세히 언급하지는 않는다. 그러나 중국의 광성자(廣成子)와 환인을 견주면서, 중국의 선맥에 대해 우리에게도 고유한 선맥이 전해져 내려오고 있음을 밝히고, 환인진인은 가히 모든 선맥의 조종이 될 수 있다고까지 했다.

《해동이적》에서는 단군을 복희에 견주면서, 단군은 왕위에 있으면서도 선인이 되었다며 한국 선맥의 특징을 아울러 지적했다. 즉, 중국의 광성자는 아무런 지위도 없이 신선이 되었지만 단군은 왕이면서 동시에 신선이 되었으니, 중국의 선이 초탈적인 것과는 달리 한국의 선은 현실을 떠나지 않았음을 강조한 것이다. 차축시대에 들어와 유가는 현실에 집착하고 도가는 현실을 일탈해버린다. 노자가 관직을 버리고 산해관을 통해 숨어버렸다는 일화가 이를 증명한다.

그러나 우리나라의 환인·환웅·단군은 모두 왕위에 있으면서 선에 따른 통치를 했다. 홍익인간과 재세이화는 모두 이런 맥락에서 나온 것이다. 우리나라의 선인들은 이렇듯 결코 체제 밖의 인물이 아니었다. 이러한 체제 속에서 체제를 긍정하는 선층 때문에, 그 속에 유가도 도가도 포함시킬 수 있었다. 한국 선의 이러한 메타적 성격은 그 위대성을 한층 높여준다. 이렇게 초월과 현실이 조화된 한국 선맥은 고운에게도 그대로 이어져, 그는 관리이면서 또한 선인이 된다. 신라의 화랑도 그렇고, 수운에 이르러서도 이러한 실천과 현실을 겸전(兼全)한 선맥은 그대로 이어졌던 것이다. 일상생활 속에서 영성이 생겨난다. 노자나 광성자처럼 현실을 초탈해 선인이 되기는 쉽다. 그러나 현실적 직위나 가정과 사회 속에 살면서 선인이 되기란 어렵다. 한국 선의 특징은 바로 이런 데 있었다. 수운의 깨달음은 일상성 속에서 일어난 특징을 가지고 있다고 했다. 좌우 뇌의 균형 없이는 불가능한 일이다.

중국의 경우 《포박자》와 《신선전》에서 광성자가 선의 조종이라고 하고 있다. 그가 황제에게 글을 가르쳤으며, 아울러 도교의 시원적 인물이라는 것이다. 이렇게 보면, 우리나라에는 중국과는 또 다른 선맥이 있었으며, 그 특징도 달랐음을 알 수 있다. 《해동이적》은 우리에게 중국과는 다른 고유한 선맥이 있었으며, 그 조종은 환인이고 최치원에게까지 이어진다는 점을 강조한다. 《청학집》에서는 단군 시대로부터 선맥이 연원해 최치원에게까지 이른다고 했다. 《해동이적》은 또한 중국의 도교가 전수될 무렵은 최치원이 생존해 있을 때였다는 점을 강조했다. 세 문헌이 모두 최치원을 한국의 선맥과 일치시키고 있는 것이 특징이다. 그리고 중국에도 선맥이 있었고 우리나라에도 고유한 선맥이 있었는데, 양자를 접합시킨 인물이 바로 최치원이라고 모두 주장하고 있다(김낙필, 1989, 149쪽). 특히 《해동이적》에서 광성자와 단군을 견준 것은 특별한 의미가 있다. 이는 곧 우리나라 차축시대의 특징을 보여주기 때문이다. 중국에서는 이른바 '중국적 균열' 때문에 이론과 실천 그리고 초월과 현실이 유리되는 현상을 겪었다. 단군은 왕위를 버리고 선인이 되기 위해 산으로 숨지는 않았다. 오히려 왕으로서 통치를 모두 끝마치고 수를 다한 뒤에야 산으로 들어갔다. 하지만 중국의 도가는 현실을 외면

했고, 그리스의 스토아 학파는 현실에서 도피했으며, 부처는 왕궁을 버리고 산으로 숨어버렸다. 이러한 행위는 병폐가 되어, 그들이 만들어놓은 사상이 후대에 초현실적으로 변질되는 데 큰 원인으로 작용했다.

세상을 이치로 다스린다는 단군의 '재세이화' 사상과 널리 인간을 사랑하기 위해 늘 이 세상을 탐했다는 '탐구인세' 사상은 현실과 초현실이 균열되지 않은 한국 선맥의 전통을 보여준다. 만약 도가와 도교 사상에 치중해 현실을 도피하게 되면, 또는 유가처럼 현실에 집착하게 되면 어떤 결과가 빚어질까? 고구려가 도교 때문에 망했다고 할 때나, 조선이 유교 때문에 망했다고 할 때, 우리는 현실에 대한 도피와 집착이 모두 병적임을 말하고 있는 것이다. 결국 우리나라의 역사는 한국의 고유한 선맥으로 유지되었다고 할 수 있다. 수운은 구한말에 이런 선맥의 전통을 부활시키는 데 성공했다. '보국안민'과 '수심정기하'의 사상은 바로 현실과 이상이 구별되지 않는 한국 선맥의 전통에서 비롯했다고 할 수 있는 것이다. 최치원은 이렇게 중국에 '건너감'과 '돌아옴'을 통해 선맥의 창조적 변혁을 창출해낼 수 있었다. 수운은 고운의 이러한 선맥의 전수자이다. 이는 좌우 뇌의 상호 교통으로만 가능한 일이다.

선층의 몰락은 역사 서술 방법에서부터 나타나기 시작한다. 제인즈는 차축시대에 들어와 양쪽 뇌의 조화가 파괴되는 것을 '양 뇌의 붕괴(breakdown of bicameral brain)'라고 했다(Jaynes, 1976, 84쪽). 서양에서는 차축시대가 시작되면서 그 붕괴가 심각한 지경에 이르렀다. 그 붕괴는 과거 2,500여 년 동안 계속되었다. 그 근본 원인은 결국 무층과 철층 사이에 있는 선층의 구실과 그 내용에 따른 것이었다. 양 뇌가 붕괴되기 직전의 상태가 선층의 상태이다. 좌뇌가 차축시대 철층의 특징을 반영한다면, 우뇌는 무층의 특징을 반영한다. 그리고 선층은 양 뇌를 연결하는 교량(橋梁)과 같다. 우리의 뇌 속에는 이러한 교량이 있다. 우리나라의 경우, 김부식이 전형적으로 차축시대의 사관을 반영한 반면에 다행히도 일연이 그 반대의 사관을 가지고 있어서, 우리에게는 나름대로 균형 잡힌 역사가 병존하게 되었다.

7.5 좌뇌형 김부식과 우뇌형 일연

우리의 역사학 연구에서 강단 사학과 재야 사학 사이의 관계는 마치 견원지간과 같다고 해도 좋을 것이다. 서로 불구대천의 원수처럼 여기는 것이 꼭 그와 같기 때문이다. 그러나 한편으로 뇌 이론에 비추어보면, 둘의 관계는 좌뇌와 우뇌의 성격 차이와 같은 면이 있다. 2008년부터는 고조선을 사실(史實)로 기록한 교과서를 사용한다고 한다. 이는 재야 사학이 그동안 주장해오던 바를 반영한 것이라고 할 수 있다.

강단 사학자들이 부정하는 《규원사화》나 《환단고기》 같은 사서들은 마술적이고 신비한 요소들을 역사 기록으로서 담고 있는 것이 사실이다. 이러한 요소들 때문에 강단 사학자들로부터 실증적 사료로서는 가치가 없는 위서 취급을 받아왔다. 사료로서 일고의 가치도 없다는 것이다. 그러나 독일의 슐리만은 1873년에 트로이 성의 유적과 에게 문명의 유적까지 발견함으로써, 허구이자 신화라고 여겨오던 트로이 전쟁을 사실로 입증했다. 14세 때부터 호메로스의 《일리아드》를 읽으며 연구해온 그는 "신화는 살아 있는 것이어서 언제든지 다시 논의될 수 있고, 어제든지 보다 많은 진실을 드러낼 가능성을 보여주고 있다"(김대성, 2002, 22쪽)고 했다. 우리는 이처럼 소설을 통해 역사적인 사건을 복원해낸 사실을 상기할 필요가 있다. 지금 역사학자들이 그리스 신화로 눈을 돌리는 까닭은 신화소 속에서 역사를 발견할 수 있기 때문이다. 구약을 연구하는 학자들은 그동안 〈창세기〉의 소돔과 고모라 이야기를 신화로 취급해왔다. 그런데 이 역시 고고학 발굴을 통해 역사적 사실로 증명되었다.

세계 곳곳에서 찾아볼 수 있는 이런 사례에도 불구하고, 우리 강단 사학자들은 방법론에서 코페르니쿠스적인 전환을 하지 않으려고 한다. 한편, 재야 사학자들은 특단의 방법론을 채택함이 없이 문헌의 내용을 문자 그대로 역사라고 고집하는 우를 범하고 있다.

이들 사료와 관련해 북한의 학자들은 2000년대 초부터 《규원사화》를 필두로 연구를 진행해, "일정 정도 신비적인 요소가 들어 있으나, 역사적 사건이 그 속에 없는 것은 아니다"라는 결론을 내렸다. 뇌 이론에 비추어 볼 때, 사가들 가운데는 좌뇌형도 있고 우뇌형도 있다. 전자가 합리적인 것, 실증적인 것만을 역사라고 하는 반면, 후자는 신비적인 것, 심지어 마술적인 것도 역사라고 본다. 같은 사건을 두고 서로 이렇게 다른 견해를 가지게 되는 것이다. 누군가 당장 사고로 좌뇌에 손상을 입었다고 해보자. 그러면 그 사람은 환청과 환시를 자유자재로 넘나들며 자신의 체험을 실재라고 여길 것이다. 서양의 랑케로부터 시작된 실증주의 사관이 뉴턴-데카르트적 합리주의 및 기계론적 우주관과 불가분리적이라는 것은 주지의 사실이다.

일본의 식민사학자들이 이 방법을 도입해 조선사 연구에 적용했으며, 이들의 방법론을 그대로 따른 이병도 등의 사학자들은 지금까지도 한국 사학계를 지배하고 있다. 그래서 실증주의와 합리주의 사관이 한국 사학의 주류를 이루고 있는 것이다. 그러나 애석하게도 이런 실증주의 사학자들은 자기들의 논리에 철저하지도 못하고 충실하지도 못하다. 다시 말해서, 광개토대왕의 비문을 조작한 예 등은 실증적인 것을 사실 그대로 받아들이지 못한다는 것을 뜻한다. 그들이 서 있는 기득권과 밀접하게 결부되어 그것을 수호하는 도구로서 실증주의 사관이 이용되고 있을 따름이다. 서양에서 시작된 실증주의는 이제 포스트모더니즘으로 극복되고 있다. 그런데도 한국 강단 사학이 이 사관에 집착하는 데는 바로 이와 같은 까닭이 있는 것이다. 한편, 포스트모더니즘의 민족주의 해체론은 우리 역사 연구에 또 다른 위기를 조장하고 있다.

김부식은 《삼국사기》를 〈신라본기〉에서 시작한다. 고조선과 단군 신화를 빼버리고 있는 것이다. 김부식의 이러한 역사관을 사대주의 사관이라고도 하지만, 한편으로는 그의 좌뇌형 기질에서 비롯된 것이기도 하다. 차축시대 종교인 유교에 매몰된 사람들은, 공자가 "산 자의 일도 모르는데, 죽은 자의 일을 어떻게 아느냐"라고 한 말이나, 왜 기도를 하지 않느냐는 물음에 "나는 기도한 지 오래이다"라고 한 말 등에서도 볼 수 있듯이, 자기 이전의 무층과 선층의 요소들을 철저하게 제거하려고 했다. 조선조는 무속을 음사라고 해서 무속인들을 남산 귀퉁이로 추방했는데, 이 모두 공자의 문명관과 떨어뜨려서는 생각할 수 없다. 김부식을 지배한 사상은 이와 같이 공자의 차축시대 사관 이상도 이하도 아니다. 그러나 같은 차축시대의 산물이면서도 불교와 도가 사상에는 많은 신비적·마술적 요소들이 남아 있었다. 그래서 일연 같은 불가의 인물은 역사 서술에서 신화적이고 신비한 요소들을 배제해서는 안 된다고 생각한 것이다.

일연은 《삼국유사》를 서술하면서 그 방법론을 책의 서두에 적어두었는데, 이를 인용해 우뇌형 인간의 역사 이해 방법을 한번 살펴보도록 하겠다.

무릇 옛날 성인이 바야흐로 문화(예락)로써 나라를 창건하며 도로써 교화를 베풂에 괴변이나 폭력이나 도깨비 이야기는 어디서나 말하지 않았다. 그러나 제왕이 일어나려고 할 때에는 부명을 받는다, 도록을 받는다 하여 반드시 여느 사람과 다른 데가 있은 후에야 능히 사변을 이용하여 정권을 잡고 큰 사업을 성취했다. 그러므로 황하로부터 하도가 나오고 낙수로부터 낙서가 나오면서 성인이 나타나게 되었으며, 무지개가 신모를 둘러싸 희를 낳고 용이 여등과 관계하여 염을 낳고……(《삼국유사》, 〈기이〉, 제2머리말 가운데).

이는 일연이 우뇌형 인물임을 단적으로 보여주는 기록이라고 할 수 있다. 그는 좌뇌보다 우뇌가 활성화해 있는 인물이다. 태생적인지 아니면 불교의 영향인지 여기서는 확인할 수는 없다. 선천적일 수도, 후천적일 수도 있다. 그러나 그는 분명히 김부식과는 다른 시각으로 우리 역사를 보고 있다. 그래서 그는 김부식이 보지 못하는 사건들을 보고 있는 것이다. 그는 단군도 보고 환웅도 보고 환인도 보았던 것이다. 혹시 그들의 좌우 뇌 기능이 후천적이라면, 김부식은 공자 때문에 그리고 일연은 부처 때문에 위와 같은 결과에 도달했을 것이다.

앞의 인용문에서 보는 바와 같이, 일연은 이성적이지도 않고 합리적이지도 않은 그러한 내용들이 역사를 추동하는 힘이라고 본 것이다. 역사의 주인공은 그 안에서 움직이는 인간이다. 인간은 좌우 뇌를 숙명적으로 하나의 머리 안에 담고 있는 존재이다. 그렇다면 인간의 흔적 속에는 좌우 뇌의 요소들이 모두 들어 있게 마련이다. 그러나 차축시대가 역사의 과정 속에 뛰어들어 심화·강화되면서, 신비적·신화적인 요소들을 모두 역사에서 제거하는, 이른바 비신화 작업이 진행된 것이다.

18세기의 합리주의와 실증주의의 영향을 받은 이른바 자유주의 신학자들, 특히 리츌 같은 학자들은 《성서》 속에서 신화를 모두 제거해버리고 합리적으로만 《성서》를 이해하려고 했다. 가령, 예수가 물 위를 걸은 것과 관련해 예수가 해변가를 거닐 때 제자들의 눈에 착시 현상이 일어나 그렇게 보인 것이라고 한다든지, 오병이어의 기적에 대해 이미 사람들이 가지고 온 음식을 그냥 나누어 먹은 것이라고 해석하는 것 등이 그 예가 되겠다. 이것이 바로 합리주의가 《성서》를 해석하는 방법이었다. 여기서 R. 불트만의 비신화론은 유명하다. 즉, 신화적인 요소를 배제함으로써 《성서》를 실존적으로 해석하자는 것인데, 신화적인 요소들을 《성서》 연구에 끌어들여 적용하면 어처구니없는 일이 자주 벌어지기 때문이다. 데리다 같은 포스트모던 학자들은, 역사는 역사를 보는 주관과의 상호 관계성에 따라서만 바로 이해될 수 있다고 주장한다. 이들이 주장하는 요점은 '텍스트 그 자체가 말하도록 하라'는 것이다.

일연은 신비적이며 신화적인 예들을 열거한 뒤 다음과 같이 말한다. "이로부터 내려오면서 이 같은 일을 어찌 이루 다 기록하랴! 이러고 본즉 삼국의 시조가 모두 신비스러운 기적으로부터 태어난다는 것도 무엇이 그리 괴이하다고 하랴! 이것이 신비로운 이야기를 이 책의 첫머리에 싣게 된 이유인바, 그 이유인즉 바로 여기에 있음이다"(《삼국유사》의 머리말). 일연은 서양을 제외한 동북아시아 일대의 거의 모든 신비적·신화적인 사건들을 열거하며, 역사를 서술하면서 이들 요소들을 제거해서는 안 된다고 한 것이다. 그는 분명히 1,000여 년 전에 산 탈현대 사상가이다. 일연은 이런 신비적 요소들을 역사 서술에 도입하고 있으면서도, 그것을 읽고 해석하는 일은 독자에게 맡기고 있는 것이다.

일하는 개미와 일하지 않은 개미의 예(이 책의 제1장 4절 참고)에서 본 것처럼, 김부식과 일연의 역사 서술 방법은 좌우 뇌의 특징에 따른 차이 이외에 아무것도 아니다. 그런데 문제는, 지금 좌뇌가 문화의 모든 영역을 좌지우지하는 상황에서, 우뇌의 역사 기록 방법을 위서 운운해가며 적대시하고 배척한다는 데 있다. 이것이 한국 강단 사학자들의 큰 오류이다. 그들이 대학 강단을 휘어잡고 있는 기득권을 이용해 언론과 학계 등 전 영역에서 우뇌적 역사 기술 방법론을 매도하고 있는 것이 문제라는 것이다. 심지어는 《삼국유사》를 정사로 인정하지 않기도 한다. 이는 우리 역사의 빈곤을 초래할 뿐만 아니라, 우리의 팔다리를 스스로 끊는 것이나 진배없는 불행을 초래할 뿐이다. 양 뇌 이론으로 볼 때, 이들은 병든 뇌 구조를 지니고 있는 것이 분명하다. 이제 뇌 이론을 통해 자기 뇌의 건전성부터 먼저 진단받아야 할 것이다.

제8장 양 뇌 그리고 문명 사이의 싸움론과 씨름론

8.1 춘추전국시대 이후 한대(漢代)의 문제점

야스퍼스는 성(性)을 축의 중심 위치에 놓고 생각을 전개시키지는 못했지만, 차축시대가 왜 전세계에서 동질성을 보여주는지 그리고 합리적 자아가 왜 일제히 등장하는지와 관련해 기마민족이 중국·인도·서양에 동시에 나타난 기원전 3000년 무렵이라는 시기와 맞추어 설명했다. 아이슬러 역시 일련의 기마민족이 유럽 일대를 휩쓸어 신석기 모계사회를 파멸시켰다는 이론을 제기했다(Eisler, 1988, 43~58쪽).[1] 그에 따르면, 기원전 1200년 무렵에는 이란과 인도에까지 이 기마민족이 도달했으며, 중국에는 기원전 2000년 무렵에 이르렀다고 한다.[2] 야스퍼스는 기마민

---

1) 아이슬러의 이론을 중국 문명사에 적용한 책으로는 민 지아인(Min Jiayin)의 *The Chalice and The Blade in chinse Culture*(중국문명 전통 속의 찻잔문명과 칼날문명)(Beijing : China Social Sciences Publishing House, 1995) 참고.

2) 사세휘는 기마민족이 몽골계이며, 그들이 세계를 제패할 수 있었던 이유는 말안장과 말을 타고 발을 걸 수 있는 쇠붙이를 발명했기 때문이라고 했다(사세휘, 1986, 115쪽).

족 등장 이전의 문화를 모권적 문화로 인지했다(야스퍼스, 1986, 45쪽). 그러나 그는 문명사를 파악함에 차축시대의 결정적인 특징으로서 성의 차별을 보지는 못했다. 그의 관심사는 다만 차축시대가 그렇게 전세계적으로 동시성과 평행 성을 가지고 등장하는 이유를 밝히는 데 있었다. 차축시대가 모계사회를 후퇴시킨 시기라고는 보지 않았던 것이다. 존 캅 역시 차축시대의 동질성이 합리성에 있다고 보았으면서도, 그것이 남성 원리에 속한다고는 보지 않았다.

이러한 성에 따른 문명사의 평가를 제외한 채, 캅은 차축시대의 등장과 함께 합리성은 '개체적 자아(individual ego)'를 형성하는 데 공헌했다고 했다. 그리고 개체적 자아는 '자유(freedom)' 없이는 죽음을 달라는, 자유를 희구하는 자아로 자처한다고 했다. 원시적 존재 구조 속에서도 '자아'와 '자유'를 추구했던 것이 사실이다. 그러나 그러한 원시적 존재 구조가 추구한 자아와 차축시대의 그것과는 하늘과 땅만큼이나 큰 차이가 있다. 즉, 원시인들이 추구한 개체적 자아란 하나의 '우리'라는 큰 전체 속에 참여하는 의미에서 개체일 뿐이며, 개체 그 자체로서 '나'는 결코 아니다. 그러나 차축시대의 개체는 전체의 한 부분으로서 개체가 아니라, 개체는 그 자체로서 '궁극적'인 개체였다. 야스퍼스는 "그래서 나는 차축시대 인간의 등장은 개체로서 새로운 인간 이해의 나타남이라고 볼 뿐만 아니라, 새로운 개체성 자체의 나타남으로도 보려고 한다"(야스퍼스, 1986, 77쪽)고 말했다. 야스퍼스는 여기서도 이러한 개체성이 남성적이라는 점을 말하지 않았다.

신석기 모계사회에서는 사람들이 혈연과 지연으로 '공동체(Gemein-schaft)'를 형성하고 있었다. 할머니-어머니-딸로 연결되는 혈연과 지연의 고리는 그 어느 고리보다 견고했으며, 부계사회가 지속되고 있는 지금까지도 그 위력을 지니고 있다. 혈연과 지연은 모두 모계중심사회의 '우리' 공동체 의식에서 비롯한다. 그래서 농경 모계사회에서는 개체적 자아의식이 싹틀 수 없었다. 모계사회에서 남성은 소외될 수밖에 없었으며, 그들은 《구약성서》에 나오는 야곱처럼 방랑하면서 떠돌이 생활을 했다. 이런 대다수의 떠돌이 남성들은 개체적일 수밖에 없었으며, 이들이 모여 만든 것이 바로 '도시(polis)'이다. 그래서 아테네 같은 도시는 이런 떠돌이 생활을 하던 남성들의 집결 장소가 된다. 이들 떠돌이들은 방랑하는 동안 자신의 내면 속에 축적된 개체적 자아의식을 한껏 발휘해 철학과 종교를 창조해냈다. 소크라테스·플라톤·아리스토텔레스 같은 인물들이 바로 이들 아테네의 남성 도시인들이었다. 하비 콕스 역시 《세속도시(*The Secular City*)》에서 도시의 등장을 '세속화'의 시작으로 보았다. 그러나 그 역시 도시의 등장을 남성적 자아의 등장과 연관시키지는 못했다(콕스, 1969 참고).

칸이 차축시대에 개체적 자아의 등장을 남녀 성에 모두 적용시켜 말한 것은 잘못이다. 개체적 자아의 자유란 모계 혈연공동체에서 일탈한 남성 방랑자들의 전유물이었으며, 합리성-개체성-자아-자유는 모두, 융의 표현을 빌려 말하면, 결국 '남성 원리(male principle)'에 속하는 것들이었다. 그 반대인 여성 원리가 철저하게 배척된 형태로 나타난 것이 칸이 말하는 차축시대 제2기의 특징이다. 그러나 한편 칸은 차축시대에 대해 존재 구조의 다양성을 말했다. 그 다양성을 지적하는 데서도 칸은 한계를 보였다. 그 다양성이란, 인도-유럽이 아닌 동양 쪽의 차축시대로 눈을 돌려볼 때 그 양상이 서양의 그것과 같은가라는 물음에서 생긴 다양성이다. 이 점을 지적하는 것은 매우 중요하다. 일단 신화로 다시 눈을 돌려야 그 다양성을 충분히 설명할 수 있을 것 같다.

이 점과 관련해 중국의 양적은 서양과 중국 그리고 각 지역에서 차축시대로 진입하는 양상이 서로 다르다고 지적했다. 그는 '역사 이전'에서 문명으로 진입하는 양상과 상황에 인류학자들이 주목하는 것은 매우 중요하다고 했다.

왜냐하면 그것이 이후 각 민족의 문명사에 끼친 심각한 영향이 오늘날까지도 계속되고 있기 때문이다. 매우 복잡하고 오묘한 수많은 문화 현상의 비밀이 모두 여기에서 근원하고, 우리가 동서 문화를 대비하는 가운데서 이 의혹을 명확하게 밝혀야 하므로 여기에서부터 시작해야 한다(양적, 1997, 235쪽).

문명의 문지방을 넘는 과정을 가장 정직하게 그려놓은 것이 바로 신화이다. 이집트에서는 남신과 여신의 갈등이 그리스만큼 심각하지 않았다. 그래서 양적도 지적했듯이 변동이 거의 없었다. 그러나 그리스의 경우 제우스가 오지창으로 땅의 타이폰(Typhon)을 무참하게 살해하는 만큼이나 "희랍에서는 씨족 귀족제도 및 그 기초였던 씨족제도가 철저하게 전복되어 도시민주제도의 국가와 사회가 건국되었다"(양적, 1997, 237).

사정은 중국도 마찬가지이다. 반고가 도끼로 어둠을 깨부수고 우주를 창조하듯이, 중국의 춘추전국시대는 전통적인 가치가 와해되고 남성 지배적 가치가 확립되던 시기이다. 그러나 그리스와 중국의 경우 그 양상이 같기도 하나 다른 점도 있다. 그러한 차이가 바로 신화에 정확하게 묘사되어 있다. 신화는 섬세한 변화의 정도마저 정확하게 그려낸다. 그리스의 경우는 개인의 자아의식과 자유정신이 이때 등장하지만, 중국에서는 등장하지 않는다. 중국에서는 '가(家)'의 가치가 더 중요했으며, 개인의 자유보다는 인륜을 더 중요하게 여겼던 것이다.

양적의 차축시대 진단에서 묵과할 수 없는 사실은, 중국에서 차축시대가 등장한다는 것을 맹목적으로 찬양한다는 점이다. 즉, 씨족 모계사회가 춘추전국시대에 이르러 와해되면서 중국에 거대한 각성이 일고, 각종 문화적 창조와 번영이 꽃피었으며, 드디어 천하가 동일한 궤도에 진입하게 된데다가, 드디어 '한민족(漢民族)'이 탄생했다는 것이다. 그는 "따라서 중국 문명이 그 밖의 수많은 고대민족의 문명을 뛰어넘을 수 있었던 것은 차축시대를 갖춘 세계 삼대 문명이 있었기 때문이라고 말할 수 있다. 그러나 그것의 상황과 결과는 희랍과 얼마나 다른가!"(양적, 1997, 251쪽)라며 감탄하고 있다. 양적은 야스퍼스의 말에 감동받았다. 야스퍼스가 차축시대는 오직 그리스·인도·중국의 세 곳에서만 일어났다고 말한 사실에 감사했던 것이다. 그러나 중국의 문명 발상 시기와 지역이 흔들리고 있는 마당에 이러한 감탄과 감사가 유지되기는 힘들 것이다. 앞으로 홍산 문화와 대문구문명(大汶口文明)의 발굴을 통해 과거 '중국'의 차축시대 개념이란 무엇인지 다시 규명될 것이다. 그런데 더욱 근본적인 문제는 그리스와 중국의 차이가 아니라 '한민족(漢民族)'과 '한민족(韓民族)'의 차이이다. 왜냐하면 이원론적 '균열'이라는 관점에서 볼 때 그리스와 중국은 결국 정도의 차이는 있지만 균열 양상이 같기 때문이다. 신화에서는 두 한민족 사이에 이미 두드러진 차이가 드러났다. 이러한 차이가 곧 문명의 차이를 말해준다. 인도-유럽과 중국의 신화에서는 남성 원리인 하늘-남성신이 여성 원리인 땅-여성신을 무참히 살해하고 박해했는데, 과연 우리나라는 어땠을까?[3] 전자가 좌뇌와 연결 고리를 갖는다면 후자는 우뇌와 연결 고리를 갖는다. 황하강 문명이 남성-가부장적이라면, 홍산 문명은 여성-모계적이다. 이제 동북아시아의 문명 충돌은 뇌의 충돌 그 자체이다.

---

3) 한나라 때 만들어졌다는 무씨사당 화상석은 단군 신화와 거의 일치하는 내용을 담고 있다. 그러나 단군 신화에는 없는 투쟁의 장면, 즉 망치를 든 존재가 다른 한 존재를 살해하려는 장면이 등장한다. 벽화에는 계급·종족·성 사이의 갈등 등이 적나라하게 묘사되어 있다. 나는 이 장면을 중국적 균열 양상으로 보며, 그리스 신화에서 제우스가 타이폰을 살해하는 것과 같은 성의 충돌이라고 생각한다.

8.2 무씨사당의 화상석에 나타난 문명 사이의 충돌

인류 문명의 발달 과정에서 청동기시대는 기원전 2000년을 전후해 시작된다. 이는 세계적으로 공통된 현상이다. 인간이 청동기시대로 들어오기 전까지는 수백만 년 동안 돌을 도구로 사용해왔던 것이다. 인류학자들은, 그렇게 석기시대를 지나 드디어 구리라는 금속으로 연장을 만들어 사용하게 된 것을 가리켜, 현대로 치자면 그야말로 우라늄을 발견한 것에 해당한다며 감탄하고 있다.

청동기시대의 등장과 함께 사회제도에서 일어난 가장 큰 변화는 모계사회에서 부계사회로 바뀐 것이라고 할 수 있다. 부계사회의 등장과 함께 청동기시대가 시작되는 것도 세계적으로 공통된 현상이라고 할 수 있다. 구리를 쓰던 시대에 이어 철기시대가 나타나기는 했지만, 구리는 아직도 인류에게 귀중한 금속이다. 청동기시대와 함께 등장한 가부장제도는 지금까지 계속되고 있어서, 기원전 2000년은 인류가 지구에 등장한 이래로 가장 괄목할 만한 시기라고 할 수 있다. 이 시기는 바로 의식구조에 양 뇌의 균열이 생긴 때이다.

생산양식이 바뀌면 의식구조도 바뀐다. 돌을 가지고 생산할 때와 구리 같은 금속으로 농기구를 만들어 생산할 때, 그 생산양식에서 엄청난 변화가 일어날 것임은 상식으로도 알 수 있다. 이로 말미암아 인간의 의식구조 역시 바뀌게 된 것이다. 그 가운데 가장 큰 변화는 종교관의 변화, 특히 신관(神觀)의 변화라고 할 수 있다. 신석기 모계중심사회에서 가장 중요한 관심사는 다산(多産, Fertility)이었다. 수렵과 사냥을 하며 떠돌던 오랜 유랑생활을 끝내고 일정한 장소에 정착해 살게 된 인간들은 자기들이 정착한 땅을 일구었다. 그런데 한 해 동안 먹을 만큼의 양을 생산해내지 못하면 종족이 멸망해버리기 때문에, 생산은 그들의 생존을 좌우하는 가장 중요한 것이었다. 요즘처럼 한 나라의 농사가 흉년이더라도 외국에서 수입해 부족한 양곡을 채우는 일은 상상할 수도 없었다.

원시인들은 암컷이 생산을 좌우한다고 믿었다. 난교는 물론, 성숙하기 전에도 성관계를 자유스럽게 가졌기 때문에, 남성이 생명 탄생의 필연적 요소라는 것을 알 수 없었다. 농경 민족들은 거의 예외 없이 자신들의 신이 여자라고 보았다. 즉, 그들의 생존에 필요한 것은 남성적인 힘이 아니라 여성적인 힘이라고 믿었던 것이다. 그래서 그들에게 신은 절대 남자일 수 없었던 것이다. 농경 모계사회의 이러한 여신을 일컬어 태모 (太母, The Great Mother)라고 한다. 그리스의 가이아(Gaia), 인도의 브리트라(Vritra), 바빌론의 티아마트(Tiamat) 등 전세계에 널리 퍼져 있는 수많은 여신상들은 모두 모계사회가 인류사에 뚜렷했음을 입증하는 것이라고 할 수 있다. 그러나 이러한 태모들은 기원전 2000년을 전후해 전세계적으로 대수난을 당한다. 농경사회에서 태모 숭배는 살벌했다. 그들은 태모에게 바치는 희생양으로서 인간을 선택했다. 선택된 인간은 살해되고 그 피는 땅에 뿌려졌다. 살은 다른 인간들이 나누어 먹었다. 모두 태모에게 절대적인 충성을 보이고 다산을 기원하기 위한 행위였다.

이런 태모들이 청동기시대의 등장과 함께 모두 소멸당한다. 가령, 그리스 신화에서 땅의 어머니 신인 '가이아'는 하늘에서 내려온 '제우스 (Zeus)'에게 살해당한다. 제우스는 하늘에서 우뢰를 관장하는 신인 우라노스(Uranos)의 아들이다. 이보다 더 큰 규모의 살해 사건은 바빌론에서 벌어졌다. 태모 '티아마트'가 '마르두크(Marduk)'라는 남신에게 살해당한 것이다. 티아마트는 수만 년에 걸쳐 우주를 지배해온 여신이다. 어느 신도 그녀를 당할 수 없었다. 그런데 마르두크라는 남신이 여러 신에게 티아마트를 죽이면 모든 주도권을 거머쥐도록 해준다는 약속을 받고 드디어 그녀를 살해한다. 그리고 그녀의 몸을 나누어 하늘과 땅을 창조한다. 그녀의 두 눈은 해와 달이 되고, 피는 하수와 바다가 된다. 이는 곧 여신의 대패 장면이자 우뇌의 파멸 장면이다. 이로써 드디어 남신인 마르두크가 전면에 등장한다. 《구약성서》를 연구하는 학자들은 남신 마르두크가 등장하게 되는 이와 같은 일을 일컬어 '에누마 엘리시(Enuma Ellish)'라고 한다.

바빌론의 창조 신화는 《구약성서》의 〈창세기〉에 나오는 창조 설화에 직접적인 영향을 미친다. 〈창세기〉 제1장 2절에서 볼 수 있는 '흑암'이라는 말은 원래 'Tehom'인데, 이는 'Tiamat'에서 유래한 것이다. 남신 엘로힘(Elohim)이 흑암을 갈라 천지를 창조했다는 내용과 관련해, 구약을 연구하는 학자들은 공통적으로 그 원형이 바로 바빌론 신화라고 보고 있다. 남신이 여신을 살해함으로써 우주가 창조된다는, 바빌론 신화에 나타나는 그러한 상징성은 《구약성서》에서도 마찬가지로 보인다. 인도에는 하늘의 남신 인드라(Indra)가 땅의 여신 프리티아를 살해한다. 인도-유럽 언어권에 속하는 지중해 연안의 창조 설화나 신화에서는 거의 예외없이 남신이 여신을 살해함으로써 천지가 창조된다고 한다. 우리 동양인으로서는 좀체로 이해하기 어려운 이야기들이다. 왜냐하면 여성과 남성을 대칭적으로 상징하는 음·양은 서로 조화하는 것이지, 대립하는 것은 아니기 때문이다. 그런데 서양 신화 속에서는 그렇게 잘 조화되어야할 남성과 여성이 살벌하게 서로 죽이고 살해한다. 이는 좌우 뇌의 충돌 그 이상도 이하도 아니다.

기원전 2000년이 되면 하늘이 환하게 밝아지면서 남성신들이 쏟아져 내려온다. 이러한 내용은 전세계적으로 볼 수 있다. 윌버(Ken Wilber)는 이와 같이 하늘이 밝아지는 기원전 2000년을 두고 '태양화시기(The Solar Age)' 또는 '태양화(Solarization)'라고 했다(Wilber, 1981, 179쪽). 문명의 발전 단계를 제대로 밟아온 문명권 속에서는 태양화 현상이 거의 예외 없이 나타난다는 것이다. 종교적으로는 여신이 남신으로 바뀌는 것이지만, 문화인류학적으로 볼 때는 단순히 신관의 변화로 끝나는 것이 아니라 상징 체계가 바뀌는 것이다. '어둠'이 '밝음'으로, '땅'이 '하늘'로, '달'이

〈그림 1〉 타이폰

짐승의 몸을 하고 있는 타이폰은 제우스에게 살해당한다.

'해'로 바뀌는 등, 그 상징 체계에 엄청난 변화가 일어난다는 것이다. 《주역》은 음(陰)과 양(陽)이라고 일컫는 상징 체계를 모든 영역에 응용하고 있다. 여기서는 어둠-땅-달-여신-음-우뇌를 하나의 연관된 체계로 보아 '여성 원리(Female Principle)'라고 하고, 밝음-하늘-해-남신-양-좌뇌를 '남성 원리(Male Principle)'라고 부르기로 한다. 카를 융은 우리의 집단 무의식 속에서 두 상징 체계를 분석해, 남성 원리를 '아니무스(Animus)'라고 했고 여성 원리를 '아니마(Anima)'라고 했다. 내가 여기서 언급하고자 하는 것은 남신과 여신이 아니라, 바로 이 남성 원리와 여성 원리이다.

남신이 기원전 2000년 무렵에 여신 태모를 살해한다는 것은 곧 남성 원리가 여성 원리를 살해한다는 말과 같다. 빛이 어둠을 제거하고, 하늘이 땅을 정복하고, 해의 신이 달의 신을 거부하는 것 등이 모두 그렇다. 기원전 800~200년 무렵, 즉 차축시대(Axial Age)에 이르러서는 이성과 합리성이 남성 원리와, 감정과 비합리성이 여성 원리와 관계되고, 기원

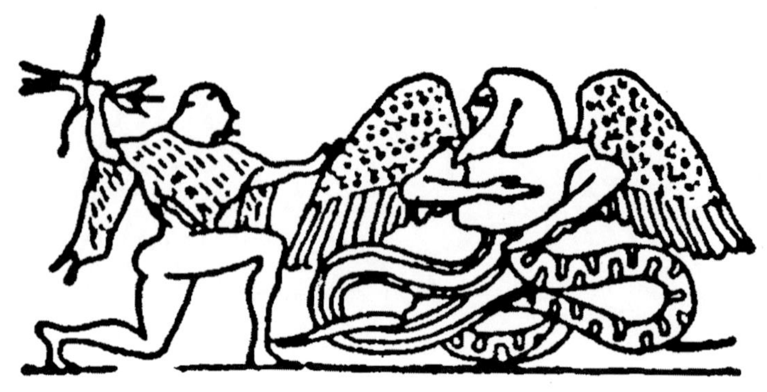

〈그림 2〉 타이폰을 죽이는 제우스

후 16세기 무렵에 이르러서는 남성 원리가 정신을, 여성 원리가 물질을 대표한다. 이렇게 해서 서양 문명사에 이성이 감정을, 정신이 물질을 억압하고 살해하는 역사가 나타난다. 21세기를 맞이한 지금, 서양 문명에서는 드디어 남성 원리와 여성 원리 사이에 큰 균열이 생기기 시작했다. 땅의 어머니를 정복하고 파괴함으로써 나타난 자연 파괴 현상은 생태학적 위기를 초래했고, 남성과 여성이 조화를 이루지 못해 같은 성끼리 접촉하는 변태적 관계에서 에이즈(AIDS)라는 인류 멸망의 병적 현상이 나타났다. 이러한 두 원리의 균열을 일컬어 화이트(Lyun White) 같은 학자는 '유럽적 균열(European Dissociation)'이라고 했다. 유럽적 균열 속에서 여성 원리는 모두 악마화(Demonization)한다. 서양에 마녀(魔女)는 있어도 마남(魔男)은 없다. 우리가 흔히 생각하는 것과는 달리 서양에서 천사는 모두 남자이다. 가령, 미카엘(Michael)과 라파엘(Rafael)은 모두 남자이지, 여자가 아니다. 에덴 동산에서 선악과를 따먹는 장본인 역시 여자로, 서양 역사 속에서 여자는 철저하게 악마화한다. 중세기(14~17세기) 동안 마녀사냥으로 죽은 여성은 무려 600만 명에 이른다.

기원전 2000년 이후 지금까지 약 4000년 동안 여성 원리는 철저하게 배제되고 탄압받아왔다. 신화는 옛날이야기로 그치지 않고 지금까지 계속되고 있다. 아니마와 아니무스의 부조화로 말미암아 서양의 자아는 모두 파괴되고 말았다. 서양에서는 밤마다 마약을 먹지 않으면 잠을 잘 수 없는 인구가 무려 전체의 70퍼센트를 넘는다. 이는 세기적 위기이자 인류의 멸망에 대한 경고이다. 유럽적 균열의 결과는 이렇게 심각한 것이다. 균열의 치료는 새로운 뇌의 출현으로만 가능하다. 그 밖의 다른 방법을 우리는 모른다.

8.3 무씨사당의 화상석에 나타난 한국적 화합과 중국적 균열

인도-유럽 지역에 퍼져 있는 신화에서는 공통적으로 하늘에서 내려온 남신이 땅의 여신을 살해하는 것이 특징이라고 했다. 그런데 기원전 2000년을 배경으로 한 한국의 단군 신화는 매우 다른 현상을 보여주고 있다. 단군 신화에서도 남성신인 환웅이 하늘에서 내려온다. 이는 마치 제우스나 인드라가 하강하는 장면과 비슷하다고 할 수 있다. 땅의 태모는 웅녀이다. 그러나 유럽의 경우와는 달리 여기서는 남신의 여신 살해 현상이 생기지 않는다. 《삼국유사》를 보면, 환웅은 아버지에게 세상에 내려가게 해달라고 간청하며 스스로 세상을 탐했다〔貪求人世〕고 한다. 또한 여러 차례〔數意〕 그러했다고 한다. 한국의 남성신은 땅을 미워한 것이 아니라 사랑했다. 그래서 하늘 위에 머물기보다는 땅을 더 갈구해 내려가려고 한다. 그는 땅의 여신인 태모를 살해하지 않고 오히려 그녀와 결혼한다. 제우스가 가이아와 가이아의 아들 타이폰을 살해하는 장면과는 너무나도 판이하다. 물론 태모 웅녀를 굴속에 넣어 마늘과 쑥만 먹고 100일을 견디게 하는 고통의 과정이 있지만, 둘은 인간으로 변형(transform)되어 결합한다. 한국 문화에서 이러한 단군 신화의 상징은 남성 원리와 여성 원리 사이에 균열이 아닌 화합을 가져오는 구실을 한다. 나는 이 책의 제6장에서 이것을 유럽적 균열에 대해 '한국적 화합(Korean Association)'이라고 일컬었다.

균열이 아닌 화합이 있는 문명권에서는 자연 파괴나 성 차별 그리고 몸과 마음의 균열 같은 현상이 일어나지 않는다. 그래서 단군 신화는 옛이야기가 아니고 현재 오늘의 이야기이다. 한국에도 태양 시기 흑은 태양화 현상이 뚜렷이 존재했음이 분명하다. 최남선은 우리나라 산의 이름이 유달리 백두산(白頭山)·장백산(長白山)·소백산(小白山)·태백산(太白山) 등과 같이 '백(白)' 자가 많이 들어가는 점에 착안해 '불함문화론(不咸文化論)'을 주장한 바 있다. '불함'이라는 말은 순수한 우리말인 '밝'이 한자로 전음된 것이다. 이는 〈산해경(山海經)〉에 나오는 말로, 동쪽의 산이 모두 '밝'은 데서 '불함'이라는 한자 전음이 나왔다고 한다. '밝'은 광명을 뜻하는 것으로, '검'에 대칭되는 말이다. '환웅'이라고 할 때 이 말 속에는 '하늘〔天〕'·'밝음〔光明〕'과 '남성(男性)'의 뜻이 담겨 있다. 좌뇌적인 남성 원리의 주요 개념이 하나의 말 속에 한꺼번에 나타나 있는 것이다. 곰(또는 웅녀)은 '감(또는 검)'으로, '검음〔黑〕'과 '신성'하다는 뜻까지 포함하고 있다. '임검'이나 '영검' 등은 모두 '곰'에서 파생된 우뇌적 언어이다. 일본에서 신의 이름은 '가미(かみ)'인데, 이 말은 한국말 '곰'에서 비롯한 것이다. '밝'과 '곰'(감)이 이렇게 뚜렷하게 남성 원리와 여성 원리로서 존재한다는 것은 두 원리가 상생(相生)하면서 우리 문화를 형성해왔음을 보여준다.

육당 최남선은 불함문화를 세계에서 가장 넓은 지역에 퍼져 있는 문화라고 했다. 그는 '밝'의 어원을 중동아시아, 남북미 대륙, 동남아시아 일대 등 전세계에서 찾았다. 그리고 일토일민(一土一民) 속에 '밝'의 순수한 모습을 그대로 간직하고 있는 곳은 한국뿐이라고 하면서, 세계에서 가장 오래된 문명은 바로 한국에서 시작되었다고 했다. 육당이 여기서

'밝'이나 '곰' 같은 언어에 착안한 점은 높이 평가할 수 있을 것이다. 지금의 관점에서 볼 때 그가 지나친 점 하나는, '밝' 문명이 인류의 가장 오래된 문명이 아니라, 기원전 2000년을 전후한 '가장 중요한 시기' 또는 '태양 시기'에 나타난 문명이라는 사실이다. 그리고 '밝' 문명이 '곰' 문명과 대칭된다는 점도 놓치고 있다. 두 문명은 잇달아 일어났다. 음·양의 대칭이 중국에서 시작되었다고 하지만, 그 시원은 역시 단군 신화에서 찾아야 할 것이다. '밝'과 '곰'이 곧 음·양 대칭의 시작인 것이다. '밝'은 남성 원리를, '곰'은 여성 원리를 대표하는 말이다. 이 두 원리가 한국에서는 화합을 이루고 있다. 뇌의 양원성이 그대로 살아 있는 것이 한국 문화의 원형이다.

그러면 한국 문화사 속에는 양 원리의 균열이 과연 없었다는 말인가? 남녀의 차별이나 신분의 차별 같은 균열이 과연 생기지 않았다는 말인가? 지금부터 이 점에 관해 생각해보기로 하자.

무씨사석실(武氏祠石室)은 중국 산동성 가상현(嘉祥縣)에서 남쪽으로 28리 떨어진 자운산(紫雲山) 아래에 있다. 빙하의 범람으로 흙이 쌓여 흙 가운데 묻혀 있던 것을 건륭 51년에 황역(黃易)이라는 사람이 발굴해 지금과 같은 무씨사석실을 만들 수 있게 되었다. 만들어진 연대는 춘추전국시대 이후인 기원후 147년이다. 김재원은 〈단군신화(檀君神話)의 신연구(新研究)〉(1947)라는 글에서 무씨사석실에 나타난 벽화는 그 내용으로 볼 때 단군 신화의 내용과 8~9할이나 복합된다고 했다. 벽화의 방은 앞뒤로 나뉘어 있는데, 여기서 문제가 되는 것은 후석실 제3석 제2층이다. 각 석실의 화상석은 대개 4층으로 나뉘어 있는데, 제2석은 위에서 두번째 층의 아래가 나뉘지 않고 한 층으로 되어 있다.

이제 제1석(후석실 제2석 제2층)부터 보기로 하자(〈그림 3〉). 먼저 구름 위에 떠 있는 인물과 마차가 보인다. 구름은 지상이 아닌 하늘을 상징한다. 우선 화면을 두 개의 군(群)으로 나눌 수 있다. 즉, 날개를 지닌 구름

〈그림 3〉 무씨사당의 후석실 제2석 제2층

윗줄에는 환웅이 환인과 상의하는 장면이 보이고, 아랫줄에는 땅에 도달한 모습이 보인다.

위의 인물과 마차군 그리고 날개가 없는 지상의 인물과 마차군이 그것이다. 오른쪽 위에 있는 두 인물 가운데 왼쪽에 있는 인물은 수염이 있고 오른쪽에 있는 인물은 수염이 없다. 이는 남자와 여자로 성별을 나눌 수 있음을 의미한다. 왼쪽 위와 오른쪽 가운데에 있는, 날개 달린 말이 끄는 마차는 지금 이동 중임을 보여준다. 즉, 누군가가 하늘 위에서 지상으로 내려오고 있는 것이다. 구름 위에는 날개 달린 인물들이 많이 보이는데, 구름은 새 모양으로 표현되어 있다. 김재원은 두 주인공과 관련해 남자는 동왕공(東王公)이고 여자는 서왕모(西王母)라고 파악한다(김재원, 1982, 67쪽). 서왕모의 왼쪽에 있는 인물은 세 개의 구슬을 쥐고 있다. 이는 단군 신화에 나오는 세 개의 천부인과 비교할 수 있다.

이제 그림의 아랫부분으로 눈을 돌려보자. 아래 왼쪽에는 한 귀인과 두 무사가 있고, 그들이 타고 온 마차와 말 두 필도 보인다. 오른쪽에는 건물이 있는데, 건물 안에서 두 사람이 나오고 있다. 이는 하늘에서 내려와 지상에 당도한 어떤 인물을 영접하는 장면이다. 무사들을 거느리고 온 귀인 사이에 세 개의 원형 산봉우리가 있다. 이 가운데 오른쪽 아래의 산에는 날개 없는 사람이 있으나, 높은 봉우리에는 날개 달린 천사가 무기를 들고 방어하고 있다. 또 한 천사는 그 산 안에 있고 제3의 천사는 그 봉우리에서 내려오고 있다.

이들 내용은 단군 신화와 매우 흡사한 점을 보여주고 있다. 서왕모라고 하는 여인을 환인(桓因)이라고 본다면, 그 왼쪽의 수염 달린 남자는 곧 환웅이다. 《삼국유사》에서는 환인이 남자이지만, 김정학 같은 학자는 여자로 본다. 수메르 신화의 이난나(Inanna) 같은 인물일 것이다.[4] 이는 아들 환웅이 환인과 상의하는 장면, 즉 땅 밑으로 내려가고 싶다는 의사를 표현하는 장면이다. 세 개의 천부인은 이 그림에서 세 개의 구슬 같은 것이다. 단군 신화에서는 환웅이 내려온 곳을 삼위태백(三危太伯)이라고 했는데, 밑에 있는 세 개의 봉우리가 바로 삼위태백일 것이다. 그 밖의 인물들은 모두 환웅이 데리고 내려온 무리들이다. 《삼국유사》에 따르면, 환웅이 무리를 끌고 지상으로 내려올 때 앞에서 세 용이 끌고 네 사람이 용을 타고 있었다고 한다. 이렇게 보면, 이 그림의 내용이 단군 신화의 내용과 거의 80~90퍼센트 가까이 일치함을 알 수 있다.

내가 여기서 문제시하는 부분은 후석실 제3석 제2층이다. 다음 〈그림 4〉에서 보는 것처럼, 제3석 제2층의 그림 왼쪽에는 나팔 같은 것으로 바람을 일으키는 풍백(風伯)이 나타난다. 그 다음에는 우뢰사자인 뇌사(雷師)가 차에 앉아 있고 여섯 동자가 마차를 끌고 있다. 뇌사는 두 손에 각각 망치를 쥐고 양쪽에 있는 두 개의 북을 치고 있다. 여섯 동자 앞에 있는 크고 작은 두 인물은 각자 한 개의 병을 쥐고 있는데, 하나는 달려가고 있고 다른 하나는 그 병의 물을 쏟으려고 한다. 이는 틀림없이 우사(雨

---

4) 수메르어로 'AN'은 최고 하늘신에, 'EN'은 여신에 해당한다.

<그림 4>　무씨사당의 후석실 제3석 제2층

위로부터 순서대로, 환웅이 땅에 도착하는 모습, 땅에서 벌어지는 살해 광경, 호랑이와 곰이 등장하는 장면, 단군이 농사짓는 법을 가르치는 모습이다.

師)이다. 쌍수룡(雙首龍) 한 마리가 등을 구부리고 있는 장면에서는, 병과 채찍을 두 손에 나누어 쥔 한 인물이 용의 등 위에 타고 있으며, 그 밑에서는 망치와 끌을 가지고 누군가의 목을 따려고 하는 사람이 보인다. 같은 무기를 쥔 사람이 밖에도 하나 있다. 이상은 벽화에 대한 김재원의 설명이다(김재원, 1982, 71쪽).

그런데 이러한 장면은 단군 신화에서는 찾을 수 없다. 윗부분은 거의 단군 신화의 내용과 일치하지만, 한 사람이 다른 사람을 죽이려고 하는 쌍수룡 밑의 장면을 단군 신화에서는 찾을 수 없는 것이다. 이에 대해 김재원은 다음과 같이 설명한다. 용의 배 위에 있는 여자는 번개를 치게 하는 신이다. 쥐고 있는 채찍의 지그재그 모양은 번개를 의미한다. 병은 번개비를 내리게 하는 물병이다. 쌍수룡 안팎의 무기를 쥔 두 인간은 뇌사가 거느리는 여러 신이다. 목을 따는 것은 벼락을 맞는 장면이다. 그 다음 오른쪽 구름 위의 인물은 왼손에 무언가를 쥐고 지금까지 본 그림과는 달리 왼쪽을 향해 가는데, 손에 쥐고 있는 것은 무기로 보아야 할 것이다. 왼쪽 지상에 날개도 없이 머리를 풀어헤치고 있는 두 인물은 구름과 아무 관계도 없는 지상의 인간인데, 놀라서 목이 떨어지는 사람에게 가고 있다.

이들 장면은 《삼국유사》의 기록으로는 도무지 이해할 수 없다. 여기서는 후석실 제3석의 3층과 4층에 대한 부분은 생략하고, 2층의 내용에 대해서만 집중적으로 다루도록 하겠다. 1942년에 중국인 유명서는 〈식양사후석실소견황제치우전도고(式梁祠後石室所見皇帝蚩尤戰圖考)〉라는 글에서 후석실 2층의 내용을 다음과 같이 풀이하고 있다. 즉, 쌍수룡 안의 살인 장면은 중국의 황제(皇帝)가 치우(蚩尤)를 살해하는 장면이라는 것이다. 전설에 따르면, 황제는 서방의 한족(漢族)을 대표하는 인물이고 치우는 동이족을 대표하는 인물이다. 이 둘은 치열한 싸움을 벌인 역사가 있다. 우선 유명서는 제1층에 대해 다음과 같이 풀이한다. 즉, 황제는 천신에게 기도를 드리고 그 결과로 하늘에서 보낸 원병을 맞았는데, 이 그림에 그러한 모습이 나타나 있다는 것이다. 유명서는 오른쪽의 세 인물에서 가운데 서 있는 것이 황제라고 주장한다. 내용이 이렇게 이어지면서 제2층의 장면은 둘로 나뉘어 풀이된다.

유명서에 따르면, 오른쪽 쌍수룡은 황제의 부하 응룡(應龍)이며, 그 밑에서 망치와 끌을 들고 엎드린 인물의 목을 치는 장면은 황제가 치우를 공격하는 장면이라고 한다. 쌍수룡도 응룡이고 피격당하는 자도 응룡이라고 해석하는 것은 아무래도 무리가 있다. 쌍수룡의 등에 있는 인물은 응룡의 보조자로, 응룡에게 물을 공급해주고 있다고 한다. 쌍수룡 왼쪽에 있는 사람들도 모두 응룡이 부리는 자들이다. 유명서는 우사·뇌공·풍백까지도 모두 황제의 휘하에 있는 부하들이라고 보고 있다. 그러나 그의 이러한 주장에는 커다란 약점이 있다. 만약 2층을 황제와 치우의 각축전으로 본다면, 이와 연결해 3·4층을 설명할 수 없다는 점이다. 유명서는 제3석의 태반이 공백으로 남을 것을 우려한 화공이 3·4층을 여분으로 아무 의미 없이 만들었다고 주장한다. 그러나 공간의 처리 방법이나 그림의 내용으로 볼 때, 화공이 심심풀이로 3·4층을 만들었다고 하는 말은 설득력을 얻기 힘들 듯하다.

정덕곤(鄭德坤)은 황제와 치우의 싸움이라는 해석을 대체로 받아들였지만, 2층의 해석에서는 유명서와 의견을 달리한다. 즉, 풍백·우사·뇌공은 황제의 군사가 아니라 거꾸로 치우의 군사라는 것이다. 그리고 쌍수룡 밑에서 벌어지고 있는 살육 장면은 다만 치우의 잔인한 모습을 고발하려는 것에 지나지 않는다고 보고 있다. 그는 살해하는 자가 누구인지, 살해당하는 자가 누구인지, 그리고 왜 살해하는지에 대해 아무런 언급을 하지 않고 있다.

한편으로, 미즈노(水野淸一)는 이 화상석이 한갓 놀이 모습을, 즉 치우기(蚩尤伎)라는 놀이 장면을 그린 것이라고 본다. 그런데 그 놀이의 유래는 역시 황제와 치우의 싸움에 있는 것이다.

이상 세 외국인 학자들의 견해에 대해 김재원은 "그 어느 분도 이 화상석 전체를 한 설화로 간파한 사람이 없고, 그 가운데 한 부분만을 떼어서 중국에 전래하는 치우설화에 배정했다. 그러나 어느 치우에 관한 고사료도, 《삼국유사》에 실려 있는 단군설화같이 80~90퍼센트까지 이 화상석 전체를 설명하는 것은 없다"고 비판했다(김재원, 1982, 129쪽). 김재원은 치우 설화가 단군 설화의 일부분은 될 수 있어도, 치우가 이 화상석의 주인공이 될 수는 없다고 보았다. 풍백·뇌사·우사 같은 것은 이미 여러 설화 속에서 등장하기 때문에, 오직 그 한 요소를 가지고 이 화상석의 내용이 치우 설화를 다룬 것이라고는 할 수 없다는 것이다. 유명서와 정덕곤의 주장이 그 타당성을 잃는 까닭은 역시 제2층에서 벌어지고 있는 장면 때문이라고 할 수 있다. 김재원은 《삼국유사》에 나오는, '풍백·우사·운사'를 거느리고 '농사·인명·병·형·선악' 같은 인간의 360여 가지 일을 다스린다는 내용이 이들 그림과 빈틈없이 부합한다고 본다(김재원, 1982, 131쪽).

8.4 뇌 이론으로 본 한국 신화와 유럽 신화의 비교

앞에서 본 세 외국인 학자들의 견해와 국내 김재원의 견해와 관련해 나의 생각을 한번 정리해보겠다. 나는 우선 화상석의 내용을 치우 설화에 맞추어 주인공을 치우로 상정한 채 황제와 치우 사이의 싸움으로 보아서는 안 된다는 김재원의 견해가 옳다고 본다. 왜냐하면 2층을 치우와 황제 사이의 각축전으로 보면, 이와 연관시켜 3·4층을 일관되게 설명할 수 없기 때문이다. 이 화상석의 내용은 역시 단군 신화와 연관시켜야 무리가 없어 보인다. 그런데 단군 신화와는 다른 또는 단군 신화에는 없는, 쌍수룡 밑의 살육 장면을 어떻게 설명할 것인가 하는 문제가 있다. 이와 관련해서는 앞에서 지적한 남성 원리와 여성 원리의 균열 및 화합 차원에서 그림을 살펴보고 유럽의 여러 신화들과 비교해보는 것으로 그 해결의 큰 실마리를 잡을 수 있을 것 같다.

1층은 하늘에서 내려오는 장면과 날개 없는 지상족이 상견하는 장면으로 이루어져 있다. 이는 곧 하늘과 땅의 만남이다. 이어지는 2층에서는 풍백·우사·뇌공이 등장하면서 나팔·망치·끌·물병이 등장한다. 모두 풍백·뇌공·우사가 사용하는 도구나 무기이다. 이들은 모두 하늘족의 무리들이고, 하늘과 같은 편이라고 할 수 있다. 쌍수룡의 배 위에 있는 것은 우사이고 그 안에 있는 것은 뇌공의 부하들이다. 그러나 모두 천상족이라는 점에서 같은 무리들이라고 할 수 있겠다. 반면, 어수선한 머리를 하고 엎드린 자세로 있는 2층 오른쪽의 인간들은 쌍수룡 안에 있는 인간과 같은 지상족들이다. 지상족이 천상족에게 살육당하는 장면이 쌍수룡 안에서 벌어지고 있는 것이다. 쌍수룡을 좌우로 하여 하늘과 땅의 인간이 나뉘어 있다. 하늘의 인간들은 구름 위에 떠 있기도 하고, 땅에 내려와 무기를 들고 한차례 싸울 준비를 하고 있기도 하다. 땅의 인간들은 몸의 자세가 몹시 불안정하고 머리가 흩어져 있다. 한마디로, 이들 도상은 뇌량을 중심으로 좌우 뇌가 충돌하는 장면을 보여주고 있다.

이 장면을 우라노스의 아들 제우스가 땅의 여신 가이아의 아들 타이폰을 살해하는 장면과 한번 비교해보자. 우라노스는 하늘에서 우뢰를 좌우하는 우뢰의 신이다. 망치와 끌을 들고 있는 자는 틀림없는 뇌공인데, 그렇다면 우라노스와 일치한다고 할 수 있따. 그렇다고 그리스 신화를 너무 직접적으로 연결해 해석하고 싶지는 않다. 다만 기원전 2000년 무렵에 벌어진 우주사적 사건으로 말미암아 하늘에서 내려온 남성 원리가 땅의 여성 원리를 살해한다는, 그런 일련의 맥락에서 무씨사당 화상석의 제3석 2층을 보아야 할 것이다. 그래야 도상의 의미가 바로 풀이될 수 있기 때문이다. 이는 뇌의 대균열이 생기는 시기와 일치한다.

화상적 전체의 일반적인 모습은 하늘에서 한 무리의 인간이 땅으로 내려와 땅의 인간들과 만나는 것이다. 전세계적으로 이들 두 원리 사이의 싸움은 필연적인데, 이들의 조우가 그림의 주제라면 무씨사당 화상석도 예외가 될 수 없다. 뇌의 충돌로 설명할 때만 일관성을 갖는다. 그런데 여기서는 남성 원리와 여성 원리 사이의 균열이 생기지 않았다. 왜 그럴까? 이렇게만 보면 내가 제시한 지론과는 결론이 서로 달라지고 만다. 즉, 유럽적 균열에 대해 한국적 화합을 대립시켜 말할 수가 없게 되는 것이다. 이 점과 관련해서는 다음 몇 가지로 정리하면서 결론을 대신하고자 한다.

이상과 같은 추리에서 우리는 다음과 같은 결론을 내릴 수 있다. 《삼국유사》는 화상석보다 1,070년 뒤에 쓰여진 것이다. 만약 《삼국유사》의 단군 신화가 화상석의 내용과 80~90퍼센트가 같다면 과연 어느 것이 더 원조(元祖)라고 할 수 있겠는가? 화상석이 1,000년 앞선다고 해서 그것을 원조라고 단정할 수는 없다. 쌍수룡 안의 살해 장면이 단군 신화에 없는 것이 아니다. 굴속에 곰을 집어넣고 100일 동안 암흑 속에서 고통을 겪게 하는 것도 남성 원리(좌뇌적)가 여성 원리(우뇌적)에 가하는 일종의 박해라고 할 수 있다. 정도의 차이는 있지만, 그런 점에서 양자의 의미와 구조 내용 자체는 같다고 할 수 있다.

그러면 쌍수룡 안의 '살해'와 굴속의 '고통'을 놓고 볼 때 어느 것이 원래의 모습일까? 무씨사당 화상석이 만들어진 연대는 기원후 147년이라고 했다. 이때는 중국의 한대(漢代)에 해당한다. 태양 시기라는 것은 여성 원리에서 남성 원리가 깨어나던 때를 일컫는다. 그리고 잠재적 자아에서 인격적 자아(Personal ego)가 생겨나던 때이다. 무의식의 감정은 여성 원리에 속한다. 하늘에서 남성신이 내려온다는 상징적 표현은 결국 인간의 의식이 무의식에서 깨어나는 것을 의미한다.[5]

기원전 2000년 무렵에 깨어난 인간의 의식적 그리고 인격적 자아는

---

5) 나카자와 신이치는 이때를 가리켜 대칭성이 깨어지고 비대칭성이 나타난 시기라고 했다 (나카자와, 2005, 123쪽).

차축시대(기원전 8~2세기)에 들어와 플라톤·아리스토텔레스·소크라테스·석가·공자·노자 같은 인물들에 따라 현재 우리와 같은 자아로 승화되었다. 이들의 철학은 그 특징에서 남성적이다. 이들은 감정이나 비이성적인 것, 물질이나 육체 등을 악한 것으로 치부해 금기하고 배격한다. 이러한 상징들은 여성적이다. 그래서 여성을 악마화하고 비이성적 존재로 규정해버린다. 무씨사당 화상석이 만들어진 한대에는 유교가 정착되면서 유교 원리에 따른 과거제도가 생기고 정치 제도와 관습이 정비되었다. 남성을 극히 우위에 둔 가부장제도가 확고해지던 시기이다. 그렇다면 이때 만들어진 화상석은 그것을 만들어낸 화공에 따라 그 시대적 영향을 많이 받았을 것이다. 아니, 수천 년 동안 지배해오던 여성 원리를 의도적으로 억압하기 위해 이 화상이 만들어졌을 수도 있다. 그리스 신화라든지 앞에서 열거한 수많은 민족 창생 신화가 남성 위주의 가부장제도가 확립되면서 만들어진 것임을 감안할 때, 우리는 그러한 결론을 충분히 내릴 수 있는 것이다.

그렇다면 일연은 《고기(古記)》에서 단군 신화를 옮겨 적으며 그 원초적 의미를 다시 살리려고 했을 것이다. 그런즉, 무씨사당 화상석은 차축시대를 맞은 중국 풍토 속에서 많은 점이 남성화한 것이며, 중국적 균열(Chinese Dissociation)을 담고 있다고 하겠다. 그런 점에서 일연이 쓴 《삼국유사》의 내용이 더 원초적이라고 할 수 있다. 일연은 뇌의 균열을 봉합하려고 했던 것이다. 같이 이웃해 있으면서도 한국과 중국은 남성 원리와 여성 원리의 선후를 표현하는 데서 서로 다르다.[6]

단군 신화의 내용과 비슷한 화상석이 중국 산동성에 있다는 것은 이

---

6) 예를 들어, '밤낮'을 '주야(晝夜)'라고, '오간다'를 '왕래(往來)'라고, '들락날락'을 '출입(出入)'이라고, '연놈'을 '남녀'라고 하는 등, 중국은 남성적인 것을 먼저 표현하고 한국에서는 여성적인 것을 먼저 표현한다. 이 간단한 차이는 중국 문화가 극도로 남성화해 여성 원리를 박해해왔음을 보여준다. 무씨사당 화상석이 이를 단적으로 반영하고 있다.

신화가 상당한 영역에 걸쳐 있었음을 보여준다. 단군 신화는 세계의 다른 신화와 비교하면서 이해해야 한다. 신화란 죽은 것이 아니고 오늘날에도 살아 있는 것이기 때문이다. 남북 분단과 에이즈 그리고 자연 파괴가 모두 남성 원리와 여성 원리를 어떻게 이해하느냐에 따라 생긴 결과들이라고 할 때, 우리는 민족 신화를 가꾸고 살려 오늘을 사는 지혜를 거기서 배워야 할 것이다. 그러나 성의 충돌은 이미 뇌의 충돌에서 비롯되었다. 뇌의 균열은 남녀 성의 균열을 함께 가져왔다.

8.5 단군 신화의 호응 각축과 뇌 이론

최근에 단군을 신화에서 역사로 바꾸어 역사교과서에 싣기로 결정했다고 한다. 이 일에 구태여 반대하지는 않겠지만, 신화가 역사보다 항상 위대하다는 사실도 잊지 말았으면 한다. 역사가 1,000년을 간다면, 신화는 1만 년, 아니 그 이상의 생명력을 갖는다는 사실을 잊지 말아달라는 것이다. 미국 같은 나라는 역사를 신화로 바꾸고 있는데, 우리는 거꾸로 신화를 역사로 바꾸는 작업을 해놓고서는 무슨 대견스러운 일이나 한 것처럼 야단이다. 역사가 상징화하면 신화가 된다. 상징성이 가지고 있는 공간성과 시간성은 가히 무한대라고 해도 지나치지 않다. 좌우 뇌의 충돌을 신화만큼 잘 반영하는 것도 없을 것이다.

단군 신화의 시간적 배경은 신석기에서 청동기로 그리고 모계사회에서 부계사회로 넘어오는 기원전 2000년 무렵이라고 보면 정확하다. 이는 인류의 보편적·문명사적 사건에 해당하는 에누마 엘리시를 반영한다. 여기서는 단군 신화가 갖는 공간적 배경에 대해 한번 생각해보려고 한다. 대부분의 학자들은 동북아시아 일대의 곰 토템 신앙과 연관해 신화의 공간적 배경을 한정하려고 한다. 그러나 뇌 이론으로 보면 상황이

다르다. 뇌의 삼층 구조에서 신피질이 갑자기 비대해진 것은 3만 년 전이다. 그리고 좌우 뇌의 균열이 심화된 시기는 에누마 엘리시 시기와 비슷하다. 다시 말해서, 선층에서 무층과 철층이 분리되는 시기인 것이다. 그러면 좌우 뇌를 지구의 서반구와 동반구로 견주어보았을 때, 뇌량에 해당하는 지역은 어디일까?

우리는 그 지역을 우랄–알타이(*Ural–Altaic*) 산맥으로 본다. 파킨슨 역시 이 주장에 동의한다.[7] 《뉴스위크(*Newsweek*)》 지는 2007년 3월 19일자로 '진화 혁명(The Evolution Revolution)'이라는 주제 아래 〈뇌와 DNA의 신과학은 인간 기원을 다시 쓰고 있다〉는 기사를 특집으로 실었다. 인류의 기원을 연구하는 데서 지금까지는 주로 고고학에 의존해왔다. 그러나 최근에는 유전공학과 뇌 연구의 괄목할 만한 성장으로, 종래의 고고학적 연구 결과가 다시 쓰여지고 있다. 샤론 베글리 기자의 기사를 간략히 소개하면 다음과 같다. 아프리카에서 10만 년 전에 출발한 호모 사피엔스는 북상을 하다가 6만 6,000년 전에 중앙아시아 지역에 도착했다. 이들은 서로 갈라져 4만 5,000~5만 년 전에는 유럽에 도착하고, 3~4만 년 전에는 동아시아에 도착했으며, 동아시아에 도착한 한 부류는 베링 해를 건너 1만 5,000~2만 년 전 지금의 미주에 도착했다. 중동에 도달한 일련의 무리는 인도를 거쳐 오스트레일리아에 이르렀다. 이 보고는 뇌 연구와 유전자 연구 그리고 고고학 이 세 가지를 종합한 것이기 때문에, 인류의 이동 경로와 관련해 현재로서는 가장 신빙성 있는 자료라고 할 수 있다. 특히, 이 책과 깊은 관련이 있는 뇌 연구가 이 보고에서 큰 부분을 차지하고 있다는 사실은 매우 의미심장하기 때문에 여기에 소개하는 것이다.

---

7) "…… 유럽과 아시아가 같은 대륙의 양쪽 끝에 있다는 사실이다. 그들을 분리시키는 것은 우랄 산맥과 우랄 강, 카스피 해, 카프카스, 흑해, 그리고 다다넬즈 해협이다"(파킨슨, 1981, 14쪽).

이를 다시 정리해보자. 아프리카 여인 루시를 할머니로 하는 최초의 원인들은 북상하다가 우랄-알타이 산맥에서 좌우로 갈라졌다. 여기서 지구의 서반구로 간 무리들은 카프카스 지방에서 살다가 유럽을 석권한 지금의 백인들이 되었다. 그래서 이들을 코카시안이라고 한다. 한편, 지구의 동반구로 이동한 무리들은 지금의 몽골리안 황인종의 조상이 되었다. 그래서 인류는 아프리칸과 몽골리안 그리고 코카시안으로 대별된다. 크고 작은 종족들이 모두 이 세 부류에서 분화된 것이라고 보면 될 것이다. 우리의 단군 신화는 이러한 지구상의 인종적 대분화와 관계되어 있다. 신화소 속의 여러 상징들은 이를 바탕으로 이해해야 한다. 단군 신화소 속에는 실로 인류의 여명기에 있었던 수많은 사건들이 상징적으로 묘사되어 담겨 있기 때문이다. 그 가운데 여성 원리와 남성 원리에 관한 것은 이미 에누마 엘리시와 연관해 설명한 바 있다. 여기서는 또 다른 신화소인 곰과 호랑이라는 상징을 뇌 이론을 통해 해석해보려고 한다.

백인종과 황인종은 지구상의 커다란 두 인종군이다. 이들 인종군의 상징은 다름 아닌 단군 신화 속에 있는 호랑이과 곰이다. 단군 신화 속에서 호랑이는 외향적이고 곰은 내향적이다. 곰은 굴 안에 남지만 호랑이는 굴 밖으로 나가버린다. 이는 동양인과 서양인들의 성격적 차이를 말해주는 동시에, 우뇌와 좌뇌의 차이를 일러주기도 한다. 호랑이와 곰의 생김새가 백인종 및 황인종과 비슷한가 아닌가를 떠나, 인간 내면성 속에 있는, 융이 말하는 외향성과 내향성은 문화와 사상 전반에 걸쳐 그 성격적 특징을 운명짓고 말았다. 서양이 외양적 물질세계를 개발하고 자연과학을 발달시키는 데 공헌했다면, 동양은 내면적 정신세계에 대한 탐구와 그 공헌에서 서양의 추종을 불허한다. 이와 관련해 구태여 더욱 자세한 설명을 하는 일은 불필요한 사족이 될 것이다. 전자는 좌뇌적이고 후자는 우뇌적이다.

이와 같이 지구상에 인종들이 처음 등장한 이후 펼쳐지는 문명사의 대서사시를 단군 신화는 마치 파노라마처럼 보여준다. 그리고 인류 문명사는 크게 호랑이과 곰의 각축, 곧 호웅 각축의 드라마와 같다고 할 수 있다. 영향을 주고받으면서도 서로 충돌과 갈등을 빚는다. 10세기에 벌어진 칭기즈 칸의 서양 정벌, 19세기부터 시작된 서세동점의 역사, 그리고 그보다 훨씬 이전의 일로서 우랄-알타이어족에 속하는 수메르인들이 메소포타미아 지역으로 이동하며 서양 문명이 시작되는 과정 역시 호웅 각축의 일면이라고 할 수 있다.

같은 서양 안에서도 다시 동서로 나뉜다. 기독교와 이슬람의 분열, 기독교 안에서 서방 기독교와 동방 기독교의 분열, 동양 안에서 인도 문명과 중국 문명의 분열, 그리고 다시 동북아시아 지역으로 이동해서 중국 한(漢)과 한국 한(韓)의 분열 등은 이미 뇌 이론에서 살펴본 것처럼 하나의 프랙털 현상인 것이다. 그럴 때마다 지역적으로 뇌량과 같은 구실을 하는 곳이 반드시 있게 마련이다. 티그리스와 유프라테스 양 강[8])을 중심으로 아시아와 유럽이 갈라진다. 그리고 이미 신채호도 말했듯이 동북아시아에서 만리장성은 동서이하(東西夷夏)의 분리선인 것이다. 이러한 프랙털 현상은 거의 무제한적이다.

같은 한반도 안에서도 영남과 호남이 갈리고, 평안도와 함경도의 성격이 서로 다르게 드러난다. 거의 모두가 좌뇌와 우뇌의 특징에 따라 그 성격이 결정됨을 발견할 수 있다. 어느 지역이 뇌량과 같은 선으로 나뉠 때, 한 지역이 좌뇌적인 특징을 보이면 그 반대 지역은 반드시 우뇌적인 특징을 보인다. 예를 들어, 우리나라의 영호남을 가르는 뇌량은 섬진강이며, 화계장터는 뇌량의 중심부와 같다고 할 수 있다. 아마도 이는 뇌의 양반구적 특징과 그것의 홀로그래피적 성격을 이해하지 못하면 올바로

---

8) 'meso-potamia'라는 말은 양 강의 사이라는 뜻이다.

파악하기가 불가능할 것이다. 따라서 우리는 뇌 이론을 고찰함으로써 지금까지 불필요한 충돌과 갈등을 초래했다는 사실을 인지하고 반성해야 할 것이다.

이러한 뇌량 구실을 하는 것은 주로 산맥이나 강 같은 것인데, 만리장성처럼 인위적인 것도 있다. 독일의 베를린 장벽도 그렇다고 하겠다. 한 지역에서 좌뇌적인 성향을 보이면 그 반대 지역에서는 우뇌적인 성향을 보인다. 섬진강의 서쪽이 예향의 고향으로서 우뇌 적이라면, 동쪽은 퇴계 같은 영남학파를 낳을 만큼 좌뇌적이다. 그런데 좌뇌와 우뇌는 같은 인격 안에서도 서로 표현하는 방법이 마치 개와 고양이처럼 정반대이기 때문에, 여기서는 슬픈 것을 저기서는 기쁜 것으로 이해한다. 고양이는 기쁠 때 꼬리를 내리지만, 개는 그 반대이다. 이와 같이 나르치스와 골트문트는 한 인격 속에서 서로 충돌하고 있는 것이다. 그러나 우리가 알아야 할 사실은 그 두 인격이 모두 자기 자신이라는 사실이다. 결국 문명사의 충돌이란 인간의 내면에서 벌어지는 자기 충돌 이상도 이하도 아닌 것이다. 뇌의 한쪽은 자유를 갈구하며, 그 반대쪽은 평등을 추구한다. 그래서 한쪽은 자유민주주의를 주창하고, 그 반대쪽은 사회주의 공산 사회를 추구한다. 이들을 조화시키는 방법은 단 하나밖에 없다. 바로 뇌량을 통해 좌우 뇌를 조화시키는 것이다. 지능지수(IQ)는 좌뇌가, 감성지수(EQ)는 우뇌가 주관한다. 교육계에서 이 둘을 조화시키려는 운동이 일어나고 있는 것은 큰 다행이 아닐 수 없다. 그러나 교육계가 알아야 할 사실은, 양자를 통찰하되 문명의 큰 축에서 그래야 한다는 점이다. 이는 선맥을 다시 재조명하고 재발굴하는 일과 맞닿아 있다.

좌뇌와 우뇌는 서로 다른 하나를 자기 속에 '包涵'시키려는 데서 문제를 일으킨다. 외인적 관계를 맺으려는 데 문제가 있다는 것이다. 외인적 관계는 **싸움**만 격화시킬 뿐이며, 이런 관계는 관계를 더 불행하게 만들고 만다. 양자의 관계는 내인적 '包含'의 관계여야 한다. 이는 서로 의존적인 관계이기 때문에, 그것은 싸움이 아니고 **씨름**인 것이다. 씨름은 상대방끼리 서로 샅바를 맞잡고 자신의 몸을 상대의 몸 안에 파묻은 채 힘을 겨루는 것이다. 여기서는 너의 힘이 나의 힘이 되기도 하고, 나의 힘이 너의 힘이 되기도 한다. 그래서 씨름에서는 싸움과 달리 힘이 약한 자가 오히려 상대방의 힘을 이용해 이기기도 한다. 이것이 바로 내인적 관계인 것이다. 이러한 내인적 관계의 힘을 단군 신화에서는 재세이화(在世以化)라고 했다.

우리는 이러한 단군 신화의 연장을 고구려 고분벽화에서 재발견하게 된다. 각저총과 장천1호분에 등장하는 곰과 호랑이의 모습, 그리고 서로 두 다른 인종이 샅바를 맞잡고 씨름을 하는 모습에서 우리는 문명 사이의 또는 좌우 뇌 사이의 싸움이 아닌 씨름을 발견하게 된다. 강자가 일방적으로 약자를 제압하는 것이 아니라, 서로의 힘을 보태고 빼내며 겨루는 씨름의 원리에서 우리는 세계 평화의 한 방법을 발견해낼 수 있지 않을까? 이제 각저총을 중심으로 두 인종의 씨름 장면을 통해 지금까지의 입론을 재입증해보기로 한다.

8.6 뇌 이론으로 본 각저총의 씨름론

고구려 고분벽화 가운데는 단군 신화와 같이 곰과 호랑이가 등장하는 것들이 있다. 각저총과 장천1호분이 그 대표적인 예이다. 단군 신화와 고구려 고분벽화 사이의 상호 연관성에 관해서는 찬반 양론이 있다.[9]

---

9) 각저총은 중국 길림성 집안현 태왕향 우산촌의 우산하 고분군에 속한다. 1935년의 조사(池內宏·梅原末治, 《通溝(下)》, 日滿文化協會, 1940) 이후 1966년에 다시 실측되면서 집안 통구 고분군 우산묘구 제457호묘(JYM457)로 명명되었다. 무덤의 외형은 절두방추형이며, 직경 15미터, 둘레 44미터, 높이 4미터로, 집안 지역 고분 외형을 4등급으로 구분했을

조법종 교수는 양자의 관련성을 주장하는 대표적인 학자라고 할 수 있다. 여기서는 조 교수의 주장을 중심으로, 이를 뇌 이론과 연관해 부연 설명을 하고자 한다. 각저총의 경우는 단군 고조선과 고구려의 연계성을 시사해줄 뿐만 아니라, 씨름의 두 주인공 가운데 한 인물이 서역인이라는 점에서 당시 동서간 문명의 교류와 충돌을 암시하고 있다. 여기서는 이러한 여러 요소들을 뇌 이론에 따라 설명하려고 한다. 이 두 고분은 5세기 초·중반의 것이다(전호태, 2001 참고).[10] 조 교수는 다음과 같이 지적한다. "이들은 중국적 벽화 소재 내용이 적극 수용되기 전 단계의 고분으로서, 생활풍속 계통의 그림 부분에서 이 같은 내용이 확인되고 있다. 즉, 고구려의 전통적 사상과 풍습이 가장 잘 남아 있는 고분에서 이 같은 소재가 확인되고 있다." 그러므로 이는 고구려와 고조선의 연계성, 나아가 서역과 이루어진 교류까지도 엿볼 수 있게 해준다.

중국 한대의 의식구조를 단적으로 잘 표현해주고 있는 것이 무씨사당의 화상석이었다. 이 화상석은 유교를 통치 이념으로 삼던 한대의 것이며, 이러한 차축시대의 가치관을 여실히 반영하고 있다. 동시에 한국의 단군 신화와 80~90퍼센트가 같으면서도, 한대의 영향 부분에서만 차이를 보인다고 했다. 앞에서 살펴보았듯이, 제2벽실의 2층 그림에서 그 차이가 확실히 드러나는 것이다. 굴속에서 한 존재가 다른 존재를 살해하려는 장면은 '중국적 균열'이라는 측면에서 고찰했다. 나는 이를 부계사회와 모계사회의 이행 과정으로 보고 시간축의 균열로 파악했다. 이는 좌우 뇌의 균열을 의미하는 것에 다름 아니다. 이것이 성의 균열인지 종족의 균열인지는 확인할 수 없다.

때 가장 작은 4등급(하급관리급) 규모이다. 구조는 2실 무덤 형식으로, 5세기 초반으로 편년되고 있다(강현숙, 1994 참고).

10) 한편, 주영헌은 각저총의 연대를 4세기 말로 추측하고 있다(주영헌, 1985 참고).

좌우 뇌의 균열을 공간적으로 보면, 그것은 곧 서와 동의 균열이다. 위에서는 단군 신화를 시간축 위에서 고찰했다. 그런데 고구려 고분벽화 속에도 무씨사당 화상석에서와 같이 단군 신화소가 발견되어 대비가 된다. 단군 신화소가 가장 많이 반영된 작품은 비교적 초기의 것으로, 5세기 무렵에 만들어진 각저총에서 두드러진다. 단군 신화의 요소를 발견할 수 있다는 것은, 그것이 외부의 영향을 받지 않은 비교적 순수한 고구려의 작품이라는 것을 시사한다. 무씨사당 화상석이 기원후 2세기의 것이라면, 각저총은 5세기 전반의 작품이다. 각저총에는 단군 신화소인 신단수 그리고 호랑이와 곰의 대칭이 뚜렷이 확인된다. 이러한 도상은 중국의 삼국과 위진 남북조 시대에는 나타나지 않는다. 동물 모습역시 한대 무씨사당 화상석과 일견 비슷한 면이 있으나, 그 소재와 내용에서 중국 것과는 차별성을 드러낸다(조법종, 2005, 5쪽).

고구려적인 것의 순수성은 단군 고조선과 연계성을 암시하는 것이라고 할 수 있다.《삼국유사》의 〈왕력편〉 주몽조에 따르면, 주몽이 단군의 아들이라고 기록되어 있다.《제왕운기》에서도 "단군이 조선의 영역을 차지하고 왕이 되었다. 그러므로 신라, 고구려, 남북 옥저, 예와 맥이 모두 단군의 후예이다"라고 했다. 김정배는 "이 모든 사실을 종합해보면 고구려는 역사적인 정체성에서 단군과 불가분의 밀접한 계승 관계를 맺고 있으며, 오랜 사서들은 이 점을 빼놓지 않고 기술해놓았음을 알게 된다"(김정배, 2004, 16쪽)고 했다. 그 가운데서 각저총의 씨름이야말로 고구려의 정체성을 밝히는 귀중한 자료라고 강조한다. 각저총의 고조선 연계성과 관련해 조법종 교수는 전호태의 다음과 같은 글을 인용한다.

먼저 각저총 벽화에는 신성한 나무와, 씨름 그림과 연결된 나무에 새가 깃들고 곰과 호랑이가 함께 있는 모습 등, 당시 중국의 삼국, 위진남북조 시기에는 존재하지 않는 도상과 내용이 나타나고 있다. 동물 모습은 한대

(漢代)의 화상석(畵像石)·화상전(畵像塼)의 양상과 유사함이 지적되고 있으나, 그 소재와 내용의 독특성은 중국과 확실히 차별된 모습을 보여주고 있다. 또한 초기 고분인 장천1호분의 백희기악도에서도 수목 그림이 새와 연결되어 나타나고 있다. 이 역시 전통적인 수목 신앙 및 서역과 중국에서 전래된 수목 신앙과의 복합성이 지적되고 있으나, 기본적인 성격은 당시 중국의 양상과는 대비되는 모습으로 파악된다. 한편, 이들 고분에서 보이는 개의 경우 고구려의 전통적 내세관과 관련되어 있을 가능성이 크며, 씨름은 장의 행사의 표현으로 나타나고 있다(전호태, 2001, 84쪽).

여기 조 교수의 지적 가운데 주목되는 부분은 서역에서 전래된 수목 신앙이라는 부분이다. 고구려는 당시에 이미 서역과 깊은 문물 교류를 하고 있었으며, 이것이 바로 각저총에 반영되어 있다. 씨름을 하는 두 주인공은 서역인과 고구려인이다. 즉, 메부리코의 코카시안과 몽골리안이 한판 씨름을 벌이는 장면으로 볼 수 있는 것이다. 각저총에는 이렇듯 단군 고조선의 전승이라는 시간적인 축 그리고 서역과 교류라는 공간적인 축이 섞여 있는 것이다.[11] 조 교수는 다시 다음과 같은 결론을 맺는다.

---

11) 고구려 고분벽화는 초기에는 생활 풍속이 중심 주제였다. 이들 벽화고분의 분포를 보면 집안 지역에 11기, 평양 지역에 28기, 안악 지역에 6기가 있으며, 고구려 초기 생활 문화가 표현된 것은 주로 집안 지역에 있다. 특히, 다실 구조인 각저총·무용총·마선구1호분·장천1호분은 가장 이른 시기에 속하는 5세기 초·중엽의 것으로 파악되고 있다(전호태, 2001, 19~25쪽). 이들 초기 집안 지역 고분에서는 나무 그림이 부각되며, 무덤 주인 부부도, 수렵도, 가무도, 연화도, 생활 공간도 등이 중요하게 나타나고 있다. 이들 초기 고분에서 주목되는 것은 재래의 계세적 내세관이 표현되었을 가능성이다. 즉, 현세와 내세를 연결하는 구체적인 공간으로서 무덤이 상정되어, 이들 무덤에 내세적 세계관이 표현되었을 것으로 파악하고 있다. 그런데 이들 고분 가운데 각저총과 무용총은 비슷한 시기의 무덤으로서 구조적 유사성을 잘 보여주지만, 내용에서는 큰 차이가 드러난다. 이것들은 고구려 사회에서 고분벽화의 소재가 어떻게 변화하는지 대비적으로 잘 보여준다.
무용총 벽화 단계에서는 전통적인 계세관보다는 불교 및 도교 계통의 영향에 따른 선계와 정토를 상징하는 문양과 내용이 대거 등장한다. 이 같은 양상은 고구려의 요동 진출 등에 따른 영향이 강하게 투영되면서 전통적 내세관 및 생활상이 축소된 때문이라고 파악하고 있다. 즉, 비슷한 시기이기는 하지만 무용총에 반영된 벽화의 소재와 내용이 당시 중국의

〈그림 5〉 각저총의 씨름도
나무 밑의 곰과 호랑이, 씨름하는 두 사람, 그리고 심판관 노인이 보인다.

이 같은 고구려 사회에 존재한 단군 인식은 고구려를 구성하는 세력 가운데 고조선 계통으로 파악되는 소노부 집단의 시조 인식으로서, 고구려 시조인 주몽 인식과 함께 고구려 사회에 존재했으며, 이 인식이 고분벽화에 반영되었다고 파악하고자 한다(조법종, 2001 참고).

각저총을 단군 신화와 시간적으로 연계하고 서역과 공간적으로 연계하려면 관련 설명이 더 필요할 것이다. 조 교수는 각저총과 단군 신화의 관계를 다음과 같이 쓰고 있다.

인식 내용과 비슷한 데 견주어, 각저총과 장천1호분에 보이는 그림들은 고구려의 독자적 세계관과 풍속 내용을 유지하고 있다는 점에서 주목된다.

단군 인식의 형성 시기 문제는 단군 관련 기록이 현존 기록 가운데 《삼국유사》부터 나타나고 있다는 시기적 하한성과 연결되어 단군의 역사성에 대한 문제 제기의 근거로 활용되었다. 즉, 종래 일본 식민사학자들은 《삼국유사》부터 단군 관련 기록이 등장한다는 사실을 강조하여, 단군을 고려 시기에 만들어낸 전설로 격하시켜 역사성을 부정하는 근거로 파악했다. 이에 대한 우리 학계의 반론으로서 후한 시기에 제작된 중국 산동 지역 무씨 화상석과의 관련성 제기, 토템적 인식의 유구성, 단군 신화의 내용이 곰 토템의 신석기 문화적 요소와 청동기 문화적 요소가 결합된 내용 부각을 통한 연원의 고양을 통해 단군 인식의 상한이 확장되었다.

또한 신화 형성 과정에서 동물을 조상으로 인식하는 수조(獸祖) 신화가 고려시대의 세계관으로는 형성될 수 없음이 연구 결과 밝혀짐으로써, 그 형성 시기가 매우 오래되었음을 확인할 수 있었다(조법종, 1999 ; 서영대, 2000 참고). 따라서 한국 고대 사회에 존재한 각국 시조 신화의 동물 상징은 단군 신화에 나타난 상징과 연결되는 것으로, 이는 단순한 상징을 넘어 시조와 동치되어 인식되었을 가능성이 있다고 하겠다. 여러 사료에는 다양한 동물이 한국 고대 사회의 국가적 상징이나 숭배 대상으로 나타나고 있는데, 이 같은 전통의 대표적 사례가 단군과 관련된 곰이다. 또한 부여의 사슴, 동예의 호랑이, 신라의 닭, 마한과 백제의 매 등, 각 정치체에서 여러 동물들이 시조 출현 및 상징으로 나타나고 있음을 확인할 수 있다(서영대, 1992 ; 조법종, 1998 참고). 이러한 근거를 통해 볼 때, 고구려 고분벽화에 표현된 동물들 역시 이와 같은 인식을 반영한 것이라고 볼 수 있다.

벽화 내용 가운데 단군 인식을 반영한 것으로 보이는 부분은 고분 명칭과 관련된 각저(角觝), 곧 씨름이다. 신단수라고 여겨지는 나무 위에는 네 마리의 까마귀가 앉아 있으며, 그 가운데 한 마리는 고개를 길게 밑으로 빼고 씨름하는 장면을 바라보고 있다. 씨름꾼 가운데 한 사람의 얼굴은 긴 머리에 매부리코를 하고 콧수염을 기른 모습이다. 이 인물이 서역인이라는 데는 의문의 여지가 없는 것 같다. 다른 한 인물은 지금 우리의 얼굴과도 닮은 전형적인 몽골인의 얼굴이다. 키는 같아 보이지만, 얼굴은 지금의 코카시안과 몽골리안의 대비를 보여주고 있다.

김정배 교수는 "오늘날 국민들 생활에 깊숙이 들어와 정착하고 있는 씨름은 고구려 고분벽화에서 생생한 모습을 보이며 역사의 원류를 쉽게 찾는 단초를 제공하고 있다. 하나의 예로 씨름을 열거했거니와 이러한 생활 문화사의 배경은 고구려 문화가 중국의 한족 문화와 얼마나 다른가를 단적으로 보여주고 있다"(김정배, 2004, 18쪽)고 했다. 그렇다면 각저총은 동북공정의 논리를 부정하는 논리에 일조한다고 할 수 있다. 그런데 씨름 문화는 멀리 메소포타미아의 수메르 문명에서도 보인다. 이와 관련해서는 앞으로 더 연구가 필요할 것이다. 여기서는 고조선과 고구려의 연계성을 드러냄으로써 각저총이 단군 신화의 다른 표현임을 지적하는 것으로 제한하려고 한다.

그렇다면 각저총에 등장하는 인물들과 동물들 그리고 두 씨름 꾼 앞에서 지팡이를 짚고 선 채 구경하고 있는 긴 수염의 노인은 단군 신화의 신화소와 어떤 상관관계가 있을까? 나는 뇌 이론과 연관해 두 씨름꾼이 좌뇌와 우뇌의 공간적 대칭을 상징하는 인물이라고 본다. 매부리코의 주인공은 서역에서 온 코카시안이고 다른 하나는 몽골리안이라는 것이다. 좌뇌와 우뇌가 지금 서로 힘겨루기를 하고 있는 것이다. 무씨사당 화상석에서는 한 인물이 땅바닥에 엎드려 있고 다른 한 인물이 그 위에서 망치 같은 무기로 살해하려고 하는 모습을 보았다. 그러나 여기서는 서로 샅바를 맞잡고 씨름을 하는 자세이다. 전자가 외인적 관계라면, 후자는 내인적 관계이다. 서로 떨어져서 경기하는 서양의 레슬링과는 달리, 씨름은 서로 한순간도 떨어질 수가 없다. 떨어진 자세로는 경기가 되지 않는다. 이런 관계를 두고 내인적이라고 하는 것이다.

차축시대 이후부터 지금까지는 좌뇌가 우뇌를 억압하고 말살하며 악마화하는 역사였다. 한 인격 안에서 양 뇌가 뇌량을 가운데 두고 싸움질하는 역사였다. 이 과정에서는 양 극을 떨어뜨리는 이원론(dualism)이 기승를 부렸다. 그러나 씨름에서 보게 되는 관계란 서로 차이를 두고 있음에도 서로 분리해서는 차이를 만들 수 없는 그런 관계이다.

단군 신화와 연관해 부연 설명을 하면 다음과 같다. 여기서 서역인은 호랑이를 상징하고, 상대 인물은 고구려인을 상징한다. 나무 밑의 두 동물인 곰과 호랑이는 곧 두 인물이 속한 집단의 상징인 것이다. 아마도 호랑이 토템족과 곰 토템족을 상징할 것이다. 우리는 그동안 단군 신화에서 곰과 호랑이의 대비 그리고 양자의 관계가 갖는 상징성에 대하여 소홀히 생각해온 것이 사실이다. 우랄–알타이 산맥을 뇌량으로 하는 좌우에 두 인종이 가지고 있던 토템 상징이라고 생각할 때, 우리 단군 신화가 갖는 무대는 지구사적이며 세계적이라거 할 수 있을 것이다. 우리는 우리의 신화의 외연을 확대해 해석해야 할 의무가 있는 것이다. 물론 두 동물이 갖는 성격의 상징은 프랙털 이론에 의해 범위를 좁혀 동북아시아에서도 얼마든지 해석이 가능하다.

그러면 나무 밑의 정자 같은 집과 나무 위의 까마귀 그리고 지팡이를 짚고 있는 노인은 각각 무엇을 상징하고 있는가? 날짐승은 인간이 마술적 사고에서 신비적 사고로 넘어올 때 하늘과 땅을 연결하는 전달자 구실을 했다. 신단수 위의 까마귀들은 바로 솟대 위의 새들이다. 그 가운데 한 마리가 씨름 장면을 유심히 바라보고 있는 것은 이 씨름이 우주적 성격을 띠고 있음을 의미한다. 나무 밑의 두 짐승인 곰과 호랑이는 앞에서 말한 대로 두 인물 주인공 그 자체이다. 이는 혹시 단군 신화에서 곰과 호랑이가 굴속에서 사람이 되려고 경쟁하던 것을 씨름으로 묘사한 것은 아닐까? 어느 하나가 다른 하나를 살해하는 것이 아니라, 내인적 관계에 따라 '사람 되기'의 힘겨루기를 하는 것이다. 그 심판관이 누구인가? 바로 하늘에서 내려온 환웅이다. 지팡이를 짚고 있는 노인이 바로 그이다. 이렇게 생각하면, 각저총은 단군 신화의 재판에 다름 아니다.

무씨사당 화상석이 동북아시아 일대의 에누마 엘리시를 반영하는 균열을 보여준다면, 각저총은 《삼국유사》에 그려진 단군 신화 속의 한국적 화합을 묘사하고 있는 것이다. 환웅은 두 인물 가운데 씨름에서 이긴 쪽을 택하면 될 것이다. 이것이 세상을 이치로 화한다는 재세이화의 논리이다. 다시 말해서, 외인적 관계가 아니라 내인적 관계에 따른 논리인 것이다.

각저총은 고구려의 고조선 계승을 보여줄 뿐만 아니라, 고구려와 서역 사이의 문화 교류 및 접촉 또한 보여준다. 각저총뿐만 아니라 안악3호분의 전실 동측실에 있는 수박도에도 서역인이 등장한다.

수박도 왼쪽에 있는 인물은 각저총 왼쪽에 있는 인물처럼 큰 눈에 매부리코를 하고 있다. 수박도에서는 두 주인공이 거리를 두고 서로 마주보고 있다. 그런데 이들 눈의 방향을 주의해 살펴보자. 서로 상대방을 주시하는 것이 아니라, 50도 정도 위쪽의 허공을 쳐다보고 있다. 이는 수박도에서 기를 겨루는 전형적인 모습이다. 몸으로 겨루기 전에 정신력으로 상대방을 제압하려고 하는 것이다. 이는 동물의 세계에서 흔히 볼 수 있는 힘겨루기 모습이다. 마음의 기 싸움에서 지면 몸의 싸움을 더 이상 할 필요가 없어진다.

우리는 각저총의 씨름도와 안악3호분의 수박도 모두 서역인을 왼쪽에 배치한 것에 관심을 가져야 할 것이다. 지구의를 놓고 볼 때 서역은 왼쪽에 있다. 그리고 이는 좌뇌에 해당한다. 이들은 여러 가지 좌뇌적 특징을 보여준다. 호랑이는 곧 이들을 대표해주는 상징물인 셈이다. 이에 대해 오른쪽의 고구려인은 전형적인 몽골리안의 모습을 하고 있다. 이들은 곰의 특징과 우뇌적 성격을 지닌다. 따라서 이들 두 그림은 뇌 이론을 가장 잘 뒷받침해준다고 할 수 있을 것이다.

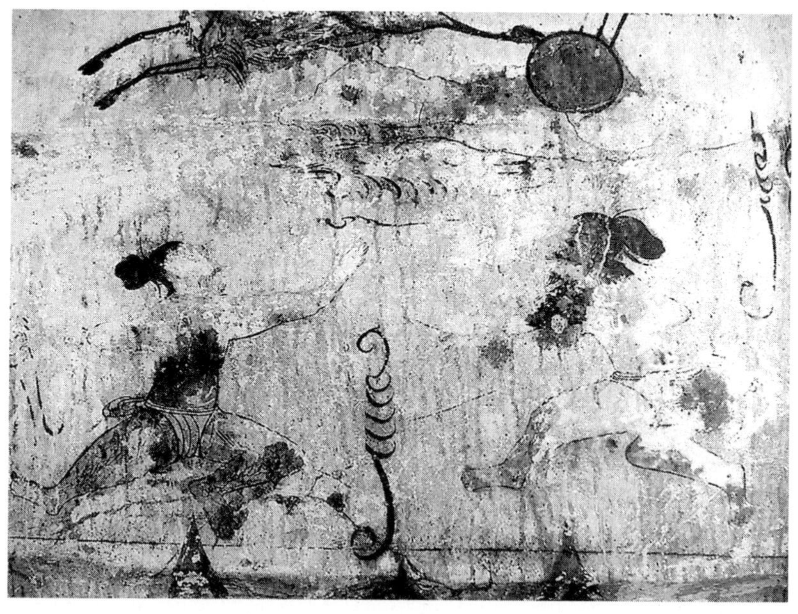

〈그림 6〉 장천1호분의 수박도

안휘준 교수는 이들 그림 외에 고구려와 서역의 관계를 말각조정(抹角藻井, Lantern roof)형 고분 천정으로써 입증한다(안휘준, 2004, 43쪽). 말각조정형 천정이란 묘실의 천정을 만들 때 벽면 상단의 네 모서리에 판석을 내밀어 맞붙이는 식으로 천정의 열린 면적을 반으로 줄어들게끔 덮어가는 방식의 천정을 말한다. 이런 방식의 천정은 아르메니아·힌두쿠시·투르키스탄·카슈미르·투루판 등 중앙아시아 일대에서 발견된다. 그 밖에 무용총 현실 천정부와 안악1호분의 천마도 그리고 삼실총의 일각수 등은 모두 중앙아시아에서도 발견되는 것으로, 문화 교류의 개연성을 높여주는 자료들이라고 할 수 있다(안휘준, 2004, 47~52쪽).

아울러 안휘준은 각저총과 장천1호분에 등장하는 인물들을 가리켜, 불법(佛法) 수호의 사천왕이나 역사상처럼 상징적인 존재가 아니라, 서역에서 찾아온 "생활 속에서 힘을 겨루는 인물로 등장하고 있다"(안휘준, 2004, 46쪽)고 했다. 그러나 나는 꼭 그렇지만은 않다고 생각한다. 기호학의 기표와 기의의 관계에서 볼 때, 이들 인물은 매우 상징성을 갖는다고 할 수 있다. 좌우로 배치된 서역인과 고구려인, 이들과 대비시킨 곰과 호랑이, 이들을 바라보는 까마귀, 그리고 지팡이를 짚은 노인 등, 이들 모두에 단군 신화의 외연에 해당하는 신화소가 상징적으로 숨겨져 있는 것이다. 여기서 좌우 뇌의 대칭이 고려됨은 물론이다.

논의를 계속 잇기 위해 고조선 연계의 논리를 입증할 만한 자료를 더 제시해보도록 하겠다. 장천1호분으로 다시 한번 눈을 돌려보자. 조법종 교수는 다음과 같이 말한다.

이들 고분에 묘사된 동물들 가운데 먼저 각저총에 나타난 씨름도 옆의 동물을 곰과 호랑이로 파악한 이후, 장천1호분의 벽화 중 곰이 세계수 같은 나무와 연결된 동굴속에 칩거하고 있는 모습과 중앙의 나무에 기원하는 여인의 모습을 단군 신화의 내용으로 파악했다. 각저총에 묘사된 고분 벽화 내용은 생활풍습도인데, 대부분의 그림 내용이 실제 생활을 묘사하고 있는 반면 씨름도에 나타난 동물의 경우 사람처럼 나무에 앉아 있거나 씨름을 구경하고 있다는 점에서 현실적인 모습과는 상당히 동떨어진 묘사라고 하겠다. 따라서 이들 동물 그림은 단순한 동물 묘사가 아닌 상징적 동물 표현으로 인식된다.

이에 대해서는 다음 절에서 라캉의 정신분석 이론을 가지고 설명하기로 하겠다. 한편, 곰·호랑이와 관련해 장천1호분을 다시 한번 보도록 하자. 장천1호분의 북벽 그림은 내용이 위아래로 구분되어 있는데, 상단에는 이른바 백희기악(百戲伎樂)에 대응하는 그림이 그려져 있다.

이 그림에서 특기할 점은 상단과 하단에 모두 큰 나무가 한 그루씩 묘사되어 있다는 것이다. 상단의 경우 이 나무를 중심으로 좌우에 등장인물들이 서로 조응하는 형식으로 화면이 구성되어 있다. 하단의 경우는 왼쪽 끝 부분에 역시 나무가 그려져 있으며, 매사냥과 기마수렵도가 화면 내용을 구성하고 있다. 여기서 주목되는 점은 사냥 대상물이다. 벽화에 나타난 동물은 꿩·사슴·호랑이 멧돼지 등인데, 이들은 모두 수렵 대상으로서 실제 상황이 묘사되어 있는 것이다. 그런데 곰은 수렵 대상이 아닌 보호 대상의 모습으로 나타나고 있다. 즉, 이 벽화의 내용은 기존의 지적처럼 백희기악도 중 신단수(神檀樹)와 연결될 수 있는 나무에서 기원하는 형태가 인정되며, 특히 동굴 속에 곰이 칩거하고 있는 모습은 단순한 칩거가 아닌 세계수(世界樹)의 성격을 띤 나무와 연결된 형태라는 점에서 특히 주목된다. 즉, 곰이 굴속에서 햇빛을 피해 100일 동안 쑥과 마늘을 먹으며 사람이 되기를 준비하는 상황을 묘사하고 있는 단군 신화의 내용과 연결될 수 있는 중요한 모티브로 파악되는 것이다(조법종, 2005, 378쪽).

벽화에서 곰이 수렵 대상이 아니라는 것은, 곰이 호랑이와 힘겨루기를 거쳐 인간으로 변했다는 것을 의미한다. 심판관인 노인이 곰에게 판전승을 선언했기 때문이다. 힘겨루기에서 서역인은 그 외향적 성격 때문에 내면적으로 인고의 과정을 견뎌내지 못했다. 이들은 외향적인 성격 덕분에 산업혁명을 일구어내고 과학과 물질문명을 발달시키는 데는 크게 공헌했다. 그러나 서세동점이라는 과거의 불행한 역사가 그로 말미암아 빚어졌다. 미래에는 동서 공존의 시대를 맞을 준비를 해야 한다. 좌우 뇌가 균형 잡힌 인간상이 나와야 한다.

곰을 수렵의 대상으로 여기지 않고 신성하게 다룬 것은 다음 기록에서도 분명히 알 수 있다. 주몽의 아버지인 해모수와 어머니인 유화가 만난 장소는 바로 웅심사(熊心渶)라는 곳이다.

河伯三女美　長曰柳花. 次曰萱花. 季曰葦花. 擘出鴨頭波
往遊熊心渶　自靑河出遊熊心淵上(《동국이상국집》, 동명왕편).

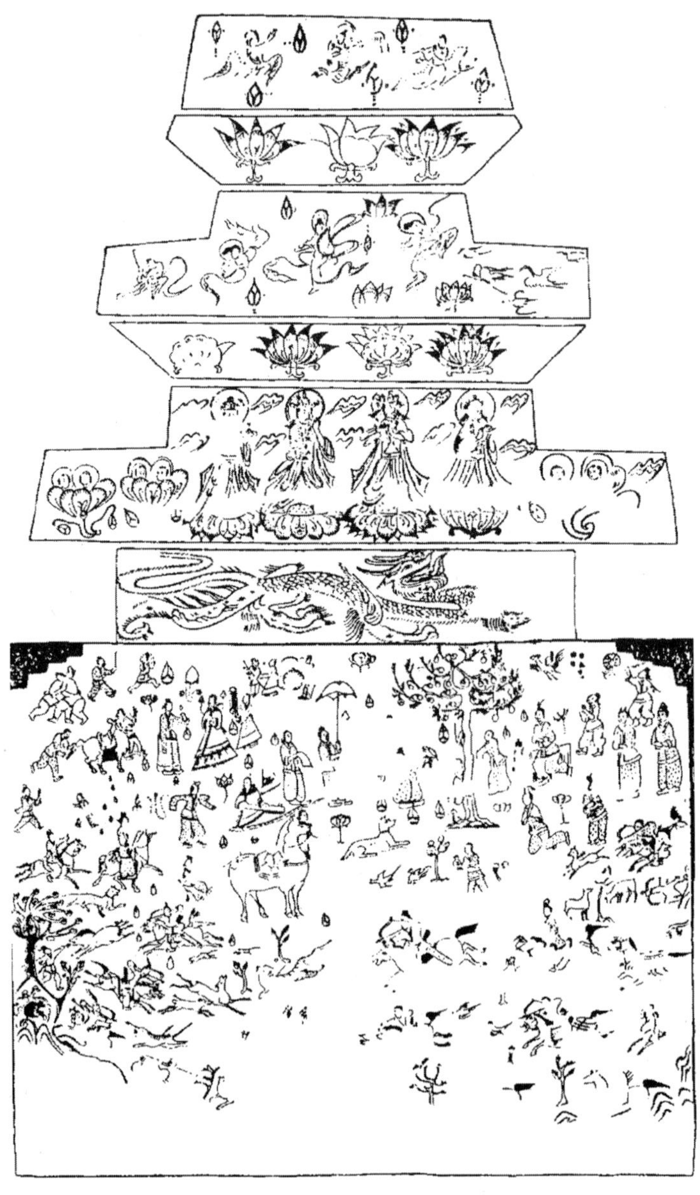

〈그림 7〉 장천1호분에 보이는 곰(왼쪽 아래)과 나무에 기원하는 여인의 모습(중앙)

곰 관련 지명은 주몽 출현 이전부터 신적인 존재들의 만남 장소로서도 상징적으로 존재하고 있었다. 이상과 같이 이들 두 벽화가 고분벽화 가운데 가장 초기에 속하고, 벽화의 계통이 환인 지역과 연결되며, 사실 상황이 아닌 상징적 표현 대상으로서 곰, 호랑이 등이 묘사되고 있다는 점이 매우 중요하다고 생각된다. 그리고 주목되는 점은, 두 사례이기는 하지만, 환인(桓仁)-집안(集安) 일대에서 이 같은 단군 신화 관련 소재가 벽화 속에 나타나고 있다는 점은 고구려 사회의 저변에 이 같은 인식이 지속되고 있었음을 잘 보여준다고 하겠다(조법종, 2005, 279쪽).

그런데 여기서 호랑이는 수렵의 대상이고 곰은 아니라고 하는 것은 자칫 하나의 인종적 편견을 낳을 우려가 있다. 마치 기독교가 흰색은 선이며 검은색은 악이라며 이분화함으로써 유색인종에 대한 인종 차별을 교리화한 것이나 마찬가지 아닌가 하는 것이다. 사실 서양의 여성 차별과 인종 차별은 이와 같이 기독교 교리 자체에서 비롯되었다고도 할 수 있다. 그래서 백인 기독교인들은 아무런 죄책감도 없이 인종차별주의(racism)를 교리적으로 채택하고 있는 것이다.

서양의 인종 차별은 피부색이라는 감각적인 기준을 따른 것이다. 즉, 타고난 숙명에 가까운 요소를 기준으로 삼고 있다는 점이다. 유색인종이 아무리 교육을 받고 종교적인 영성을 지닌다고 하더라도, 백인들은 피부색이라는 숙명적인 요소 하나로 모든 것을 판가름하고 만다. 이는 재세이화의 논리가 아니다. 그러나 각저총과 단군 신화의 경우는 상황이 전혀 다르다. 두 인종이 서로 내인적 관계에 따른 씨름을 한다. 수박도의 경우에는 내적·정신적인 겨루기를 먼저 한다. 그래서 정신력과 내적 수련의 힘에 따라 상대방을 얼마든지 이길 수도 있고 상대방에게 질 수도 있다. 이에 따라 씨름의 과정을 심판관은 방관할 뿐이다. 그리고 여기에 자연의 심판관인 나무 위의 새가 이를 바라보고 있다. 인간의 재세이화를 검증하기 위해서 일 것이다. 천·지·인 합일의 결정(結晶)이 바로 재세이화의 원리인 것이다. 이들은 모두 뇌량과 같이 두 씨름꾼 사이에서 힘의 균형을 잡는다.

8.7 각저총에 대한 라캉의 정신분석학적 고찰

　뇌 이론과 연관해 각저총을 해석을 할 때 한 가지 남는 의문이 있다. 나무 밑의 곰과 호랑이가 씨름을 하는 두 주인공을 바라보는 장면은 단군 신화에 나오지 않는다. 이를 어떻게 해석해야 할 것인지가 바로 문제인 것이다. 곰과 호랑이를 인종적 대칭으로 본다면, 호랑이는 서반구의 좌뇌적 특징을 그리고 곰은 동반구의 우뇌적 특징을 갖는다. 환웅과 웅녀라는 성의 대칭으로 본다면, 좌뇌는 남성적 특징을 그리고 우뇌는 여성을 특징을 갖는다.

　왜 각저총의 두 인물은 나무 밑에 곰과 호랑이를 앉혀놓고 자기들의 싸움을 바라보게 한 것일까? 이 질문에 답하는 데 라캉의 정신분석만큼 효과적인 것은 없을 것이다. 이러한 연구는 김용환 교수의 공헌에 의존하고자 한다. 물론 김 교수는 각저총이 아닌 단군 신화에 주목하고 있지만, 각저총은 라캉의 이론을 적용하는 데 안성맞춤이다. 김 교수는 이렇게 말한다. "라캉은 무의식의 진상과 그것의 현현 방식을 도식적으로 그리기 위해 소쉬르의 **시니피앙**(기표)과 **시니피에**(기의) 이론을 도입한다. 그는 기호학을 프로이트의 의식 삼분법에 그대로 적용하고 있다. 프로이트의 삼분법은 (1)구체적인 표상을 통해 완전히 재현할 수 없는 무의식적 사고 내용, (2)무의식이 표면화된 증상, (3)증상을 출발점으로 무의식을 언어화하는 언어표상이다"(김용환, 2006, 215쪽).

　라캉은, 의미 표현을 통해 드러나지 않으며 그 자체로 계속 감추어진 무의식의 사고 내용을 '시니피에(signifié)'라고 부르고, 무의식이 일정한 꼴로 표현된 증상과 언어표상을 '시니피앙(signifiant)'이라고 부른다. 라캉에 따르면, 증상과 언어표상은 서로 다른 것이 아니라 똑같이 무의식의 의미를 드러내는 시니피앙이다(김용환, 2006, 216쪽). 따라서 프로이트의 삼분법은 시니피에(무의식적 사고 내용)와 시니피앙(증상과 언어 시니피앙)의 양대 축으로 환원되고, 결과적으로 프로이트가 무의식의 작업 방식으로 보았던 압축과 대치는 사물표상을 형성하는 메커니즘이 아니라 모든 시니피앙, 즉 모든 의미 생산의 수단으로 이해된다. 압축과 대치는 라캉에 이르러 사물표상의 방식에 제한된 것이 아니라 언어의 근본 구조로 이해되었다(김용환, 2006, 805쪽).

그렇다면 각저총에서 두 사람의 씨름꾼은 시니피앙이고 곰과 호랑이는 시니피에이다. 같은 대상이 하나는 기표로 그리고 다른 하나는 기의로 나타난 것이다. 나무 밑의 곰과 호랑이는 감추어진 무의식의 내용이고, 두 씨름꾼은 그 무의식이 일정한 꼴로 표현된 증상과 표상이다. 실로 절묘한 표현이라고 할 수 있다. 지팡이를 잡고 있는 노인은 이 기표와 기의 사이의 관계를 관찰하고 있는 것이다. 마그리트의 작품 〈파이프〉(기표)를 보고 "이것은 '파이프'(기의)가 아닙니다"라고 할 때, 파이프와 '파이프' 사이의 관계는 풀기 어려운 복잡한 아포리아를 만들어낸다. 이는 비결정과 불확실성의 근본 원인이 된다. 파이프가 대상이라면 '파이프'는 이 대상에 대한 언어이다.

라캉은 여러 시니피앙 가운데 언어가 가장 중요한 시니피앙이라고 생각했다. 언어는 서로 다른 모든 시니피앙의 가장 기본적인 형식이다. 그러므로 무의식의 의미가 이해 가능한 것으로 독해되려면 무엇보다 언어형식을 빌리지 않으면 아니 된다. "무의식은 언어와 같은 구조로 짜여 있다(L'inconscient est structure comme un langage)" 또는 "무의식은 타자의 언술이다"라는 라캉의 명제는 이러한 맥락의 표현이다. 이 명제들은 무의식이 곧 언어적인 시니피앙을 주장하기보다 무의식이 의미 있는 것으로 현현되기 위해서는 언어의 형식이 필요함을 역설하고 있다. 또 라캉의 다른 명제인 "시니피에는 시니피앙을 통해서 부단히 미끄러진다"는 말도 이해될 수 있다. 시니피에는 시니피앙을 통해 완전히 표현되지 않는다. 다시 말해 어떤 시니피앙도 무의식을 완전히 지칭할 수 없다. 시니피에가 해독되기 위해서 시니피앙이 있어야 하고 이 시니피앙은 또 다시 다른 시니피앙을 필요로 하기 때문에 시니피에는 결코 완벽하게 파악될 수 없는 환유 성격을 지닌다(김용환, 2006, 689쪽).

나무 밑의 곰과 호랑이는 인간이 되려는 욕구를 가지고 있다는 점에서 모두 같은 목적을 가지고 있다. 어린아이가 어른이 되기를 욕구할 때 그 첫 표현이 언어로 나타난다. 나무 밑의 두 동물은 무언가를 말하려는 자세이다. 사람이 되고 싶다는 말을 하려는 것이다. 그러나 "이것은 '파이프'가 아닙니다"에서 보듯이, 말을 하는 것만큼 어리석고 위험한 일도 없다. 개구즉차(開口卽借), 다시 말해서 입을 여는 순간 혼동에 빠지고 만다. 이것은 파이프'이다'와 '아니다'가 동시에 참이기 때문이다.

따라서 말한다는 것은 세계 안에 특정한 형태의 상실을 도입하는 것이다. 말하는 것은 대상을 사라지게 한다. 왜냐하면 누군가 다른 사람에게 말을 하는 것이기 때문이다. 욕구의 대상은 요구(demand) 속에서 사라진다(Lacan, 1966, 628쪽).

곰과 호랑이에게 환웅은 하늘에서 가지고 내려온 세 개의 천부인, 즉 거울과 칼과 방울을 준다. 이 천부인 세 개는 라캉이 말하고 있는 상상계·상징계·실재계의 의미를 함축하고 있다. 이 세 가지는 바로 인간이 되고자 하는 욕구를 실현하기 위한 수단이요 과정인 셈이다.

'상상계'는 '거울단계(mirror stage)'이다. 생후 6개월부터 2년 사이에 어린아이는 자기와 유사한 존재, 즉 거울 속에 비친 자신의 상(이미지), 어머나나 대리모, 다른 아이를 자기와 동일시하게 된다. 이 단계에서 어린아이는 자기와 타자를 구분하지 못하는 단계에 머물러 있다(김용환, 2006, 213쪽).

우리 문화록어에서 이러한 상상계를 대변하는 말은 '알'과 같은 것이다. 이는 우로보로스와 같다고 할 수 있다. '알' 다음으로 말할 수 있는 것이 '감'·'곰'·'검' 등인데, 이는 아직 짐승몸에서 인간이 온전히 분리되지 않은, 그리스 신화의 타이폰과 같은 존재이다.

라캉의 두번째 단계는 상징계의 단계이다. 이 단계는 정확하게 세 개의 천부인 가운데 칼에 해당한다. 칼은 가르고 나누는 구실을 한다. 한자의 '분(分)'이나 '별(別)' 자가 모두 그 속에 '刀〔칼 도〕' 자를 지니고 있는 것은 칼이 분리하고 분별해내는 구실을 하기 때문이다.

어린아이가 상징계로 진입하면서 본격적인 주체형성과 동시에 자기의 분열이 일어난다. 이 과정을 가능하게 해주는 것이 바로 인간 내면 속의 자기에 대한 '상징'이며 이 상징에 의해 개인은 타인과 자기를 구별하게 되고 자기를 발견하게 된다. 그러나 이 상징계에서 어린아이는 '말하는 주체'인 자기(존재)와 '말해진 것의 주체'인 나(의미)를 일치시킬 수 없기 때문에 자기의 분열을 겪게 되는데, 라캉은 이러한 분열을 통해서 어린아이의 주체와 무의식이 동시에 생겨난다고 본다. 라캉은 상징계로 진입하는 과정을 두 가지로 설명한다. 하나는 프로이트가 말한 '오이디푸스 콤플렉스'이고 또 하나는 '은유'이다(Lacan, 1966, 69~72쪽/김용환, 2006에서 재인용).

피아제의 인지 발달 단계론에 따라 보자면, 상상계가 생후 18개월까지 감각 운동기에 해당한다면, 상징계는 4세 이후 낮은 분별지가 생기는 단계와 같다고 할 수 있다. 이러한 분별지가 생기면서 아이는 자연으로부터 그리고 어머니로부터 자신을 분리한다. 그러므로 이 단계를 곧 상징계라고 할 수 있는 것이다. 칼이 이를 잘 나타내고 있다. 이러한 상징계를 대변하는 문화목록어가 바로 최남선이 말하는 '밝'이다. 광명과 해를 뜻하면서 모든 것을 분명하게 밝히는 문화목록어인 것이다. 이는 지금까지 가장 넓은 영역에 걸쳐 영향력을 행사하는 목록어이다.

라캉의 마지막 단계는 실재계이며, 이는 천부인 세 개 가운데 '방울'에 해당한다. 알랭 바디우는 실재계가 집합론에서 말하는 공집합(∅)과 같다고 보았다. 불교의 절대 무와 같은 것을 두고 하는 말이다. 문화목록어로는 '한'이 이에 해당한다. 하나와 여럿의 상호 작용에 따라 양자의 '가운데'와 '같음'에 도달해 완전히 비결정의 상태에 들어가는 단계이다. 다시 말해서, 천·지·인의 완전한 조화에 따라 절대 무가 실현되는 단계이다. 이 단계에서 무당은 방울을 흔들어 인간의 의식이 실재계에 미쳤음을 알린다. 나무 밑의 곰과 호랑이는 상상계, 두 씨름꾼은 상징계, 그리고 지팡이 노인은 실재계이다.

공집합에서는 공이 자기언급을 함으로써 숫자 '1'을 탄생시킨다. 실재계는 사람으로 화한 웅녀와 환웅 사이에서 태어난 단군 바로 그 자신이다. 이는 기표와 기의가 일치하는 상태이며, 공집합의 '0'이 모든 요소들과 작용(operating)을 함으로써 다수(multiplicity)를 창발해내는 것과 같다고 할 수 있다. 공집합에서 유가 창발하는 것은 곧 창조성(creativity)이다. 여기에는 인간의 자기의식성이 수반된다. 이러한 의식성을 가능하게 하는 것이 칼이라는 상징계인 것이다. 칼의 구실 없이는 인간은 상상계에 머물 수밖에 없다. 이는 에덴 동산에 계속 머물려고 하는 퇴행 행위에 다름 아니다.

상상계는 좌우 뇌가 분리되지 않은 상태의 무의식이 지배하는 상태이다. 좌우 뇌는 상징계의 칼을 통해 분리된다. 다시 분리된 좌우 뇌는 방울의 구실에 따라 뇌량을 통해 융합된다. 그리고 그것은 절대 무의 상태이며 모든 것에 작용하는 작용 그자체이다. 이때 '한'은 '하'는 작용 그 자체가 된다.

제9장 동북아시아 문명 충돌론으로 본 탁록대전

9.1 탁록대전과 동서 문명 충돌론

중국 정부는 동북공정에 이어 탐원공정(探源工程)을 이미 시작했다. 탐원공정이란 동북공정과는 비교가 안 될 정도로 치명적이다. 고구려가 고조선의 계승이라고 볼 때, 고구려를 중국사에 편입시킨 도미노 현상으로 말미암아 고조선도 편입시키지 않을 수 없다. 한마디로, 동북공정 논리의 연장이라고 할 수 있다. 그들은 이미 황제와 염제만이 자기들의 시조라는 차원을 넘어서 치우까지 자기들의 시조로 둔갑시켰으며, 북경과 탁록의 중간 지점에 삼조당을 세우고 귀근원(歸根園)이라는 이름을 붙였다. 그리고 치우상을 세우는 작업부터 시작해 치우 복원에 총력을 기울이고 있다.

지금 치우를 언급하고 있는 사료는 《규원사화》와 《환단고기》 그리고 《사기》 정도이다. 그러나 우리 학계는 중국 사서 《사기》 이외의 두 사서를 모두 위서로 취급해 연구 자체도 금기시하고 있는 실정이다. 오늘의 이 비참한 현실을 내다보기라도 한 듯, 《규원사화》의 저자 북애는 "지금 세상에는 치우씨에 관해 자세히 캐묻는 사람이 없다. 이는 국사책이 흩어져 없어진 데도 원인이 있기는 하나 후대의 학자들이 소홀히 했다는 질책은 면하기 어려울 것이다"라고 했다. 왜 우리는 지금 치우를 다시금 언급해야 하는가? 단순히 동이족의 영광을 다시 찾기 위해서인가? 물론 그러한 면도 없지 않아 있을 것이다. 그러나 치우의 존재 의미는 그 이상이라고 본다. 왜냐하면 우리가 지금 치우를 재천명하고 재조명하지 않으면 동북아시아의 고대사를 바로 세울 수 없고, 나아가 세계사를 이해하는 데도 문제가 있기 때문이다. "치우에 대한 연구는 한 영웅의 이야기를 캐나가는 작업에 그치는 것이 아니라, 현재 한국, 중국, 티벳, 중국 남부의 여러 민족인 묘족, 이족, 여족, 장족의 상고사를 종합적이고 체계적으로 조명하는 출발점이다. 또한 우리 한민족은 치우와 황제의 탁록대전 이후 난하, 대능하, 요하, 송화강을 중심으로 고조선을 세우고 역사 활동을 하는 시대로 접어들었다. 이것은 북방 초원 문명, 황하 중상류 하·은·주 3대 문화와 함께 동아시아를 3등분하고, 3각 세력을 이루며 동아시아 역사를 주도해나가는 새로운 시대의 시작이다"(오정윤, 2001, 71쪽).

나는 1999년 9월에 치우 유적지를 탐방했다. 그럼으로써 치우가 역사적 실존 인물이라는 확신을 갖게 되었다. 치우와 황제가 마지막 혈전을 벌인 곳이 바로 탁록이다. 실로 탁록대전은 서양의 트로이 전쟁에 견줄 만한, 아니 그보다 훨씬 규모가 큰 전쟁이었다고 본다. 그런 의미에서 트로이 전쟁이 서양사에 미친 영향만큼이나 탁록대전이 동북아시아 역사에 미친 영향은 크다고 본다. 실로 인류 문명사는 동서 충돌의 역사라고 해도 지나치지 않다. 고대 수메르와 바빌로니아의 전쟁을 비롯해 칭기즈 칸의 유럽 정벌 등은 모두 동서의 충돌에서 일어난 호응 각축의 전쟁이다. 그리고 19세기는 서양이 신무기로 동양을 침략해 일본과 태국을 제외한 아시아 모든 국가들이 서양의 식민 지배를 받는 서세동점의 시대였다.

미국의 보수주의 정객 새뮤얼 헌팅턴은 1990년대 초에 **문명 충돌론**(*clash of civilization*)을 주장한다. 즉, 앞으로는 서양의 기독교 문명권과 동양의 유교 문명권이 충돌하는 전쟁의 역사가 전개된다는 것이다. 부시의 미사일 방어체제(MD) 구축론도 모두 이런 문명 충돌론의 일환으로 이해할 수 있을 것이다. 우랄 산맥을 경계로 해서 지구는 크게 동서로 나뉜다고 했다. 두뇌의 모형을 보면 그것은 지구와 같은 공 모습을 하고 있다. 좌우 반구는 가운데의 뇌량(腦樑, Corpus callosum)으로 연결되어 있다. 그런데 지구의 모습을 동반구와 서반구로 나누어보면, 언어적 특징과 문화적 특징 그리고 사고 유형의 특징이 서로 다름을 발견하게 된다. 그 차이는 바로 뇌의 좌우 반구의 차이와 비슷하다. 우리는 보통 이러한 차이를 동양과 서양의 차이로 구분하고 있다.

그러나 동서라는 개념은 상대적이어서, 동 안에도 동서가 그리고 서 안에도 동서가 있다. 때문에 같은 서양 안에서도 동서의 충돌이 있어왔고, 같은 동양 안에서도 그러했다. 현대 과학에서는 이를 '프랙털' 현상이라고 부른다. 나는 이런 프랙털 현상이 두뇌 안에서도 그리고 문명 안에서도 일어난다고 본다. 우뇌는 동양 문명의 특징을, 그리고 좌뇌는 서양 문명의 특징을 두드러지게 나타내 보이기 때문이다. 좌뇌가 이성적이고 우뇌가 감성적이라는 것은 과학적으로도 입증된 사실이다. 이런 특징이 그대로 동서 문명권 속에서 나타나는 것이다. 이성이 감성과 갈등을 빚듯이, 동서도 서로 갈등 양상을 노출시킨다.

그러나 뇌 속에서 양 뇌는 조화를 이루어야 한다. 이는 곧 동서가 서로 조화를 이루어야 한다는 말과 같다. 뇌에 좌우가 있고 지구에는 동서가 있다. 이는 자연스런 현상으로, 이를 두고 '양단(兩端)'이라고 한다. 그러나 만약 어느 하나가 다른 것을 억압하거나 제거하려고 할 때는 '양단(兩斷)' 현상이 생기고 만다. 동서이하론(東西夷夏論)에서 본 것처럼, 동북아시아에는 서쪽에 '화하계'가, 동쪽에 '동이계'가 분명히 있었다. 실로 동북아시아의 유교와 도교 문화는 두 문명권의 '양단적(兩端的)' 현상으로 조성되어왔다. 그런데 중국은 모든 동북아시아 문명이 마치 화하계의 창조물인 것처럼 여기는 우를 범하고 있다. 이러한 잘못은 동북아시아 문명을 '양단적(兩斷的)'으로 만들고 말 것이다. 이는 큰 비극이라고 아니할 수 없다. 이런 의미에서 중국 정부의 동북공정과 탐원공정은 모두 성공할 수 없으며, 성공해서도 안 된다. 양 뇌 이론으로 이를 극복해야만 할 것이다.

미국의 백인들은 자기 안의 타 인종을 'minority'라고 한다. 그리고 중국은 '소수민족'이라고 한다. 그런데 나는 이런 용어부터 고쳐야 한다고 생각한다. 이런 용어 자체가 이미 강자 중심으로 붙여진 이름일 뿐이다. '소수민족'이라는 개념이 절대적이지 않기 때문이다. 중국 역사만 보더라도 한대에 이르러서야 '한(漢)'이라는 이름이 등장한다. 그때까지는 한족(漢族)이 소수민족이었다는 뜻이다. 지금은 묘족이나 다른 민족이 소수민족이지만, 고대 상고사에서는 결코 그렇지 않았다. 바로 그러한 사실을 극명하게 보여주는 것이 치우에 관한 역사이다. 치우는 분명 우리 속에서 재조명되어야 한다. 왜냐하면 현재 만연하고 있는 동북아시아 일대의 잘못된 역사 인식을 근본적으로 바꾸어놓을 수 있는 사건이 바로 치우와 황제가 혈전을 벌인 탁록대전이기 때문이다. 전쟁에서 패한 자는 항상 소수민족이라는 멍에를 메어야 한다.

과학의 뇌 이론과 프랙털 이론을 역사에 도입하는 일은 매우 유용하다. 양 뇌가 뇌량에 따라 연결되어 상호 작용을 하듯이, 앞으로 아시아, 특히 동북아시아 국가들은 역사를 양단적으로 이해함으로써 서로 평화롭게 공존할 수 있도록 계기를 만들어야 한다. 중국 정부의 잘못된 역사 인식을 바로잡는 데는, 역사 그 자체로 대응하는 차원도 당연히 필요하지만, 내가 여기서 전개하고 있는 것과 같은 자연과학의 방법도 크게 기여할 것이다. 목적에 부합한다면 수단에 상관없이 여러 방법을 쓰도록 해야 할 것이다. 1999년에 나는 연변대학에서 이러한 방법론을 발표한 일이 있었다. 그때 연변대학의 한 교수는 나에게, 중국 공산주의 정부는 아직 신과학의 이론을 받아들일 준비가 되어 있지 않다고 대답해주었다. 고르바초프가 신과학을 맹목적으로 도입함으로써 구소련이 붕괴되었는데, 자신들로서는 그런 페레스트로이카의 전철을 밟지 않겠다는 의지처럼 들렸다.

탁록대전은 기원전 27세기 무렵에 일어난 전쟁이다. 서양에서는 기원전 12세기 무렵에 트로이 전쟁이 있었다. 두 전쟁에서 한 가지 공통된 점은 이들 전쟁이 신화인지 역사인지 구분되지 않는 상태에서 우리에게 전해졌다는 것이다. 그 이유를 두고 제인즈는, 그 당시에는 뇌가 아직 좌우로 구분되지 않은 '양원적(bicameral)' 상태였기 때문이라고 했다. 우뇌는 지금도 신화와 신비와 환상으로 가득 차 있지만, 좌뇌는 합리적 이성으로 이를 억제하고 있다는 것이다. 그 당시의 역사 서술만 하더라도 우뇌의 영향을 받았기 때문에 도무지 신의 역사인지 인간의 역사인지 구분이 안 된다고 한다.

트로이 전쟁 때 인간은 신화 속을 헤매고 있었다. 치우와 관련해서도 사정은 다르지 않다. 《태평어람》에 따르면, 치우가 "큰 비바람을 일으키고 큰 안개를 삼일 동안 일으키니 모두가 당혹했다"고 한다. 이는 분명히 우뇌의 발동에 따른 신비적인 방법의 역사 기술이다. 탁록 지역은 안개가 많이 낀다고 한다. 우뇌로 볼 때 이러한 자연 현상은 비합리적이고 신비할 수밖에 없다. 지금의 역사학자들은 좌뇌로만 역사를 재단해버리기 때문에, 위서 운운하며 이런 기록이 있는 사서들을 일언지하에 폐기 처분하려고 한다. 이는 우리 뇌의 중요한 부분인 우뇌를 잘라 내버리는 것과 같다. 한마디로 양단(兩斷) 현상이자, 김부식의 콤플렉스와 별반 다를 바 없는 것이다. 이런 의미에서 제인즈의 분할 뇌 이론에 따른 문명사 이해는 매우 옳다고 본다. 치우는 이렇게 신비한 환상 속에서 작전을 세웠다. 그런데 황제는 나침반을 이용해 안개와 비바람 속에서도 정확하게 방향을 결정할 수 있었고, 결국 싸움에서 이길 수 있었다고 한다. 지금도 중국 삼조당 안에는 치우와 황제가 각각 도끼를 들고 있는 모습과 나침반을 들고 있는 모습으로 묘사되어 있다. 비합리성과 합리성, 우뇌와 좌뇌의 절묘한 대조이다.

9.2 동양 속의 동서 충돌과 탁록대전 : 동서이하론

동북아시아 일대에서도 서양에서 그랬던 것처럼 동서의 충돌이 있었다. 문명 사이의 특징은 뇌의 양반구의 차이와 같은 특징을 보여준다. 그러면 먼저 동북아시아 일대의 양반구적 차이를 지역적으로 나누어 살펴보고, 다음으로 양 지역의 중심인물과 문화적 특징을 차례대로 고찰해보도록 하겠다. 그리고 이러한 특징들을 탁록대전과 연관해 생각해봄으로써 세계 문명사의 프랙털 현상을 증명해보기로 하겠다. 양 뇌가 뇌량이라는 교량으로 연결되듯이, 이러한 작업이 앞으로 동서 문명을 연결해 상호 교류시키고, 나아가 하나의 이상적인 세계를 만드는 데 기여할 수 있다면 더 바랄 것이 없겠다. 우리는 뇌의 텐서 현상에서 이러한 가능성을 보았다(이 책의 제4장 6절 참조).

동북아시아의 상고시대에는 대체로 세 개의 대표적인 부족 집단이 있었다. 화하족·동이족·묘만족이 바로 그것이다. 그 분포 지역을 보면, 화하족은 섬서성의 황토고현을 그 발상지로 하여 황하 양안을 따라 중국의 서쪽과 중부의 일부를 포함한다. 동이족은 산동성의 남부를 기점으로 하여 북으로는 산동성의 북부와 화북성의 남부 그리고 서로는 하남성의 동부, 남으로는 안휘성의 중부에 이른다. 그리고 동으로는 바다를 끼고 있는 광대한 지역을 포함한다. 묘만족은 호북성과 호남성을 중심으로 한 지역을 포함한다(심백강, 2001, 35쪽). 각 부족을 상징하는 대표적인 인물로 화하계에는 황제가, 동이계에는 치우가, 그리고 남만계에는 축융이 있다. 심백강은 치우가 동이족을 대표하는 인물이었다는 문헌적 증거를 《서경》과 《사기》 등에서 찾고 있다. "구려국의 임금을 치우라고 한다"(《서경》). 황제는 화하계에 그리고 치우는 동이계에 속해 있으면서 두 종족을 대변한다. 한 동네 안에서도 학군 사이에 생기는 분할이 이와 같다고 할 수 있을 것이다. 어느 한쪽이 좌뇌적 반응을 보이면 그 반대쪽이 우뇌적 반응을 보이듯이, 황제와 치우는 숙명적으로 서와 동에서 대결하는 것이다.

문명의 프랙털 현상은 동북아시아 일대에서도 분명히 나타나고 있었다. 서양보다 그 양상이 더 심각하고 더 뚜렷하다고 해도 지나치지 않다. 서양이 동방과 서방으로 나뉘듯이, 동북아시아 일대에서는 중국학자 부사년(傅斯年)이 지적하고 있는 대로 동서가 종족에 따라 '이(夷)'와 '하(夏)'로 분명히 나뉘어 있었던 것이다. 종족적으로는 말할 필요도 없고, 그 종족의 분포 지역마저 확연하게 구별되는데다가, 그 문명적 특징마저 달랐다. 부사년은 그의 '동서이하론'에서 이러한 차이점을 다음과 같이 지적해 말하고 있다.

동한 말 이래의 역사는 항상 남북으로 분열·대립한 역사였고, 하·은·주 삼대와 그 이전은 동서로 대치된 갈등의 역사였다. 또 지역적으로는 하수(河水)·제수(濟水)·회수(淮水) 유역을 지반으로 한 중국 고대 문명이 부락에서부터 제국으로까지 발전했다. 이 지리적 형세는 동서의 대립이었고 남북의 대립은 아니었다. 동서는 서로 계통이 달라 때로는 대치하여 투쟁하고, 혼합이 생기기도 했다. 그 민족을 분류하여 동이와 상은 동방계에 속하고, 하와 주는 서방계에 속한다(류승국, 1983, 14쪽).

같은 중국학자 노간(勞幹) 역시 동서는 서로 종족이 달랐으며 그 문화적인 특징마저 달랐다는 중요한 지적을 하고 있다. 그는 "이른바 중국 민족에는 하·은·주 삼대를 거쳐 발달해온 서방의 화하족이 있었으며, 동방에는 하·은·주 삼대 이전부터 일찍이 발달한 비한어계의 민족이 있었으니 이것이 곧 동이족이다"라고 했다. 그러면서 화하계와 동이계의 문화적 특징을 비교하기를, "동방의 이족은 채도(彩陶) 문화에 대해 흑도(黑陶) 문화를 가지고 있어서, 동서가 현저하게 다른 것은 고고학상으로 확정된 것이다"라고 했다(류승국, 1983 참고). 노간은 두 문화의 차이를 말하면서, 서방은 '채도'로 그리고 동방은 '흑도'로 구분했다. 이는 곧 좌우 뇌의 색깔에 따른 차이를 보여준다고 하겠다.

9.3 동이의 흑도와 화하의 채도

류승국은 흑도와 채도 문화의 차이를 통해 동북아시아에는 엄연히 다른 두 문명권이 있었음을 입증할 수 있다고 했다. 그러면 언제부터 두 문명권이 이루어졌으며, 나아가 어떻게 서로 교류하고 또 갈등을 빚었는가? 우리는 갑골문을 가지고 이를 얼마든지 고증할 수 있다. 흑도가 동이족과 관련 있음을 입증할 수 있는 자료는 풍부하다. 고고학적 발굴에 따르면, 흑도는 산동을 중심으로 한 연해 지대에서 발굴된다. 중국의 서양지 같은 학자는 회도(흑도)는 동이족이 창조한 것이라고 한다. 흑도의 범위는 산동뿐만 아니라 요동까지 미치고 있었으며, 최근에는 한강 유역에서도 발견되고 있다. 심지어 내몽골의 츠펑 지방까지도 그 권역에 해당한다.[1] 그 결과 고고학계 안에서 내린 결론은, 흑도는

---

1) "앙소계의 채도와는 달리 산동반도에 근거를 두고 있는 대문구나 용산문화의 흑도류가

산동 지방 그리고 동이족과 서로 관련이 있다는 것이다. 중국이 자기들 중심으로 '동방'이라고 할 때는 중국 하남의 동부 산동 지방과 회수 그리고 서주 일대를 가리키는 것이다. 이 지역에서 나오는 토기들이 바로 '흑도'이다. 흑도의 주인공은 동이인 것이다.

갑골문의 특징은 '한(漢)'과 달리 '이(夷)'라는 부족의 이름이 뚜렷이 등장한다는 점이다. 중국인 금문 해독자인 낙빈기는 '夷' 자가 하나라의 시조 우 임금의 이름인 것을 확인했다. 그는 삼황오제가 모두 이족의 계열에 속해 있다고 했다(김대성, 2002, 30쪽). '한(漢)'이라는 이름이 《후한서》(기원후 220년 무렵)에 처음 등장하는 것에 견주면, '이'라는 종족은 매우 일찍부터 그 정체성이 분명하고 하겠다. 갑골문에는 끊임없이 동방 이족을 정벌하는 기록이 등장하는데, 우리는 이 기록을 통해 동이족이 살던 지역의 경계를 짐작할 수 있다. 갑골문에는 종족 이름은 물론 거주 지방의 소재지도 나온다. 그리고 우리는 이 지방에서 흑도가 나오고 있음을 확인할 수 있다.

흑도와 채도 가운데 어느 것이 먼저인지는 간단하게 답이 나온다. 산동과 하남 일대의 신석기 유물이 채도가 아니라 흑도임은 쉽게 확인되기 때문이다. 흑도의 연대에 대해서는 여러 가지 설이 있으나, 산동과 하남을 중심으로 한 신석기 문명의 상징이 흑도임은 분명하다(류승국, 1983, 25쪽). 여기에 동이 지역이 산동과 회수 방면이라는 사실은 갑골문 복사(卜辭)를 통해 더욱 뚜렷해졌다. 복사에는 은이 동이를 정벌하는 기록이 나오는데, 여기에 회수라는 지명이 있다. 요약하면, 동이 지역은 산동과 요동 그리고 한반도 일대이다. 그리고 이 일대를 이어주는 하나의 문화 띠가 형성되어 있는데, 그것이 바로 '고인돌(dolmen)'이다. 고인

___

내몽골 츠펑 지방 제1기 문화라고 하는 홍산문화권의 토기에 영향을 주었으며, 다시 츠펑 제2기 문화인 하가점상층문화권과 요령식 동검문화의 발원과 관계가 있는 대능하 상류 조양 지방을 거쳐…… 심양의 송화강 유역까지 미치고 있다"(권태원, 2000, 282쪽).

돌의 분포 지역이 화하계와는 멀기 때문에, 동이계의 정체성을 밝히는 또 하나의 상징물이 되고 있다. 이와 같이 문화 상징에서 동이족은 서쪽 화하계와는 다른 문명적 특징을 가지고 있었다.

뇌의 특징으로 볼 때, 옹기에 채색을 하고 그 모양을 인위적으로 정교하게 만든 것은 다분히 좌뇌적 특징이라고 할 수 있다. 그런가 하면, 그러한 정교한 미도 없고 채색도 하지 않은 것은 우뇌적 특징이라고 할 수 있다. 채도가 좌뇌적 특징과 일치하는 까닭은, 색이란 그 특징상 사물을 분간하게끔 해주는 구실을 하기 때문이다. 인간의 분별력은 색을 통해 최초로 이루어진다고 할 수 있다. 그래서 인간이 만들어 사용하는 일상적인 그릇에 채색을 한다는 것은 높은 단계의 분별력이 생기기 시작했다는 것을 의미한다. 이러한 현상이 서쪽의 화하계에서 발생했다는 것이 채도가 갖는 의미라고 할 수 있다. 그러나 동북아시아에는 이러한 채도에 저항하는 흑도 문화가 엄존해 있었다. 전자가 유교 사상의 배경이 되었다면, 후자는 두말할 것 없이 도가 사상을 만들어내는 배경이 되었다. 도가 사상을 '현학(玄學)'이라고 하는 이유도 다름 아닌 흑도 문화를 배경으로 하고 있기 때문이다. 좌우 뇌의 차이만큼이나 유가와 도가 사상은 그 차이를 보여주고 있다.

이는 애슈브룩이 색이 아닌 형태에서 고딕을 좌뇌적 특징으로, 돔을 우뇌적 특징으로 본 것과 매우 비슷하다고 할 수 있다. 그런데 좌뇌와 우뇌는 같은 두뇌 안에 있음에도 그 상반된 특징 때문에 서로 상극적 양상을 드러낸다. 이성적인 좌뇌는 감정적인 우뇌를 멸시하기 시작한다. 그리고 감정은 이성의 이러한 횡포에 불만을 품고 복수에 불타게 된다. 차축시대 이래로 서양 문명은 이성 중심의 이른바 로고스 문명을 우월시하면서 감정을 억압해왔다. 이에 대해 19세기 말부터 프로이트의 반격이 시작된 것이다. 프로이트뿐만 아니라 마르크스와 다윈 등도 모두 인간을 관념론적인 차원에서 보지 않고 비합리적인 물질과 감정 같은 것을 토대로 보았다는 점에서는 같다고 할 수 있다. 이제 파충류층과 포유류층의 대반란이 시작되었다. 앞으로 문명은 양 뇌가 조화를 이루는 것이어야 한다. 그래야 유물론과 관념론이 함께 공존하는 문명이 만들어질 것이기 때문이다. 빙하기 때 뉴런의 대변화로 현생 인류가 탄생했듯이, 이제 전 지구적 변화와 함께 인간 뇌에 대변화가 일어날 것이다. 좌우와 상하 구조가 조화를 이루는 그런 뇌가 등장할 것이다.

좌뇌는 오른손을 제어하고 우뇌는 왼손을 제어한다. 서양이 '왼손잡이'를 '사악하다'고 하는 이유도 여기에 있다. 왜햐하면 바로 그들이 멸시하는 우뇌의 작용이기 때문이다. 좌뇌적 특징이 강한 서양이 동양을 멸시하는 이유도 동양의 우뇌적 특징 때문이다. 헤겔은 동양적 정신을 두고 자연에 잠들어 있는 동물적 의식구조 정도로 치부하고 말았다. 마르크스도 예외는 아니었다. 이러한 이유로 동양에는 개인주의가 발달하지 못했으며, 그래서 자본주의가 아예 존재할 수조차 없다고 보았다. 이른바 아시아적 생산양식(Asian Mode of Production)이란, 다름 아닌 아시아에서 공산주의 혁명을 가능하게 하려면 억지춘양으로 자본주의의 단계를 거쳐야 한다는 것이다. 사이드가 말하는 '오리엔탈리즘(orientalism)'이 바로 여기서 생기게 되는 것이다. 이와 관련해서는 이 책의 제12장에서 상론하기로 하겠다. 애슈브룩에 따르면, 서방 기독교와 달리 동방 기독교에서는 교황이 무려 60명이나 피살되었다고 한다. 그 이유는 동방의 우뇌적 성격 때문이라고 한다. 좌뇌에 따라 억압되거나 절제되지 않은 우뇌는 쉽게 폭력과 폭동 그리고 테러로 이어질 수 있다는 것이다. 아울러 그는 이것이 위계가 없는 돔 형식 건축의 운명이라고 말한다. 그러나 여기서는 일단 이러한 좌우 뇌의 성격을 동북아시아 문명에 국한해 이해하기로 하겠다.

부사년은 동북아시아 일대에 있어온 동서 충돌과 갈등의 역사를 다음과 같이 도식으로 제시했다.

동서상쟁사	결과
동　　　서	
夷 ·········· 夏	동서가 서로 이김
南 ·········· 夏	동이 서를 이김
夷 ·········· 周	서가 동을 이김
六國 ······· 秦	서가 동을 이김
陣項等 ··· 秦	동이 서를 이김
楚 ·········· 漢	서가 동을 이김

이 도식은 부사년이 하초(夏初) 이후 동북아시아 일대에서 벌어진 동서 충돌과 갈등 양상을 알기 쉽게 나타낸 것이다. 여기서 보듯이, 동과 서는 말 그대로 일진일퇴를 되풀이하고 있다. 세번째로 나오는 '이(夷)'와 '주(周)'의 경우, 은이 동이족인지 아닌지는 아직 명확하지 않으나, 은이 서쪽의 화하계와 충돌하고 있음은 분명하다. 여러 가지 문화적인 특징으로 보면, 은은 동이에 가깝기 때문이다. 이렇게 생각할 때 뇌의 구조만큼이나 숙명적으로 동서의 갈등과 충돌은 아직 끝나지 않았다고 할 수 있다. 하초를 거슬러 올라가, 지금부터 말하려고 하는 탁록대전도 결국 같은 맥락의 동서 충돌이라는 관점에서 고찰해야 바른 이해가 이루어질 것이다. 그리고 동북아시아 일대의 국가들이 지향하는 평화란 과연 무엇인지, 그 방향 설정도 제대로 할 수 있을 것이다. 지금 진행되고 있는 동북공정 역시 동서이하의 연장선상에 있음은 두말할 필요가 없다.

9.4 치우와 동이의 관계

뇌 이론이 정당하려면 치우와 황제의 관계를 동이와 화하계로 비정하는 것이 무엇보다 정당해야 한다고 본다. 동북아시아 동서 충돌의 극치는 아마 치우와 황제의 탁록대전이라고 해도 무리가 아닐 것이다. 황제는 서방 섬서성의, 그리고 치우는 동방 구려국(九黎國)의 맹주였다. 《서경》의 〈공전〉에 따르면, "구려국의 임금을 치우라 한다"고 했다. '려'에 대한 최초의 기록은 《서경》에 보인다. '려'는 원래 산명이나 지명이었는데, 동이족이 그 지역에 살면서부터 '구려'라고 하여 '구려국'이 되었다고 한다(심백강, 2001, 37쪽).[2] 심백강에 따르면, 《묘족간사(苗族簡史)》에는 "우리나라에는 장강 중하류와 황하 하류 일대에 오래전부터 많은 원시 인류가 생활해왔는데…… 지금으로부터 5,000년 전에 부락 연맹을 형성했다고 한다. 그 가운데 한 부락이 '구려'인데, 치우가 수령이다"라는 기록이 있다고 한다. 《묘족사(苗族史)》의 제1장 〈묘족의 원시시대〉에는 "묘족의 먼 조상은 치우이다"라는 직접적인 기록이 나온다.

이러한 문헌적 고찰을 통해 볼 때, 황제와 치우의 대결 양상은 궁극적으로 동북아시아 안에서 벌어진 동서 문명 충돌이라는 각도에서 보아야 정당할 것이다. 황제와 치우의 치열한 대결은 다음과 같은 단편적인 글들 속에서도 충분히 엿볼 수 있다.[3]

치우는 염제를 쫓아 탁록의 들판에서 싸웠는데, 주위에 남은 것이라고는 없었다. 황제를 설득하여 치우를 잡아 중익(탁록)에서 죽였다(《일주서》, 〈상맥〉 편).

황제가 염제를 정벌했다. 《손자병법》의 기록에 따르면 치우는 병기를

---

2) '려'는 기장이라는 농작물이다. 한편, 쟁기와 같은 농기구를 '려'라고 하기도 한다. 다른 소릿값으로는 '리'와 '이'도 있다. 그래서 '구려'·'구이'·'구리'라는 이름도 나오는데, 이는 '고구려'의 옛 이름이다. '고려'는 바로 여기서 나왔으며, 이 말이 서양으로 전해져 'Corea'가 되었다(박준희, 2001, 14쪽).
3) 이렇게 치우와 황제가 대결하는 장면은 12종의 책에서 모두 26번 이상이 보인다(박준희, 2001, 139쪽).

만들어 황제를 정벌했다. 황제는 마침내 응룡에게 명하여 그를 기주의 들판에서 공격했다(《산해경》).

황제는 탁록을 정벌하여 치우를 사로잡았다(《전국책》).

중국인 교수 조육대(중국 탁록삼조문화연구회 부회장)는 "황제는 황제부락의 수령이고 치우는 치우부락의 수령이었다"고 하면서, "그들 사이의 전쟁은 원시사회 말기 중원대 지상에서의 사회 진보에 필연적인 현상이었다. 누가 정통이고 누가 비정통인가도 없는 그들의 지위는 모두 평등한 것이었다"라고 했다. 그리고 그동안 치우가 잘못 이해된 것은 비마르크스주의의 봉건정통사관이나 대한족주의 때문이라고 부언했는데, 그는 마르크스의 유물사관으로만 치우에 대한 잘못된 이해를 바로잡을 수 있다고 보는 듯하다. 그러나 내가 보기에 이는 또 하나의 중화주의에 빠질 위험성이 있다. 치우에 대한 다른 방식의 왜곡일 수 있는 것이다. 그럼에도 여러 문헌을 통해 치우와 황제가 동과 서를 대표하는 인물이었음을, 또 동서가 치우와 황제라는 인물을 중심으로 심각한 충돌을 빚었음을 여러 근거 자료로써 제시하고 있기 때문에, 그의 주장에 대해 비교적 긍정적인 평가를 해줄 수 있을 것이다. 내가 여기서 주장하려고 하는 동서 충돌론의 근거를 제공해주고 있기 때문이다.

그런데 조육대는 이어서 다음과 같은 문제의 발언을 한다. 즉, "나는 치우가 단지 묘족의 선조일 뿐만 아니라 황제·염제와 더불어 중화민족 역사상의 삼대 조상이라고 생각한다"(조육대, 2002, 148쪽)는 말인데, 이는 매우 의미심장한 발언이라고 할 수 있다. 이는 그동안 자신들의 역사에서 빼놓았던 치우를 이제 중국의 조상으로 편입시키려는 발상이라고 할 수 있다. 여기서 우리는 중국의 사학자들이 치우를 재평가하고 있으며, '중화민족'의 정체성을 변경시키고 있음을 발견하게 된다. 이것이

탐원공정의 실체이다. 그는 다시 이렇게 말한다. "중화민족이란 황·염 연맹(황제와 염제의 연맹)이라는 핵에 구려·동이·북적·선비 등 중화 대지 위에서 생활하던 많은 소수민족 무리가 순서대로 융합하여 형성된 것이며, 네 속에 내가, 내 속에 네가 있는 '다원일체적'인 대가정을 이룬 것이다"(조육대, 2002, 149쪽). "어느 누구도 당신이 궁극적으로 어느 조상의 후손인지 분명히 구분할 수 없다. 우리는 당연히 황제와 염제가 우리의 조상이라고 인식하는데, 그렇다면 치우 또한 우리의 선조라고 생각하지 않는 이유가 무엇인가? 우리는 마땅히 봉건정통사상이 남겨준 치우에 대한 비마르크스주의적 부당한 인식과 정확하지 않는 태도를 버려야 하고, 치우의 본래 면목을 돌려주어야 하며, 선조로서 지위를 확립해주어야 한다"(조육대, 2002, 149쪽). 조육대의 이 말은 우뇌 역시 하나의 뇌 속에 함께 들어 있다는 뜻이라고 할 수 있다. 그러나 분별 없는 합일은 있을 수 없다.

우리는 조육대의 주장에서 몇 가지 중요한 시사점을 발견하게 된다. 먼저 그는 '너 속의 나, 나 속의 너'라는 나의 프랙털적인 사관을 그대로 말하고 있다. 그러나 진정한 의미에서 프랙털은 어디에도 중심이 없다. 모두 중심적이어야 한다. 그래서 그가 말하는 마르크스의 평등적 이상도 실현된다. 그러나 조육대는 분명하게 "중화민족은 강대한 응집력을 가진 민족인데, 이 위대한 민족의 형성은 황·염·치로부터 시작된다"(조육대, 2002 참고)고 하면서, 황·염을 핵으로 한 다원일체주의를 강조하고 있는 것이다. 이는 치우를 빙자한 또 하나의 역사 왜곡일 수밖에 없다. 미래에는 모든 민족이, 로티가 말하는 '자문화를 중심으로' 한(ethnocentrism) 다중심주의적 다원일체로 나가야 할 것이다. 황·염을 중심으로 하고 그것을 응집력으로 치우를 흡수해버리려는 역사 이해는 또 하나의 중화주의의 위험성에 빠질 수 있으며, 21세기를 지향하는 진정한 사관일 수는 없을 것이다. 중국의 탐원공정은 이와 같이 상상을 초월하는 논리로 진행되고 있는 것이다. 이러한 잘못된 논리를 고치고 배격하는 데 뇌 이론이 일조를 할 수 있기를 바란다.

조육대의 이론은 마르크스를 빙자한 역사관의 변화라고는 할 수 있으나, 결국 황제를 정점으로 한 중화주의 사관에서 벗어난 것이 결코 아니다. 황제는 동북아시아 역사에서 최초로 '서방'이라는 의식을 자각한 인물이라고 할 수 있다. 여러 문헌을 통해 볼 때, 황제와 치우는 모두 같은 조상의 한 뿌리였다. 그런데 프랙털 현상에서 보는 바와 같이 '하나 (one)'는 둘로 분열되기 마련이다. 이러한 분열의 유혹에 빠진 인물이 바로 황제였다는 것이다. 그는 치우가 이른바 풍사와 운사를 중심으로 통치를 하고 재세이화나 홍익인간 같은 이념을 표방한 것에 반감을 가지고 있었으며, 동방에 견주어 서방이라는 자의식을 강하게 갖게 되었던 것이다. 이를 두고 박선식은 '서토 소아주의' 또는 '서토 쇼비니즘'이라고 했다(박선식, 2001, 114쪽). 황제는 '兩端' 관계를 '兩斷'으로 만든 장본인이다. 백인들이 북미주에 처음 들어와 추위와 배고픔을 겪을 때, 원주민인 인디언들은 이들에게 온정을 베풀어 먹을 것과 입을 것을 주었다. 그러나 백인들은 인디언들에게 살육으로 보답했다. 이를 두고 '兩斷'이라고 한다. 황제가 바로 이런 인물이다.

황제 이후 동북아시아에는 동과 서라는 '兩端' 현상이 나타나기 시작했으며, 드디어 '兩斷'으로까지 치닫게 된다. 이러한 '兩斷'에 대한 책임은 전적으로 황제가 져야 할 것이다. 여기서 좌우 뇌의 균열은 만리장성을 중심으로 생기게 된다. 동방의 치우 세력은 풍백과 우사 그리고 형요와 이매량과 연대했으며, 서방의 황제는 풍후와 응룡 그리고 여발 등 여러 토템 부족들과 연대했다. 풍백과 우사는 풍후와 응룡에, 그리고 이매량은 여러 토템 부족에 대응하며 투쟁을 벌였다. 여기서 한 가지 중요한 사실은, '풍백'과 '우사'란 《삼국유사》에도 나오는 인물들로 모두 환웅의 참모들이다. 그런데 이러한 환웅의 참모들이 그대로 치우의 참모가 되었다는 것은, 한마디로 말해서 치우 계열과 환웅 계열이 계보상 직계 관계였음을 단적으로 보여주는 것이다(박선식, 2001, 115쪽).

이들 내용은 치우와 환웅이 같은 동방 계열에 속해 있었다는 증거가 되며, 아울러 서방 계열과는 달랐음을 알려준다. 당시에 이미 문명 충돌은 집단 계열상으로도 분명하게 드러난다. 탁록대전은 실로 동북아시아의 동서가 '兩斷的' 방향으로 치달은 불행한 결과를 초래했다. 동과 서는 그뒤로 부단히 충돌하게 된다. 앞에서 본 부사년의 도식이 바로 그것을 보여준다. 동서 충돌과 관련한 이러한 기록은 갑골문을 통해 극명하게 볼 수 있다. 이러한 양단 현상으로 말미암아 진시황은 인위적 뇌량인 만리장성을 쌓는다. 그러나 지금 서방의 황제 세력들은 인위적으로 그어 놓은 선마저 지키지 않고 동북으로 공정을 해와 임진강을 최후의 선으로 삼으려고 한다. 한사군의 논리에 따라서 말이다. 이것이 제2의 탁록대전이 아니고 무엇인가?

우리는 이러한 논리를 극복하기 위한 대안적 사관으로 뇌 이론에 바탕한 프랙털 사관을 여기서 다시 천명할 수밖에 없다. 좌뇌와 우뇌는 서로 어느 것이 중심이 될 수 없다. 상호 프랙털 작용을 할 뿐이다. 그래서 부분이 전체가 되고 전체가 부분이 되는 다중심적 현상이 만들어지기를 기대한다. 황·염을 핵으로 한다는 것은 있을 수 없다. 본원으로 되돌아가 황·염·치가 근원에서 다시 만나 동북아시아 평화를 일구어내야 한다. 이것이 진정으로 근원을 세운 목적이어야 한다. 뇌는 홀로그램적이다. 모든 부분이 중심이다. 중화 중심은 있을 수 없다.

9.5 치우의 악마화

황제 이후 중국 역사가 치우를 악마화한 역사부터 바로잡아야 한다.

서양 역사에서도 좌뇌는 우뇌를 악마화했다. 서양 문명사는 좌뇌적인 특징을 선-합리적인 것으로, 우뇌적인 특징을 악-비합리적인 것으로 이원화했다. 그리고 성적으로는 좌뇌적인 것을 '남성 원리(male principle)'에, 우뇌적인 것을 '여성 원리(female principle)'에 일치시켰다. 여기서 남성 원리란 하늘-낮-정신-이성-선-왼쪽과 같은 것이고, 여성 원리란 땅-밤-물질-감정-악-오른쪽과 같은 것이다. 여기서 서양의 고질적인 마녀사냥의 역사가 시작된다. 왼손잡이를 '사악한 인간(wicked person)'이라고 한 이유도 바로 우뇌가 왼손을 조종하고 있기 때문이다. 이 말은 여성과 여성 원리를 악마와 동일시했다는 것을 의미한다. 이러한 악마화 전통이 바로 오리엔탈리즘의 연원인 것이다.

지구의 서반구를 좌뇌에 그리고 동반구를 우뇌에 대비시킬 때, 동과 서는 이런 의미에서 숙명적으로 대결하지 않을 수가 없다. 무씨사당 화상석에 나타난 싸움과 각저총 속의 씨름을 한번 대조해보자. 동서는 서로 수박도에서처럼 내인적 관계에 따라 승부를 결정해야 한다. 상대방을 이기기 위해 상대방의 힘을 빼앗는 논리가 아니라, 오히려 보태주는 씨름의 논리 말이다. 그러나 탁록대전은 이미 상대방을 죽여야 산다는 싸움의 논리에 함몰되어 있다. 나는 지금까지 탁록대전을 이런 관점에서 보았다. 동북아시아 안의 동서 교전이 바로 탁록대전이라고 할 때, 그 전쟁은 지금도 계속되고 있는 것이다. 동서의 각축전은 최근 헌팅턴의 문명 충돌론에까지 이어진다고 할 수 있다. 서양의 오리엔탈리즘도 뇌 이론으로만 올바로 이해될 수 있을 것이다. 서양 여성학자들은 서양의 악마란 모두 가부장제가 등장하고 남자들이 남신을 등장시키면서 모계 사회의 태모 또는 여신들을 악마로 둔갑시킨 것이었음을 뒤늦게 알게 되었다. 그래서 그들 가운데 일부 학자들은 태모의 영광을 다시 찾으려고 한다. 'Theology'는 남자들의 신학이므로, 이런 차원에서 여성들은 'Thealogy'를 해야 한다고 강조한다. 'Thea'란 여신의 이름이다.

탁록에서 황제가 치우를 잡아 죽이고 동북아시아의 승자로, 아니 패자(霸者)로 등장한 이상, 치우에 대한 평가절하나 악마화 작업은 어쩌면 자연스러운 수순이라고 할 수 있다. 마치 남자들이 실권을 잡은 다음에 여신들을 악마화해버렸듯이 말이다. 지금부터 황제족들이 얼마나 철저하게 치우족들을 악마화했는지 살펴봄으로써 동서 문명 충돌론을 한층 견고하게 입증해보려고 한다. '치우'라는 말은 원래 "우뢰와 비를 크게 일으켜 산과 강을 바꾸어놓는다"(《환단고기》, 〈삼성기〉 참고)는 뜻이었다. 그리고 치우는 '치우씨(蚩尤氏)'·'자오지(慈烏支)'·'지위천(知爲天)' 등으로 불리며, 모두 '옛 천자의 이름〔古天子之號〕'이었다고 한다.

그러나 중국인들은 치우를 '어리석고 지렁이처럼 하찮은 벌레 같은 임금'이라고 알고 있다. 본래의 의미가 완전히 말살된 채 중국의 문헌에서는 치우가 악마로 그려지고 있다. 중국 문헌인 《설문해자》의 정의에 따르면, 치우는 "사람에 재해나 재난을 일으키는 존재"라고 한다. 하광악은 "치마를 상징으로 쓰는 치족과 개를 토템으로 하는 우족이 결합한 세력의 수장"이라고 묘사하고 있다. 왕대유는 "뱀·용·이무기의 의미와 검은 물소의 의미가 포함된 이름"이라고 했다(오정윤, 2001, 66쪽). 중국의 고대 자료에는 치우가 전쟁의 도발자, 침략자, 질서를 거스르는 반항아로 묘사되어 있으며, 황제는 그 반대로 미화되어 있다(심백강, 2001, 39쪽). 이처럼 치우에 대한 기록은 양쪽이 서로 상반된다. 중국 쪽에서는 치우를 이렇듯 흉폭하고 난을 일으킨 인물로 묘사하고 있다. 그러나 한국 쪽에서는 안으로는 백성을 기르고 밖으로는 병사를 양성해 천도를 준수하며 영토를 개척한 인물로 묘사하고 있다. 또한 탁록 전투와 관련해서도 중국 쪽은 치우 세력이 패배해 사방으로 흩어졌다고 했지만, 한국 쪽에서는 황제 헌원이 도리어 패배하고 신시의 규범을 지키겠다는 약속을 한 뒤 물러갔다고 하고 있다. 이는 서양에서 우뇌를 악마화한 내용과 전적으로 같다. 치우의 모양에 대해서도 《술이기》는 '구리 머리에 쇠

이마'와 같으며 쇠와 돌을 먹는다고 했다. 그리고 네 개의 눈에 여섯 개의 손을 지니고 있으며, 어깨에는 외날 칼이, 몸통에는 갑옷이, 양손에는 모와 극이 있다고 했다. 한마디로 말해서, 도깨비의 전형이라고 할 만한 모습인 것이다. 치우는 이러한 모습 때문에 '도깨비'·'도철'·'치미' 등으로도 전해지고 있다.

치우와 관련해 중국과 한국의 자료가 서로 상반된 평가를 내리고 있다는 것은 서와 동의 문명이 서로 달랐던데다가 또 서로 충돌하고 있었음을 알려준다. 이는 좌우 뇌가 지니고 있는 두드러진 특징 때문일 것이다. 《마한세기》에 따르면, 황제 유웅씨족과 염제 신농씨족은 서로 배다른 형제 사이라고 한다. 치우나 황제 모두 같은 동이이다. 이는 마치 좌뇌와 우뇌가 뇌량에 따라 하나로 연결되어 있는 것과 같다고 할 수 있다. 문명은 충돌하면서 동시에 공존해야 한다. 앞으로 문명은 서로 공존하는 것이어야 한다. 그런 의미에서 탁록대전은 동북아시아의 미래 공존을 위해서도 재조명이 필요한 것이다. 이러한 새로운 방향 정립을 위해서는 그동안 왜곡되어온 동북아시아 역사관을 바로잡을 필요가 있는 것이다. 일본의 역사 왜곡과 함께 중국의 역사 왜곡 역시 문제 삼아야 할 것이다. '소수민족의 역사'라고 해서 모든 역사를 중국 역사 속에 편입시켜 생각하는 것은 너무나도 단선적인 역사 이해라고 하지 않을 수 없다.

동북아시아 문명은 분명히 하나의 근원에서 나와 서로 동서로 갈라져 충돌해온 것이 사실이다. 오랜 세월 동안 동과 서는 서로 영향을 주고받으며 거대한 동북아시아 문명권을 만들어낸 것이다. 인류 문화의 금자탑이라고 할 유교와 도가 같은 위대한 사상도 이렇게 창출될 수 있었다. 동서의 연관 속에서 이러한 사상들이 생겨났다는 사실을 무시한 채, 시종 중국 화하계의 한족이 모든 것의 주인공인 양 여기는 것은 분명 바로잡아야 할 억지요 편견이다. 이런 의미에서 탁록대전을 재조명하는 일은 무엇보다 중요하다고 하겠다. 탁록시의 헌원 여관 앞 광장에 세워진 21미터 높이의 '21세기 꽃'이라는 탑이 중화주의를 만들어내려는 흑심의 표현이어서는 안 될 것이다. 마치 황제의 승전탑처럼 보이는 이 탑은 그곳을 방문한 우리의 마음을 착잡하게 만들기에 충분했다. 우리는 서양의 오리엔탈리즘은 물론이고 같은 동양 안에서도 동방이라는 이중의 오리엔탈리즘에 시달리고 있는 것이다. 이를 두고 수운 최제우는 "한(漢)의 원수 갚아보세"라고 했다. 수운은 양(洋)에 대해서뿐만 아니라 한(漢)에 대해서도 대항 의식을 가지고 있었던 것이다.

9.6 만리장성은 동북아시아의 뇌량 : 민족이냐 종족이냐

만리장성은 인위적으로 만들어놓은 동북아시아의 뇌량이다. 화하계와 동이계, 채도와 흑도가 서와 동으로 나뉘는, 진시황제가 만들어놓은 인위적인 축성이다. 이에 대해서는 신채호의 글 〈만리장성〉이 이해에 도움이 되므로, 여기서는 먼저 그 글을 요약·소개하도록 하겠다.

《회남자》는 "북으로는 요수를 공격하고 동으로는 조선과 결했다"고 했다. 이를 인용해 신채호는 "그런즉, 장성은 중화와 더불어 나눈 경계이다. 곧 장성은 고조선의 한 부분이라고 가히 말할 수 있다. 만리장성을 고증해보면 고구려 연개소문이 부여로부터 장성을 쌓아 남으로 바다에 이르렀으니 무릇 1,000여 리였는데, 이것은 우리 역사상 가장 긴 성이었다"(신채호, 2004, 179쪽)고 했다. 그러면서 단재는 장성이 결코 진시황 때 처음 시작된 것이 아님을 역설했다. 단재는 (1) 진시황 이전의 장성, (2) 진시황 이후의 장성, (3) 진시황의 장성으로 나누어 생각해야 그 역사를 바로 이해 할 수 있다고 했다.

먼저 진시황 이전의 장성에 대해 생각해보자. 《사기》의 〈흉노열전〉에 근거해 조나라 무왕이 쌓은 장성, 연나라 희왕이 쌓은 장성, 진나라 소왕이 쌓은 장성을 살펴볼 수 있는데, 이것이 바로 진시황 이전의 장성이다. 진시황 이후의 장성에 대해서는 《북제서》에 현조의 장성과 고제의 장성이 나오고, 《주서》에는 주 선제가 쌓은 장성이 나온다. 《수서》에는 문제가 쌓은 장성이 나온다. 그리고 그 마지막이 바로 진시황이 쌓은 장성이다. 단재는 이렇게 구분하는 데는 문제가 따른다고 보았다. 그는 다음과 같이 묻는다. (1) 시황의 장성은 연과 조 그리고 소왕의 옛터 위에 그것에 연속해서 축성했는가, 아니면 땅을 넓혀 북쪽으로 올라갔는가? (2) 진 이후의 장성은 기존의 성에 기반하고 있는가, 아니면 물러갔는가, 나아갔는가? (3) 서쪽은 분명히 임조(가유관)가 경계라고 못박고 있으면서 동쪽은 막연하게 요동에 이른다고 하는데, 과연 어느 곳에서 성이 그친다는 뜻인가?

단재는 만리장성이 동서를 나누는 선인 것은 인정하면서도 그 경계가 불분명하다고 한다. 이에 대한 그의 논거는 《천고》에 실린 그의 글을 참고하기 바란다(신채호, 2004, 179~187쪽). 여기서는 글의 부록으로 실린 〈장성에 대한 짧은 이야기〉의 내용을 뇌 이론과 연관해 소개한다.

> 신지(神誌)가 말하기를 만리장성은 오직 건축상의 위대함만 바라보려 생각하지 말고 동서양의 역사에 미친 그 영향의 지대함에 관심을 가져야 한다. 장성이 축성되기 이전, 부여·흉노 제족들이 모두 그 장궁과 경노를 무기 삼아 편마남하하여 중국인민을 죽이거나 포로로 잡고 재물을 약탈함이 심했다. 그 땅에 근거하여 스스로 일국을 세우니 춘추전과 사시 같은 것에 곤이·서이·내이·적화·백화·중산 등으로 기록된 것이 모두 이것이다 (신채호, 2004, 186~187쪽).

여기서 단재는 장성을 중심으로 동서 충돌이 심각하게 전개되고 있었음을 여실히 지적하고 있다. 장성의 경계가 문제가 아니라, 진시황을 중심으로 장성을 축성하면서 바로 그것이 동서 충돌의 원인이 되었음은 부인할 수 없다는 것이다. 그러면서, 장성이 축성된 이후부터는 동북쪽의 동이계가 남진과 서진을 못함에 따라 유럽으로 진출하게 되었고, 이 때문에 세계 역사가 달라졌다고 지적하고 있다. 동북아시아의 동서 균열이 서양의 균열에 영향을 주었다는 것이다.

장성이 이미 건설된 뒤 부여는 고토로 돌아가서 다시는 남하하지 않았고, 흉노는 한 갈래가 서양을 침략하여 고트족을 공격하니 드디어 서양 사상 민족 대이동의 단초를 열었다(신채호, 2004, 187쪽).

이와 같이 흉노의 서양 침략이 고트족의 대이동을 가능하게 했으며, 대로마의 멸망이 바로 이로 말미암은 것이라고 한다. 또 한 갈래는 동으로 이동해 옥저와 진번이 되었다고 하며, 남으로 이동해서는 진한 6부가 되었다고 한다.

로마의 몰락과 신문예의 발생이 모두 이로써 이루어진 것이니 서방사에 미친 그 영향이 과연 어느 것과 그 크기가 같겠는가? 또 한 갈래는 동으로 이동하여 옥저와 진번이 되거나 또는 남으로 이동하여 진한 6부가 되었다 (신채호, 2004, 187쪽).

아마도 단재가 지금 살아 있다면 이를 두고 역사의 나비 효과라고 했을 것이다. 만리장성은 결코 진시황 혼자서 지은 것이 아니다. 이 장성은 긴 역사를 두고 조성됨으로써 동북아시아의 동서양을 나누는 분기점이 되었으며, 나가서는 지구촌의 동반구와 서반구의 역사를 바꾸어놓고 말았다. 단재는 "역사를 논하는 사람들은 서양에 민족 이동의 역사가 있었다는 것을 알지만, 동양에 동일한 현상이 있었다는 것은 알지 못한다. 청맹과니임을 한탄할 뿐이다"라며 결론을 맺고 있다. 실로 단재의 주장을 그대로 따른다면, 인위적 뇌량은 자연적 뇌량인 우랄-알타이 산맥보다 더 큰 역사의 변화를 가져왔다고 할 수 있을 것이다.

단재와 같이 거시적으로 역사를 보지 못하고 청맹과니가 되는 가장 큰 이유 가운데 하나는 역사학자들이 서양에서 16세기에 대두한 '민족' 이라는 개념을 그대로 따르고 있기 때문이다. 백과사전에서 정의하고 있는 '민족'이라는 개념을 보면, 'nation'이란 언어·종교·세계관·사회조직·경제생활·생활양식 등에서 문화적 동질성을 함께 하는 사람들의 집단을 의미한다. 비교적 민족이라는 개념이 최근에 형성된 서양의 경우에는 이러한 정의가 어느 정도 정확할 될 수 있다. 그러나 동양의 경우는 사정이 완전히 다르다. 위에 열거한 기준들로는 도저히 민족이라는 개념이 성립되지 않는다. 우리나라만 보더라도 같은 종교를 갖는다는 개념 자체가 성립하지 않으며, 외국에서 태어난 2세들은 완전히 다른 말을 쓰기도 한다. 유대인들처럼 단 하나의 종교만 가지고 있는 경우에는 이런 정의가 적용될 수 있을 것이다. 그러나 한국에서는 3교가 공존하고 기독교까지 인구의 4분의 1에 육박하기 때문에, 민족에 대한 이런 식의 개념 정의는 불가능하다. 그렇다고 우리를 같은 민족이 아니라고 할 것인가? 이러한 협소한 '민족' 개념을 적용한 나머지 신채호가 주시한 것과 같은 동서 문명의 충돌을 볼 수 없었던 것이다. 헌팅턴의 문명 충돌론 역시 서양적 관점을 그대로 반영한 것이다. 다시 말해서, 종교와 문화를 기준으로 문명을 대별한 것은 이런 민족 개념의 연장선상의 발상이라고 할 수 있다.

만약 이러한 '민족' 정의를 머릿속에서 지우고 '종족(種族)'이라는 개념을 사용한다면 단재의 논리를 충분히 납득할 수 있게 된다. 종족이라는 개념을 적용할 경우에는 만리장성을 가운데 두고 동서로 크게 대별할 수 있기 때문이다. 장성의 동쪽에는 있는 흉노·동호·오한·선비·거란·몽골·숙신·읍루·말갈·여진·만주족은 모두 같은 종족으로 분류될 수 있다. 한족(漢族)이란 바로 이들 밖에 있는 외적 종족인 것이다(김종서, 2004, 81쪽). 동쪽의 이들을 크게 묶어 동이(東夷)라고 부를 수 있다. 그러나 한족은 이들 동이계의 동족 의식을 가장 두려워 하며 이들의 동맹과 연계를 항상 경계해왔다. 이 때문에 이들을 오랑케(夷)라고 부르며 멸시했다. 한타깝게도 이런 분열과 이간과 농간에 앞장서 놀아난 종족이 바로 우리 자신이다. 공자를 높이고 중국을 훼손하지 말라는 한족의 논리로 역사를 쓴 사람이 바로 김부식이다. 그러나 중국 역사의 절반인 요·금·청과 그 위의 은·상 등 동이계 종족은 동북아시아의 역사를 좌우했으며, 나아가 유럽사의 판도까지도 바꾸어놓았다. 우리의 미래 역사는 김부식이 심어놓은, 오랑캐이면서 오랑캐가 아니라는 오랑캐 콤플렉스에서 앞으로 우리가 얼마나 자유로워질 수 있느냐 하는 데 달려 있다. 이러한 '오랑캐 콤플렉스'는 미국으로 이민 간 한국인들 속에서 또 다른 모습으로 나타난다. 흑인을 비롯해 같은 유색인종들을 멸시하고 스스로 백인과 동일시하는 열등 심리는, 겉은 노라면서 속은 하얀 이른바 '바나나 콤플렉스'로 나타난다. 오랑캐 콤플렉스가 병자호란을 초래했듯이, 바나나 콤플렉스는 1994년에 미국 서부 로스앤젤레스에서 한인·흑인 갈등을 초래해 엄청난 재산과 인명의 손실을 일으키고 말았다. 한국 기독교인들은 오랑캐 콤플렉스에 중독된 지 이미 오래이다. 그 치유가 어려울 지경이다.

만리장성을 중심으로 한 동서 종족의 분류는 최근 유전자 검사에서도 검증되고 있다. 2004년 1월 30일에 한림대학교 의과대학 생화학과의 김종일 교수가 '동북아시아 민족 유전자 연구 심포지움'에서 발표한 연구 보고에 따르면, 한국인은 중국의 한족보다는 몽골인과 가깝다고 한다. 한국인 66명과 몽골인 72명의 미토콘드리아를 비교·분석할 결과 한국인은 몽골인과 가장 가까운 것으로 나타났다(김종서, 2004, 84쪽). 미토콘드리아는 인류의 기원을 밝힐 매우 중요한 정보를 담고 있다. 세계 여성들의 미토콘드리아를 채취해 조사해보면, '아프리칸 이브'라고 할 정도로 인류의 조상이 아프리카에서 기원했음을 알 수 있다고 한다. 이런 의미에서 우리는 민족이라는 말 대신 종족이라는 말을 사용해 우리와 같은 종족이 누구인지를 가름해야 할 것이다. 그렇다고 그 결과를 가지고 배타성을 조장해서는 안 될 것이다. 다만, 문명의 기원과 문화의 시원을 왜곡하는 동북공정 같은 것에 대응하는 하나의 자료 근거로 충분히 쓰일 수 있을 것이고, 나아가 우리의 정체성을 우리 스스로가 망각하고 왜곡하는 일을 막는 데도 도움이 될 것이다.

　종족을 구분하는 데는 만리장성을 중심으로 파악하는 것 외에 고인돌과 무덤의 형태 같은 것도 중요한 구실을 한다. 전세계에서 고인돌이 가장 많은 분포된 지역이 한반도라는 사실은 잘 알려져 있다. 만리장성을 중심으로 해서 동북 지역에만 집중적으로 분포되어 있는 고인돌은 우리의 정체성을 밝히는 데 대단히 훌륭한 증거 자료가 된다. 만리장성 서남 방향으로는 고인돌의 흔적이 없거나 매우 드물다. 종족 사이의 차이는 무덤의 형태에서도 나타난다. 동이계는 돌을 쌓는 적석총 형식을 써왔다(권태원, 2000, 123~166쪽). 이 밖에 "나라 말이 중국과 달라"로 시작하는 훈민정음에서 보듯이, 우리의 어문 계통 역시 중국과는 확연하게 달랐던 것이다. 그러나 우리는 항상 다름을 말할 때 같음을 동시에 말하는 여유를 잃지 말아야 할 것이다.

9.7 백두대간은 한반도의 뇌량

　뇌의 상·중·하 삼중 구조는 뇌의 역사, 즉 시간의 축과 연관이 있으며, 신피질의 좌우는 공간 구조와 관련된다. 우리는 여기서 뇌량의 공간축과 시간축을 함께 고찰하고 있다. 공간축으로 보았을 때, 한반도에서 뇌량에 해당하는 것은 백두대간(白頭大幹)이다. 한반도는 백두대간을 중심으로 서와 동으로 나뉜다. 이는 오늘날 호남과 영남의 지역적 차이만큼이나 큰 의미를 갖는다. 우리는 여기서도 좌우 뇌의 특징을 선명하게, 아니 세계 어디서도 그 유례를 찾기 힘들 정도의 차이를 볼 수 있다. 좌우 뇌의 특징을 문화적으로 고찰하려면 한국을 찾아가 영호남을 비교해보아야 할 것이다. 좌뇌는 영남 문화의 특징을, 우뇌는 호남 문화의 특징을 유감없이 나타내 보여주기 때문이다. 음악에서 동편제와 서편제의 차이, 음식 맛의 차이 등, 실례를 들어 비교하자면 끝이 없을 정도이다. 여기서 뇌량의 구실은 섬진강이 한다. 우리는 뇌의 연구를 통해 잘못된 지역감정을 해소할 수 있다. 나아가 뇌량의 연결을 통해 하나가 되어야 우리의 미래가 있다는 사실도 발견하게 될 것이다. 물론 지금은 인위적인 38선으로 나뉘어 있기는 하지만, 그것과 상관없이 남남북녀라는 말처럼 남북의 차이는 분명하다. 결국 뇌의 특징과 그다지 차이가 있는 것이 아니다. 북-여자-우뇌는 남-남자-좌뇌와 대비를 이룬다.

백두대간을 중심으로 한 동서 문화의 성격적 차이를 3수 분화와 2수 분화로 나누어, 고고학과 인류학 그리고 역학 등의 연구를 통해 전통문화의 구성 원리를 처음으로 밝힌 이는 우실하이다. 이로써 그는 이 분야에 독보적인 공헌을 했다. 여기서는 뇌 이론과 연관해 우 교수의 《전통문화의 구성원리》를 요약·소개하기로 한다. 물론 우 교수가 뇌 이론을 자신의 연구에 적용한 것은 아니지만, 그의 연구 결과가 여기에 많은 도움이 되리라고 생각해 요약·정리하는 것이다.

지역 사이의 문화적 차이를 구분해주는 것은 강(江)이 아니고 산(山)이다. 강은 서로 연관을 맺게 하지만, 산은 그 차이를 분명히 한다는 것이다. 그래서 백두대간은 한국의 문화의 양대 특질을 갈라놓는 구실을 한다. 지구의를 동과 서로 나누는 것은 우랄-알타이 산맥이고, 한반도를 동과 서로 나누는 것은 백두대간이다. 백두대간이란 한반도의 동서를 대별하는 산의 줄기를 일컫는 말이다. 이는 백두산에서 시작해 금강산-오대산-문경새재-속리산-영취산-지리산으로 이어진다. 백두산 천지는 실로 뇌의 정수리와 같다. 여기서 흘러내리는 물이 하나는 압록강이 되고 다른 하나는 두만강이 된다. 백두대간의 동쪽, 곧 두만강 유역인 동북부 해안을 따라 이어가면 영남과 만난다. 거꾸로 백두대간의 서쪽, 곧 압록강 유역인 서북부는 남쪽의 서남 해역으로 이어져 호남과 만난다 (우실하, 1998, 112쪽). 이렇게 나뉜 동서는 동-수렵-3수 문화 그리고 서-농경-2수 문화라는 차이를 보이면서 쌍벽을 이루는 것이다. 우 교수는 한반도의 이러한 양대 쌍벽과 중국의 동서 쌍벽이 서로 접촉하고 교차하면서 이루어진 것이라고 한다. 이를 입증하기 위해 그는 고고학, 특히 삼족오를 기준으로 한 2수 문화와 3수 문화의 차이 그리고 그 유입 경로를 통해 자세히 설명하고 있다. 먼저 중국의 경우, 지역적으로 동서가 나뉘어 그것이 한반도의 동서와 어떻게 연관되는지를 우실하의 말을 통해 살펴보기로 한다.

시간축으로 볼 때, 기원전 5000년 무렵의 급작스러운 기온 상승이 동서를 나누는 데 결정적 구실을 한다. 기온의 상승으로 농경 문화의 화남 지역이 농사를 지을 수 없을 정도로 바뀌면서 사람들은 화북으로 이동하기 시작한다. 이에 남하하는 북방 시베리아 수렵 문화와 만나면서 다시 동서로 갈라진다. 이는 마치 뇌의 상층과 하층이 좌우 반구와 교차하는 것과도 같다고 할 수 있다. 남북의 대칭이 동서의 대칭으로 바뀐다는 것이다. 화남에서 가지고 온 농경 문화는 화북에서도 그대로 이어진다. 화북의 농경 문화에서 역법(易法)이 발생하며, 2수 문화의 본질이 농경 문화의 본질과 같아진다. 1년을 춘추로 나누던 것이 춘하추동으로, 다시 12계절로, 그리고 24절기로 분화되는 것은 모두 농사와 관련된 2수 문화의 분화 체계이다. 이는 마치 태극(1)이 음양(2)으로, 음양이 사상(4)으로, 사상이 팔괘(8)로 진행되는 역의 2진법적 분화와 같다.

이러한 농경 문화의 문화 코드는 바로 역법–채도–이족오로 연결된다. 그리고 이러한 2수 문화가 백두대간의 서쪽 통로 또는 황해를 건너 고구려와 백제 지역으로 밀려 들어오게 되었다. 그런데 이러한 2수 문화가 들어오기 전에 한반도에서는 원래 3수 문화가 원형이었다. 서쪽에서는 2수 문화인 역의 음양오행 사상이 3수 문화를 흡수해 음양오행적 2수 문화가 되어버렸다. 고구려 삼족오가 중국 서북 지방의 음양오행의 힘에 밀려 이족오로 바뀐다. 이런 현상은 고구려뿐만 아니라 음양오행의 발생지인 발해만 연안 지역에서도 공통적으로 나타난다(우실하, 1998, 220쪽). 즉, 3수 문화권이 2수 문화권으로 바뀌는 현상이 이 지역에서 뚜렷한 것이다. 해 속의 삼족오는 이미 3수 문화의 특징을 상실한 것이다. 심지어는 아예 다리가 두 개로 바뀌어버리는 경우도 있다. 그 가운데 대표적인 것이 바로 서한 시절 고분인 호남 장사현 마왕퇴1호분에서 발굴된, 비단에 그려진 벽화이다. 이 벽화 속의 새는 이름만 삼족오일 뿐, 사실 태양 속에 다리가 두 개인 이족오(二足烏)이다. 이제 삼족오는 다른 새인 주작으로 바뀌어버린다. 사신도에서 주작은 남방에 그려져 바로 화(火)의 상징이 된다. 불은 남방의 상징이므로, 이는 이제 북방 삼족오와 결별하게 되었음을 의미한다(우실하, 1998, 225쪽).

중국에서 북상한 농경 음양오행 2수 문화는 백두대간을 넘어 동쪽으로 전달되는 데 1~2세기의 시간이 걸리게 된다. 음양오행론에 따른 사신도가 신라 지역에서는 발견되지 않는 것은 물론이다. 북방 시베리아 샤머니즘의 영향권에서 토착 문화를 지켜온 백두대간 동쪽 신라의 경우는 1~3세기 늦게 음양오행을 받아들였지만, 고구려와는 달리 3수 문화가 음양오행 2수 문화를 자기 속에 삼켜 소화시킴으로써 서부와는 달리 3수 문화의 원형을 지켜 보존할 수 있었다. 우실하는 이것이 우리 문화의 고유성이고 원형이라고 주장한다. 그리고 신라의 삼국 통일은 우리 전통

문화의 구성 원리인 3수 문화를 보존했다는 점에서 정통성을 부여할 수 있다고 했다. 그러한 주장이 과연 정치외교사적으로도 정당한지는 의문이지만, 여기서 다룰 만한 내용은 아니로 더는 언급하지 않겠다. 우실하는 이러한 원형이 조선조의 한글 창제와 국악 원리에도 그대로 전수되어 지금까지 이어지고 있다고 보고 있다.

우실하의 이러한 주장을 뇌 이론과 연관해 한번 살펴보자. 결론부터 말하면, 3수 문화는 우뇌적이고 2수 문화는 좌뇌적이다. 그 이유는 다음과 같다. 2수란 음양을 두고 하는 말이다. 음양은 태극에서 양극으로 분화되어 나온 것이다. 《주역》의 〈계사전〉은 이를 일컬어 "태극이 음양을 낳는다[太極生陰陽]"고 했다. 음양은 다시 사상을 낳는다. 사상은 팔괘를 낳는다. 이와 같이 음양은 2진법적으로 분화한다. 결국에는 태극이 이 모든 음양을 자기 속에 '包涵'해버린다. 부분과 전체가 이렇게 나뉜다. 이는 마치 벽돌로 층계를 쌓아 만든 고딕 건물과도 같다. 그래서 2수 분화 문화는 2수 자체가 문제가 아니고 이러한 위계적 사고가 문제인 것이다. 위계적 사고방식은 첨탑형 고딕 건물에서 보는 것처럼, 바로 좌뇌의 전형적인 특징이다. 차축시대 이후 서양에서도 이러한 이분법적 사고가 성행해 지금까지 이르고 있다. 이러한 음양 2수 분화적 사고는 중국의 전국시대 말엽부터 등장한다. 좌뇌적 사고가 활성화하고 합리적 사고가 등장하는 때와 시기를 같이하는 것이다. 그런데 3수 분화 문화의 경우는 태극이 음양을 낳는 것이 아니라, 음양 속에 부분의 한 요소로 '包含'된다. 여기서 삼태극(三太極)이 탄생한다. 태극은 전체이며 황색으로 상징된다. 그리고 음양은 각각 청색과 적색이다. 황·청·적은 서로 상보적이며, 서로 보색 관계이다. 마치 가위·바위·보의 관계와 같다. 그런데 음양오행론은 태극을 음양에서 분리시켜버린다. 신유학에 이르러 이 결과가 이른바 무극·태극 논쟁의 실마리를 제공한다. 태극 위에 혹의 혹 같은 무극을 두느냐 마느냐 하는 논쟁이 바로 그것이다. 옥상옥

이 만들어지는 것, 이것이 바로 2수 분화의 특징이다.

현대 수학의 집합론으로 볼 때, 삼태극의 논리는 바로 멱집합의 논리이다. 전체가 자기 부분의 한 요소로 다시 포함되는 멱집합 말이다. 이런 멱집합의 논리가 도입된 것도 19세기 말 G. 칸토어 이후부터이며, 그 이전에는 유클리드의 '부분의 합이 전체'라는 공리가 서양을 지배해왔다. 이 공리는 서양 문화의 전 영역에서 지배적이었다. 이는 전형적인 좌뇌적 논리이면서, 동시에 아리스토텔레스의 형식논리의 법칙인 것이다. 고딕 건물에 대해 돔 형식은 바로 멱집합의 논리를 보여준다. 전체와 부분의 구별이 없는, 그래서 사방이 모두 들어가는 문인 동시에 나오는 문이며, 아래 위의 구별이 없는 양식의 건축이 바로 돔인 것이다. 이는 고딕 건물에서 들어가는 문과 나오는 문이 다른 것과는 큰 대조를 보인다. 이러한 3수 문화의 논리는, 율곡의 사상 속에서 7정의 '기(氣)' 속에 4단의 '이(理)'를 포함시키나 다시 '이'가 '기'를 타는 형국과도 같은 것이다. 이는 주자가 태극과 음양을 분리시켜 상하로 나누는 것을 두고 율곡이 "성인도 잘못을 저지를 때가 있다"고 하면서 비판한 이유이기도 하다. 이렇게 2수와 3수는 궁극적으로 부분과 전체의 관계 문제로 환원시켜놓을 때 뇌 이론에 적합하게 적용될 수가 있다.

여기서 나는, 음양오행론의 2수 문화와 3수 문화를 백두대간의 서와 동으로 나누고 한국 문화의 전통 구성 원리를 3수 문화라고 하면서 그것을 보존해온 신라에 정통성을 두는 우실하의 교수의 주장에 대해 약간 다른 견해를 제시하고자 한다. 《주역》에서 3수가 들어갈 자리는 없다. 그러나 신유학에서 주렴계는 오행을 도입한다. 만약 오행을 부분과 전체의 문제로 환원하면 사정은 달라진다. 음양이 사상으로 발전해 음이 태음과 소음으로 그리고 양이 태양과 소양으로 분화하면, 이 4를 통일하는 요소가 있어야 한다. 사상과 그것의 전체가 또 한 요소로 4에 첨가되어 5행이 되는 것이다. 그렇다면 부분과 전체라는 관점에서 보았을 때

5수는 3수의 발전된 단계라고 볼 수 있는 것이다. 부분과 전체라는 관점에서는 같다는 것이다.[4]

이를 한의학의 차원에서 한번 살펴보자. 음양 2수에서 양을 다시 태양·소양·양명의 3으로, 그리고 음을 다시 태음·소음·궐음의 3으로 나눈다. 3을 다시 수(手)와 족(足)의 2수로 나누어 12경락을 만든다. 이렇게 되면 한의학에서는 2수와 3수와 5수를 모두 동원하지 않으면 안 된다. 이는 자연과 인체의 세계에서는 2수와 3수가 복합적임을 말해주는 것이라고 생각한다. 오행의 목·화·토·금·수 가운데 토는 다른 네 개의 행 가운데 한 요소이지만, 동시에 중심에 위치한 전체적인 성격을 갖는다. 때문에 한의학에서 5행을 도형으로 그릴 때 토를 중심에 두기도 하고 가장 자리에 다른 것과 함께 두기도 하는 것이다. 이는 한의학이 부분과 전체의 관계를 멱집합적으로 이해하고 있음을 의미한다. 이와 관련해서는 나의 《한의학과 러셀 역설 해의》(2005)를 참고하기 바란다. 여기서 강조하고자 하는 것은 다만 2수와 3수가 자연의 세계에서 서로 상보적이라는 점이다. 이는 바로 좌우 뇌가 서로 뇌량을 통해 상보적이야 함을 의미한다. 좌우 뇌와 그것을 연결하는 뇌량으로 말미암아 뇌는 3수 분화적이다. 그러나 문화는 3수를 파괴해 2수로 바꾸려고 한다.

지금까지는 주로 역사적인 관점에서, 즉 과거의 관점에서 뇌와 문명의 관계를 논해보았다. 그리고 뇌의 충돌과 문명의 충돌 양상이 같다는 사실을 확인했다. 이어지는 세 장에서는 동학과 아시아적 가치 그리고 주체사상이라는 세 개의 주제를 실례로 들어, 우리가 앞으로 어떻게 충돌에서 공존으로 갈 수 있는지를 모색해보려고 한다. 지금까지 문명을 살펴보는 과정에서 우리 문화가 서양은 물론 이웃 중국과도 다른, 공존

---

4) 손가락의 경우, 엄지는 나머지 네 손가락과 자유자재로 맞닿을 수 있지만 다른 것들은 그렇지 못하다. 이는 엄지가 다섯 손가락 가운데 부분이면서 곧 전체임을 뜻한다.

과 평화의 세계를 이룩해온 모습을 발견했다. 그리고 그것을 단군 신화와 고구려 고분벽화 등을 통해 고찰했다. 여기서 한국적 화합이란 다름 아닌 양 뇌의 화합을 두고 하는 말인 동시에 문명의 공존을 두고 하는 말이다. 이러한 우리의 과거 유산이 오늘날 어떻게 나타나고 있는가를 이어지는 세 장에서 나누어 고찰하도록 하겠다.

제3부

동학, 아시아적 가치, 주체사상

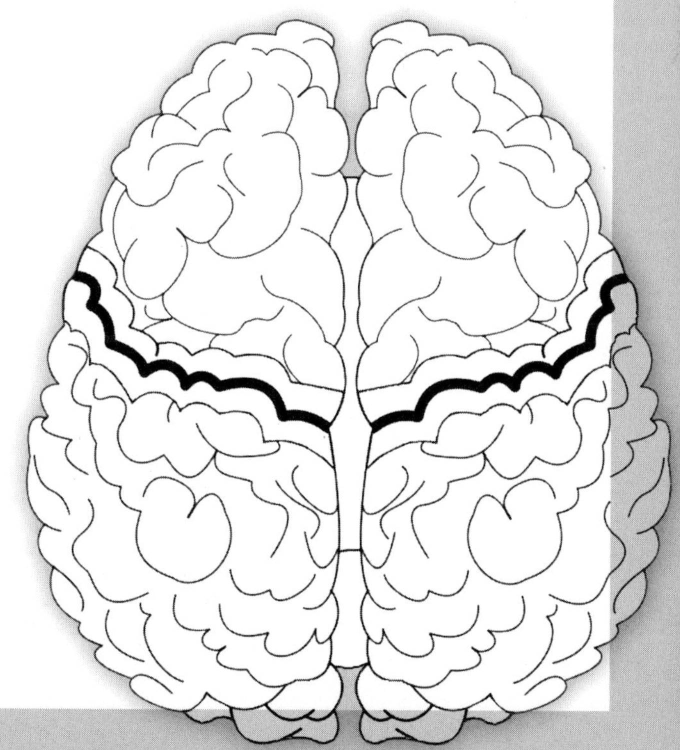

제10장 뇌 이론으로 본 오리엔탈리즘과 문명 충돌론

10.1 사이드의 '오리엔탈리즘'과 수운의 '개벽론'

수운의 동학은 서양에 대한 동양이라는 의미도 있지만, 중국에 대한 동방이라는 의미도 있다. 중국의 동북공정에 가장 당황해야 할 사람은 바로 '문명 충돌론'을 제시한 새뮤얼 헌팅턴일 것이다. 그에 따르면, 앞으로의 전쟁은 이데올로기에 따른 전쟁이 아니고 문명 사이의 충돌에 따른 전쟁일 것이라고 한다. 기독교권과 유교권이 궁극적으로 충돌할 것이라고 본 헌팅턴의 이론으로 보자면, 중국과 한국은 같은 유교권에 속해 있기 때문에 충돌이 일어나지 말아야 할 것이다. 그러나 같은 유교권에 있는 중국은 한국에 대해 역사 선전포고나 마찬가지라고 할 수 있는 동북공정을 들고 나왔다. 헌팅턴은 탁록대전에서 비롯된, 동북아시아 문명들 사이의 뿌리 깊은 원한 관계를 무시하고 있다. 그의 충돌론은 양단의 양단 현상을 고려하지 않는 충돌론이라고 할 수 있다.

서양이 동양을 잠식하면서 침략 전쟁을 벌인 것을 일컬어 동서 충돌의 양상인 서세동점(西勢東漸)이라고 한다. 그때 일본은 '화혼양재론(和魂

洋才論)'으로 그리고 한국은 '동도서기론(東道西器論)'으로 대응했다. 그러나 같은 동양인 일본이 같은 동양인 한국과 중국 그리고 아시아 국가들을 침략해 식민지 점령을 하고, 한 세기가 지난 지금은 중국이 같은 동양인 한국을 문화·역사적으로 침략하고 있다. 이는 서세동점 속의 서세동점으로, 이중적 의미의 서세동점이라고 할 수밖에 없다. 우리는 지금 서세동점을 해온 미국에 반대하는 반미 운동을 하면서 동시에 같은 동양인 중국의 서세동점과도 싸워야 하는, 19세기 말과는 또 다른 양상을 맞이하고 있다. 19세기 말, 우리는 일본이 적이고 미국이 친구라며 착각했다. 그러나 지금 우리에게 양자는 모두 달갑지 않는 친구들이다. 게다가 19세기 말에 같은 서세동점의 희생자였던 중국마저 우리의 적이 되어가고 있다. 미국과 중국은 지금 큰 문명 충돌의 적대 관계 속에 있다. 그래서 적의 적은 친구라는 논리가 지금 우리에게는 통하지 않는다. 적의 적도 우리에게는 적인 상황에 처해 있다는 것이다. 곤란하고 어려운 상황이 아닐 수 없다. 거기에 남북 분단이라는 요소를 가미하면 상황은 더 복잡해질 수밖에 없다. 같은 동족을 또 적으로 삼아야 하는 이 상황은 어떠한 과학기술의 개가로도 풀 수 없는 난문제이다.

사이드는 자신의 책《오리엔탈리즘》에서 '오리엔탈리즘이'란 "오리엔트, 곧 동양에 관한 방식으로, 서양의 경험 속에 동양이 차지하는 특별한 지위에 근거하는 것"(사이드, 1997, 13쪽)이라고 하면서 "동양에 대한 서양의 사고-지배 양식이다"라고 정의하고 있다. '오리엔탈리즘'을 단순히 사전적으로만 정의하기에는 어려움이 있다. '동양학' 또는 '동양주의'라는 말은 오히려 사이드가 정의한 '오리엔탈리즘'과는 상반된 의미를 지닐 수도 있다. '동양학'이란 일본이 같은 동양을 지배하기 위해 만든 말이다. 따라서 일본인들에게는 지배적인 말로, 동양의 다른 국가들에게는 피지배적인 말로 들릴 수 있다. 사전적인 의미로 '오리엔탈리즘'이라는 말을 번역하는 데는 어려움이 있기 때문에, 차라리 번역하지 않는 것이 사이드가 뜻하는 바를 더 잘 살릴 수 있을 것이다.

　사이드는 푸코의 저서를 통해 '오리엔탈리즘'에 대한 학문적 구상을 하게 되었다고 한다. 그는 "나는 미셸 푸코의 《지식의 고고학》 및 《감시와 처벌》 속에 설명된 담론 개념을 원용하는 것이 오리엔탈리즘의 본질을 꿰뚫는 데 유효하다고 생각하게 되었다"(사이드, 1997, 16쪽)고 말한다. 사이드는 서양이 동양을 공략할 때 A형의 논리, 곧 아리스토텔레스의 이분법적 논리를 사용했다고 한다. 다시 말해서, 서양과 동양을 엄격한 대립 개념으로 판별하고, 서양과는 대조적으로 동양은 후진성·관능성·감성·불변성·정체성·보수성·수동성·피침투성 등의 성질을 지닌 것으로 보았다는 것이다(사이드, 1997, 531쪽). 여기에 열거된 동양에 대한 덮어씌우기는 마치 가부장제도 밑에서 남성들이 여성들에게 그러는 것과 같다고 할 수 있다. 이는 우뇌적 성격의 것이다. 마르크스는 말하기를 "동양인은 스스로 자신을 대변할 수 없고, 다른 누군가에 따라 대변되어야 한다"고 했다. 우뇌-여성적-동양적인 고리를 하나로 만드는 바람에 이런 궤변이 나오고 말았다.

　시몬 베이유는, 여성들은 스스로 자기를 대변할 수 있는 제1차적 성이란 없고 누군가에 따라 대변되어야 하는 '제2의 성(The Second Sex)'이 있을 뿐이라고 했다. 같은 논리로 동양인들에게는 '제2의 자아'밖에 없다는 것이 사이드가 말하는 오리엔탈리즘이다. 남자에 대해 여자는 제2의 성밖에 없듯이, 서양에 대해 동양은 제2의 자아밖에 없는 것이다. 물론 사이드와 베이유는는 마르크스와는 달리 분노의 어조로 이러한 제2의 자아와 성을 비판적으로 말하고 있는 것이다. 여성이 남성에 따라 표상되고 해석되고 교화되듯이, 동양이 서양에 따라 그렇게 되어야 한다는 것이다. 그래서 오리엔탈리즘은 서양의 지리적 확장 및 식민지주의·인종차별주의·자민족중심주의와 결부되어 지배의 양식으로 대두한다. 사이드는 서양의 동양 공략, 즉 서세동점을 주로 중동을 중심으로 생각하고 있다. 이것이 한계인 것은 사실이지만, 오리엔탈리즘의 논리가 같은 방법으로 우리에게 적용되는 것은 물론이다. 서양의 지배와 공략은 여기서 더욱 연장되어 아프리카·남미·아시아 등 모든 곳에 미치고 있다. 사실 사이드의 오리엔탈리즘은 뇌 이론의 연장선상에서 볼 때 국지적 성찰에 지나지 않는다.

이런 의미에서 우리는 사이드의 오리엔탈리즘과 관련해 수운의 ‘동학(東學)’을 생각해보지 않을 수 없다. ‘오리엔트(orient)’란 동양을 의미하기 때문이다. 다시 말해서, 사이드가 비록 서양의 아랍 공략을 두고 ‘오리엔탈리즘’이라는 말을 고안하기는 했지만, 서양의 동양 지배와 공략이라는 점에서는 구한말의 수운도 역시 ‘오리엔탈리즘’을 인지하고 있었다고 할 수 있는 것이다. 그리고 수운의 ‘동학’이라는 개념에는 서양의 ‘오리엔탈리즘’에 위기감을 느끼고 적극적으로 대처하자는 의미가 포함되어 있다. 사이드의 ‘오리엔탈리즘’이라는 말속에는 서양이 동양에 세뇌시킨 내용을 동양인들이 그대로 수용해 스스로 자학하고 있다는 의미도 포함되어 있음을 주지해야 한다. 수운은 서양의 침략 근성과 함께 이를 방치할 경우 동양이 여지없이 무너질 것임을 간취했다. 이에 적극적으로 대처하지 않으면 큰 변고가 있을 것임을 그는 예언자적 안목으로 내다보고 있었던 것이다.

수운의 거대한 시야는 마르크스와도 달랐다. 마르크스가 계급이라는 잣대로만 사물을 재고 있을 때, 수운은 ‘문명’이라는 눈으로 앞을 내다보고 있었던 것이다. 사이드의 오리엔탈리즘은 계급사관을 극복하는 데 도움이 된다. 동양의 좌익계 지식인들을 향해 지하의 마르크스는 “자아 의식도 아직 깨지 못해 사유 의식도 없는 주제에 무슨 공산주의 혁명을 한다고 야단이냐” 하며 비웃고 있을 것이다. 이렇게 조롱받는 동양의 좌파 지식인들에게 사이드의 ‘오리엔탈리즘’이 주는 교훈은 클 것이다. 수운은 구한말의 상황 속에서 ‘계급’을 뒤로 숨긴 채 전면에 부각시키지 않았다. 그 이유가 바로 여기에 있는 것이다. 곳곳에 보이는 그의 고뇌는 무너져 가는 동양 그리고 조선에 대한 것이었다. 같은 나라 안의 계급 갈등보다는 밀려오는 외세에 더 신경이 쓰였던 것이다. 그는 계급 모순과 민족 모순을 동시에 고민했다. 그러나 그의 사상 전면에는 항상 동서의 문명 충돌이라는 것이 일차적으로 부각되지 않을 수 없었다. 두 모순이 일의 선후 없이 교차되어 나타난 것이 동학이다. 초기에 동학란은 양반 타도라는, 반봉건적 계급 모순과 관련된 형태로 나타났다. 그러나 후기에는 결국 일본과 싸우는, 반제국주의라는 민족 모순과 관련된 형태로 귀착된다. 이런 의미에서 '오리엔탈리즘'은 '동학'과 그 궤를 같이한다고 할 수 있다. 수운은 또한 시간의 축에서 '개벽'을 말하고 있다. 차축시대의 유산을 선천시대라고 규정하고 "유도(儒道)·불도(佛道) 누천년에 그 운이 다 했는가"(〈안심가〉)라고 하면서, 서학까지 포함한 모든 전 시대의 유산에 대한 종언을 고했다. 이제부터 우리는 문명의 충돌을 절실하게 느낀 수운이 이에 어떻게 대응했는지를 돌아볼 차례이다.

10.2 '오리엔탈리즘'의 이전과 이후

계몽주의 사상가 볼테르는 그의 책상 앞에 공자 초상화를 걸어놓을 정도로 공자를 흠모했다고 한다. 볼테르뿐만 아니라 18세기 대부분의 계몽주의 사상가들은 그처럼 중국에 대해 선망의 마음을 가지고 있었다. 특히 라이프니츠 같은 철학자는 단자론을 통해 자기의 사상을 중국과 동일시하기도 했다. 그의 단자론은 우주의 중심이 각 개체 속에 있다는 것이다. 이는 플라톤 철학에서 일탈하는 것으로, 어쩌면 동양의 우주관과 일맥상통하는 면이 있다. 아니 거꾸로 동양 사상의 영향 때문에 단자론이 나왔다고 해도 무방할 정도이다. 계몽주의 사상가들은 가톨릭의

신 중심 사상에서 멀어지려는 경향을 공통으로 지니고 있었기 때문에, 신이 없는 사상, 그러면서도 고도의 윤리 의식을 가지고 있는 중국 사상에 매력을 느낄 수밖에 없었다. 이렇게 계몽주의 사상가들이 중국에 호감을 갖게 된 이유 가운데 하나는 중국에 대한 예수회 신부들의 우호적인 보고 때문이었다고 할 수 있다(기 소르망, 1997, 191쪽).

프랑스 인들에 견주어 영국인들은 중국에 대해 매우 나쁜 생각을 가지고 있었다. 중국은 유일신 신앙이 없고 가는 곳마다 도교 사원이 즐비한 다신교의 나라로, 영국인들 눈에는 독재 군주가 지배하며 개인의 자유라고는 없는 미개한 나라로 보였던 것이다. 그러나 평균적으로 18세기 이전 유럽인들의 중국에 대한 견해는 긍정적이었다.

고대 그리스 철학으로 돌아가서 보면, 서양은 이미 동양을 몰이해하거나 오해할 여지를 배태하고 있음을 알 수 있다. 바로 논리형의 차이 때문이다. 서양의 A형 논리에 대한 집착은 동양에 대한 몰이해를 낳을 수밖에 없었다. 그리스인들은 기원전 5~6세기 무렵에 접어들어 극단적으로 이성적이 되었으며, 감정을 사악시하기까지 했다.[1] 플라톤은 자신의 이상 국가론에서 시인을 추방해야 한다고 외친 것은 바로 이 때문이다. 시는 바로 감정의 소산인 까닭이다. 그러나 동양의 경우, 공자가 아무리 엄격한 윤리 교사 같이 보일지라도 《시경》에 대해 "이 300편의 시는 한마디로 말해 때묻지 않은 맑은 생각[詩三百 思無邪]"(《논어》, 〈위정〉 편)이라고 했음을 상기할 수 있다. 공자는 또 그의 아들에게 "시를 공부하지 않으면 말을 할 수 없다"(《논어》, 〈계씨〉 편)고 했다. 《시경》이란 어떤 책인가? 《시경》의 305편 가운데 160편이 성애열락을 노래한 국풍이니, 엄격한 도덕률을 내세운 유학의 처지에서 볼 때 상상하기

---

1) 3만 년 전 유럽의 북방에 거대한 빙하군이 확산되면서 인류는 생존을 위해 뉴런의 접합 양식을 변화시켰다. 서방의 유럽에서 뇌의 균열이 심해진 까닭은 바로 이 때문이다.

어려운 일인 듯도 하다. 그러나 남녀 사이의 적나라한 애정이 그대로 노출된 책을 3대 경전 가운데 하나로 뽑을 수 있는 것이 바로 유교이다. 그리스 사람들과 무엇이 얼마나 다른지는 여기서 확연히 파악할 수 있지 않을까? 《시경》의 반을 차지하는 국풍의 시가들은 차마 입에 담을 수 없는 음란한 내용들로 가득 차 있다(원형갑, 1994 참고).

공자와는 달리 공자의 제자들은 《시경》을 읽기 두려워 했다. 주자는 《시집전》에서 《시경》의 음란성을 인정했지만, 그 음란성 자체에 대해서는 제자들에게 입을 다물게 했다. 《시경》의 이러한 음란성의 유래에 대해서는 따로 논하기로 하자. 아무튼 공자 자신은 말하기를 "시 공부를 아니 하면 사람으로서 자격이 없다"(《논어》, 〈계씨〉 편)고까지 했다. 그러나 그리스는 차축시대에 들어와 호메로스 시대에 유행하던 음란성을 철저하게 청소하고 말았다. 후대에 주자학파 사람들이 《시경》을 위험하게 여기기는 했지만, 서양처럼 그렇게 청소하지는 않았다. 동양은 이성과 감정을 분리하지 않으면서 차축시대에 접어들었다. 서양의 눈으로 볼 때 동양의 정신은 마치 감정의 덫에서 탈출하지 못한 상태처럼 보일 것이다. 그리고 사실이 그랬다. 공자가 시를 강조했다는 것은 같은 차축 시대에 접어들었으면서도 동양과 서양이 서로 달랐음을 보여준다고 하겠다. 동양은 좌뇌와 우뇌의 균형이 어느 정도 잡혀 있었다는 말이다.

문예부흥기의 낭만주의 사상가들과 현대 포스트모던 사상가들은 서양의 잃어버린 우뇌의 '감성'을 다시 찾으려고 안간힘을 썼다. 그러나 19세기로 넘어오면서 18세기와는 달리 서양의 동양 이해는 또 달라진다. 그 가운데 헤겔은 중국에 대한 편견이 대단했다. 아마도 '오리엔탈리즘'의 뿌리를 근대에서 찾는다면 헤겔을 그 기원으로 놓아야 할 것이다. 그는 매사를 삼원적 구조로 파악하려는 사고방식을 가지고 있었다. 감각·이성·정신이 바로 그것이다. 그는 이 삼원적 구조로 문명을 재단하기 시작한다. 그는 중국을 포함한 동양 전반이 자연에 잠들어 있는 '감각적'

단계에 머물러 있다고 파악했다. 또한 유럽은 이성의 단계에 있으며 독일은 절대정신의 담지자라고 보았다. 초인격 심리학자 윌버는 헤겔의 이러한 주장을 '범주오류'라고 했다. 헤겔은 초분별 속에 있는 감각이나 감정을 두고 이성을 거치지 않은 전분별적인 것으로 오해한 데서 범주오류를 범하고 있는 것이다. 그는 중국의 상형문자를 감각의 단계 그리고 서양의 표음문자를 이성의 단계로 보아 중국의 한문자를 멸시했다(정재서, 1996, 33쪽). 정재서는 여기에 '동양적인 것의 슬픔'이 있다고 본다. 동양적인 것의 진정한 슬픔은 바로 서양이 범주오류를 범하고 있는 데서 나온다. 오류가 오류로서 끝나는 것이 아니라 침략과 지배의 형태로 나타나는 데서 동양적인 것의 '아픔'이 시작되는 것이다. 헤겔의 범주오류는 자칭 절대정신의 담지자들로 하여금 나치즘이라는 큰 범죄 행위를 낳게 했다. 그리고 서양의 동양 공략은 이러한 범주오류와 함께 시작한다. 일본이 한국 침략에 갖다 붙인 당위성도 그 맥을 같이한다.

헤겔의 삼원적 문명 이해는 그와 반대의 길을 걸은 마르크스에게도 그대로 이어진다. 마르크스의 '아시아적 생산양식'이란 다름 아닌 헤겔식 범주오류의 복사판이기 때문이다. 아시아적 생산양식에 따르면, 아시아는 아직 이성적 자아의식(좌뇌)이 싹트지 않은 곳이기 때문에 사적 소유의식이 생겨나지 않았으며, 사적 소유의식이 없기 때문에 자본주의도 발달할 수 없다는 것이다. 다윈의 발달론적 사고방식은 19세기를 풍미했다. 동양은 자본주의 단계를 거치지 않았기 때문에 공산주의 혁명도 불가능하다는 것이 '아시아적 생산양식'의 핵심 내용이다.

그래서 모택동과 스탈린은 1920년대에 이 문제로 갈등을 빚을 수밖에 없었다. 물론 스탈린은 마르크스의 입장을 그대로 아시아에 적용하려고 했고, 모택동은 서양의 이러한 범주오류를 간파하고 동양에는 이성을 거쳐 나온 감정이 있다는 사실을 알았다. 《시경》은 서당에서부터 반드시 읽어야 하는 책이었다. 그러니 모택동의 눈에는 마르크스의 오류가 단번에 들어왔을 것이다. 마르크스는 헤겔의 도식에 따라서 중국을 '반(反)야만' 또는 '미개'라고까지 했다(정재서, 1996, 37쪽). 이러한 범주오류는 19세기부터 지금까지 서양이 동양에 대해 가지고 있는 일반적인 것이라고 할 수 있다. 이런 의미에서 이 책 제3부 제3장에서 다룰 김일성의 주체사상도 궁극적으로는 헤겔과 마르크스의 범주오류에서 일탈을 의미한다고 할 수 있을 것이다.

10.3 오리엔탈리즘의 삼중주 : '슬픔'에서 '아픔'으로

동양적인 것의 슬픔이 곧 한국적인 슬픔일 수는 없다. 동양에 대한 서양의 몰이해는 그렇다 하더라도, 동양에 대한 동양의 몰이해 그리고 지배와 침략의 야욕, 이런 것들은 어떻게 이해해야 하는가? 중국과 달리 한국은 서양으로부터도 그리고 같은 동양의 중국이나 일본으로부터도 몰이해와 지배를 받아야 하는 또 다른 '오리엔탈리즘'을 경험해야 했다. 이를 '오리엔탈리즘의 삼중주'라고 부르기로 하자. 과학의 프랙털 구조는 문명사에도 그대로 적용될 수 있다. 마치 소용돌이 속의 소용돌이처럼, 우리는 오리엔탈리즘 속의 오리엔탈리즘을 겹으로, 아니 겹의 겹으로 당해야 하는 아픔을 안고 있다. 구한말의 수운은 이런 아픔 속에서 고민한 사상가였다. 수운은 서양에 대해서는 "요망한 것들"(《권학가》)이라고 했고, 일본에 대해서는 "개 같은 왜놈들"(《안심가》)이라고 했다. 그리고 중국에 대해서도 "한(漢)의 원수 갚아보세"라고 했다.

중국이 자국민들에게 발해와 고구려의 역사를 자기들 영토 안의 소수민족의 역사로 가르치려는 의도라든지, 한국을 조공이나 바치는 나라 정도로밖에 보지 않는다는 사실이라든지, 한국 것이 중국 것과 무엇이 다르냐고 묻는 서양인들의 질문이라든지, 이런 것들 앞에서 우리는 소용돌이 속의 소용돌이 같은 오리엔탈리즘의 삼중주에 사로잡힌다. 19세기에는 서양의 오리엔탈리즘 앞에서 중국도 우리와 같은 위기의식을 느끼며 동병상련의 처지에 있었다. 사이드는 오리엔탈리즘이 '타자'에 대한 의식에서부터 시작한다고 보았다. 수운은 서양을 '타자'로 의식했으며, 이 타자에 대해 '자아'를 '동학'이라고 했다. 때문에 오리엔탈리즘은 인식론적 문제를 쟁점으로서 그 안에 담고 있다. 즉, 자아에 대해 타자가 누구인가 하는 질문과 함께 오리엔탈리즘은 시작되는 것이다.

신채호는 역사를 '아와 비아의 투쟁'이라고 했다. 우리는 누구인가, 우리에게 타자는 누구인가 하는 인식론적 문제가 오리엔탈리즘의 본질적인 문제인 것이다. 따라서 오리엔탈리즘은 자아와 타자의 관계성의 문제이다. 수운이 '동학'이라고 절규한 것은 타자에 대한 자아의 '자기언급적' 표현이다. 그는 이러한 자기언급이 역사의 시작이요, 생명의 시작이라고 보았다. 우주의 자기언급이란 곧 '자기조직(self-organizing)'이다. 자기언급 없이는 자기조직을 할 수 없고, 자기조직을 못하는 것은 생명이 없는 것이다. 그래서 수운은 자기언급, 곧 '동학'이 아니면 살아남을 수 없다고 본 것이다. 수운은 서양이라는 타자에 대해 생존 전략으로서 '동학'을 말할 수밖에 없었다. 일본이 화이양재를 부르짖고 있을 때 수운은 '동학'을 대안으로 내놓은 것이다. 싸우면 이기지 못할 것이 없고 깨부수면 깨지 못 할 것이 없는 서양을 바라보면서, 수운은 우리에게 저것을 능가하는 힘이 무엇인가를 깊이 고민하지 않을 수 없었던 것이다. '동학'은 '서학'에 대한 상대적 개념이 아니다. 수운이 '동학'이라고 한 의도는, 아와 비아를 구분함으로써 강한 자아의식을 갖게 하려는 데 있었던 것이다. 그러므로 '동학'이란 추구의 개념이 아니고 수단의 개념이다. 서학에 대해 우리는 그것과는 다르다는 것을 말하기 위한 수단 개념이라는 것이다.

이분법적 논리로 재단해 동양에 씌워놓은 올가미에서 동양인 자신들이 벗어나지 못하는 것이 오리엔탈리즘의 딜레마이다. 동양인들 스스로 자신이 있는 곳이 동인지 서인지 구별하지 못하도록 만들어놓은 논리가 바로 오리엔탈리즘의 논리이다. 이는 마치 수학의 괴델 정리처럼 자기 안에서 자기의 타자를 발견하지 못하는 것과 같다고 할 수 있다. 150년 동안 영국의 지배를 받던 홍콩인들 가운데는 홍콩이 중국에 반환될 때 캐나다나 영국 등지로 이민간 사람들이 많은데, 이것이 좋은 예증이 될 것이다. 구태여 특수한 상황의 홍콩을 들지 않더라도, 늘 경험하듯이 지금 동양에 사는 대부분의 사람들이 스스로 얼마나 서양적인지 다투어 경쟁하고 있음을 알 수 있다. 한국은 일본으로부터 해방되었지만, 아직까지도 친일 세력들은 일본에 대한 향수를 버리지 못하고 있다. 사이드의 '오리엔탈리즘'은 이러한 동양의 서구 지향적 이해까지 포함해서 하는 말이라고 할 수 있다. 학계만 하더라도, 오늘날 '동양 철학', '동양 사상', '동양화' 운운하는 것은 모두 식민지 침략에 따라 동양이 강조되면서 나타난 오리엔탈리즘 증후군에 불과하다. 모두 일본 국수주의에 대한 미화에 불과하다. 그러나 수운이 '동학'이라고 부른 것은 주체의 자기언급을 위한 방편이었다.

같은 시기에 일본의 지식인들이 서양에 대해 어떤 생각을 가지고 있었으며 또 어떻게 행동했는가를 여기서 살펴보는 것은 오리엔탈리즘의 삼중주를 이해하는 데 도움이 될 것이다. 《오리엔탈리즘을 넘어서》의 저자 강상중은 일본이 서양에게 가지고 있던 생각과 태도와 관련해 정교한 연구 결과를 내놓았다. 메이지유신 무렵은 한국에서 동학이 대두되던 때와 시기적으로 일치한다. 당시 대표적인 소설가였던 도쿠토미 로카는 "회교국은 마호메트로부터 벗어나지 않으면 필연코 망한다. 조선의 부활은 흰옷을 벗어던질 때 시작된다"(강상중, 1997, 113쪽)고 강변했다. 수운과는 너무나도 대조적인 일본 지식인의 열변이다. 동양은 동양을 버려야 산다는 것이다. 동양은 자기되기를 포기하라는 것이다. 그리고 하루빨리 서양화하는 길만이 살길이라는 것이다. 강상중은 이러한 아시아관(觀)이 전후 일본 국민의 기억 속에 복류처럼 흐르고 있다고 말한다(강상중, 1997, 114쪽). 여기서 일본식 '동양학', 곧 오리엔탈리즘이 탄생한다. 강상중은 이런 식의 동양학을 개척한 인물이 시라토리라고 한다.

시라토리가 활동한 시기는 동학란이 한창 진행될 무렵인 1880년대였다. 시라토리라는 한 지식인을 통해 일본의 오리엔탈리즘을 이해하는 것은 상호간의 대비를 위해서도 필요하다. 1890년에 동경대학을 졸업한 그는 유럽의 오리엔탈리즘을 그대로 본떠, 유럽이 아시아를 자신들에게 접목시키려고 했듯이, 그것을 그대로 일본에 접목시키려고 했다. 서양이 아닌 동양(일본)이 같은 동양에 오리엔탈리즘을 적용시킨 것이다. 소용돌이 속의 소용돌이를 만드는 오리엔탈리즘의 '프랙털 현상'이라고나 해야 할까? 서양이 약자들, 특히 여성들을 규율과 훈련이라는 질서의 분류 체계 속에 넣어 가두려고 했듯이, 이제는 일본이 같은 동양을 그 분류 체계 속에 넣으려고 하는 것이다. 그 첫 대상은 한국이었으며, 다음이 만주, 그 다음이 중국, 그리고 남으로 향해 남양군도까지 영향권에 들어갔다. 이를 일본식 '오리엔탈리즘'이라고 한다. 그러면 그 결과는 어떠했을까?

수운처럼 동양이 동양이 되는 것을 통해 자기정체성(identity)를 찾으려고 하지 않고, 시라토리는 동양과는 차이를 두면서 도리어 일본을 서양과 동일시함으로써 자기정체성을 찾으려고 했던 것이다. 그러나 일본이 아무리 자기 나름대로 분류 체계를 만들어놓고 세계를 관찰한다고 하더라도, 결국 일본이 아시아의 일부라는 것을 그 누구도 부정할 수 없다는 역설에 직면하게 된다. 자기를 자기 밖에서 찾는 자의 비극이 여기서 시작되는 것이다. 이른바 '탈아론(脫亞論)'이 '탈아론(脫我論)'으로 되면서 말이다. 같은 시기에 일본과 한국은 이렇게 서로 다른 방향의 길로 들어선 것이다.

일본이 아시아에서 자기를 소외시킨다면 자생적 힘은 어디서 얻을 것인가? 진정한 힘은 우로보로스의 힘, 즉 자기가 자기를 언급하는 데서 생긴다. 이렇게 해서 일본의 비극의 씨앗인, 아시아 국가를 타자로 삼아 자기와 차별성을 부각시키려고 한 '동양학'이 그때부터 시작된다. 그리고 이러한 동양학에 근거해 아시아 침략의 역사도 아울러 시작된다. 이것이 일본식 오리엔탈리즘의 출발이다. 시라토리는 "동양의 연구는 동양인이 솔선해서 맡아야 한다"고 했다. 여기서 그가 말하는 '동양인'이란 다른 누구도 아닌 일본인 자신들을 두고 하는 말이다. 강상중은 말하기를, "곧 스스로를 표상–대표할 수 없는 '동양인'을 대신해 '동양인'이기도 한 일본인이 '그들'을 대표하는 '타자'인 서양인에게 알린다는 이 굴절된 오리엔탈리즘의 구도 속에 동양사학은 그 존재 이유를 찾아낼 수 있었던 것이다. 그리고 그 동양사학의 대상 영역은 만주와 조선이었다. 그 연구 결과로 나온 것이 시라토리의 《만선역사지리 조사본》이었다"(강상중, 1997, 120)고 한다. 이 책에서부터 조선의 아픔은 시작된다. 그리고 이 굴절된 책은 결국 일본인 자신도 아픔의 도가니로 몰아간다.

자기언급이란 거울 속의 자신을 자기가 들여다보는 것과 같다. 이는 자기성찰 또는 자기반성과도 같은 것이다. 그것은 선학의 내단(內丹)과 같아서, 뼈를 깎는 노력이 요구된다. 이는 어떤 의미에서 자기죽음이기도 하다. 예수의 시험과 고난 그리고 6년에 걸친 부처의 고행이 모두 이러한 자기언급적 행위였던 것이다. 청동기의 등장과 함께 고대 사회에서는 극소수를 제외하고는 거울을 지참하지 못하게 했는데, 그 이유도 바로 자기를 보는 행위가 고통 자체였기 때문이다. 이러한 고행과 고난의 길을 거쳐야 자기정체성이 형성된다.

이러한 자기언급 행위를 해내는 것이 진정한 용기이다. 그러나 이러한 용기가 없을 때는 자아의 비틀림 현상이 나타난다. 자기언급은 불교의 '관자재'와 같으며, 이를 통해 소자아와 대자아는 하나가 된다. 자기언급을 못한 자아는 결국 굴절되고 비틀어져, 돈이나 권력 또는 영토 팽창 같은 위장된 행위를 통해 대리(代理) 자기의 확장을 노린다. 좌뇌와 우뇌가 교량에서 서로 조화를 이루는 것도 자기언급적 행위를 통해서이다. 우로보로스의 모양처럼 좌뇌가 우뇌를, 우뇌가 좌뇌를 서로 물고 있어야 한다. 내단이란 내적 단련을 통한 자기성찰과 자기반성으로 자기가 자기가 되는 수련 방법이다. 한편, 중국의 외단은 아편 같은 약물을 통해 위장된 자기언급을 하는 것이다. 내단만이 자기언급의 첩경이다.

19세기 말의 메이지유신과 더불어 '동양학'이라는 이름 아래 일본의 자아는 비틀어지기 시작했다. 그러고는 곧 조선과 만주 침략이라는 행위를 통해 영토 확장의 길로 나섰다. 동양학은 '전후' 지금까지 계속되고 있다. 그럼에도 그들은 자기언급을 못하는 자아이기 때문에 과거의 잘못을 과감하게 회개할 용기도 갖고 있지 못하다. 회개가 곧 자기언급의 행위이기 때문이다. 일본이 지금껏 자기반성을 하지 못하는 원인도 바로 동양학에 있는 것이다. 이렇게 앞뒤 맥락을 두고 볼 때, 일본의 지식인들은 수운과는 반대의 길로 접어들었음을 알 수 있다. 결국 동양사학은 일본의 근대화가 오리엔탈리즘을 수반할 수밖에 없었던 왜곡된 구도를 가장 응축된 형태로 보여주고 있는 것이다.

일본은 근대화와 더불어 아시아에 오리엔탈리즘의 문화적 헤게모니를 행사해야 한다는 역사적 과제 앞에서 흥분했다. 이때를 시라토리는 '행복한 시대의 행복한 삶'이었다고 회상하고 있다. 그러나 그의 행복이 조선의 수운에게는 불행이었다. 일본의 행복한 시대는 조선의 불행한 시대였다. 일본의 동양학은 결국 좌뇌 일방적인 서양의 합리성 강화 그 자체였다. 이런 교육의 연장이 한국에도 적용된 것은 두말할 것 없다. "동양은 비합리적이고 비논리적이며 비과학적이다. 하루속히 이런 동양을 벗어나자", 이것이 오리엔탈리즘의 대명제이다.

수운의 '동학'은 일본의 이러한 '동양학'의 음모에 대응하기 위한 것이었으며, 그의 방법은 시라토리의 그것과는 전혀 다른 것이었다. 수운은 말끝마다 '개 같은 왜놈들'이라고 했다. 그는 일본이 서양과 손잡고 조선을 괴롭힐 것을 내다보고 있었던 것이다. 동양이 모두 쇠퇴해가는 마당에 일본만이 '행복한 삶과 행복한 시대'로 접어들었던 것이다. 그러면 이러한 일본식 오리엔탈리즘의 결과는 어떠했는가? 1945년 8월 7일, 히로시마에 원자폭탄이 떨어짐으로써 일본의 서양에 대한 짝사랑도 끝나는 듯했다. 강상중은 "이렇게 곤경에 처한 것은 결국 자아를 잊어버리고 서양의 '모방적 문명에 심취'하여 '일본 민족 본연의 진정한 자아[眞我]'를 돌보지 않았기 때문"(강상중, 1997, 124쪽)이라고 했다. 자기언급을 못하는 모든 것의 비극이다.

수운은 〈초학주문〉에서 "천주를 위하고 자기의 정을 돌아보라"고 했다. 이것이 진정으로 자아를 찾는 행위라고 보았기 때문이다. 동학하는 태도의 첫 출발을 수운은 이와 같이 자기언급 행위에서 찾았던 것이다. 마치 데카르트가 철학의 출발을 '나는 생각한다'에서 찾으려고 했듯이 말이다. '너 자신을 알라'는 소크라테스의 명제 역시 이런 맥락에서 이해된다. 그러나 여기서 말하는 서양적 자아는 합리적·과학적인 좌뇌적 자아이다. 이러한 좌뇌적 자아가 곧 서양 근대화에 공헌한 자아이다. 그러나 서양의 개인주의적이고 이성 중심주의적 자아는 이제 부담스러운 자아가 되었다. 환경 파괴라는 대재앙을 불러오고 공동체를 파괴하는 자아이기 때문이다.

10.4 헌팅턴의 문명 충돌론과 동학

새뮤얼 헌팅턴의 《문명의 충돌(*Clash of Civilization*)》은 미래의 세계사를 문명 사이에 충돌이 벌어지는 역사로 본 점이 특징이다. 헌팅턴은 지금의 세계를 7개 또는 8개의 서로 다른 문명권으로 나눌 수 있다고 보고 있다. 서방·유교·일본·이슬람·힌두·슬라브·라틴아메리카·아프리카 문명이 바로 그것이다. 과거의 충돌은 (1) 군주 사이의(~1790), (2) 국민국가 사이의(~1991)의 충돌이었다. 그러나 앞으로는 문명과 문명 사이의 충돌이 주될 것이라고 헌팅턴은 주장한다.

헌팅턴은 문명 사이에 충돌이 일어나는 이유가 (1) 문명의 차이는 실질적이며 근본적이기 때문에, (2) 좁아진 세계에서 문명 사이의 상호작용 증대는 문명 의식과 상호 차이를 강화시키기 때문에, (3) 소속 의식이 민족 국가에서 더 큰 단위인 종교나 문명으로 이전하기 때문에, (4) 비서방 지역에서 엘리트의 탈서방화와 토착화 현상이 일어나기 때문에, (5) 문화적 차이는 정치·경제적 차이보다 더 변화하기 어렵기 때문에, (6) 경제 지역주의가 심화되고 있기 때문이라고 한다. 그러나 나는 더 근본적인 원인으로 좌뇌와 우뇌가 충돌하기 때문이라고 보고 있다.

헌팅턴은 앞으로 이들 8개 문명권이 결국 유교·이슬람·기독교라는 3대 문명축으로 뭉쳐질 것이라고 예상하는데, 여기서 다시 유교와 이슬람이 연합해 서방 기독교 문명권과 대립할 것이라고 보고 있다.[2] 요약하면, 헌팅턴은 '문명의 충돌'이라는 자신의 화두 아래 기독교 문명권과 유교-이슬람의 비기독교 문명권이 각축을 벌일 것으로 예상하고 있는 것이다. 1993년 여름 《포린 어페어스(*Foreign Affairs*)》(1993년 7~8월)에 〈문명 충돌론〉을 발표한 뒤 그는 지지와 반대를 동시에 받았다. 여기서는 헌팅턴의 주장을 세밀하게 분석할 필요성을 느끼지는 않는다. 그런데 우리에게 놀라움을 주는 것은 19세기 말 조선에 살았던 최수운이 이미 이런 문명 충돌론을 말했다는 점이다.

---

2) 헌팅턴의 문명 충돌론에서 한 가지 비판의 대상이 되는 것은 일본을 유교 문명권에서 분리해 독립적인 문명권으로 설정했다는 점이다.

헌팅턴이 문명 충돌론의 근거로 제시하는 여섯 가지 이유가 수운의 시대에 그대로 나타났다. 수운은 문명과 종교의 충돌이 군주나 국민 사이의 충돌보다 더욱 심각하다고 느꼈으며, 자신의 사상을 '동학(東學, Eastern Learning)'이라고 표현한 이유도 바로 문명 충돌의 시각에서 역사를 보았기 때문이다. 그리고 수운 자신이야말로 헌팅턴이 네번째로 말하고 있는 비서방 지역에서 등장한 엘리트였다. 그는 탈서방화와 토착화를 시도한 극동의 대표적인 인물이었다고 할 수 있다. 최제우의 문명 충돌론의 시각은 다음 글 속에 잘 나타나 있다.

경신년에 와서 전문하여 서양 사람들은 천주의 뜻을 위한다고 하여, 부귀는 취하지 않는다고 하면서 천하를 공취하고 교당을 세워 포교를 행한 다고 함으로 나는 그럴 수가 있을까 의심했다(〈포덕문〉).

그는 군함과 함께 걷잡을 수 없을 만큼 밀려드는 서학의 물결을 막기에 불가항력적이라고 생각했다. 그가 서학에 대해 동학을 선포함을 두고 신일철은 "동학은 대외적인 위기의식의 표현이며, 천하의 붕괴를 앞둔 문명적 절망과 새로운 활로를 물색하려는 민족적 자각으로 대표할 수 있다"(신일철, 1995, 18쪽)고 했다. 수운이 비록 '문명 충돌'이라는 표현은 쓰지 않았지만, 문명에 대한 그의 인식은 헌팅턴보다 더 근원적이었다. 결국 19세기 말의 상황을 '서학'과 '동학'의 대결로 이해했던 것이다. 다시 말해서, '동학'이라는 말 자체가 문명 사이의 충돌을 의식한 것이다. 수운은 좌뇌의 공격적 성격을 서학의 본질 자체에서 본 것이다. 그렇다고 그가 좌뇌적인 것을 일방적으로 배척하려고 했다거나 한 것은 아니다. 그로서는 서학이 양 뇌의 조화와 균형이라는 우리 선교의 전통을 파괴한다고 보고, 이를 위험시한 것이다. 즉, 그는 선맥의 연장선상에서 동서를 보았다.

　수운이 이처럼 문명 사이의 충돌을 간파한 것은 그의 정치적인 식견인 동시에 토착 선맥에 대한 재인식이라고도 할 수 있다. 그는 《정감록》 같은 도참서에 나오는 말을 빌려 "십이 제국 괴질 운수(十二 諸國 怪疾 運數)"라고 했다. 천진조약과 북경조약을 보고 수운의 입에서 나온 말이다. 그리고 "입술이 망하니 이가 시린다〔脣亡齒寒〕"고 했다. 중국이 서양 세력 앞에 허물어지는 것을 본 수운은 앞으로 동서 사이의 충돌이 어떠하리라는 것을 예견하고 있었다. 그의 예견과 예측은 정확했다. 헌팅턴의 문명 충돌론이 나오게 된 배경도 19세기 말 서세동점에서 비롯되었다고 할 수 있을 것이다. 아니, 미래에 그렇게 될 것이라고 하는 자기 예시(self prophecy)의 한 반영이다.

　　가련하다 가련하다 아국운수 가련하다.
　　전세임진 몇해런고 이백사십 아닐런가.
　　십이 제국 괴질 운수 다시 개벽 아닐런가.
　　요순성세 다시 와서 국태민안 되지마는
　　기험하다 기험하다 아국운수 가련하다(《동학경전》, 〈안심가〉).

　아직도 서양 세력에 안일한 시각으로 대처하고 있을 때, 그는 동양이 앞으로 서양에 대해 희망이 없음을 통감했다.

　　저 경신년 음력 사월에 이르러 온 세상이
　　혼란하고 백성들의 마음과 풍속이 나빠져서
　　어찌할 바를 모를 즈음에, 또한 사회에 맞지
　　않는 괴이한 말이 온 세상에 요란하게 퍼져
　　이르기를 서양 사람들은 도를 이루고 덕을
　　세워서 그 조화로써 이루지 못하는 일이 없다.
　　그리하니 무기로 싸우는데 그 앞에 당할 사람이

없으니, 중국이 멸망한다면, 우리나라도 어찌
입술이 없어지면, 이가 시리다는 것과 같은
조짐이 없겠는가(〈논학문〉).

좌뇌는 고딕형에서 보는 바와 같이 외향적이며 공격적이다. 굴속의 호랑이가 견디지 못한 것도 이런 좌뇌적 특성 때문이다. 수운은 이를 간취한 것이다. 수운은 서양에 대한 위기의식을 '상해지수(傷害之數)'라고 했다. 당시 조정은 개화파와 척사위정의 보수파가 심각하게 충돌하고 있을 때였다. 이 두 극단 사이에서 수운이 취해야 했던 태도가 궁금하다. 도참서의 말을 빌린 그의 현실에 대한 진단적 표현은 비현실적인 것처럼 보인다. 그러나 그의 진단은 가장 정확했으며, 지금까지도 유효하다. 이러한 그의 혜안은 다름 아닌 오래된 미래라고 할 선교의 정신적 유산에서 나온 것이다. 선교는 바로 문명을 보는 만화경과 같다. 왜냐하면 거기에는 좌우 뇌의 조화가 깨어지지 않고 있기 때문이다. 즉, 문명사를 진단하는 기준이 정확했기 때문이다.

10.5 '제3의 길'과 수운의 선택

서양의 팽창으로 비서구 사회의 정치 지도자들과 지식인들이 보이는 반응을 놓고, 헌팅턴은 이들이 다음 세 가지 경우 가운데 하나의 태도를 취한다고 했다. 즉, 서구의 팽창은 '근대화'와 '서구화'를 자극하는데, 비서구 사회는 (1) 근대화와 서구화를 모두 거부하거나, (2) 그 둘을 모두 받아들이거나, (3) 근대화만 받아들이고 서구화는 거부한다는 것이다(헌팅턴, 1997, 92쪽).

(1) 근대화와 서구화를 모두 거부한 경우 : 이 태도는 대원군의 쇄국주의로 대표될 수 있다. 일본의 경우 개화기 초기에는 서구에 수구·쇄국적이었다. 그러나 메이지유신으로 말미암아 쇄국주의적 세력은 타도되고 말았다. 우리는 그 반대였다. 이것이 일본과 우리의 현재의 차이를 만들어버렸다. 일본은 1542년에 서구와 처음 접촉을 가진 뒤 19세기 중반까지만 하더라도 쇄국의 길을 걸었다. 도쿠가와 정부는 주자학을 내세워 서양에 강력하게 저항했다. 무기 구입과 같은 제한된 근대화는 인정했으나, 기독교를 포함한 서구 문화의 도입은 심하게 제한했다. 17세기 중반까지만 하더라도 서구인을 모두 추방할 정도였다. 그러나 양명학자들(이들은 주자학에 대항했다)이 주도한 메이지유신은 1858년부터 시작되어 수구 세력들을 꺾고 성공을 거둘 수 있었다.

근대화와 서구화는 이때부터 모두 수용되었다. 도쿠가와 막부 정부가 조선의 퇴계학을 통치 이념으로 삼았다는 것은 잘 알려져 있다. 그러나 퇴계는 양명학을 배척했으며, 그 결과 조선의 근대화는 이루어질 수 없게 되었다. 율곡과 다산 모두 일견 양명학적 처지에 서 있었지만, 이들의 학문은 모두 퇴계의 그늘에서 빛을 보지 못했다. 그러나 양명학으로 메이지유신을 이룩한 지식인들이 서양의 근대화를 맹목적으로 숭상했다는 것은 자가당착적이라고 아니할 수 없다. 근대 서양은 바로 차축시대 제3기에 해당하며, 극도의 합리주의가 주류를 이루던 시기였다. 이 시기에 좌뇌는 한없이 고무되었으나, 우뇌는 폄하되었다.

일본은 수구파와 개화파의 싸움에서 후자가 승리해 자주적으로 서구화와 근대화를 받아들였지만, 중국은 아편전쟁에서 패배한 뒤 서구에 무릎을 꿇고 타의로 근대화와 서구화를 받아들였다. 중국은 1601년에 기독교 사절단을 일단 받아들였다가 1722년에 다시 추방한 일이 있다. 중국은 오랫동안 스스로가 세계의 중심이라고 자처해왔고, 한국은 중국의 이러한 태도를 자발적으로 인정해온 터였다. 이러한 자만심 때문에 중국은 결국 쇄국주의로 갈 수밖에 없었다. 이러한 고립주의적 쇄국정책이 치러야 할 대가는 컸다. 1839~1842년 사이의 아편전쟁이 결국 그 결과로 나타났다. 아편전쟁은 중국 외단 문화의 필연적인 결과였다. 태평천국의 난이 같은 시기의 동학란과 그 양상이 다른 것도 이러한 차이를 보여준다. 태평천국의 난을 주도한 홍수전은 기독교의 아류일 뿐, 동양의 선맥을 전수한 모습은 찾기 힘들다.

　한국의 쇄국주의와 함께 중동의 쇄국주의를 한번 살펴보자. 이슬람권의 반서구화 정책은 근대화와 서구화를 모두 거부하는 호메니이로 상징될 수 있을 것이다. 사다트의 암살범들, 말레이시아의 다크와(darkwa) 집단, 시크파 회교도들이 모두 극단적인 반서구적 고립주의를 고수하는 쇄국주의자들이라고 할 수 있다. 그런데 이들 각국의 쇄국주의자들에게는 한 가지 공통점이 있다. 그것은 모두 성공하지 못했다는 점이다. 앞으로 후세인 이후 이라크의 미래가 어떤 방향으로 갈지 알 수는 없지만, 아무튼 지금으로서는 반서구주의자들의 말로가 모두 비참했다는 점을 지적할 수 있겠다. 그렇다고 친서구적 정책이 성공했다는 것은 물론 아니다. 이들이 성공하지 못한 것은 결국 서구 열강들이 이들을 결코 용납하지 않았음을 의미한다. 서구 세력 앞에서 동양의 처지는 수운이 예견한 이래로 하나도 달라진 것이 없다. 오히려 참담한 처지가 더욱 심화되고 있다. 수운은 어떻게 문명의 충돌이라는 차원에서 미래를 내다볼 수 있었던 것일까? 수운도 과연 쇄국주의자였을까? 역설적이게도, 수운을 죽이면서 정부가 내건 그의 죄목은 다름 아닌 서학 숭배였다. 이는 그의 동학에 분명히 서학적인 요소가 있었다는 것을 말해준다. 반서양도 친서양도 모두 성공할 수 없는 이유를 우리는 뇌의 운명적인 성격에서 찾아야 할 것이다. 양 뇌가 뇌량으로 연결되어 있는 구조는 곧 문명의 성격과 관계를 결정한다.

(2) 근대화와 서구화를 모두 받아들인 경우 : 근대화를 하는 데서 토착 문화와 모국어는 모두 장애물이라거나, 근대화를 위해서는 영어를 모국어로 써야 하고 기독교를 국교로 삼아야 한다는 등의 주장이 있는데, 토인비는 이러한 주장을 펴는 지식인들을 헤롯당(로마를 추종하기 위해 유대주의를 포기한 유대인의 왕당)주의자들이라고 했다(헌팅턴, 1997, 93쪽). 19세기 말 일본과 중국의 일부 지식인들이 이런 헤롯주의자들의 태도를 취했다. 이들의 주장에 따르면, 서구 문명의 우위를 인정해야 서구로부터 배울 수 있다는 것이다. 그러므로 유럽의 언어와 서구식 교육 제도를 불가피하게 도입해야 한다는 것이다(헌팅턴, 1997, 94쪽). 파이프스(Daniel Pipes)가 이슬람 쇄국주의자들을 향해 내뱉은 이 말은 이미 60년 전에도 울린 바 있다. 케말(Mustala Kemal Ataturk)이 그 주인공인데, 그는 폐허가 된 터키를 재건하기 위해 헤롯주의를 택했다. 물론 그의 이러한 헤롯주의는 자기 문화를 고수하려던 이슬람의 젤롯당(헤롯당에 대해 유대주의의 순수성을 고수하려던 열심당원들)에게 거부당했다. 이 때문에 터키는 결국 심각한 사상적 양분 상태를 맞게 되었다. 헤롯주의자들의 이러한 발상은 해방 공간에서 한국의 이승만에게도 그대로 적용될 수 있다고 본다. 반세기가 지나도 남한 정부가 서양의 주구 노릇을 하지 않고서는 정권을 유지하기 힘든 이 현실 자체도 별반 다르지 않다.

(3) 근대화만 받아들이고 서구화는 거부한 경우 : 외세가 강하게 밀어닥칠 때면 자문화 안에서 항상 헤롯당원들과 젤롯당원들이 나타나게 마련이다. 그 가운데서 개량주의자들이 나타나는 것도 이상한 일이 아니다. 근대화의 형식은 받아들여도 서구화의 내용은 받아들이지 말자는 주장이 그것이다. 청조 말기에 중국의 지식인들이 내놓은 '중체서용(中體西用)'이 그 대표적인 예라고 할 수 있다. 일본의 '화혼양재'도 비슷한 경우라고 할 수 있다. 중체서용이란 근본 원칙은 중국 것을 익히되 실용

지식은 서양 것을 익히자는 것이며, 화혼양재란 '일본의 정신과 서양의 기술'이라는 뜻이다. 한국의 대응 방식은 '동도서기'였다. 하지만 제3의 길이 가장 바람직하다고 해도, 서방 열강들이 이를 그냥 용납할 리 없다. 그들은 케말 같은 헤롯주의자들을 더 선호하기 때문이다.

1830년에 이집트의 알리(Muhammad Ali)는, 문화적 서구화는 반대하면서 기술의 근대화는 시도했다. 그러나 영국의 요구 때문에 서구 문화 없는 이집트의 근대화는 포기할 수밖에 없었다. 정신이 빠진 형식적 근대화를 서방 세력이 용납할 리 없었던 것이다. 마즈루이(Ali Mazrui)가 지적했듯이, 그 결과 이집트의 운명은 문화적 서구화를 수반하지 않고 기술적 근대화를 이룬 일본의 운명과는 달랐고, 문화적 서구화와 더불어 기술적 근대화를 이루고자 한 케말 아다튀르크의 운명과도 달랐다. 조선조가 저물 무렵, 김옥균 같은 개화파들이 선택했던 길이 바로 이렇지 않았나 싶다. 그러나 일본과 서양이 문화의 서구화가 없는 기술의 서구화만을 용납할 리는 없었다. 이것이 갑신정변의 한계였다. 결국 이를 간취한 쇄국주의자들이 근대화는 서구화 그 자체라고 생각한 것이다.

한국의 김대중 전 대통령은 이 제3의 길을 선택했다. 그는 서구식 민주주의와 시장경제 그리고 아시아적 가치라는 삼두 마차를 타고서 제2의 건국론을 내세웠다. 그뒤 노무현 정부는 그동안 진행된 서구화 물결의 최대 파고를 넘어야 할 시점에 서게 되었다. 그것이 바로 미국과 맺은 자유무역협정(FTA)이다. 이는 단순히 경제적 차원이 아니라, 서구화와 근대화에 대한 근본적인 문제를 안고 있다. 정치인들은 지금 여야를 막론하고 깊은 문제의식 없이 이를 처리하고 있다. 긍정과 부정의 양날은 바로 우리의 명줄을 겨냥하고 있다.

19세기 후반기에 이집트의 압두(Muhammad Abduh) 같은 일군의 개혁주의자들은 "근대 과학과 서구 사상의 정수는 이슬람주의와 양립 가능하다"고 주장하면서, 서구의 입헌제와 대의제는 수용하는 한편 이슬람주의 원리는 그대로 고수하려고 했다. 김대중 대통령의 제2건국론이나 구한말 김옥균 같은 개화파들의 주장과도 비슷하다고 할 수 있다. 이슬람권의 이러한 개량주의는 1870년대부터 1920년대까지 지식인들 사이에서 호감을 얻었다. 그러나 이는 1920년대에 케말주의로 둔갑했다. 여기서 수운이 선택한 방법은 무엇이었을가? 물론 그는 정치 지도자가 아니었다. 그러나 그의 사상은 정치화했으며, 그는 이 사실을 알고 있었다. 그리고 거기에 대처를 했던 것이다.

10.6 동양을 배신한 일본

쇄국주의·케말주의·개량주의는 양보 없는 갈등을 조장한다. 비서방 국가 정치인들의 비극이 여기에 있다. 그래서 그들은 모두 자기들 조국의 운명과 앞날을 생각한다고 하면서도 서로 간에 반목할 수밖에 없다. 해방 직후 정치 지도자들의 노선 차이도 바로 이를 반영한다. 구한말 동도서기의 개화파와 척사위정의 수구파는 모두 앞에서 분류한 몇 가지 유형에 일치시킬 수 있다. 과연 19세기 말의 수운은 이 세 가지를 놓고 어느 쪽에 섰던가?

〈그림 1〉에서 보는 것처럼, 헌팅턴은 세 가지 서로 다른 길을 알기 쉽게 도식화해놓았다. 이 그림에서 쇄국주의, 즉 젤롯(Zealot)주의는 서구화로도 근대화로도 향하지 않는 A에 머물러 있다. 그리고 케말주의, 즉 헤롯주의는 B를 향해 비스듬하게 움직인다. 개량주의는 근대화만 지향하며 C를 향해 수평으로 움직인다. 문제는 가장 최악의 경우인 D인데, 이는 근대화 없이 서구화만을 고집하는 것이라고 할 수 있다. 이집트의 마즈루이는 "비서구 사회 하나하나는 이 세 가지의 전형적인 경로와는 현실적으로 차이가 나는 독자적 경로로 움직인 것이 사실이다"라고 하면

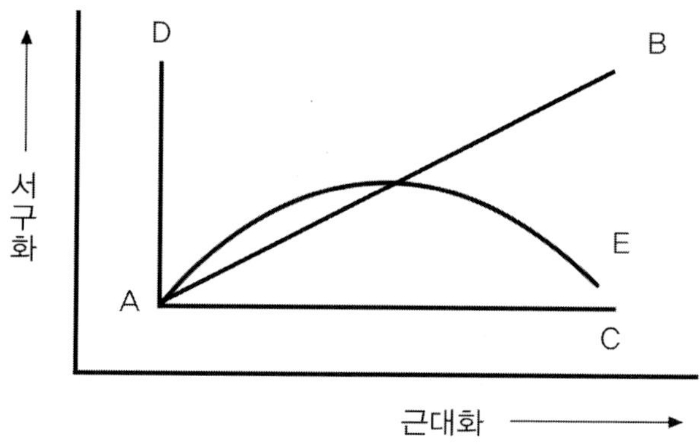

〈그림 1〉 서구의 충격에 맞선 서로 다른 대응

서 "이집트와 아프리카는 기술적 근대화 없이 문화적으로 서구화당하는 고통스러운 과정을 거쳤다는 점에서 D점을 향해 움직이고 있다"고 주장했다(헌팅턴, 1997, 96쪽).

그런데 한국의 경우에는 서구화와 근대화를 모두 가로막는 세력이 있었다. 그리고 이러한 세력 때문에 결과적으로 근대화도 서구화도 제대로 안 되고 말았다. 수운은 이러한 실체가 바로 일본이라고 보았던 것이다. 수운을 이해할 때 우리는 수운의 '서양관'과 '일본관'을 구분해 생각해야 한다. 수운은 서구화와 근대화를 자주적으로 선택할 수 없게 만드는 세력이 일본이라는 것을 알고 있었다. 그래서 우리의 경우는 위의 세 가지 경로 가운데 어디에도 잘 맞지 않는다. 세 가지 가운데 하나를 선택할 수 있으려면 모두 '자주'라는 것이 전제되어야 하는데, 우리에게는 그런 것이 없었기 때문이다. 수운은 이미 당대의 실학자들을 통해 근대화의 문제며 서구화의 문제를 알고 있었다. 그는 두 가지가 모두 필요하다고 느꼈다. 그는 "해서 안 되는 일이 없을" 정도의 막강한 힘의 실체로서 서양을 인정하고 있었다. 때문에 그는 〈포덕문〉에 '서양인'·'서인'·'서학' 등의 표현을 쓰면서 "운이 하나이고[運則一]", "운즉 같고

〔運則同〕"라고 했다. 그가 잡혀 죽을 때 그 죄목이 '서학 숭배'였다는 사실은 이를 잘 반영해준다. 그는 대원군의 쇄국주의자들처럼 서학이나 서구화를 일방적으로 매도하거나 배척하지 않았다.

그러나 이러한 서양관과는 대조적으로 그의 일본관은 판이하게 달랐다.《용담유사》의 〈여심가(安心歌)〉 가운데는 다음과 같은 내용이 있다.

> 개 같은 왜적놈아 너의 신명 돌아보라
> 너이 역시 하륙해서 무슨 은덕 있었던고
>
> 개 같은 왜적 놈을 한울님께 조화받아
> 일야간에 소멸하고 전지 무궁하여 놓고
> 대보단에 맹서하고 한의 원수 갚아보세

이러한 수운이 쇄국주의자들에게도 배척받고 개화파들로부터도 배척받을 수밖에 없었던 것은 당연하다고 하겠다. 그의 이러한 반일본적 견해와는 대조적인 다음 내용을 한번 보자.

> 曰洋學 如斯而有異 如呪而無實 然而運則一也 理則非也

동학이나 서학이 운이 같다는 것은 무엇을 뜻하는가? 나는 여기에 깊은 의미를 부여하고 싶다. 수운의 사상에서 핵심이 되는 두 가지는 '하날님〔天主〕' 신앙과 '지기〔至氣〕' 사상이라고 할 수 있다. 수운은 서학에 하날님 사상이 있는 것을 보았다. 따라서 근본적으로 운은 같다고 여겼을 수 있다. 그러나 서학에는 지기 개념이 없다. 때문에 이치는 다르다고 여겼을 것이다. 그렇다면 수운은 서학이라는 서구화의 흐름에 긍정적인 일단의 모습을 보여준 셈이다.

수운의 말을 통해 볼 때, 그는 '싸워서 이기고 공격하여 취하는〔戰勝功

取]' 서양과 천주학으로서 '서학'을 일단 구별한다. 한편, 대항 의식을 가지면서도 한편으로는 부분적으로 수용하는 이율배반적 갈등을 경험하고 있다(신일철, 1995, 20쪽). 앞에서 지적한 대로 수운은 서학이 인격신 개념을 가지고 있는 점에 대해서는 운이 같다고 보았으나, 서학이 지기 개념을 결여하고 있는 점에 대해서는 비판적으로 보았다고 할 수 있다. 수운은 서양이 무력으로 남의 나라를 침략하고 공략하는 것도 그들의 정신 속에 지기를 가지고 있지 못하기 때문이라고 보았을 것이다.

나는 수운의 이러한 갈등이 이율배반적이라고는 보지 않는다. 그 이유는 헌팅턴의 말의 빌려 설명해보겠다. 헌팅턴의 다음 분석은 수운이 왜 이러한 양가적 태도를 갖게 되었는지 이해하는 데 도움이 된다. 헌팅턴에 따르면, 비서구 국가들이 근대화한다고 하더라도 그것이 결코 서구화를 의미하는 것은 아니라고 한다. 헌팅턴은 아랍 청년들이 청바지를 입고 코카콜라를 마시고 록음악을 들으면서 반미 데모를 하는 것을 보라고 한다. 청바지는 근대화와 서구화를 동시에 의미하는 상징물이라고 해도 좋을 것이다. 하지만 청바지를 입는다고 해서 그것이 반드시 서구화를 동반하는 것은 아니다. 오히려 근대화가 될수록 비서구권에서 반미 데모와 반서구 세력이 첨예화한다는 것이다. 한마디로, 근대화와 서구화가 반비례하는 현상이 벌어진다는 것이다.

한국의 비극은 서구화도 근대화도 제대로 안 되었다는 점인데, 수운이 보기에 그 원인은 바로 일본에 있었다. 여기서 수운은 앞으로 자기 앞에 벌어질 미래를 예견하고 오직 일본에 대해서만 "개 같은 왜놈들"이라고 했던 것이다. 그리고 그의 예견은 적중했다. 일본은 같은 동양권에 있으면서 먼저 근대화와 서구화를 이룩해 그것을 도구로 우리를 침략했으며, 결국 식민지화했다. 때문에 우리는 근대화와 서구화가 제대로 안 될 수밖에 없었다. 같은 동양권으로부터 식민지 경험을 한 한국은 역설적이게도 다른 제3세계와는 달리 친서방적이 되었다. 한국에서 기독교가 발전하게 된 배경에는 이런 역설이 한몫을 했다고 볼 수 있다.

제3세계 국가들 가운데는 반서구화와 함께 반기독교적으로 된 국가들이 있다. 미얀마의 네윈의 정책이 대표적이라고 할 수 있다. 다른 한편으로는 동학과 서학이 운이 같은 것도 한국에서 기독교의 토착화가 쉬웠던 이유가 될 수 있다. 미얀마 같은 불교 국가에서 서학이나 기독교가 불교와 운이 같다고 할 수는 없을 것이다. 이런 점에서 수운은 일본의 종교보다는 차라리 서양의 기독교가 동학과 같은 운을 타고났다고 본 것이다. 그러나 앞에서 말한 것처럼 서양은 지기를 가지고 있지 못해서 그토록 난폭해졌던 것이다. 수운은 이 점에 대해서는 날카로운 비판 정신을 가지고 있었다.

'동도서기'라고 할 때, 수운에게 '동도'란 유·불·도가 아니었다. 그것은 우리의 선맥에서 기원한 풍류도이다. 유·불·도는 서로 상극인데다가 도저히 서교인 기독교를 수용할 여지가 없다. 신라 때 경고의 전래나 조선 때 서교의 전래가 모두 성공적이지 못했던 이유가 바로 여기에 있다. 이들 삼교의 논리가 모두 '包涵'의 논리였기 때문이다. 그러나 풍류도나 선교의 논리는 '包含'의 논리이다. 자기 것을 가지고 있고 또 그것의 정체성을 유지하면서도 동시에 기독교를 수용할 수 있었던 것이다. 이것은 동학의 큰 장점이다. 이는 선맥이 좌우 뇌의 균형을 유지하고 있었기 때문이라고 본다. '지기'는 우뇌적이며, '인격신'은 좌뇌적이다. 동학의 신관은 양자의 조화에 있으며, 기는 선맥에서 유래한다. 결국 화혼양재든 중체서용이든 동도서기든 간에 선맥을 유지하느냐 그렇지 않느냐에 따라 그 성패가 좌우된다. 그러나 안타깝게도 구한말의 조선왕조는 동학을 무참하게 짓밟아 결국 그 어느 것도 성공할 수 없게 만들어 버렸다. 국망의 원인이 바로 여기에 있었던 것이다. 단재가 말한 선교의 회복만이 대안이 될 것이다. 지금이라도 늦지 않았다.

10.7 파이데우마와 수운

헌팅턴은 비서구 사회가 서구를 향해 나타내는 반응에 근대화와 서구화에 대한 어떤 일반적 양태가 존재한다고 보았다. 그 양태란 앞에서 본 〈그림 1〉의 A~E 범위 안에서 나타난다. A~E의 경로에 대해 좀더 설명하면 다음과 같다. 조선조 후기의 실학운동에서 보는 바와 같이 비서구 사회가 서구 사회와 접촉하는 과정에서 나타나는 첫번째 반응은 서구화와 근대화가 밀접하게 결부된 모습으로(A) 나타난다. 가령, 정약용·이수정·권철신 같은 실학자들이 서학을 수용하면서 서구의 문물을 동시에 받아들여 조선을 근대화시키려고 한 점을 예로 들 수 있겠다. 헌팅턴에 따르면, 근대화가 가속화하면서 서구화의 속도는 떨어지고 소유 문화가 소생한다고 한다. 즉, 근대화가 더욱 진행되면 서구와 비서구 사회의 문명적 세력 관계에 변화가 생겨 비서구 사회의 자부심과 힘이 증대한다는 것이다.

변화의 초기에 실학자들의 서학 수용이 근대화를 촉진시킨 것은 사실이다. 그러나 변화의 후기에는 근대화가 탈서구화를 도리어 자극해 고유 문화의 부활 현상이 두 갈래로 나타났다. 자연계의 먹이사슬에서 보는 바와 같이 강자가 약자를 과도하게 잡아먹으면 먹이가 감소해 강자의 수가 오히려 줄어들 수밖에 없고, 강자의 수가 줄어들면 다시 약자의 수가 늘어날 수밖에 없다. 이러한 원리처럼 근대화와 서구화는 상호 관계 속에 있다. 일본의 경우 메이지유신에 따른 근대화는 일본의 경제력·군사력·정치력을 전반적으로 향상시켰고, 이에 따라 사회 성원들이 자신의 문화에 대한 자신감을 갖게 되었다. 근대화는 경제적 부를 가져오고, 결국 자국 문화에 대한 자긍심을 높여주는 결과를 가져온다. 이 때문에 오히려 반서구화 현상이 나타나는 것이다. 근대화와 서구화는 이처럼 반비례 경향을 보인다. 근대화가 곧 반서구화를 재촉할 수도 있다는 것이다.

그런데 조선 후기 실학자들의 근대화 운동이 과연 성공을 거두었는가? 그리고 그 영향으로 정치·군사·경제적으로 우리가 우리 문화에 대한 자긍심을 갖는 수준에까지 이르렀는가? 결과적으로, 우리는 그렇지 못했다. 수구 보수 세력 때문에 실학 운동은 결국 좌절되었으며, 근대화의 꿈과 기회를 놓치고 말았다. 우리는 근대화에 성공한 일본 때문에 정체성의 위기를 겪는 역설적 상황과 직면하게 되었다. 한편 정다산 같은 실학자들은 근대화와 서구화를 동시에 추진하면서, 서구가 아닌 중국에 대해 자문화 중심적 사고를 했다. 즉, 중국이 결코 우주의 중심이 될 수 없으며, 모든 문화는 자기 중심적으로 되어야 한다고 본 것이다. 서양이라는 또 다른 세계가 있다는 사실이 알려지면서 세계에 대한 상대적 사고를 할 수 있게 된 것이다. 한국에서는 서구화가 곧 중국으로부터 탈피해 자주 의식을 갖는 기회를 만들어주었다. 김부식 이후의 중화 사대주의로부터 탈중화 중심주의로 옮겨가는 기회가 만들어진 것이다. 그러나 이것은 좌뇌에서 좌뇌로 옮겨가는 수평 이동일 뿐이었다. 다산이 시도한 것은 바로 이런 이동이었다.

헌팅턴에 따르면, 근대화의 성공은 결국 전통 사회의 파괴와 그에 따른 정신적 위기감을 주기 때문에 개인들은 탈출구로서 종교를 찾는다고 한다. 이런 현상을 두고 프로베니우스·슈펭글러·보즈먼 등은 '파이데우마(paideuma)' 현상이라고 했다(헌팅턴, 1997, 97쪽). 근대화는 경제적·군사적 힘을 강화시키지만, 개인에게는 정체성의 위기를 안겨주게 마련이다. 결국 이것이 문화·종교의 부활과 소생을 가져온다는 것인데, 파이데우마 현상이란 바로 이를 일컫는 것이다. 일본의 경우는 이러한 도식이 적중했다고 할 수 있다. 메이지유신의 근대화로 군사 대국이 이루어지자 천황 숭배라는 토착 문화·종교의 소생 현상이 잇따른 것이다. 그래서 일본의 천황 숭배는 파이데우마 현상의 표본이라고 할 수 있다. 천황 숭배는 서구화에 필연적으로 따르는 정체성의 위기 속에서 생긴 변태적인 추구 현상이다. 그렇다면 수운의 동학 민족주의도 역시 파이데우마 현상으로 보아야 하는가? 일본의 천황 숭배는 파이데우마의 매우 부정적인 현상이라고 할 수 있다.

하지만 신유학의 경우에서 보는 것처럼, 두 문화가 만날 때 헌팅턴의 생각마냥 '창조적 변혁(Creative Transformation)'만 일어나는 것은 아니다. 두 문화의 만남은, R. 니버의 말처럼, 서로 '반항(against)'하거나, 어느 하나가 다른 것에 '흡수(of)'당하거나, 아니면 상호 '역설적(paradox)'이 되거나 하는 몇 가지 형태로 나타날 수 있다. 파이데우마 현상은 그 가운데 흡수당하면서도 반항하는 경우를 일컫는 것이라고 볼 수 있다. 오늘날 일본은 적극적으로 서구화해가면서 동시에 자기 문화에 대한 자긍심을 높여가고 있다. 이를 파이데우마 현상과 비교할 수 있겠다. 기독교는 일본에서 성공적이지 못하다. 서구 기독교 국가들은 기독교를 비서구 국가들에 전파하고, 그로써 비서구 국가들이 서구화하기를 바랄 것이다. 'military, merchant, mission'이라는 이른바 그들의 3M 정책이 성공하기를 바랄 것이다. "중국인들은 그들을 기독교도로 만들려는 서구인들의 집요한 기도를 지금까지 번번이 좌절시켰다. 어느 시점에 가서 중국이 기독교를 받아들인다 하더라도 그것을 흡수하여 자신의 파이데우마를 지속시키는 데 기여하는 방식으로 뜯어고칠 것으로 예상된다"(헌팅턴, 1997, 98쪽). 이슬람이 헬레니즘을 수용했으나 그것에 동화되지 않고 도리어 자기 것으로 만든 예, 그리고 유대교가 헬레니즘이나 바빌로니아의 문화를 수용하고도 도리어 자기 것으로 바꾼 예가 그것이다. 좌우 뇌의 균형·조화만이 창조적 변혁을 성공적으로 이끈다.

그렇다면 파이데우마 현상이 동학에도 나타났다고 할 수 있을 것인가? 한국의 경우 서구에서 기독교는 들어왔지만, 그것은 이미 한국화한 기독교였다. 여기서 비서구 사회가 근대화에 성공하려면 반드시 서구화가 먼저 이루어져야 한다는 케말주의는 설득력을 잃고 만다. 그러나 비서구권 지식인들 사이에는 케말주의에 대한 향수가 남아 있다는 사실 또한 무시할 수 없다. 예를 들어, 일본의 지식인들 가운데는 공용어를 영어로 바꾸어야 한다고 주장하는 자들이 있는가 하면, 일본이 종족적으로 백인 코카시안임을 증명하려는 학자들도 있는데, 이러한 것들을 무시할 수 없다는 말이다. 이는, 서구화란 문명의 진보된 상태로 가는 것이고, 따라서 하루속히 거기에 적응해야만 살아남을 수 있다는 적자생존의 논리에 따른 것이다. 한마디로, 좌뇌 활성화만이 살길이라는 주장이다. 그런데 수운은 서학에 대한 동학의 선언과 동시에 "유도·불도 누천년에 운이 역시 다했다"고 함으로써, 같은 동양권 문화에 대해서도 종언을 고했다. 그는 유·불·도 삼교의 전통문화적 저해 요소가 매우 심각함을 알고 있었으나, 케말주의자들과 같이 그것을 서구화하려고 하지는 않았다. 그는 유도와 불도 그리고 기독교까지도 대치해야 할 필요성을 느꼈다. 동서양을 막론한 차축시대의 모든 가치를 바꾸어야 할 필요성을 절감한 데서 동학은 탄생한다. 그래서 수운은 자기 이전의 모든 가치들을 선천시대의 것으로 규정하고 후천개벽을 주장한다.

수운의 견지에서 볼 때 케말주의의 한계는 분명하다. 중체서용이나 화혼양재의 한계도 분명하다. 문명의 대축을 공간이 아닌 시간에서 보고, 동서양을 막론한 모든 체계의 대전환을 꿈꾸었던 것이다. 차축시대의 가치를 부정하면서도 차축시대의 진수를 모두 자기 속에 빨아들여 동학을 선언한다. 그리고 차축시대 이전의 원시시대로 가서 그것을 담는 그릇을 발견한다. 이것이 동학이 갖는 기틀(Paradigm)이다. 그리고 수운은 이 새 기틀로 근대화를 수용하려고 한다. 그런데 이 잘 짜여진 기틀을 깬 자들이 다름 아닌 왜놈들이었으니, 수운이 그렇게도 "개 같은 왜놈들"이라고 한 이유를 알게 된다. 수운의 동학은 결국 '포함삼교' 정신의 연장선상에서 생각할 수밖에 없다. 앞으로 기독교 이외의 어떤 서양 문화나 종교가 수용되더라도 풍류도의 '包숨' 정신과 논리는 그대로 유지될 것이다. 후천개벽이란 실로 3만 년 빙하기 이후 뇌 구조의 변동과 같은 뉴런 혁명이 일어나는 시기를 일컫는 말이라고 하겠다.

10.8 도구 지향 문화와 목적 지향 문화

헌팅턴은 문화를 '도구 지향 문화(instrumental culture)'와 '목적 지향 문화(consummatory culture)' 둘로 나누어 본다. 전자는 실용주의자들이 그러했던 바와 같이 문화나 가치를 수단이나 도구로 본다. 그래서 이런 문화는 실리 추구에 민감하다. 일본과 인도가 대표적으로 도구 지향 문화적이다. 반대로 후자인 목적 지향 문화는 명분을 내세우는 문화로서, 유교나 이슬람 문화가 이에 속한다고 하겠다. 도구 지향 문화는 서구의 기술을 도입해 기존의 문화를 살찌우는 데 활용하는 탁월한 능력을 보여준다. 일본뿐만 아니라 싱가포르·대만·홍콩·사우디아라비아는 물론이고, 어느 정도는 이란까지도 서구화하지 않으면서 근대화에 성공한 경우라고 할 수 있다.

기독교는 야훼 이외의 신들을 우상이라고 보기 때문에 자연을 신 자체로 보는 자연신관이나 범신론과는 구별된다. 하비 콕스는 기독교가 지니고 있는 이러한 자연에 대한 비신성화가 서구 사회의 '세속화'를 재촉했다고 보며, 세속화의 양식으로서 '실용주의'를 손꼽고 있다. 즉, 진리를 도구로 보는 실용주의는 서구 기독교의 인격신관과 서로 상관관계 속에 있다는 것이다(콕스, 1969 참고).

수운의 경우는 어떠했을까? 그의 '동학'이라는 이름은 서학에 대한 강한 반명제처럼 보인다. 그러나 여기서 지나쳐서는 안 될 것이 있는데, 바로 그가 서학의 인격신에 비견되는 '하날님' 신앙을 복원시켰다는 점이다. 여기서는 도구 지향적인가 목적 지향적인가로 나누기보다는, 어느 문화가 인격적 신관 또는 비인격적 신관을 가졌는가로 구분하는 것이 더 정당할 것이다. 왜냐하면 궁극적으로 신관의 차이가 정치적 성격마저 좌우해버리기 때문이다. 서구의 근대화는 서구의 종교인 기독교를 떠나서 생각할 수 없다. 기독교의 신은 '인격신(personal God)'으로, 역사 속에서 활동하는 신이다. 기독교 전통 속에서 발달한 예언자 운동은 바로 역사를 떠나서는 그들의 신을 생각할 수 없음을 의미한다. 역사 무대에서 인간의 인격적 자아는 늘 주된 관심사였고, 그래서 그들이 발견한 신은 인간과 대화하고 삶을 같이하는 존재였다. 인간이 어떻게 사느냐 무엇을 하느냐는 신의 관계 속에서 생각하지 않을 수 없다. 따라서 서구 사회가 근대화를 촉진시킬 수 있었던 기본적인 원동력은 바로 그들의 인격신관에서 찾아야 할 것이다.

인도에는 유대-기독교에 버금가는 인격신을 가지고 있었다. 그들의 '인드라(Indra)'는 유대교의 인격신인 야훼에 비견할 만한 무소불위의 존재였다. 그 밖에 시바(Shiva)를 비롯한 신들은 모두 인격성을 지니고 있었다. 일본의 경우는 가정마다 하나의 신을 가지고 있을 정도이니, 능히 신들의 나라라고 불러도 좋을 것이다. 그들은 통속화한 인격신 개념, 즉 천황 숭배 사상을 가지고 있었다. 천황 숭배적 신앙을 떠나서는 그들의 제국주의와 근대화를 생각할 수 없는 까닭이 바로 여기에 있다. 인격신 개념이 있는 곳에서는 현실 참여와 역사에 대한 진취적·개척적인 정신이 쉽게 나타난다. 불교나 도가 사상같이 인격신관이 거부되는 곳에서는 친환경적이고 반역사적이며 비사회적으로 되기 쉽다.

문제는 중국이다. 중국에는 고대에 '상제(上帝)'라는 인격신을 가지고 있었으나, 송명대에 이르러 상제가 '이(理)'로 바뀐다. 이는 비인격적인 것으로, 헌팅턴의 말을 빌리면 목적 지향적 문화이도록 만드는 큰 이유가 바로 여기서 생긴다. 이제 한국으로 눈을 돌려보자. 조선 중기부터 발전된 성리학은 중국의 이기 논쟁을 다시금 드러냈다. 그러나 한국의 고대 사회에는 '하날님'이라는 인격신이 있었다. 성리학 때문에 하날님 신앙이 실종되고 만 것이다. 조선 후기 사회가 극단적인 명분과 의리 추구 사회로 바뀌어 실용적이지 못하게 되어버린 것은 근대화의 가장 큰 걸림돌이었다. 실학자들이 근대화와 함께 서학인 천주교를 서둘러 수용한 이유도, 신관의 변화 없이는 근대화가 불가능하다고 느꼈기 때문이다.

수운은 실학자들과 마찬가지로 인격신의 재발견이 시급한 과제라는 데 동감한다. 그러나 수운은 실학자들과는 달리 고대 원시종교로 되돌아가 그것을 찾아낸다. 수운은 1860년 4월 5일에 하늘로부터 하날님의 음성을 직접 듣는 것과 같은 체험을 했는데, 실학자들에게 그런 일은 있을 수 없었다. 이러한 인격신에 대한 체험이 천주교인으로 몰려 처형당하는 이유가 된다. 동학과 근대화의 관계는 바로 여기서 찾아야 한다. 구태여 서구화를 하지 않고도 근대화를 할 수 있는 논리적 근거가 바로 고대 원시종교의 인격신관에서 발견되는 것이다. 역사 속에서 생동하는 하날님의 발견은 자연스럽게 동학 혁명으로 이어질 수밖에 없었다. '이(理)'와 같은 비인격적 존재를 궁극적인 실재로 생각하는 성리학에서 이런 실천 사상을 도출해내기란 불가능하다. 이는 일본이 성리학이 아닌 양명학에서 근대화를 도출해낸 것과 비교된다고 할 수 있다.

동학이 인격신 하날님과 비인격적 지기를 결합시킬 수 있었던 것은 선교의 영향 때문이었다. 내단의 영향으로 한국의 선맥은 도교처럼 탈세속적이지 않았다. 단군도 선인이면서 왕이었다. 그러나 중국의 광성자(廣成子)는 산속에 숨어 있는 탈속적인 존재였다. 수운에게 깨달음이 일어날 때, 그러니까 하날님의 음성을 들을 때, 그는 아내를 비롯한 가족들과 함께 방 안에 있었다. 동학의 하날님 신앙은 이처럼 현실을 도피하지 않는다. 인격신은 좌뇌적 특징을 갖는다. 한편 지기는 우뇌적 특징을 가지며, 범아일체적이다. 중국 정부가 파룬궁을 금지하는 까닭도 다름 아닌 그것의 비사회적 성격 때문이다. 그러나 동학은 하날님마저도 지기의 화신이라고 본다. 기독교는 이를 용납하지 못할 것이다. 그러나 동학은 이 양면을 조화시킨다. 좌뇌가 고딕 건물 형식에서 본 것처럼 목적 지향적이라면, 우뇌는 돔 형식 건물에서 본 것처럼 도구 지향적이다. 즉, 마르크스 사상가들은 기 철학을 물질적인 것으로 봄으로써 도구 지향적으로 이해한다. 이와 같이 동학은 도구 지향적인 동시에 목적 지향적이다. 이를 우리는 선맥의 인물상에서 발견할 수 있다. 그러므로 좌우 뇌 합일의 지적소유권은 다분히 한국의 선맥에 있다.

10.9 뉴런 혁명을 주도할 선도 문화와 동학

선층은 무층과 철층의 사이에 있는 문화층이다. 종교학자들은 모두 우리나라 무·선층의 유래를 단군에서 찾으려고 한다. 그러나 대종교의 강무학은 이를 어불성설이라고 일축한다. 그는 이것이 단군을 미신화하려는 일제의 말살 정책에서 비롯된 것이라며 반발한다. 그에 따르면, 무속 행위는 고려 태조 때부터 통치자들이 하나의 통치 수단으로서 써먹은 술수, 즉 자신들이 자행한 횡포를 덮고 민심을 추스리며 무마하려는 술수에 불과하다는 것이다. 무속과 복술의 시작은 차라리 중국의 복희팔괘에서 유래하며, 단군은 홍범구주라는 과학적이고 실용적인 방법을 채택했다는 것이다(강무학, 1982, 122쪽). 강무학의 이러한 주장은 무속을 한갓 저열한 종교 형태로 보려는 일제나 서양의 또 다른 세뇌에 따른 결과라고 생각한다.

무·선층은 개인의 의식의 층이지만, 문명의 층에서 가장 크고도 넓은 임무를 담당하는 층이다. 무·선층을 부정하는 것은 나무에서 뿌리를 자르고 줄기만 남기는 것과 같다. 무·선층을 논의할 때면, 우리는 무층에서 발전한 선층을 어떻게 설명할 것인가 하는 문제와 마주친다. 우리의 문화 전통과 풍속은 무와 선의 층을 선명하게 보여주고 있기 때문이다. 부여의 영고, 예의 무천, 삼한의 끽음(喫飮), 가야의 끽라(喫儸), 고구려의 동맹, 백제의 교천(郊天)이 바로 그것이다. 그리고 종교적인 형태로는 신시교·신선도·대신교가 고구려에서는 경천교·선인도·동맹제로, 신라에서는 경천교·풍류도·화랑도로, 백제에서는 왕신교·풍월도로, 발해에서는 천신도·진종대도로, 요금에서는 천신교로, 고려에서는 왕검교·팔관회·연등제로, 조선에서는 대종교·단군교로 이어진다(이강오, 1992, 395쪽). 동학은 바로 이러한 우리 민족의 긴 전통을 물려받으며 등장했다. 구한말 우리나라에 소개된 서교나 기독교는 비로소 자기 고향에 온 듯한 편안함을 주었다. 이것들은 전혀 낯선 종교로 여겨지지 않았다. 덕분에 오랫동안 잊혀진 '하날님'을 다시 만난 듯했다.

무·선층의 몇 가지 특징을 들면, 성과 속의 종합, 신인 융합, 화복의 조절이라고 할 수 있다. 그러나 이러한 무·선층의 특징은 차축시대의 등장과 함께 억압받는다. 이 무·선층은 가장 원형적인 것으로, 억압받아서는 안 되는 것이다. 억압은 곧 정신병리적 현상을 초래한다. 무적인 행위는 존재의 근원인 혼돈, 즉 카오스의 상태로 돌아가려는 강한 동기를 지니고 있다. 인간이 합리적 자아에 따라 분열과 소외를 느끼면 느낄수록 '원형(arche-pattern)'으로서 무적 자아는 더욱 강하게 작용한다. 그래서 무·선층에 대한 억압은 무모한 짓이다. 그런데 우리나라에 차축시대의 유산인 외래 종교가 들어오면서 무층과 선층은 억압받기 시작했다. 그것도 수천 년 동안 말이다. 그러나 구한말 수운은 무층과 선층을 다시 복원해냈으며, 그 힘은 가히 폭발적이었다고 해도 지나치지 않다.

유교는 무속을 '음사(陰邪)'라며 배척했다. 전형적인 유학 전통의 집안에서 수운이 무적인 종교 체험을 할 수 있었던 것은 예외적인 일이었다고 하겠다. 그에게는 빙의·치유·떨림 같은 전형적인 무교 현상이 나타났다. 최초의 무적 또는 선적 체험은 을묘년에 있었던 《을묘천서》 사건이다. 이 사건은 엄격한 의미에서 무적인 성격과 선적인 성격이 분리되지 않은 상태에서 일어났다. 《을묘천서》의 내용을 두고 "유서와 불서의 이치로는 합당하지 못함이 있어서 이해하기 곤란했다"고 한 것은 그 체험의 성격을 그대로 말해준다. 즉, 선과 무의 성격에 의존하지 않고서는 그 서책을 이해할 다른 방법이 없다는 뜻이다.[3] 지금까지는 무와 선을 분별하기 힘들다는 이유로 양자를 동일시하는 것이 일반적인 경향이었다.

수운의 무적 성격은 그의 득도 체험 과정에서도 잘 나타난다. 천성산 적멸암에서 49일 동안 기도를 마치고 내려오자마자 그는 먼저 죽은 노인을 살리는 기적을 행한다. 그래서 주위 사람들은 그를 '북수리(복술이의 경상도 표현)'라고 했다. 주술적 인간이라는 뜻이다. 득도 체험의 무적 성격을 잘 묘사해놓은 책은 《동경대전》의 〈포덕문〉과 〈논학문〉이다. "아찔하고 부들부들 떨리고 병이라 해도 무슨 병인지 알 수 없고……(〈포덕문〉)"라고 쓴 경신년의 득도 체험은 마치 무당의 접신 장면을 연상시킨다. 이런 현상이 가능한 것은 우뇌 덕분이다. 유가 사상이 억압해온 우뇌의 활성화인 것이다.

수운의 체험은 강신무의 빙의 상태와 같다. 그는 여기서 인격신을 만나 영부(靈符)라는 형상을 받는다. 그러나 주의해야 할 점은, 그의 빙의 체험을 원시적 존재 구조인 수용 의식으로만 파악해서는 안 된다는 점이다. 수용 의식은 수의적이고 수동적이기 때문에, 당사자의 의지와는

---

3) 입무(入巫)의 계기가 되는 강신몽에서 세 가지 책을 받았다는 강서의 내용이 있다. 이는 강서를 입무의 일반적 형태로 볼 수 있다는 것이다. 수운은 용담으로 돌아온 뒤에도 계속 천서 이야기를 하는데, 이로 볼 때 그의 강서 경험은 지대했다고 할 수 있다. 이와 관련해서는 《용담유사》·〈교훈가〉·〈안심가〉·〈용담가〉 등을 참고하기 바란다.

상관없이 '신이 내린다'고만 한다. 이를 외단이라고 한다. 그러나 수운의 경우는 스스로의 의지에 따라 선택한 수련과 고행 끝에 신내림이 이루어졌기 때문에 '신남'이라고 할 수 있다. 이를 내단이라고 한다. 수의적 신내림은 접신자의 의사와 상관없이 수동적이기 때문에, 이렇게 접해진 신은 기능신으로서 병을 고치거나 굿을 하는 등 필요한 경우에만 내려오고 쉽게 떠나기도 한다.

그러나 수운의 '신내림'은 수운의 지속적인 의지의 결과로 생긴 것이다. 그리고 수운의 신내림의 경험은 그 감격이 시간이 갈수록 약해지면서 유교적 덕목인 수심정기 같은 것으로 순화된다(이상기, 1993, 60쪽). 득도 체험의 초기 감격은 〈안심가〉·〈교훈가〉·〈용담가〉를 지나며 점차 약화되기 시작해 〈몽중노소문답가〉·〈도수가〉에서는 짧은 구절로 그친다. 그리고 〈도덕가〉나 〈흥비가〉에서는 득도 경험이 아예 나타나지 않는다. 그 이유를 파악해 보건대, 말의 반복을 피하기 위해서이기도 하고, 시기와 모함 때문이기도 하고, 유·관가의 오해와 박해를 피하기 위해서이기도 한 듯하다(이상기, 1993, 61쪽). 수운의 이러한 전환에 대한 올바른 이해는 분할 뇌의 파악으로만 가능하다고 본다. 그렇지 않으면 부분적인 이해밖에 할 수 없다. 그의 무적 성격은 선적·유교적 특징을 통전시키는, 즉 좌우 뇌의 조화로만 이해될 수 있다는 것이다. 우뇌의 체험은 약화되지만, 좌뇌가 그 자리를 대신해가면서 균형이 잡히는 것이다.

무적 존재 구조는 그 자체로서 의미 있는 것이 아니라, 수운에게는 인간에 대한 사랑을 위한 수단으로서 필요했다. 그는 "천상의 상제님이 옥경대에 계신다고 보는 듯이 말을 하니, 음양 이치 고사하고 허무지설 아닐런가"(〈논학문〉)라고 함으로써 초월신을 전제한 기복 신앙을 타기해 버렸다. 주문을 외우고 수련하며 주송을 계속해 강신을 바라는 것은 마치 무속적인 것처럼 보인다. 그러나 이러한 주송수련(呪誦修錬)은 어디까지나 내 몸에 한울님을 모시기 위한 수단이다. 기원을 함으로써 자신의 심기가 한울님의 마음으로 바뀌는데, 이를 '강령통신(降靈通神)'이라고 한다.

이는 우뇌적 무·선층의 방법을 써서 접신에 이르려는 무속의 그것과는 견줄 수 없을 정도로 높은 종교적 차원의 모습이다. 동학의 문인 시천주(侍天呪)·통령주(通靈呪)·삼통신주(三通神呪)·통신주(通神呪)·강필주(降筆呪)·조화주(造花呪) 같은 것들은 모두 무속적인 것처럼 보이지만, 궁극에는 '오심즉여심(吾心卽汝心)'이다. 무·선층을 층변시켜 초월할 수 있었던 것은 수운이 영들에게 쉽게 굴하지 않고 신인 상쟁을 한 결과이다. "나도 거의 1년이 넘도록 한울님 가르침을 잘 익히면서 미루어 생각해보니 역시 그 가르침에 당연한 이치가 있었다. 그러므로 한편으로는 주문을 짓고, 한편으로는 강령의 방법을 정하고, 한편으로는 한울님을 잊지 않겠다는 글을 지었다. 결국 닦는 순서와 방법은 21자 주문뿐이라 할 수 있게 되었다"(《논학문》). 바울이 성령을 체험한 다음 광야로 숨어버리고, 예수가 세례를 통해 신의 음성을 들은 다음 광야로 나가 시험당하는 것은 모두 무에서 선으로, 선에서 그 위의 층으로 나아가기 위한 과정이었다.

지금까지는 수운의 득도 과정 앞뒤로 나타난 무적 요소들을 살펴보았다. 득도 이후의 그의 무적 경험은 《용담유사》와 관변 기록에 나타나는, 그와 관련한 문초 기록에 잘 보인다. 이것들이 문초 기록에 보이는 까닭은 수운의 죄목이 음사로 사람들을 혹세무민했다는 것이기 때문이다. 수운은 우선 가장 가까이 있는 아내에게 그의 득도 경험을 설득시킬 필요가 있었다. 그가 쓴 것은 영부라는 방법이다. 영부를 불에 태워 먹은 결과 뼈가 굵어지고 검던 낯이 희어졌다고 하면서 아내에게 득도의 효용성을 내보이려고 했다. 예수도 자신이 하나님의 아들이라는 사실을 드러내는 데는 치병이 가장 큰 수단이라고 보고, 병을 낫게 하는 기적을 많이 행했다. 무적인 것은 의식의 가장 깊고 넓은 층을 형성하고 있다.

이를 '무·선층'이라고 한다. 수운의 사상에서 무·선층이 갖는 의미는 실로 크다고 하겠다. 그가 민중들 속으로 그렇게 깊숙이 파고들어갈 수 있었던 것도 근본적으로는 그의 무·선층 때문이었다. 선층은 실로 뇌의 뇌량과도 같다. 조화의 다리인 것이다.

좌우 뇌 이론을 서양과 동양의 성격에 비유한 송준만 교수는 좌우 뇌의 조화를 동양의 선이나 요가 같은 데서 찾아야 한다고 말한다. 그리고 뇌의 균열과 문명의 균열이 언제 어떻게 일어났는지와 관련해 다음과 같이 의문을 던진다.

세계 문명의 초기에 동양이 누렸던 영화를 계승하지 못한 이유를 살펴보는 것은 정신 문화의 탐구에 중요한 과제일 것이다. 두뇌 반구의 성향성만으로는 설명하기에 부족한 점이 너무 많다. 문화 전반에 걸쳐서 이러한 변화가 일어났던 시기를 찾아내고 그 원인을 분석하는 일이 동서양 문화의 이해에 기초가 될 것이다. 문화의 어떤 요인이 이러한 두드러진 차이를 가져왔을까? 이러한 문제는 흥미롭고도 중요한 문제이다(송준만, 1992, 210쪽).

나는 뇌의 균열과 문명의 균열을 근원적으로 추적해보려고 했다. 그리고 문명의 충돌에서 문명의 공존으로 가는 길을 양 뇌의 균형과 조화에서 찾으려고 했다. 그리고 우리의 선도 문화를 복원하는 것이 하나의 대안이 된다는 점을 지적하고자 했다. 3만 년 전, 유럽 북방의 거대한 빙하군 때문에 여기에 적응하려고 인간의 뇌 안에서는 뉴런과 시냅스의 접합 방법이 달라졌다. 여기서 비롯되어 지금과 같은 종교와 문화가 탄생했다. 그러나 3만 년 전의 뉴런들도 그 효능이 다 끝나가고 있다. 좌우 뇌의 불균형을 초래한 뉴런은 폐기당할 시점에 와 있는 것이다. 이제 뉴런 혁명이 일어날 시기이며, 그것이 바로 후천개벽의 시기이다. 개벽은 우뇌 혁명에서 시작한다.

제11장 아시아적 가치와 문명 충돌론

문명 충돌론에 이어 '아시아적 가치론(Asian Value)'이 거론되었다. 아시아적 가치는 문명 충돌론의 연장이다. 역시 오리엔탈리즘이 같은 배경이기 때문이다. 1994년에 미국의 외교정책 잡지 《포린 어페어스(*Foreign Affairs*)》는 봄호(3·4월)에 리콴유(李光耀) 전 싱가포르 수상의 〈문화는 운명이다(Culture is Destiny)〉라는 주제의 글을 실어 아시아적 가치 논쟁을 불러일으킨 바 있다. 리콴유는 1965년에서 1990년까지 싱가포르 총리로 있으면서 개발독재 방식으로 싱가포르의 고도 경제 성장을 이끈 인물이다. 서방 학자들 사이에서 리콴유는 아시아에 경제 위기를 초래한 주요 인물 가운데 하나라는 지적을 받고 있으나, 그는 이러한 지적을 일축하면서 "상호간 의무에 기초해 공동체의 질서를 구축하는 아시아의 유교적 전통을 계속 유지해야 한다"고 주장했다.

리콴유의 이러한 아시아적 가치 옹호론에 대해 한국의 김대중은 역시 《포린 어페어스》의 1994년 겨울호(11·12월)에 〈문화는 운명인가?〉라는 글을 게재해 그의 주장을 반박하고 '경제, 민주화 균형 발전론'을 폈으며, 대만의 리등휘도 이에 동조하고 있다. 김대중의 반박이 있은 뒤 리콴유는 《타임(*TIME*)》지에서 '아시아적 가치의 방어(In the Defense of Asian Value)'를 주장했으며(1998년 3월 16일자), 독일의 《슈피겔(*Supiegel*)》지에서도 아시아적 가치의 유효성을 들면서 김대중의 주장을 재반박했다. 리콴유는 중국계 싱가포르 대통령이다. 따라서 리콴유와 김대중 사이의 이들 논쟁은 동북아시아 문화권에서 좌우 뇌의 상관관계를 엿볼 수 있는 중요한 자료가 된다. 리의 주장 속에는 전통적인 중국적 사고방식이, 그리고 김의 주장 속에는 한국적 사고방식이 작용하고 있는 것이다.

동북아시아 정치 지도자들 사이에서 촉발된 아시아적 가치에 관한 논쟁은 드디어 미국 조지메이슨 대학 뷰캐넌 연구소의 토론회로 이어졌다. 투에밍·후쿠야마·노영찬·윤용준 등은 이 자리에서 주제 발표를 했다(《동아일보》, 1998. 4. 27). 그런데 이 아시아적 가치 논쟁은 학자들이 아닌 정치 지도자들에 따라 촉발된 문제이기 때문에 연구 자료의 제한성과 그것이 모두 시사적이라는 취약점을 안지 않을 수 없다. 여기서는 리콴유와 김대중의 글을 분석한 다음 뇌 이론과 연관해 철학적 문제점들을 이끌어내고, 이를 다시 우리 현실 문제로 되돌려놓고 생각하는 방식을 취하려고 한다.

그런데 《포린 어페어스》지는 우연의 일치로 보기에는 너무나 의도적일 정도로 1993년 봄호(3·4월)에서 새뮤얼 헌팅턴의 〈문명 충돌론(Clash of Civilization)〉이라는 글을 다루었고, 이어 가을호와 겨울호에 연속적으로 '문명 충돌론'에 관한 찬반 논문을 실었다. 그리고 바로 이어서 1994년 봄호에 지금 언급하고 있는 '아시아적 가치'를 다룬 것이다. 그것도 같은 연구지의 편집장인 쟈카리아가 리콴유와 대담하는 형식으로 이 문제를 도마 위에 올려놓은 것이다. 나는 이 점이 매우 중요하다고 생각한다. 때문에 '아시아적 가치' 논쟁과 '문명 충돌론' 논쟁 사이의 어떤 필연적인 관계를 찾아내는 데 집중해보려고 한다.

김대중은 경제 성장과 민주 발전의 상관관계를 놓고 대통령 취임사에서도 이를 다시금 강조했다. 동아시아 각국 정치 지도자들이 이와 관련한 사상적 논쟁을 하게 된 데는 당시 이 지역에 엄습한 경제 위기, 특히 국제통화기금(IMF)의 관리에 따른 제제 위기도 크게 한몫을 했다. 이 위기의 원인을 규명하고 해법을 모색하는 작업과 아시아 정치 지도자들의 논쟁은 서로 연관되기 때문에 우리의 관심을 끌지 않을 수 없다. 그러나 정치가들이 제기한 논쟁을 그대로 답습할 필요도 없고, 그들의 논쟁에 휘말릴 필요도 없다. 여기서는 일단 '아시아적 가치 일반(Asian Value in General)'과 '아시아적 가치 특수(Asian Value in Particular)'로 나누어 생각해보는 것이 필요하다고 본다. '아시아적 가치 특수'란 바로 동아시아 정치 지도자들이 개별적인 경우를 두고 아시아적 가치를 다루는 것을 이르고, '아시아적 가치 일반'이란 유럽 사람들이 18세기 무렵부터 아시아의 전반적인 가치 체계에 대해 말해온 것들(주로 철학 사상과 관계되는)을 이르는 것이다. 여기서는 주로 전자, 곧 아시아적 가치 특수에 관계되는 부분만을 다루기로 한다.

아시아적 가치 특수와 관련해 먼저 리콴유와 김대중 사이에서 오간 논의를 요약하고, 그것을 헌팅턴의 문명 충돌론과 연관해 생각해보려고 한다. 유럽 사람들은 18세기 무렵부터 기독교 선교사들이 전해준 자료들을 통해 아시아에 눈뜨기 시작했다. 그리고 헤겔·마르크스·베버 등을 거치며 아시아적 가치는 구체적으로 그리고 철학적으로 정립되기 시작했다. 물론 이들 19세기 사상가들은 아시아에 대해 하나같이 부정적인 시각을 가지고 있었다. 그러다가 1970년대부터 이른바 아시아의 네 마리 용이 모두 유교 국가라는 사실 때문에 아시아적 가치 가운데 유교적 가치가 서구인들에게 재평가받게 되었다. 이때는 물론 평가가 긍정적이었다. 그러나 1990년대로 들어오면서 아시아 국가 전반에 걸쳐, 심지어는 일본까지도 금융 위기를 겪으면서, 아시아적 가치는 또다시 부정적 평가를 받게 되었다. 이것이 아시아적 가치의 특수와 일반이 받아왔던 평가의 간단한 역사이다.

그런데 여기서 특수나 일반을 포함해 공통적인 것은, 아시아적 가치에 대한 평가가 아시아인들에 따른 아시아인의 평가가 아니라, 모두 서구인들의 평가라는 점이다. 마치 오리엔탈리즘과 같이 말이다. 물론 특수의 경우 리콴유가 문제 제기를 한 것이기는 하지만, 《포린 어페어스》지에 실린 그의 글은 편집장 쟈카리아와 대담을 한 형식이었다. 즉, 어느 정도는 유도된 내용이라는 것이다. 그리고 외국 언론들은 IMF 체제 때문인지 아시아적 가치에 대해 집중 공격을 하는 듯하다. 그래서 아시아적 가치는 '봉'인가 하는 느낌을 받을 정도이다. 때문에 '특수' 역시 서구 언론이나 학자들에 따라 유도된 것이 아닌가 하는 생각이 들고 만다. 결국 일반과 다름이 없다고 보게 되는 것이다. 과연 아시아적 가치는 봉인가? 아시아적 가치에 대해 유럽적 가치는 무엇인가? 아니면 데리다의 말대로 유럽은 아시아의 '다른 곳'인가?[1]

리콴유는 1994년 《포린 어페어스》에 글을 싣기 전에 이미 그의 자서전 《싱가포르 이야기(*The Singapore Story*)》에서 아시아적 가치에 이상이 없음을 말하고 있다. 이 책은 홍콩의 마지막 영국 총독인 크리스 패튼의 《동양과 서양 : 중국, 권력, 그리고 아시아의 미래(*East and west : China, Power, and the the Future of of Asia*)》에 대한 도전장과도 같은 것이다. 홍콩을 1996년 중국에 돌려주기 직전, 패튼은 이솝의 여우와 신포도 우화를 예로 들며 과연 중국이 홍콩을 물려받아 민주주의와 시장경제를 주도해 나갈 자격과 능력이 있느냐며 힐난했다. 이에 대해 리콴유는 중국 같은

---

1) 데리다는 유럽적 자아의 해체를 '다른 곳(cap)'이라고 했다. 그에 따르면, 진정한 의미에서 '아시아적'이거나 '유럽적'인 것은 없으며, 타자를 통해서만 자아를 인식할 수 있다고 한다 (데리다, 1997, 110쪽).

대국에서 서구식 민주주의를 해가지고는 나라를 이끌어나갈 수 없으며, 중국에는 강력한 중앙집권이 맞고 그것은 유교 정치 덕목이라고 강변한다. 사실 이 두 사람 사이의 견해 차이가 아시아적 가치 논쟁에 불을 붙였다고 할 수도 있을 것이다(함재봉, 2001, 186~194쪽). 앞에서 말한 《포린 어페어스》 기고는 그 후속 조치라고 할 수 있을 것이며, 이 논쟁에 김대중 대통령이 참여한 것은 색다른 의미가 있다. 전형적인 서구적 사고방식을 가진 패튼과 그 반대인 리콴유 사이에서 김대중 대통령은 과연 무슨 말을 하려고 했을까?

여기서 나는 문명이나 문화의 개념이 아닌, 뇌의 충돌이라는 관점에서 아시아적 가치를 파악해야 그 진면목이 드러난다고 생각한다. 이승환이 지적한 것처럼, 아시아적 가치 논쟁은 궁극적으로 문명의 충돌이나 오리엔탈리즘과 동떨어진 별개의 논쟁이 아님을 쉽게 발견할 수 있을 것이다. 아시아적 가치라는 말 자체가 서양인들에 따라 만들어진 것이다. 이승환은 이를 '권총'에 비유한다. 즉, 강도를 잡을 수도 있고 선량한 사람을 죽일 수도 있는 양날의 성격을 바로 아시아적 가치가 가지고 있다는 것이다.

헌팅턴이 문명 충돌론을 말할 때 놓친 점은 문명의 프랙털 현상이라고 할 수 있다. 서양 안의 동서 충돌 그리고 동양 안의 동서 충돌을 보지 못했다는 것이다. 다시 말해서, 2중·3중의 아시아적 가치를 지나쳐버린 것이라고 할 수 있다. 그래서 동양 안의 서양은 서양과, 그리고 서양 안의 동양은 동양과 서로 쉽게 결탁할 수도 있는 것이다. 우리는 이러한 관점에서 아시아적 가치를 고찰해보아야 할 것이다. 여기서 아시아적 가치의 양날과 같은 성격이란 바로 뇌의 양반구적 성격과 같다고 할 수 있다.

11.2 리콴유의 '아시아적 가치론'에 대하여

요즘 유럽 언론들은 아시아태평양 시대의 개막을 역설하는 아시아에 대해 '희망과 기대는 너희들의 자유'라고 대답한다. 유럽인들이 아시아인들에 대해 자신감을 회복하고 있다는 뜻이다. 처음에 이들은 1970~80년대부터 성장한 아시아 신흥 공업 국가들이 유교 문화권에 속한다는 데 주목했다. 이와 관련해 서양의 허만 칸과 에즈라 포겔은 '아시아적 발전 모델'이 유교와 상관이 있다고 생각했다. 이들은 유교적 가치 가운데 제왕적 지도력, 검약과 절제, 교육열, 협동과 근면, 가족적 인간 관계 등을 들었다. 이들 가치들을 대별하면 일단 좌뇌적 가치라고 자리매김할 수 있을 것이다. 그러면 어떻게 갑자기 우뇌적 가치로 전향하는지를 살펴보아야 할 것이다.

이렇게 아시아에 주목하던 서양은 1990년대에 들어서자 일본까지도 별 볼일 없는 상대로 여기고 있으며, '아시아의 기적은 끝났다'고 잠정적인 결론을 내리고 있다. 서양의 학자들은 태도를 돌변해, 아시아적 가치의 가족적 경영 방식은 창의성과 유연성이 없는 가부장적 모델이며, 정실주의와 연고주의로 얼룩진 패거리주의라고 몰아붙였다. 이는 다분히 우뇌적 성격을 그대로 반영하는 것이라고 할 수 있다. 좌뇌가 지배하는 오른쪽에는 정직(rectitude)·개정(rectify)·의로움(righteous)이라는 말을, 그리고 우뇌가 지배하는 왼쪽에는 사악함(sinister)·어색함(gauche)·멍청함(gawky)이라는 말을 부여했던 점을 상기해보라.

산업혁명 이전의 서양은 동양에 대해 좌뇌적 성격을 부여했으나, 산업혁명 이후 자신감을 얻은 코카시안들 가운데 막스 베버 같은 학자는 아시아를 두고 개인주의가 없어서 자본주의가 발달하지 못했다고 폄하했다. 그러면서 유교적 가치를 권위주의, 정실주의, 수구 연고주의, 애니미즘적 조상 숭배 등으로 자리매김했다. 헤겔의 정신현상학적 견해를 서슴없이 주장한 것이다. 이러한 견해가 오리엔탈리즘의 논리적 배경을 제공했다고 해도 지나치지 않다. 베버의 이러한 가치들은 모두 뇌의 우뇌적 성격과 연관된다는 사실에 특히 주목해야 한다.

유럽인들의 이러한 태도에 대해 아시아 국가들의 지도자 가운데 어느 누구도 감히 반론을 제기하지 못하고 있다. 그러나 유일하게 전 싱가포르 수상 리콴유가 아시아의 기적은 끝나지 않았고 '아시아적 모델(Asian model)'은 유효하다며 강변하고 있다. 한편, 리콴유의 이러한 강변에 한국의 김대중은 반론을 펴고 있다. 그러면 먼저 유럽 언론들이 아시아적 가치를 비판한 몇 가지 관점들을 소개하고, 리콴유가 《포린 어페어스》를 통해 반론한 내용들을 살펴보기로 하자.

유럽인들이 지적하는 아시아적 가치의 가장 부정적인 것은 아시인들의 독특한 정실주의에 입각한 '패거리주의(Cronyism)'이다. 크로니 자본주의, 크로니 정치, 크로니 학연주의에 따른 부패상이 아시아 사회의 가장 큰 병폐라고 보는 것이다. 학연·지연·혈연에 따라 다이아몬드보다 더 공고하게 결속되어 있는 아시아 사회는 희망이 없다고 한다.[2] 두번째는 권위주의이다. 정치권뿐만 아니라 학계·경제계·교육계 등 사회 전반에 걸쳐 뿌리내리고 있는 관료적 권위주의가 아시아적 가치의 소산이라는 것이다. 세번째는 대기업 중심의 경제 정책이다. 상호지급보증을 해주면서 선단식 경영을 해나가는 한국 재벌 경제는 마치 옛날 군주가 신하를 거느리고 행차하는 모습과 같다는 것이다. 이는 모두 우뇌적 소산임이 분명하다.

영국 국제전략연구소(IISS)의 제럴드 시걸 소장은 1991년 12월 30일자

---

2) "내 패냐 네 패냐가 사람과 사물을 바라보는 가치판단의 기본 척도가 되면서 옳고 그름의 진실의 시비는 아무런 힘을 발휘하지 못하고, 따라서 부패한 크로니 정치가 국민 전체의 정신을 타락시키고 있으며, 나아가 환경을 파괴시키고 국가를 부도 사태로 몰고왔다"(최병권 주불 특파원, 《문화일보》, 1997. 10. 22).

《파이낸셜 타임(*Financial Times*)》지 기고에서 이들 세 요소를 종합해 "한국 등 아시아 국가들의 위기는 비합리적인 정치 제도 외에 패거리주의, 족벌주의, 학연주의, 비효율적인 금융 구조 때문이다"라고 지적했다. 그는 또한 "1970년대에는 그렇게도 부러워 하던 아시아적 발전 모델이 지금은 가장 추잡한 것의 대명사가 되어버렸다"고 했다.

아시아에 대한 구미 언론들의 이 같은 부정적인 시각에 대해 리콴유는 다음 몇 가지 논지를 들고 아시아적 가치를 옹호하면서 강변하고 나왔다. 먼저 아시아적 가치를 변호하기에 앞서 리콴유는 미국의 가치관에 대해 일침을 놓는다. 미국은 '정부(government)'가 비대해져 정부가 모든 구실을 다해주려고 하는 데 문제가 있다는 것이다. 미국 사회의 가장 큰 문제로는 마약·교육·폭력을 꼽았다. 아시아 같으면 이들 문제를 모두 '가정(family)'이 도맡아서 해결하려고 할 터인데, 미국은 정부가 전권 노릇을 하고 있다는 것이다. 리콴유는 마약 문제를 해결하려고 남의 나라(파나마)에 가서 대통령을 잡아오는 그런 무례한 짓을 할 수 있느냐며 일침을 놓는다.

아시아인들의 '수신제가치국평천하(修身齊家治國平天下)'에 기초한 절약·근검·충·효 정신은 '가정에서 연장(in the extended family)'되어 국가까지 이어지는 가치관으로서, 아시아를 지켜주는 등대라고 했다. 리콴유는 서양의 선거제도에 대해서도 비판적이다. 한마디로, 어떻게 1인 1표가 옳으냐 하는 것이다. 40~60세 사이 유권자는 1인 2표를 행사하고, 60세 이상 40세 이하는 1인 1표만 행사하는 것이 이상적이라고 리콴유는 보고 있다. 더 자세한 내용은 김대중의 비판 글에서 언급되기 때문에 여기서는 리콴유의 기본 견해만 밝혀두기로 한다.

《타임》과 독일의 《슈피겔》 그리고 《LA 타임스》에 실린 리콴유의 주장을 요약하는 것이 그의 일관된 주장을 이해하는 데 도움이 될 것 같다.[3] 《슈피겔》지에서 리콴유는 "상호간 의문에 기초해 공동체의 질서를 추구하는 아시아의 유교적 전통은 계속 유지되어야 한다"고 했다. 부정과 부패는 다만 시스템상 보완의 문제라고 했다.

11.3 김대중의 〈문화는 운명인가?〉

김대중은 리콴유의 글 〈문화는 운명이다〉에 대해 《포린 어페어스》 겨울호(1994년 11~12월)에 〈문화는 운명인가?〉[4]라는 글을 게재함으로써 그를 비판하고 있다. 김대중의 글에는 '아시아의 반민주적 가치의

---

3) 1998년 3월 16일자 《타임》 지에 실린, 싱가포르 특파원 체리 매가시와 나눈 대화의 일문일답 내용을 옮겨보면 다음과 같다.

매가시 : 당신이 아시아적 가치를 방어한 것을 지금 후회하지는 않습니까?

리콴유 : 처음 발설자는 서방 언론인들, 특히 아시아가 자기들과 같이 되기를 바라는 서방 인권운동가들이 아니었나요? 나는 다만 아시아가 서양과는 다른 역사와 다른 사회적 가치관을 가지고 있음을 말하고 있을 뿐입니다. 바로 이런 다른 가치관 때문에 아시아가 급성장했습니다. 부패도 제도의 결핍, 곧 '법의 지배(The Rule of Law)'와 같은 것의 결핍이 원인이 되어 생겼지, 가치관 때문에 그런 것이 아닙니다. 만약 아시아적 가치 때문이라면 같은 아시아 국가 가운데 홍콩과 싱가포르는 부정부패의 온상이 왜 되지 않았습니까? 유교 사상에 단점이 있다는 것을 부정하지 않습니다. 중국 역사에서 유교가 족벌주의·정실주의·연고주의·온정주의를 초래한 것은 사실입니다. 그러나 이런 단점들을 의식하고는 곧장 점검하고 수정해왔습니다. 그런데 불행하게도 아시아의 몇몇 국가들에서는 경제를 급성장시켰으나 근친상간적 체제 때문에 족벌주의와 내부자 거래, 상호 지급 보증 같은 폐단이 생겨난 것이 사실입니다.

매가시 : 뇌물과 부패가 아시아적 가치 때문이라고 생각을 하는데요.

리콴유 : 경영주와 소유주가 분리되어 있지 않은 것이 근본적인 문제입니다. 그러나 공과 사를 철저하게 구별하는 것이 유교 정신의 기본이라고 봅니다. 한마디로 말해서, 유교의 본래 정신에서 타락해 친척·동문·친구에게 온정을 베푸는 나쁜 결과를 초래한 것입니다. 그것은 잘못된 것이고 방지해야 할 대상입니다.

매가시 : 바로 그렇게 하는 것이 서양의 방식 아닌가요?

리콴유 : 어디서 온 방식이냐가 문제가 아닙니다. 개방적인 태도가 중요합니다. 부패를 방지하자면 어느 사회든지 부패에 대한 문화적 증오심을 갖는 것이 중요합니다.

4) 청와대 인터넷 사이트에 접속하면 아태재단에서 옮긴 이 글의 번역본을 구할 수 있다.

신화(The Myth of Asias Anti-Democratic Values)'가 부제로 달려 있다. 리콴유는 아시아의 문화, 특히 가족 중심 문화를 거의 이상적으로 여기면서, 서양이 정부로서 가정을 대치해버린 것은 비극이라고 했다. 이에 대해 김대중은 "가족 중심적이라는 동양 사회도 이기적인 개인주의로 급속하게 전환하고 있으며, 인간 역사에 영원불변한 것은 하나도 없다"(*Foreign Affairs*, 11~12, 1994, 190쪽)며 대응했다. 김대중은 한국의 반상회를 예로 들며, 정부가 가정의 일상사를 도외시한다는 말로 일축하고 있다. 그러면서 싱가포르 정부가 개인이 껌을 씹는 것까지 간섭하는 것은 개인사에 대한 국가의 지나친 개입이 아니냐며 실례를 든다. 김대중은 싱가포르 사회가 조지 오웰의 《1984년》에 묘사된 사회를 방불케 한다며 격하게 비판한다. 김대중은 서구 사회의 도덕 붕괴 원인이 서구 문화의 본질적인 단점에 있는 것이 아니라, 산업사회의 단점에 있다고 했다. 리콴유는 1958~1991년 사이에 개발독재형 지도자로서 성공한 정치가이다. 거꾸로 김대중은 같은 기간을 거치며 거의 전생애를 개발독재형 인물들(박정희·전두환·노태우)과 싸워오면서 투옥까지 당했던 경력을 가지고 있다. 김대중의 눈에, 리콴유가 서구의 민주주의가 아시아에 적합하지 않다고 말하는 것은 독재자 '자신의 입지를 위해 견강부회'하는 것처럼 보이는 것은 당연하다고 하겠다.

아직 아시아의 많은 정치인들이 독재의 족쇄에 묶여 시달리고 있는 마당에 리콴유의 주장은 타당성 없는 자기합리화에 불과함을 지적하면서, 김대중은 아시아의 문화 전통 속에서 얼마든지 서구식 민주주의를 이룰 수 있는 가치관을 도출해낼 수 있다고 주장한다(*Foreign Affairs*, 11~12, 1994, 191쪽). 그렇다면 김대중은 서양의 학자들을 대신해 대리전을 치르고 있는 것 아닌가? 뇌 이론으로 볼 때 그렇지 않다는 것이 여기서 주장하려는 내용이다. 결론부터 말하면, 리콴유와 패튼 등 서양 학자들의 대립각은 우랄-알타이 산맥을 뇌량으로, 그리고 리콴유와 김대중의 대립각은 만리장성을 뇌량으로 한 양단 사이의 차이를 보이고 있다. 물론, 김대중은 우리 선맥의 전통을 이어받은 양 뇌의 조화를 여실히 보여준다.

김대중은 서양의 로크보다 2,000년 전에 살았던 맹자가 로크와 비슷하게 왕도가 악정을 하면 국민이 방벌해도 좋다는 사상을 지녔다고 소개한다. 동양 속에 서양이 있었음을 보인 것이다. 아울러 '민심이 천심'이라는 말을 제시하면서, 백성이 첫째이고 국가의 사직이 둘째라는 유교의 정치사상도 소개한다. 그리고 1894년에 한국에서 있었던 50만 농민 봉기는 반봉건·반제국주의 사상이라고 하면서, 이는 "서구에 못지않은 심오한 민주주의의 철학적 전통(democratic philosophies as profound as those of the West)"이라고 했다(*Foreign Affairs*, 11~12, 1994, 191쪽). 아시아적 가치 논쟁이 주로 유교를 중심으로 한 논쟁이고 보면, 이에 김대중은 동학이라는 선맥의 전통을 끌고 들어온 것이다. 이는 실로 리콴유의 토론에는 없던 변수이다. 나는 계속해서 선맥 속에는 동서가 균열되지 않은 요소가 담겨 있다고 강조했다. 우리는 중국보다 뇌량이 더 건실하기 때문에 서구적 가치를 수용하고도 남음이 있다. 기독교가 그 예이다. 그러나 선맥의 약화로 중국은 그렇지 않다.

김대중은 정치 이상에서뿐만 아니라, 정치 제도에서도 동양은 서양보다 민주주의가 앞서 있었다고 소개한다. 중국이나 한국에 있었던 군현 제도, 과거(科擧)와 같은 기회 균등 제도(전체 인구의 10퍼센트가량인 양반 계급에 한한 제도이기는 하지만), 그리고 정치권력의 남용을 반대하는 선비들의 저항 정신 등을 들어, 유럽의 봉건 제도와는 비교가 안 될 정도의 민주적 정치 제도가 있었다고 주장한다. 그러나 선거에 따른 민주주의를 제도화한 것은 '유럽의 가장 위대한 업적'이라고 했다. 그러면서 김대중은 민주화와 경제 발전이라는 쌍두마차가 아시아에서 가능함을 바로 한국과 일본을 예로 들어 설명하고 있다. 이러한 논의를 바탕으로, 아시아에는 민주주의가 적용될 수 없다는 리콴유의 주장이 제도상으로 보더라도 적합하지 않음을 지적했다.

김대중은 다음으로 아시아 국가들의 민주주의 현황을 살펴본다. 그는 리콴유 같은 개발독재형의 권위주의적 지도자들이 완강하게 저항함에도 불구하고 민주주의가 크게 진전되었다고 보고 있다. 김대중은 헌팅턴의 말을 인용하면서, 1974년 이후 아시아는 세계 어느 지역보다도 민주주의가 잘 진척되어 있다고 했다. 그래서 김대중은 21세기 1/4분기에는 "경제 성장과 민주주의 발전의 활성화가 동시에 이루어지는 세기(an era not only of economic prosperity, but also of flourishing democracy)"가 될 것이라며 낙관하고 있다. 이는 그의 지론이기도 하다. 이러한 김대중의 말을 통해 볼 때, 우리는 그가 아시아적 가치를 다룬다기보다 그것을 넘어 사실상 '한국적 가치(Korea-Han Value)'를 말하고 있는 듯한 인상을 받는다. 그가 다룬, 동학을 비롯한 한국 유교 선비들의 저항 정신 등은 사실 중국에서는 보기 드문 현상들이기 때문이다. 그는 아무래도 만리장성의 동서를 구별하지 못하는 오류를 범하고 있는 듯하다.

김대중은 이렇게 낙관하는 이유를 다음과 같이 들고 있다. 앞으로는 정보산업 사회의 시대이다. 정보산업 사회에서는 개인의 자유가 보장되어 정보가 강물처럼 흘러야 한다. 그러므로 아시아에서 자유가 보장되는 "민주주의는 이제 치열한 경쟁의 시대로 접어든 세계 경제 질서에서 살아남기 위한 조건이기 때문(It is matter of survival)"(*Foreign Affairs*, 11~12, 1994, 193쪽)이라고 했다. 아시아에는 끈질긴 민주주의의 생명력이 있다고 했다. 열 번 넘게 군사 정부를 겪었으나 끝내 민간 정부가 들어선 태국, 자발적으로 민주 정부를 선택한 홍콩, 그리고, 이 글은 그가 대통령이 되기 전에 쓴 것이지만, 과거를 되돌아볼 때 인동초 같았던 자기 자신이 바로 아시아 민주주의의 끈질김을 보여주지 않느냐며 역설한다(*Foreign Affairs*, 11~12, 1994, 193쪽).

　사실 김대중의 글은 아시아 일반에 적용하기에는 무리가 있다. 아시아 국가 가운데 산업화와 민주화를 동시에 이룩한 나라는 한국이 예외적이기 때문이다. 그 둘 가운데 어느 하나가 지지부진한 것이 지금 아시아 각국의 상황이기 때문이다. 중국만 하더라도 시장경제는 성공해가는 듯하지만, 자유선거에 따른 민주 제도를 도입하는 일은 요원하기만 하다. 리콴유는 현재 중국의 중앙집권제를 옹호하고 있다. 게다가 싱가포르가 과연 한국과 같은 민주화를 이룩했느냐 묻는다면 긍정적으로 답할 수가 없다. 우리의 의문대로 싱가포르가 그렇지 못했다면, 이승환의 주장대로 그의 아시아적 가치에 대한 강변은 자기의 독제 통치에 대한 합리화에 불과할 것이다(이승환, 2001, 327쪽).

　우리로서는 일단 김대중과 같은 철저한 민주주의 신봉자가 대통령으로 있었던 것을 다행스럽게 생각한다. 그러나 문제는 지금부터이다. 그는 IMF와 함께 일산 자택에서 청와대로 집을 옮겼다. 그는 캉드쉬 IMF 총재에게 한국 노동자들을 잘 설득해달라고 했다. 우리는 IMF의 요구 조건에 따라 정리 해고, 구조 조정, 환율 인상, 금리 인상 등 압력을 받았다. 김대중은 그렇게도 정보화 시대가 민주주의를 요구하고 있다고 했지만, 바로 그러한 정보화 때문에 온 지구촌은 투기꾼들의 놀음판이 되고 말았다. 환투기꾼들이 오른손에 잡고 있는 마우스의 움직임에 따라 전세계의 경제는 휘청거리고 있다. 미국의 클린턴마저 윤회해 환생한다면 증권회사 사장이 되고 싶다고 했다. 민주주의의 먹구름은 지금 동서양을 가리지 않고 짙게 드리워 있다. 정보화에 따른 세계화는 하나의 덫에 불과할지도 모른다(마르틴, 2003, 11쪽). 세계화는 빈곤의 세계화로 내려가고 있으며, 김대중이 그렇게 꿈꾸던 신자유주의적 시장경제는 지금 FTA라는 최대 뇌관 앞에 장전되어 있다. 2007년 현재, 한미 FTA는 격발을 하고 말았다.

　끝으로 김대중은 '지구적 민주주의(global democracy)'를 이상으로 제시하고 있다. 지구적 민주주의란 아시아적 가치를 서구의 민주주의와 접목시킨 민주주의이다. 지금까지의 서구식 민주주의란 인종 혹은 민족국가의 한계 안에서 민주주의였다는 것이다. 미국의 민주주의가 과연 흑인·인디언·아시안·멕시칸들을 포함하는 민주주의인지 묻는다면, 그렇지 않다는 것이다. 서구식 민주주의의 또 다른 약점은 소수 부유 계층만을 대변하는 민주주의였다는 것이다. 여기서 범국가적 범계층적 민주주의를 창출해내야 할 필요가 있는 것이다. 여기에 아시아적 가치를 더하면, 자주성을 장려하고 문화적 가치도 존중하는 새로운 민주주의가 탄생될 것이라고 낙관한다. 나아가 서구식 민주주의는 반환경적이었음을 지적한다. 지구적 민주주의란 하늘과 땅과 그 안에 있는 모든 것들을 참다운 형제애로 감싸주는 환경 친화적 민주주의이다(Our democracy must become global in the sense that it extends to the skies, the earth, and all things with brotherly affection)(*Foreign Affairs*, 11~12, 1994, 194쪽). 김대중의 이러한 생각은 고조선 선맥의 천·지·인 삼재의 합일 사상 그리고 재세이화와 홍익인간의 실현이라는 이상과 맞물려 있다고 할 수 있을 것이다. 이 한국 정치가가 어떤 의도로 이런 주장을 했는지는 몰라도, 그에게는 분명히 리콴유와는 다른 유전인자가 있었던 것이다. 그것은 건실한 뇌량이다. 좌우를 아우르는 선맥이라는 뇌량 말이다.

리콴유와 김대중 두 사람 모두 유교의 '수신제가치국평천하'를 아시아적 가치의 이상으로 손꼽고 있다는 점에서는 같다. 그런데 두 사람이 강조하는 지점은 서로 다르다. 리콴유는 '수신'을 강조해 가정에서 그리고 평천하로 연장되는 해석을 하고 있지만, 김대중은 그 반대이다.

김대중은 아시아의 풍부한 민주주의적 철학과 전통이 '지구적 민주주의'의 발전에 큰 공헌을 할 수 있다고 믿는다. 특히 동학란은 세계에서 그 유래를 찾을 수 없는 농민전쟁으로서 중국의 태평천국의 난과도 비교가 안 되며, 그 바탕이 되는 '인내천' 사상은 민주주의의 강한 저력을 보여준다고 평가한다. 때문에 구태여 서양의 민주주의 이론이 아니더라도 얼마든지 우리 안에서 자생적인 민주주의의 토양을 발견할 수 있다고 보는 것이다. 이러한 사고를 바탕으로 김대중은 "문화가 반드시 우리의 운명인 것은 아니다. 민주주의가 우리의 운명이다(Culture is not necessarily our destiny. Democracy is)"(*Foreign Affairs*, 11~12, 1994, 194쪽)라고 결론을 맺고 있다. 이는 가변성과 유연성이 있는 선맥의 문화 전통에 대한 확신이다.

1998년 4월, 조지메이슨 대학에서는 '아시아의 윤리, 제도, 그리고 경제'라는 주제로 후쿠야마, 제임스 뷰캐넌, 투에밍 등이 모여 아시아적 가치에 대한 토론을 벌였다. '아시아적 가치'라고는 하지만, 여기서는 연고주의와 정경유착 등 부정적인 점만 강조되어 토론되었다. 1970~80년대의 '아시아 가치론'이 이렇게 변질된 까닭은 아시아의 경제가 나빠졌기 때문이다. 이승환 역시 리콴유의 아시아적 가치론은 한갓 그의 독제 통치를 강화하는 수단에 불과하다고 본다. 그러나 여기서 내가 중요시하는 것은 다소 다른 측면이다. 내가 보기에 서양 학자들과 리콴유 사이에서 벌어지는 강조점의 차이는 바로 서양적 가치관과 동양적 가치관이 첨예하게 대립하는 데 있다. 그것은 다름 아닌 좌뇌와 우뇌가 갖는 가치관의 차이와도 같다. 그리고 한국의 김대중은 양쪽의 가치관을 종합하는 면이 있다. 그것은 바로 차축시대 이전의 우리 선맥에서 나온 가치와 유교적 가치 그리고 서양적 가치를 절충한 종합적 가치관이라고 볼 수 있을 것이다. 이러한 그의 견해는 다음에 살펴볼 토론에서도 그대로 이어진다.

11.4 문화냐 민주주의냐

리콴유의 〈문화는 운명이다〉라는 글에 대해 김대중은 〈문화가 운명인가?〉라는 글로 반론을 제기했다. 그러면서 김대중은 문화가 운명이 아니라, '민주주의가 운명'이라고 결론을 내렸다. 리콴유는 1998년 3월 16일자《타임》지에서도 변함없이 일관되게 아시아적 가치를 방어하고 있다. 그리고《슈피겔》지에서도 김대중과 대만의 이등휘의 견해를 비판하고 있다. 이등휘 역시 김대중과 견해를 같이하고 있기 때문이다.

이해를 쉽게 하기 위해 먼저 두 아시아 정치 지도자들의 인생 역정부터 간단히 살펴보기로 하자. 리콴유를 두고 키신저는 약간의 아부성 발언을 하고 있다. 그는 리콴유가 만약 다른 시기에 다른 장소에서 태어났더라면 처칠·디스라엘리·글래드스턴 같은 세계적 명성을 얻는 인물이 되었을 것이라고 치켜올리고 있다. 리콴유는 싱가포르(1863년 말레이시아에 병합되었다가 1965년에 분리됨)가 영국에서 독립되던 1958년부터 1990년까지 수상으로 재직했다. 그는 지금 후계자에게 권력을 인계하고 원로 수상(Senior Minister)의 자리에 앉아 있다.《포린 어페어스》의 쟈카리아 편집장도 지적하고 있듯이, 리콴유는 그의 태생과는 달리 역설적이게도 서구 문화 속에서 자라난 인물이다(*Foreign Affairs*, 11~12, 1994, 125쪽). 그는 30세가 될 때까지 '해리 리(Harry Lee)'라는 미국 이름을 가지고 있었으며, 아직도 그의 가족들과 친구들은 그를 그렇게 부르고 있다. 1960년대에 영국의 한 외교관은 리콴유를 두고 "해리 당신은 수에즈 동쪽에 있는 순수 토종 영국인이야"라고 말할 정도였다.

리콴유가 그렇게 문화에 집착하는 까닭은, 동양이 경제 성장과 함께 서양 속에 묻혀버리지나 않을까 하는 두려움, 즉 정체성 상실의 두려움을 가지고 있기 때문이라고 쟈카리아는 진단하고 있다. 마치 200년 전 영국 사람들이 경제 발전에 따른 인간성 상실과 도덕·윤리의 몰락을 염려했듯이 말이다. 김대중은 리콴유가 문화(유교적 문화)에 집착하는 것을 두고 가부장제적 개발형 독재자의 자기합리화라고 평가했다. 리콴유에 대한 쟈카리아와 김대중의 상이한 평가를 뒤로하고, 이제 김대중과 그의 정치 역정을 도마 위에 올려놓고 생각해보도록 하자.

리콴유가 별 저항 없이 수상 노릇을 하던 1958~1990년이라는 반세기가 김대중에게는 그야말로 파란만장한 세월이었다. 그는 이제서야 여당 정치인이 되었다. 국민들로서는 아직도 그가 여당 정치인인지 선뜻 실감나지 않는 모양이다. 그만큼 그는 리콴유와 비슷한 개발독재형 정치인들에게 저항·투쟁하는 세월을 보냈기 때문이다. 그에게는 'DJ'라는 영문 이니셜만 있을 뿐 리콴유처럼 영어 이름이 있는 것도 아니며, 하버드나 에모리에 체류하면서 명예학위를 받은 것 외에는 서방 세계에서 공부한 경력이나 학력도 없다. 그런데 김대중은 서구식 선거에 따른 의회 민주주의 그리고 시장경제와 지방 자치제에 대한 철저한 신봉자이다. 그는 자신의 이러한 정치 철학 때문에 많은 역경을 겪었다. 또한 적어도 두 번의 사경(1973년의 납치와 1980년의 내란 음모 혐의)이 있었지만, 미국과 서양 세계의 여론 덕분에 살아남을 수 있었다. 그가 미국에서 한국으로 돌아오던 1985년 2월 5일, 미국 정치인들과 친구들이 대거 동행한 것이 좋은 실례가 될 것이다.

개인적인 역정으로 보자면 리콴유는 문화적으로 친서구적이고, 김대중은 그 반대일 듯한데, 실제로는 그렇지 않다. 이 점이 우리를 당황하게 만든다. 두 사람은 같은 점도 있고 다른 점도 있다. 같은 점이란 해리나 DJ가 모두 아시아적 가치에 대한 긍지를 강하게 가지고 있다는 점이다. 그런데 왜 생각이 서로 다르게 엇갈리는가? 이것이 문제의 본질이라고 할 수 있다. 리콴유가 아시아적 가치 가운데 '문화'를 말할 때, 그 말속에는 유교적 문화의 '가정'이라는 것에 초점이 모아져 있다는 것을 우리는 주의해서 보아야 한다. 김대중도 역시 유교 경전인 사서삼경에서, 특히 《맹자》에서 인본주의 사상과 역성혁명을 도출해내려고 했으며, 동양 사상, 특히 한국의 동학과 불교 사상 등을 높이 평가했다. 두 사람 모두 똑같이 아시아적 가치에 대해 '긍정적'이라는 점에서는 별 차이가 없어 보인다. 김대중은 그의 글 가운데 어디에서도 아시아적 가치 그 자체를 부정한 적이 없다. 그러면 무엇이 문제인가?

그 차이를 보면, 리콴유는 유교적 문화라는 차원에서만 아시아적 가치를 말하고 있으나, 김대중은 문화에 민주주의라는 가치를 양립시키고 있음을 알 수 있다. 리콴유는 서구식 민주주의가 동양에 소용이 없다고 한다. 그것은 서양의 개인주의가 빚어낸 독이 있는 유산에 불과하다. 그러나 김대중은 동양에서도 서구식 개인주의가 있기 때문에 서구식 민주주의가 가능하다고 보았다. 뇌 구조상으로 좌뇌가 개인·자유주의적이라면 우뇌는 집단·평등주의적이다. 김대중의 말이 성립하자면 좌뇌와 우뇌의 균형이 전제되지 않으면 안 된다. 사실 아시아 국가에서 이러한 균형이 잡힌 곳은 거의 없다. 오직 한국이 예외라고 하겠는데, 지금 남한은 자유 민주주의 체제를 그리고 북한은 평등적 사회주의 체제를 유지하고 있다. 그리고 남한은 산업화와 민주주의를 동시에 일구어냈다. 우리는 이러한 공존의 비결을 바로 우리 민족정신의 원형인 선맥과 포함삼교의 유산에서 찾아야 할 것이다. 지금 불고 있는 한류 바람도 모두 감정과 이성의 조화, 즉 우뇌와 좌뇌의 조화·균형에서 비롯한 것이다.

11.5 '수신제가'냐 '치국평천하'냐?

리콴유와 김대중은 모두 《대학》의 '수신제가치국평천하'를 언급하고 있다. 그러나 그 강조점과 해석 방향은 서로 다르다. 리콴유는 쟈카리아에게 '수신'은 자기를, '제가'는 가정을, '치국'은 국가를, 그리고 평천하는 '온 세상'를 보살피는 것이라고 설명한다. 그리고는 "우리 모두가 이 가치관 속에 빠져 있다"고 하면서, 자기 손녀의 이름이 '수제'임을 말한다. 자기 아들이 '수신'과 '제가'에서 첫 두 글자를 골라 이름을 지었다고 한다. '자신을 닦고 가정을 다스리기' 위해서라는 것이다. 아울러 "이것은 우리 문명의 기본 개념입니다(it is the basic concept of civilization)", "정부는 가고 오지만 이것만은 영속적입니다(governments will come, governments will go, but this endures)"라고 했다. 또한 "우리는 자기 신뢰(self reliance)에서 출발했습니다. 오늘날 서양은 그 반대입니다. 정부가 마치 전권을 쥐고 만능 해결사처럼 행세합니다"(*Foreign Affairs*, 11~12, 1994, 114쪽)라고 강변했다. 문화는 운명이지만 민주주의는 선택 사항이라는 것이다. 이에 대해 김대중은 민주주의 운명론을 말하고 있다.

김대중은 《대학》에 나오는 이 말을 리콴유와는 상반되게 이해하고 있다. 즉, 자기의 지론인 '지구적 민주주의' 차원에서 이해하고 있는 것이다. "널리 알려진 유교의 금언 '수신제가치국평천하' 또는 '태평천하'는 이상적 정치에 대한 규범을 잘 나타내고 있다. 이 금언에 나타나 있는 바와 같이 유교 정치 철학의 궁극적 목표는 세계(천하) 평화의 실현에 있다. 이를 위해서는 먼저 가정을 잘 다스릴 수 있어야 하고, 그럴 수 있으려면 자신을 잘 닦아야 한다는 것이다. 따라서 이 가르침은 정부의 구실을 강조하는 정치 철학으로서(예를 들면, 치안·국방과 더불어 치산과 치수는 유능한 임금의 필수 조건으로 간주된다) 세계 평화의 실현을 위해 노력해야 한다는 지배 계층의 도덕적 의무를 강조하고 있다. 이러한 세계 평화(태평천하)의 개념은 하늘 아래의 모든 것들이 평화스럽게 살 수 있고, 존재할 수 있도록 해야 한다는 의미로 풀이될 수 있다." 그리고 이 같은 사상은 "일체만물에 불성이 있다"고 한 부처님의 가르침에서도 찾아볼 수 있다"(*Foreign Affairs*, 11~12, 1994, 194쪽).

리콴유는 수신→제가→치국→평천하의 상향적(bottom up) 사고를 하고 있으며, 김대중은 그 반대인 평천하←치국←제가←수신의 하향적(top down) 사고를 하고 있다. 리콴유는 주된 관심을 '수신제가'에 두고 있으나, 김대중은 '치국평천하'에 두고 있다. 김대중의 아들 이름은 홍일

(弘一)·홍업(弘業)·홍걸(弘傑)인데, 어디에도 개인과 가정의 가치관이 담겨 있지 않다. 이들 이름은 아마도 홍익인간(弘益人間)에서 비롯된 것이 아닌가 싶다. 생각건대, 모두 치국평천하에 걸맞은 이름들 같다. 리콴유의 손녀 '수제'와는 대비가 된다.[5] 김대중에게 수신제가는 치국평천하의 수단일 뿐이지 목적은 아니다. 리콴유는 서양이 정부나 국가를 강조하는 것에 매우 식상해 있었는데, 이 마당에 김대중이 그 반대 방향에서 사고를 전개하고 있으니, 두 사람은 서로 개와 고양이 같은 관계라고 할 수 있겠다. 편의상 여기서는 리콴유와 같은 사고방식을 'L형', 김대중과 같은 사고방식을 'K형'이라고 하자.[6]

만약 이 두 사람이 미국에 태어났더라면, 리콴유는 영락없이 공화당원이 되었을 것이고 김대중은 민주당원이 되었을 것이다. 왜냐하면 공화당이 작은 정부와 개인의 도덕성 및 자유를 강조하는 반면에, 민주당은 큰 정부와 사회 구조의 중요성을 강조하기 때문이다. 미국에서는 전자의 경우를 '보수적(conservative)'이라고 하고, 후자의 경우를 '진보적(liberal)'이라고 한다. 여기서 리콴유가 '문화'라고 할 때 그 내포적 의미는 바로 개인과 가정이고, 김대중이 '민주'라고 할 때 그것은 '국가'와 '세계' 같은 개념임이 분명해졌다. 본격적인 이야기는 여기서부터 시작된다.

K형과 L형의 갈등은 어떤 면에서 숙명적이라고 할 수 있다. 김대중은 '지구적 민주주의'라는 이름으로 자기의 '민주'라는 개념을 서구의 그것과는 구별하고 있다. 보통 아시아적 가치에 대응하는 개념으로서 서구적 가치라고 할 때는 선거에 따른 민주주의, 개인주의, 합리주의, 과학 정신, 시장경제 등을 떠올리게 된다. 이것들은 로크와 같은 서양 사상가들로부

---

5) 그러나 신문 보도에 따르면, 김대중 대통령은 가정적이라고 한다. 아들 홍걸과 나눈 편지를 보면 자상한 아버지의 모습을 볼 수 있다. 그의 《옥중 서신》을 한번 참고해볼 만한데, 이는 아내 이희호 여사와 나눈 엽서와 서신 모음집이다.

6) 'L'은 리콴유의 'Lee'에서, 'K'는 김대중의 'Kim'에서 딴 것이다.

터 나온 것이다. 김대중은 이런 로크식 민주주의의 이상을 높이 평가하며, 개인의 자유와 시민 의식을 토대로 한 민주주의에 지구 생태계까지 포함해 '지구적'이라는 개념을 형성하고 있다. 그러면서 그는 이를 '평천하'와 일치시키고 있다. 그는 이러한 민주주의적 기초를 위해 맹자 사상과 동학, 심지어는 불교까지 원용하고 있다.

김대중의 K형을 리콴유의 L형과 액면 그대로 대응시키기는 어렵지만, 일단 여기서는 개체에서 전체로 방향을 정하는 것을 L형, 전체에서 개체로 방향을 정하는 것을 K형이라고 정의해두도록 하겠다. 서양에서 K형의 사고를 하는 사상가들로는 루소와 마르크스를 꼽을 수 있겠다. K형의 정치 철학에 따르면, 인간은 원래 자유롭고 선한 상태로 태어난다고 한다. 루소는 《인간 불평등 기원론》에서 사회의 불평등이 사회제도에서 비롯된다고 본다(루소, 1974 참고). 이 견해를 취한 심리학자들은 인간 내면의 억압이 인간 외부의 조건 때문이라고 본다. 순수 마르크스주의자들, 사회주의자들, 자유주의적 견해를 취하는 미국의 민주당이 이러한 주장을 옹호한다. 마르쿠제·호닝·매슬로·프롬·스포크 같은 심리학자들이 바로 이 K형에 속한다(Wilber, 1981, 329~338쪽).

L형에 속하는 사상가로는 홉스·버크·프로이트 등이 있으며, 정치적으로는 보수주의적인 미국 공화당이 이러한 견해를 취하고 있다. K형은 사회 변화만이 진정한 변화를 가져올 수 있다고 보지만, 버크(Edmund Burk)는 개인 심성의 도덕적 변화를 통해서만 변화가 일어날 수 있다고 본다. 리콴유는 수신제가가 궁극적 규범이고 이를 강조하는 것은 아시아적 가치 또는 문화의 숙명과 같은 것이라고 보고 있다. 그는 정부가 나서서 무엇을 할 수 있다는 서양식 정치 철학에 매우 회의적이다. 그가 의회 민주주의의 1인 1표식 선거제도와 의회 민주주에 모두 부정적일 수밖에 없는 이유는 바로 그의 철저한 '수제'주의 때문이다.[7]

라인홀드 니버는 《도덕적 인간과 비도덕적 사회》에서 개인이 아무리

수양을 통해 선한 인간이 된다고 하더라도, 그러한 인간들의 집단인 사회는 비도덕적이라고 했다. 왜냐하면 개인과 집단은 서로 상보하기 때문이다. 빨간색을 보고 눈을 감으면 이상하게 그 보색인 파란색이 떠오른다. 거꾸로 파란색을 보고 눈을 감으면 빨간색이 떠오른다. 이는 정반대되는 것이 서로 일치하기 때문이다. 좌뇌와 우뇌는 서로 상반된 성격을 갖지만, 그것은 이들 색처럼 보색 관계이다. 수신과 평천하의 관계도 이와 같다. 리콴유와 김대중은 서로 만리장성이라는 뇌량을 사이에 두고 좌우로 나뉘어 서로 씨름을 하는 것과 같다. 고구려 고분 각저총에서 씨름하고 있는 두 인물과도 같이 말이다.

11.6 민주화와 산업화의 역설

김대중은 1998년도 《브리태니커 백과사전》의 영어판과 일어판에 '화제의 인물'로 동시에 수록되었다. 그 수록 내용을 보면, 그가 아시아의 다른 지도자들과는 달리 "서구 민주주의와 아시아적 가치, 경제 발전은 양립할 수 있다"는 신념을 가지고 있음을 비중 있게 다루고 있다. 리콴유는 그의 아시아적 가치관을 가지고 정치 여정을 모두 마친 뒤, 성공적인 정치인으로서 자기의 정치 철학이 옳았다고 스스로를 평했다. 김대중은 대통령으로서 자기 철학을 실험하고 지금은 물러나 있다. 그는 IMF 위기를 극복했으며, 2000년 6월 15일에는 남북 정상회담을 일구어냈다.

그런데 김대중은 과연 아시아적 가치관이 가지고 있는 문제점인 연고주의와 지연·혈연주의 같은 데서 자유로울까? 그는 신문 지상에서 인사

---

7) 그러나, 김대중도 지적하고 있듯이, 싱가포르는 지금 길거리에서 껌을 씹는 것까지 제재할 정도로 국가가 개인사에 간섭하고 있다.

정책상의 지연주의와 관련해 호된 비판을 받고 있다. 무엇보다도 아들의 처남이 서울신문사 사장으로 취임하고 조카가 광주 구청장 후보 공천을 받는 등, 그가 말하는 지구적 민주주의가 과연 무엇인지 어리둥절하게 만드는 일련의 일들이 있었다. 게다가 둘째아들 홍업의 국회의원 입문 앞에서는 말을 잊고 만다. 그의 취임 초기부터 나타난 이런 족벌주의와 크로니즘(cronyism, 패거리주의)이 앞으로 크로니 자본주의로 이어지지 말라는 법은 없을 것이다. 김대중은 리콴유가 강조한 가족 중심의 아시아적 가치의 역기능에 한 발 들여놓고 있었던 것은 아닐까? 그렇다면 이것은 K형의 역설이라고 아니할 수 없다. 서양 학자들이 말하는 아시아적 가치의 부정적인 면에, 그것도 한복판에 김대중이 서 있는 느낌이다. 양 뇌의 균형은 현실 앞에서 무너지고 있는가?

반면에 리콴유가 건설한 싱가포르 사회는 서구의 질서를 뺨칠 정도로 정연하며, 서구에서도 참고가 될 만큼 모범 국가가 되었다. 서구적, 너무나 서구적이다. 그의 가족 중심의 가치관은 국가 사회를 매우 서구적인 것으로 만들었다. 이것은 L형의 역설이라고 할 수 있다. 마치 사회주의 사회가 자본주의화해가고, 자본주의 사회가 사회주의화해가는 역설과도 같다고 할 수 있겠다. '수신제가'는 '치국평천하'로 향해 가고, 치국평천하는 수신제가를 향해 역행하고 있다. 그의 수신 제가의 가족 중심 철학은 자기 아들에게 정권을 물려주는 데까지 이르렀다.

그런데 여기서 우리를 엄습하고 있는 문제는 리콴유도 김대중도 함께 대처를 해야 할 우려스러운 것이다. 두 사람은 모두 정치 지도자들이다. 아무리 영명한 정치 지도자들이라고 하더라도 당해내지 못할 공포의 대상이 있다. 그것은 다름 아닌 헤지펀드와 퀀텀펀드 같은 환투기 시장이다. 미국 월가에서는 마우스 하나로 전세계 금융시장을 휘어잡으며 돌아다니는 조지 소로스 같은 환투기꾼들이 판을 치고 있다. 리콴유와 김대중은 '아시아적 가치 문제'에 매달릴 것이 아니라, 다시 환생을 해서라도 이 국제 증권시장을 어떻게 다룰 것인지 심각하게 생각해보아야 할 것이다. 여기에 아시아적 가치의 진짜 위기가 있기 때문이다.

과연 김대중이 민주주의, 아시아적 가치, 그리고 경제 발전을 병행시키는 데 성공했는가? 그의 시장경제 철학에서 시장이란 존재했던 것일까? 그리고 정말 선거에 따른 의회 민주주의가 우리에게 아직도 유효한 것인가? 그는 정당을 여러 차례 만들고 허물었다. 그는 리콴유를 비판하는 글에서, 문화란 불변하는 것이 아니며 "산업화에 따른 불가피한 결과로서 '가족 중심적'이라는 동양 사회도 이기적 개인주의로 급속하게 전환하고 있다. 인간 역사에서 영원불변한 것은 없다"고 했다. 그렇다면 그의 개인주의적 민주주의라는 것도 IMF 시대와 함께 바뀌어야 했던 것은 아닌지 묻고 싶다. 산업화가 가족 중심주의의 적이라면, IMF는 바로 민주주의의 적이 아닌지 말이다. 김대중은 이런 질문과 함께 고민해야 한다. 그의 지구적 민주주의는 환상적이다. 마치 종교 철학자나 신학자가 된 듯하다. 항상 현실 참여 정치를 강조해온 정치인답지 않은 의외의 발언을 하고 있는 것이다. 개유불성(皆有佛性)까지 평천하에 적용한다는 것은 실현 불가능한 환상처럼 보인다. 그는 지금도 현실 정치에 큰 영향을 미치고 있다. 그의 정치 철학은 많은 국민의 운명을 좌우할 것이다. 더 철저한 철학적 진단이 필요한 이유가 여기에 있다. 사안이 그러하므로, 그의 민주주의, 시장경제, 아시아적 가치라는 트로이카에 대해 좀더 고찰해보기로 하자.

김대중은 민주주의와 시장경제를 국정의 제일 목표로 삼겠다고 선언했다. 그가 이 목표를 과연 달성했는지는 여기서 밝히기보다 독자의 판단에 맡기도록 하겠다. 지금의 국제 정세로 볼 때, 민주와 경제라는 두 가지 목표를 실현하는 데는 부정적인 장애물들이 많다. 《빈곤의 세계화》의 저자인 미셸 초스도프스키는 "서구의 민주주의 체제는 진퇴양난에 빠져버렸다"(초스도프스키, 1998, 27쪽)고 했다. 왜냐하면, 첫째로 시민들이 선출한 고위직 정치인들이 점차로 관료로서만 기능하기 때문이고, 둘째로 국가의 채권자들이 배후에서 별도로 막강한 힘을 행사하는 실질적인 정치권력자들이기 때문이다(초스도프스키, 1998, 27쪽). 초스도프스키가 첫번째 이유로 들고 있는 정치인들의 관료화는 새삼스러운 것이 아니다. 그러나 두번째 경우는 경제가 정치를 실질적으로 지배하고 있다는 것으로, 주의해서 들어야 할 지적이다. 아마도 산업화와 민주화의 동시 실현이라는 김대중의 말은 그동안 한국에서 경제 성장은 했지만 민주화가 덜 이루어졌다는 것을 전제한 발언인 듯하다. 그러나 초스도프스키가 지적하고 있는 서구 민주주의 딜레마는 그 반대인 경우라고 할 수 있다. 정치 지도자가 무기력해지고 경제 환투기꾼들이 정치를 좌지우지하는 위기를 두고 하는 말이다. 빈 라덴도 미국 민주당도 미군 철수에 별 영향을 주지 못할 것이라고 한다. 바로 미국을 움직이는 것은 금융가의 투기꾼들이기 때문이다.

미국의 경우 금융회사의 환투기꾼들이 정부의 재무부와 금융기관의 최고위까지 침투해 있다. 당연한 말이지만, 미국 경제를 움직이는 실세는 과거와 같이 학자 출신의 경제인들이 아니다. 예를 들어, 클린턴 행정부의 재무장관 로버트 루빈은 골드먼삭스 사의 금융 담당 전무였으며, 세계은행의 전 회장 루이스 프레스턴은 JP모건 사의 최고경영자를 역임했다. 민주주의를 위해 투쟁해온 폴란드 국민의 허탈한 심정은 그들의 다음과 같은 한 대자보에 그대로 나타나 있다. "우리는 원래 민주주의를 원했다. 그러나 막상 우리가 얻은 것은 알고보니 자본주의였다." 민주주의를 한다는 서방의 국가들마저도 지금과 같은 민주주의가 지속될 수 있을 것인지에 회의적이다. 초스토프스키는 다시 지적하고 있다. "미국의 경우 금융가들이 정치에 관여하면서 기업의 재정 부문에 대한 정치가들의 관심은 갈수록 높아져갔다. 서구의 국가 체제는 민간 경제나 금융 기업과의 관계 설정을 애매모호하게 한 결과 상호 이해 관계가 충돌하면서 위기에 빠지게 되었다"(초스토프스키, 1998, 27쪽).

이제 서구의 민주주의는 형식적인 것이 되어버렸다. 투표자들이 선택할 수 있는 다양한 정책이 제시되지 않고 있는가 하면, 일당 독재 국가에서와 마찬가지로 투표의 결과는 국가의 사회경제 정책 방향에 실질적인 영향을 미치지 못한다. 더구나 신자유주의 정책을 표방하는 국가는 시민의 민주적 권리를 제약하면서 더 억압적으로 되어가고 있다(초스토프스키, 1998, 28쪽). 조지 오웰의 《1984년》은 아직 끝나지 않은 이야기인 듯하다. 이제 태형(Big Brother)은 정치적 독재자가 아니라 경제적 환투기꾼이 아닌가? 조지 소로스가 혹시 태형이 아닐까? 현실적으로 태형들은 "전자 장비로 무장된 군대"를 이끌고 24시간, 365일 내내 수익성 높은 곳을 찾아 온 지구를 몇 바퀴씩 돌고 있는 직업적 금융 투기꾼들인 것 같다. 마치 《1984년》 사회의 태형이 구석구석 텔레스코프를 장치해놓고 사람들을 감시하듯이, "금융 투기꾼들은 범지구적으로 연결된 전자정보망을 하루에도 수십 번씩 거의 빛과 같은 속도로 움직인다. 이 정보망은 일종의 전자 유토피아인데, 이것은 그 어떤 어려운 수학문제보다도 훨씬 더 복잡하게 돌아간다"(마르틴, 2003, 107쪽).

그런데 실로 큰 문제가 되는 것은 국제 경제적 태형들인 환투기꾼들의 작당을 알아채지 못하고 정치가들이 은연중 이들에게 지배받고 있을지도 모른다는 사실이다. 한스 마르틴은 《세계화의 덫》에서 바로 이 점을 지적하고 있다(마르틴, 2003, 126). 심지어는 미국 정부조차도 세계의 자본 흐름을 쥐락펴락하는 기관들의 평가나 판단에 고분고분 순응하고 있는 형편이다. 빌 클린턴이 "내가 다시 태어난다면 증권회사 사장으로 태어나고 싶다. 왜냐하면 온 세상을 위협할 수 있는 힘이 바로 증권시장이기 때문이다"(마르틴, 2003, 143쪽)라고 한 말을 다시 상기하자. 클린턴이 이런 독백을 할 정도라면, 지금 전세계적으로 경제 태형이 얼마나 큰 힘을 발휘하고 있는지 짐작할 수 있다. 전세계 인민들은 민주주의를 원했다.

그러나 막상 얻은 것은 민주주의가 아니라 자본주의였다. 초스토프스키의 다음과 같은 말은 우리 대통령에게도 참고가 될 만하다. "이제 '민주화'는 자유 시장경제론자의 모토가 되었다. 차관 협약에도 이른바 '정상적인 정치'와 다당제 선거가 조건으로 부가된다. 그러나 경제개혁의 성격은 진정한 민주화를 가로막는다"(초스도프스키, 1998, 74~75쪽).

조지 소로스는 김대중의 대통령 당선 직후 자택을 방문해 자기의 자서전을 증정했다. 마치 자신이 세계 민주주의의 발전에 기여나 한 듯이 김대중처럼 세계 민주화를 위해 투쟁해온 인물과 자리를 같이한 것이다. 이로써 자기를 환투기꾼이라고 매도하는 말레시아의 마하티르 수상을 화나게 할 수도 있고, 환투기꾼으로서 자기의 인상을 바꾸어볼 수도 있었을 것이다. 그러나 세계는 지금 소로스와 같은 인물들 때문에 진정한 의회제도의 앞날이 어두워지고 있다. 의회제도가 있다고 하더라도 이제 그것은 하나의 '사이비'에 불과하다(초스도프스키, 1998 참고). 그런 한편으로, 찰스 핸디는 《헝그리 정신(*Hungry Spirit*)》에서 소로스가 독재 또는 전체주의 체제에서 벗어나려는 국가를 개방적인 사회로 육성하기 위해 많은 지원을 하고 있다고 예찬하고 있다.[8]

조지 소로스마저 아시아 국가가 자유 민주주의 방향으로 가고 있는 한 지원을 아끼지 않겠다고 한다. 그들의 우산 밑에서 자라는 한 아무 탈이 없을 것이라며 보장까지 하고 있다. 우리는 지금 세계 증권가를 주름잡는 환투기꾼들의 농간에 속고 있는 것은 아닐까? 차라리 아시아적 가치를 표방하고 나오면서 서방 세계와 일전을 불사하려는 리콴유가, 그리고 소로스에게 과감히 도전하는 마하티르가 정당한 것은 아닐까?[9]

---

8) 조지 소로스는 1997년 1월 월간지 《애틀랜틱(*Atlantic*)》에 발표한 의미심장한 글에서, 자유방임주의적 자본주의가 오로지 물질적 성공만을 중요시하는 닫힌 사회를 만들어내고 있다며 우려를 표했다(핸디, 1998, 12쪽).

9) 5월 16일에 마하티르는 인도네시아 사태의 원인이 국제통화기금이 요구한 급격한 가격

외환은행 헐값 매각과 FTA 압박 등, 시장경제의 논리는 급박하게 우리를 조여오고 있다. 앞으로 우리에게 민주주의와 시장경제는 과연 유효한 것인지 의문이다. 서구식 민주주의는 지금 엄청난 고비용을 요구하고 있고, 지역감정의 난무는 끝을 모르는 분열의 분열을 초래하고 있다.

우리는 산업화와 민주주의라는 서로 상보하기 어려운 양대 과제를 지속적으로 실현해내야 할 것이다. 그런데 그 비결을 어디서 찾을 것인가? 동학은 그 당시 반봉건과 반제국주의라는 양대 과제를 안고 출발했다. 이 양대 과제는 상호 역설적이다. 이 두 과제가 지금 운동권을 둘로 갈라놓고 있지 않은가? 이른바 계급 모순과 민족 모순의 극복 말이다. 성공 여부에 상관없이, 김대중의 고민은 우리 고유문화의 전통에서 이를 상보하고 극복할 수 있다고 시사해주었다. 이 점은 높이 평가해야 할 것이다. 이제 세계화의 '덫'을 '돛'으로 바꾸어나가야 할 것이다. 세계화의 진정한 의미는 뇌의 양반구에 있다. 만리장성을 넘어, 우랄 산맥을 넘어, 진정한 세계화는 뇌 구조 속의 뉴런 혁명에서 일어난다.

인상에 있다고 했다. 그는 기자회견에서 "IMF는 이제 국가보조금이 급히 철회될 때 무슨 일이 벌어지는지를 알 수 있게 될 것"이라고 일갈했다(《세계일보》, 1998. 5. 18).

제12장 양 뇌 이론으로 본 주체사상

12.1 양분된 주체사상론

남에서 북의 주체사상을 말할 때는 그 기원에 관한 두 가지 통설이 거론된다. 하나는 김일성 우상화와 정권 유지를 위해 위조·급조된 사상이라는 것인데, 그래서 그 등장 시기가 '주체사상'이라는 말에 앞서 '주체'가 처음 나오는 1955년 12월 28일이라는 것이다.[1] 다른 하나는 1982년에 김정일이 쓴 〈주체사상에 대하여〉의 내용대로 주체사상의 기원을 1930년 6월로 거슬러 올라가 찾는 것이다. 즉, 1930년 6월 30일 카륜 회의에서 진행된 '공청 및 반제청년지도간부회의'를 주체사상의 시원으

---

1) 즉, 김일성이 '당 선전선동 일꾼'들 앞에서 행한 〈사상 사업에서 교조주의 형식주의를 퇴치하고 주체를 확립할 데 대하여〉라는 제목의 연설에 '주체'라는 말이 처음으로 등장한다. 이 연설에서 김일성은 "우리 당 사상 사업에서 주체는 무엇입니까?…… 이 조선 혁명이야말로 우리 당 사상 사업의 주체입니다"(《김일성 저작선집》, 제1권, 1967, 560~561쪽)라고 말하고 있다. 또한 김일성은 "인민군 휴양소에 가보니 시베리아 초원의 풍경화가 걸려 있고, 인민학교에 가니 마야코프스키와 푸시킨의 사진이 걸려 있었을 뿐, 우리나라 것은 없더라"고 했다.

로 보는 것이다. 이는 지금까지 1955년에서 주체의 기원을 찾은 것과는 많이 다르다고 할 수 있다. 이렇게 달라진 이유에 대해 보수 정객 이상두는 "이토록 그 근원을 25년이나 앞당김으로써 김일성의 나이 불과 열여덟 살 때의 일로 하는 이유는 말할 것도 없이 혁명 전통성을 부각, 강조하려는 의도에서라고 하겠다. 북한은 이 혁명 전통성의 선전을 위해서 여러 건의 문헌 위조와 역사 개작을 했다"(이상두, 1987, 90쪽)고 말한다. 이상두는, 이러한 역사 기술은 북한의 창군 기념일을 1948년 2월 8일에서 1932년 4월 25일로 바꾼 데서도 나타난다며 지적하고 있다.

'주체'에 대해 '주체사상'이라는 말이 처음으로 정확히 등장한 것은 1967년 12월 16일 최고인민회의 제4기 제1차 회의의 "공화국 정부는 우리 당의 주체사상을 모든 부분에 걸쳐 훌륭히 구현함으로써 나라의 정치적 자주성을 공고히 하고……"(《김일성 저작선집》, 제4권, 533쪽)라는 부분이라고 한다. 그전 1963년 10월에 '주체적 사상'이라는 표현을 쓴 적도 있으나, 중요한 것은 '주체'나 '주체사상'이라는 말을 언제 썼느냐 하는 것이 아니라, 주체사상이 조선노동당의 지도 이념으로 언제 등장했느냐는 하는 것이다. 북한이 주체사상을 당의 지도 이념으로 결정한 것은 1970년 조선노동당 제5차 대회 때의 일로, 주체사상을 공식화해 체계적으로 이론화한 것은 바로 이때부터이다(김갑철·고성준, 1988, 88쪽).

그러나 주체라는 보편적 개념은 때에 따라 변해온 것이 사실이다. 1955년에서 다시 김일성이 항일 투쟁을 하던 1930년으로, 최근에는 단군릉을 복원함으로써 그 기원을 기원전으로까지 거슬러 올리려고 한다. 이에 대해 이상두는 역사의 조작이요 날조라며 혹평하고 있다. 그러나 재미동포 학자인 김동수(버지니아 대학 사회학)는 혁명의 일관성 또는 사상의 일관성이 있기 때문에 그것을 역사의 날조라고는 볼 수 없다고 주장한다(김동수, 1980, 150쪽). 즉, 1955년에 주체를 이야기할 때나 1930년에 그것을 이야기할 때나 역사적 상황이 비슷한데다가 김일성의 사상이 일관적이라는 것이다. 1955년과 1930년에 김일성은, 엘리트주의에 사로잡혀 헤게모니 쟁취와 공리공담에 빠져 있던 상해 임시정부 주변의 외세 의존적 민족주의자들을 통틀어 사대주의자들이라고 일컬었다.

1955년의 사대주의자들이란 박창옥 등의 소련파와 최창익 등의 연안파를 총칭하는 말이고, 교조주의란 1930년대의 공산주의자들을 두고 하는 말이다. 김일성은 이때의 '공산주의자'들이란 다른 나라의 혁명 이론을 기계적으로 모방하려는 좌경 교조주의자들이라고 보았다. 김일성은 전자를 고루한 민족주의자, 후자를 허무한 마르크스주의자들이라고 비난했다. 김동수의 주장에 따르면, 이 고루하고 허무한 사대주의자들과 교조주의자들은 1930년대에서 1950년대에 이르기까지 변함없이 그 맥락을 같이하고 있다는 것이다. 그래서 보편적 개념으로서 주체는 일관성을 가지고 있다는 것이다. 남한 학자들은 예외 없이 이에 대해 역사의 날조이자 김일성 우상화라며 공격을 가하고 있다.

김동수와 남한 학자들 사이의 이러한 견해 차이는 다음 몇 가지로 정리해볼 수 있다. 그런데 주체와 주체사상의 관계를 말하기 전에, 철학에서도 비슷한 논쟁이 있었음을 우선 말해보고자 한다. 실존주의 철학이 처음 등장한 것은 19세기의 키에르케고르부터이지만, '실존'이라는 개념 자체는 소크라테스까지 거슬러 올라간다. 또한 《신약성서》 기자인 마태는 〈마태복음서〉에서 예수의 기원을 다윗과 아브라함까지 찾아가 기록하고 있다. 〈요한복음서〉에서는 더 나아가 그 기원이 창세 전부터라고 했다. 아마도 북한의 주체사상을 수립한 황장엽·양형섭·김창아 등이 이런 맥락에서 주체사상의 역사성을 소급했던 것 같다.

주체사상을 전개한 고봉지는 "사상의 진리성과 위대성을 참답게 터득하자면 시대적 요청에 부응하여 출현하고……"(고봉지, 1992, 10쪽)라고 했다. 그는 마르크스 사상이 종언을 고한 이유가 새로운 현실에 맞게 혁신을 이루지 못한 데 있다고 보면서, 바로 동구권의 붕괴가 그 좋은 실례라고 했다. 그래서 나는 주체사상이 시대 상황에 따른 발전 과정에서 형성(1단계), 전개(2단계), 체계화(3단계), 김일성주의화(4단계), 단군릉 준공(5단계)의 순서로 나타났다고 본다. 이러한 발전 과정 속에서 주체사상은 (1) 사상에서 주체, (2) 경제에서 자립, (3) 정치에서 자주, (4) 국방에서 자위, (5) 대외 관계에서 자주로 나눌 수 있다. 여기서 마지막 한 가지를 더한다면, (6) 단군릉 복원에 따른 역사에서 줏대를 들 수 있겠다. 이를 알기 쉽게 연도순으로 배열하면 다음과 같다(김갑철, 1988, 92~93쪽). 여기서 《조선 철학사》(1961)와 《조선 철학사 개요》가 주체사상이 형성되는 과정에서 출판되었음은 주목할 만하다.

1930	카륜회의 '공청 및 반제청년동맹지도간부회의'에서 원리 제시
1955	사상에서 주체
1957	정치에서 자주
1961	《조선 철학사》 상 출판(과학원 역사연구소)
1962	국방에서 자위
1966	정치에서 자주
1967	종합(체계화)
1970	당 제5차 대회를 주체의 승리 대회로 규정, 이론적으로 체계화
1978	정권 수립 30주년 계기로 주체사상 일색화를 최종 목표로 천명
1980	당 제6차 대회에서 주체사상 일색화를 '총적 임무'로 선언
1982	김정일의 〈주체사상에 대하여〉라는 논문으로 주체사상의 정식화, 집대성
1983	'주체의 혈통 계승' 강조로 '계승성 보완성' 강조
1986	《조선 철학사 개요》 출판(사회과학출판사)
1994	단군릉 준공

'주체사상'이 등장한 이후 주변 국가들이 보인 반응은 대체로 세 가지로 요약할 수 있다. (1) 소련과 중국 등의 냉담한 반응, (2) 아프리카를

비롯한 제3세계의 열렬한 지지, (3) 남한의 극렬한 반발이 그것이다. 지금 전세계 100여 개 국가에 약 1,500개의 주체사상 연구 조직이 있으며, 김정일의 〈주체사상에 대하여〉는 150개 국어로 번역되어 있다. 1990년 아테네에서 있었던 '세계 평화와 자주성을 위한 주체사상' 국제회의에서는 65개국에서 온 179명의 학자들과 정치 지도자들이 모여 대토론을 벌였다(김동수, 1980, 158~159쪽).[2]

주체사상은 주로 중동·남미·아프리카 같은 제3세계 국가들에서 환영받고 있다. 때문에 제7차 평양 토론회(1976)에 유고를 제외하고 중국과 소련 그리고 동구권 대표들이 전혀 참석하지 않은 것이 그다지 이상한 일이라고는 할 수 없을 듯하다. 이 점에 대해 이상두는 "공산 국가의 정부-당 대표의 이 같은 평양 토론회 불참 및 무시 태도는 북한이 주장하고 있는 주체사상이 결코 마르크스-레닌주의의 새로운 높은 단계가 아닐 뿐더러 마르크스-레닌주의에서 일탈 및 변질된 일인 독재를 합리화하는 '통치 논리'임을 입증해주고 있다"(이상두, 1987, 97쪽)고 했다. 그러나 우리가 주목해야 할 점은, 역설적으로 주체사상을 바로 이해하는 시발점이 다름 아닌 서구 마르크스 종주국들이 주체사상을 외면하는데 있다는 점이다. 주체사상은 이미 마르크스주의의 한계를 극복하고 있기 때문이다. 주체사상을 환영하는 제3세계의 나라들은 모두 서양 오리엔탈리즘의 피해국들이다. 즉, 서유럽과 러시아 그리고 심지어는 중국마저 주체사상을 배타하는 까닭을 우리는 사이드의 오리엔탈리즘의 견

---

2) 그 밖에 과거에 있었던 주체사상 국제회의를 열거해보면 다음과 같다.
  (1) 1971년 레바논, 〈김일성 동지의 창조적 주체사상 토론회〉
  (2) 1972년 시에라리온, 〈전아프리카 김일성 동지의 주체사상 연구 토론회〉
  (3) 1973년 소말리아, 〈중근동 아프리카 주체사상 토론회〉
  (4) 1974년 토고, 〈농업 문제를 위한 제3세계 인민의 과제〉
  (5) 1975년 페루, 〈주체사상 토론회〉
  (6) 1976년 마다가스카르, 〈주체사상에 관한 국제 과학 심포지엄〉

지에서 보아야 정확하게 알 수 있는 것이다. 북이나 남이나 모두 오리엔탈리즘의 삼중주에 시달리고 있는 것이다. 지금껏 주체사상을 이런 시각에서 보지 못했기 때문에 그것에 대한 근본적인 오해가 있어왔다.

아직도 남한 학자들은 제1세계의 시각에서 주체사상을 바라보는 우를 범하고 있다. 이 사실을 아는 것이야말로 주체사상을 이해하는 처음과 끝이라고 할 수 있다. 주체사상이 정통 마르크스주의가 아니라 변질된 마르크스주의라는 혹평은 지금 진보 좌파 계열 안에서도 나오고 있는데, 이른바 민중 계열(people's democracy, PD)의 주장이 그것이다. 그러나 이것은 주체사상을 바로 이해하지 못한 데 따른 소견이다. 여기서는 김일성이 1990년대에 쓴 회고록《세기와 더불어》를 중심으로, 직접 그의 말을 통해 주체사상의 연원을 고찰해보려고 한다. 아울러 나는, 아시아적 가치론에서 본 바와 같이, 좌우 뇌의 조화와 종합이라는 양 뇌 이론의 시각에서 김대중과 김일성 모두 관념론과 유물론을 배격하고 그 중심을 잡는 논리로 일관하고 있음을 보여주려고 한다. 서양은 차축시대 이후 물질과 정신 그리고 몸과 마음이 심하게 균열되었다. 물질과 몸은 우뇌적 특징을, 정신과 마음은 좌뇌적 특징을 지니고 있음은 두말할 필요가 없다. 이러한 균열의 결과물이 서양의 마르크스주의였다. 그 균열상이 항일 유격대 활동에 엄청난 피해를 끼치고 말았으며, 이에 김일성은 투쟁의 여정 속에서 주체사상을 창출해낸다. 서양에서 그대로 도입된 마르크스 사상이 수백, 수천 명의 생명을 무모하게 앗아가는 현장에서 바로 주체사상이 나오는 것이다.

이와 관련해 세 번의 회의가 열리는데, 그 하나가 바로 1930년대의 카륜 회의이고, 그 다음이 십리평 회의이며, 그 다음이 다홍왜 회의이다. 이 세 회의에서 정치·외교상의 주체, 경제에서 주체, 그리고 사상에서 주체가 나오게 된다. 따라서 주체사상은 결코 김일성의 우상화도 아니고, 그의 머릿속에서 나온 탁상공론의 결과물도 아니며, 황장엽 같은 학자들이 어용으로 서술한 것도 아니다. 그런데 여기서 주체사상의 정치적·이념적 노선 등을 다루는 것은 이 책의 의도와 맞지 않으므로, 다만 뇌 이론과 연관해 김일성 역시 조선의 아들이었다는 것, 그리고 그가 단군 선맥의 전통을 이어받은 뇌 구조를 지니고 있었다는 것을 논증하는 것으로 그치도록 하겠다.

주체사상의 진수를 파악하기 위해서는 그 기원을 크게 두 시기와 두 공간으로 나누어 생각해보아야 할 것이다. 하나는 1920년대 말에서 1930년 초 만주의 유격구 공간에서 항일 유격대 활동을 하던 시기의 주체사상이고, 다른 하나는 해방 이후, 특히 1950년대 이후 지금까지 평양을 중심으로 한 집권 시기의 주체사상이다. 이렇게 두 시기와 공간으로 나누어 살펴보면, 남한에서 제기되고 있는 많은 오해를 가라앉힐 수 있으리라 생각한다. 주체사상의 기원과 관련해 남한 학자들의 오해와 곡해가 빚어진 가장 큰 이유가 바로 이러한 시기 구분 없이 두번째 경우에서만, 즉 주로 1950년대 중반 중·소 분쟁과 1970년대 권력 승계의 관점에서만 주체사상을 고찰한 데 있었던 것이다.

김일성이 1990년대 초에 집필한 회고록《세기와 더불어》를 보면, '주체사상'이라는 말이 처음 등장하는 것은 1932년 왕청 유격구에서 활동할 당시의 다홍왜 회의 바로 다음이다. 회고록은 말 그대로 지난날을 회고하는 것이기 때문에 글을 쓸 당시에 처지를 반영한다. 아무튼 김일성 자신은 반민생단 사건의 충격이 있고나서 바로 '주체사상'이라는 말을 쓰고 있으며, 때문에 이 사건을 중심으로 주체사상의 기원을 생각해보지 않을 수 없다. 반민생단 사건이란 극좌 모험주의 좌경들이 마르크스 사상을 맹목적으로 적용함으로써 유격대원의 핵심 인물들을 학살한 사건이다. 친중·친소 사대주의 공산주의자들이 자행한 모험주의가 김일성에게 큰 충격을 준 것이 사실이다. 마르크스 사상을 비판하면서 주체사상이 출발하는 것도 바로 이 때문이다. 다시 말해서, 종파주의자들을 배격하는 일, 이것이 주체사상의 추동 원인이 된다는 것이다.

1930년의 카륜 회의 이후에는 '주체'라는 말은 나오지만 '주체사상'이라는 말을 쓰지는 않는다. 카륜 회의는 1국1당주의라는 국제공산당의 방침이 충격을 안겨준 다음 이루어졌다. 강대국 중심의 국제공산당 방침에 김일성 역시 충격을 받는다. 다음의 십리평 회의는 역시 좌경 모험주의들의 군사적 민주주의에 대한 견해를 밝히는 자리가 되었다. 이는 '민주주의'라는 방식이 갖는 잘못을 지적하는 회의였다. 이 3대 회의가 주체사상의 발생 동기가 된다고 생각하기 때문에, 이를 유격구 공간의 '주체'라고 부르기로 한다.

김일성은 해방 뒤 평양에 들어온 소련파와 연안파 그리고 갑산파가 유격구 공간 속에 있던 극좌들의 연장이라고 보고, 이들을 숙청한다. 유격구 공간의 정서를 이해하지 못한 남한 학자들은 이들 3대 파의 숙청이 김일성 독제 체제 강화의 시작이라고 보았으며, 이런 이유로 주체사상이 여기서부터 시작한다고 결론을 맺고 있다. 결국 숙청과 함께 김정일에게 권력 승계를 하기 위한 주체사상이 등장한다는 것이다. 김일성 유일사상의 강화 수단이 바로 주체사상의 내용이라고 보는 것이다. 그러나 이는 주체사상의 자초지종을 전혀 파악하지 못하고 내린 그릇된 평가이다. 우선 유격구 안에서 무슨 일이 있었는지, 해방 뒤 왜 숙청이 전개될 수밖에 없었는지 한번 고찰해보자. 앞에서 언급한, 주체사상의 기원에 관한 양분된 견해도 다름 아닌 두 공간과 두 시기로 나누어 생각을 하지 않았기 때문에 비롯된 결과이다. 양쪽 모두 유격구 공간에 대한 상론을 결여하고 있는 것이다.

12.2 만주 유격구 공간의 '주체'와 평양 해방구 공간의 '주체사상'

김일성 주석은 나이 80이 넘어 회고록《세기와 더불어》전6권을 집필했다. 아마도 주체사상의 기원과 관련해 김 주석 자신의 생각을 알기 위해서는 이 회고록에 의존하는 것이 도움이 될 것이다. '주체'라는 말이 처음 등장하는 곳은 제2권의 40쪽이다. 여기서 김일성 주석은 민족주의와 공산주의를 포함한 선행 세력들이 인민대중이 혁명의 주인이라는 사실을 망각했다고 하면서, 인민대중과 함께라는 "충동을 안고 오늘 우리가 주체라는 이름을 달아서 부르고 있는 사상을 보고의 구절구절에 담으려고 노력하였다"(김일성, 1998, 제2권, 40쪽)고 말하고 있다. 이는 진명학교에서 카룬 회의를 소집하던 1930년 6월 30일, 하나의 영감 같은 것으로서 그에게 작용했다. 여기서는 '주체'와 '사상'을 따로 떼어 언급하고 있지만, 1932년 10월 다홍왜 회의가 끝난 다음에는 '주체사상'이라는 말을 처음 단칭으로 사용한다(김일성, 1998, 제4권, 78쪽). 주지하다시피, 이 다홍왜 회의는 그가 동만주과 북만주에서 벌인 긴 유격대 활동에서 가장 긴박한 일의 하나였던 반민생단 사건으로 말미암아 긴급 소집했던 것이다.

일본은 유격대원들을 복지 정책으로 회유하기 위해 간도에 민생단이라는 친일 단체를 급조했다. 많은 사람들이 일본의 유혹에 걸려 넘어가게 되자 좌경 공산주의자들은 이들을 잡아 처단하는데, 이를 두고 '반민생단 사건'이라고 한다. 이 일로 급진 좌경주의자들에게 잡혀 죽은 사람이 무려 2,000여 명이나 되는데, 이는 항일 유격 활동을 하다가 죽은 사람들보다 더 많은 수였다. 〈아리랑〉의 주인공 장지락(김산)도 이 사건으로 누명을 쓰고 죽었으며, 심지어는 김일성 자신도 한때 민생단 혐의로 체포되었다(하루키, 1992, 113~123쪽). 바로 이 반민생단 문제로 소집된 회의가 다홍왜 회의인 것이다. 김일성은 반민생단 사건을 주도한 좌경주의자들을 이 회의에서 격렬하게 비판하면서, 마르크스 사상을 주관 없이 맹목적으로 수용한 결과가 이런 처참한 결과를 낳았다며 좌경 모험주의자들을 사대주의로 비판한다. 많은 사람들이 이들 좌경들의 반민생단 토벌을 견디지 못해 유격구를 떠나 일본인 적구로 가버리기도 했다. 김일성은 해방 뒤 이들에게 모두 무죄를 선언했다. 반민생단 사건을 두고 그는 혁명이 혁명을 토벌하고 공산주의가 공산주의를 박멸하는 것이라고 하면서, 그 근본적인 원인이 맹목적인 마르크스주의자들에게, 즉 사대주의자들에 있다며 주체사상의 필요성을 주장한다.

주체사상을 말할 때, 우리는 그것이 반자본주의를 겨냥하고 있는 것처럼 여긴다. 그러나 역설적이게도 같은 공산주의자들 안의 좌경 극단주의자들을 겨냥한 것이라는 사실을 알지 않으면 안 된다. 회고록 전체를 볼 때, 일제와 벌인 투쟁이 물론 상당 부분 담겨 있지만, 이러한 좌경들과 빚게 되는 갈등이 더 많은 부분을 차지한다. 이런 좌경 모험주의의 문제점은 이미 1930년 5월 30일의 폭동에서도 드러났다. 독립운동을 돕는 민족주의 지주들과 소지주들을 모조리 학살한 이른바 5·30 폭동은 항일 유격대 활동에 치명적인 상처를 주었다. 1930년 6월 30일에 카륜 회의를 소집한 가장 큰 이유는 바로 이런 좌경 모험주의자들과 민족주의자들의 사대 의존적 투쟁 방식을 지양하자는 데 있었다. 주체사상의 3대 원칙은 창조성·자주성·의식성이다. 김일성은 "우리 혁명의 생명으로 되는 자주성의 원칙, 창조성의 원칙, 우리가 내세운 모든 로선에 대한 전폭적인 지지를 받았다"(김일성, 1998, 제2권, 127쪽)고 했다. 카륜 회의는 이런 원칙에 근거해 드디어 10대 강령을 선포했으며, 정강 내용은 조국 광복회 10대 강령에 거의 그대로 반영되었다고 한다(김일성, 1998, 제3권, 76쪽). 김일성은 자주성을 상실한 극좌 운동을 두고 좌경병 또는 좌익 소아병적 편향이라고 지적한다(김일성, 1998, 제2권, 29쪽). 해방 뒤 남한에서 공산주의에 대한 혐오를 갖게 된 이유 가운데 하나가 바로 이들 극좌 좌경들의 소아병적 편향 때문이었다. 사실 김일성은 이들 좌경들과 싸우는 데 더 많은 정력을 소모했던 것이다.

김일성이 카룬 회의에서 행한 연설의 주안점은 국제주의와 민족주의의 조화를 통한 주체의 확립에 있었다. 그는 상해 임시정부의 사대주의 노선에 대해서도 비판적이었다. 그럼에도 그는 남만주에서 반공 독립운동을 하고 있던 량세봉을 만나 합작을 일구어내었다. 량세봉의 아들을 해방 뒤 북으로 불러들였을 때, 김구 선생이 그 아들을 만나보고 놀랐다고 한다. 이는 김구 스스로 김일성에 대한 오해를 푸는 대목이라고 하겠다. 김일성은 "나에게 자본론을 안내해준 선생이 박소심이고 홍루몽을 배워준 스승이 상월 선생이라면 반성위는 조선 사람은 조선을 잊지 말아야 한다는 우리의 신념을 더욱 굳게 해준 진실한 지지자, 고무자, 동정자였다"(김일성, 1998, 제3권, 104쪽)고 고백하고 있다. 이들에 대한 내용은 회고록에서 자세히 다루어지고 있는데, 그에게 주체의 전령사는 바로 반성위였다.

북에서 천리마 운동이라든지 주체 공법과 주체 농법이 나온 배경은 다음과 같다. 밀림 속의 병기창을 읽지 않고는 오늘날 북의 경제 철학을 이해할 수 없을 것이다. 천리마 운동과 주체 농법·공법이 모두 밀림의 유격구에서 시작되기 때문이다. 김일성은 소련을 모방한 데 불과하다는 허무주의와 패배주의를 불식시키고 자력갱생의 경제를 밀림의 병기창에서 확립한다. 조선 사람이 무슨 발명을 하면 '그게 정말이냐'며 묻는 것부터가 사대주의적·패배주의적 발상이라는 것이다. 밀림의 병기창 사람들은 간단한 방법으로 염초를 만들며, 나아가 탄약과 수류탄까지 만들어낸다. 화약 제조에 가담한 사람은 손원금이었다. 김일성은 바로 이러한 자력갱생의 방법이 해방 뒤 천리마 운동의 시발점이 되었다고 술회하고 있다. 그는 "자력갱생은 자주, 자강의 기초 위에서 민족자력에 의한 나라의 독립을 갈망하는 인민의 지향과 요구를 가장 정확히 반영하는 구호였다"(김일성, 1998, 제3권, 279쪽)고 말한다. 해방 뒤 천리마를 달린 원동력, 그리고 조선 사람들이 자력으로 만든 전기기관차 '붉은기 1호'는 모두 자력갱생의 결과라는 것이다. 자력갱생의 넋은 김정일 비서에게 그대로 이어져, "우리 식대로 살아나가자", "사상도 기술도 문화도 주체의 요구대로!", "당이 결심하면 우리는 한다"는 등의 구호 속에 힘차게 살아 고동치고 있다고 한다. "우리 인민은 자력갱생 행진곡을 부르며 풍랑 사나운 20세기 마지막 년대의 령마루로 치달아 오르고 있다"(김일성, 1998, 제3권, 291쪽). 그러나 자칫 이러한 김일성의 자력갱생을 배타적인 민족주의로 이해하면 안 된다. 김일성은 "언제나 국제주의자로서의 자기 본분을 지키면서도 투쟁의 민족적 성격과 독자성을 원만히 고수할 수 있었으며 바로 이것으로 하여 중국 동지들이나 국제당으로부터 높은 존경과 지지를 받을 수 있었다"(김일성, 1998, 제3권, 334쪽)고 하면서, 항일혁명의 총체적 목표는 민족의 자주권을 찾는 데 있다고 결론을 맺고 있다(김일성, 1998, 제4권, 69쪽).

지금까지 회고록 1~4권에 나타난 주체사상의 등장 배경을 대략적으로 살펴보았다. 이로써 항일 혁명 기간에 이미 정치·경제·사상·외교 등 모든 면에서 주체사상의 싹이 트고 있었음을 알 수 있다. 이를 망각한 일부 학자들은 마치 주체사상이 1955년 중·소 관계의 악화에서 급조되어 나온 것인 양 선전하는데, 이는 주체사상을 이기고 극복하는 데도 하등 도움이 안 되는 적절치 못한 방법이라고 하겠다.

여기서 주체사상의 논리적 구조를 이해하는 데 빼놓을 수 없는 사건이 하나 있다. 그것은 다름 아닌 대황구 사건이다. 이는 1933년 9월에 유격대가 동녕현성 전투에서 승리하고 돌아와 대황구에 잠시 머물고 있는 사이 일본 토벌군이 습격해 항일 유격대원 13명이 몰살당한 사건을 가리킨다. 사망자 가운데는 오빈과 백일청처럼 김일성이 아끼던 사람들도 있었다. 그런데 이들이 죽은 이유가 어처구니없다. 바로 좌경들의 극단적인 군사 민주주의가 그 이유였기 때문이다. '군사 민주주의'란 작전을 계획할 때 장교에서 부하에 이르기까지 완전한 토론을 거쳐 합의가 이루어지지 않으면 어떠한 행동도 할 수 없다는 것이다. 일본군이 마을로 쳐들어오는데도 대황구의 이 군사 민주주의자들은 방 안에 앉아서, 싸움을 할 것인가 아니면 포위망을 빠져나갈 것인가를 토론하다가 그만 참변을 당하고 말았다. 이 사건 이후 십리평에서 회의가 열렸고, 여기서 김일성은 유일관리체제와 민주주의라는 두 원칙을 내세운다. 이는 다름 아닌 민주주의에 바탕한 개인 책임제를 말한다. 김일성에 따르면, 개인과 전체 사이의 균형이라고는 없이 일방주의적 사고방식을 가진 좌경 기회주의자들은 자기들만이 민주주의의 화신인 양 자처하면서 개별자의 자유만 강조했지, 그 개인의 자유가 책임성을 갖는다는 사실을 몰랐다는 것이다.

김일성은 이를 극단적인 부르주아 민주주의라고 일갈하면서, 프랑스의 소부르주아 사상가인 프루동과 러시아의 바쿠닌·크로포트킨 같은 무정부주의자들이 바로 이런 군사 민주주의의 원조라고 했다(김일성, 1998, 제3권, 224쪽). 동구권이 망한 근본적인 원인도 바로 여기에 있다는 것이다. 그는 우크라이나의 무정부 집단인 바흐노 일당과 국제 노동운동 안에서 세를 펴나가는 수정주의자들이 모두 항일 유격대 속에 들어와 이런 무모한 짓을 한 셈이라며 비판했다. 이 문제는 개인과 단체 그리고 부분과 전체 사이의 관계로서 해결하기 어려운 난제(aphoria)와 관련된다. 이는 풀기 힘든 논리적 문제이면서 또 그만큼 철학자들을 괴롭힌 과제기도 하다. 주체사상의 어려움은 바로 이러한 난제 속에 있다.

대황구 사건 이후 열린 십리평 회의에서 민주주의와 개인 책임제의 관계는 다음과 같이 정리된다. 이들 양자의 균형은 곧 "지휘관이 당 조직에서 집체적으로 토의 결정한 내용에 근거하여 부대를 책임지고 지휘 관리한다는 것을 의미한다. 민주주의에 기초한 집체적 협의는 매 시기에 제기되는 복잡하고 어려운 군사적 과업을 대중의 집체적 지혜에 의해 원만히 수행할 수 있게 하며, 그에 기초한 개개인 책임제는 고도의 신속성과 결단성, 행동의 일치성을 전제로 하는 군사적 요구에 맞게 지휘관의 책임성과 역할을 높일 수 있게 해준다"(김일성, 1998, 제3권, 228쪽). 이러한 논리에 근거해 '당이 결심하면 우리는 한다'는 구호가 나오는데, 이는 주체사상에서 중요한 부분인 '수령론'의 논리적 근거가 된다. 나아가 부분과 전체의 관계는 조선민주주의 인민 공화국 사회주의 헌법 제63조에 그대로 반영되어 "'하나는 전체를 위하여, 전체는 하나를 위하여'라는 집단주의 원칙에 기초한다"는 문장 속에 함축되었다.

이상 회고록 제1권~제4권을 중심으로 요약해 살펴본 내용을 뇌 이론에 따라 정리해보면 다음과 같다. 뇌 이론에서 우뇌는 여러 부분을 하나하나 인지한다. 그리고 좌뇌는 그것을 하나로 묶는 구실을 한다. 우뇌가 감정과 관계되는 이유도 바로 감정은 조각난 것에 관련되기 때문이다. 고딕형 건축에서 보는 바와 같이 첨탑의 윗부분은 전체로 모아진 봉우리이다. 좌뇌는 이성으로 감정의 부스러기들을 모아 이데아라거나 물자체라는 이름으로 묶는다. 전자를 유물론적이라고 하고 후자를 관념론적이라고 한다. 마르크스가 철학사를 유물론과 관념론으로 대별할 때, 이를 뇌 이론과 접목해 보았더라면 더 정확했을 것이다.

결국 하나와 전체의 관계를 보는 눈은 양 뇌의 상반된 기능과 관계가 있다. 그렇다면 마르크스의 사상을 자신들에게 그대로 적용하고자 했던 좌경·극단·순수 유물론자들이 극단적인 군사 민주주의로 치닫는 것은 당연하다고 하겠다. 우리 문화 전통에 맞지 않는 순수 유물론을 그대로 적용한 나머지 대황구 사건 같은 어처구니없는 참사가 벌어진 것이다. 주체사상이 순수 유물론을 배격하고 나오는 이유도 바로 여기에 있다. 김일성은 중국이나 소련의 공산당과는 달리 낫과 망치가 그려진 공산당 마크의 가운데에다가 붓을 더해 넣었다. 주체사상이 중국이나 소련에서 환영받지 못한 가장 큰 이유가 여기에 있다. 다음 절을 통해 주체사상의 구체적인 내용을 검토하면서 이 점을 상론할 것이다. 결국 주체사상은 김일성이 항일 투쟁을 벌이다가 국제공산당과 갈등을 빚는 과정에서 형성되었다고 할 수 있으며, 이는 헌법 제63조에 잘 요약되어 있다. 다른 것들은 모두 이를 적용한 것에 불과하다.

국제공산당은 1국1당주의 원칙에 따라 1928년에 조선 공산당을 해체했다. 이 일로 민족적 자존심이 발동한데다가 대국 중심주의에 사로잡힌 국제당에 강한 반발 심리가 함께 작용하면서 카륜 회의가 열렸다. 이런 의미에서 카륜 회의는, 정치·외교적 불씨는 물론 사상에서 주체의 불씨를 지핀 회의였다. 십리평 회의는 앞에서 언급했듯이 극단적 좌경 공산주의자들의 사대주의에 대한 반발로 소집된 회의이다. 마르크스 사상을 맹목적으로 적용해 군사 민주주의라는 명목으로 조직을 무정부 상태로 이끌고 있는 모험주의에 제동을 건 모임이었다. 이 모임 이후 병기창에서 자력갱생의 주체 경제론이 싹튼다. 다홍왜 회의는 반민생단에 철퇴를 가한 회의이다. 반민생단 사건의 극단적인 좌경에 대해 김일성은 계급의 해방과 민족주의까지 포용하는 항일 운동을 강변한다. 이는 공산주의의 극단적 국제주의에 대한 제동이라고도 할 수 있을 것이다. 이러한 시각에서 볼 때, 김일성은 극우와 극좌의 중간 지대를 걷고자 했으며, 그 공간 속에 서려고 노력했음을 알 수 있다. 그렇다면 그 중간 지점은 어디이고, 실체는 과연 무엇일까?

만주 일대에서 더 이상 유격 활동을 할 수 없게 된 1940년도에 김일성은 소련으로 들어간다. 해방 당시 그는 34세의 몸으로 소련 대위 계급장을 달고 귀국한다. 가짜 김일성론을 주장하는 남한 당국은 그의 나이와 그의 계급장을 두고 시비를 걸고 있다. 그러나 모두 근거 없는 주장임이 밝혀졌으며, 만주에서 그의 유격 활동은 역사적 진실이다.[3] 이제 유격구 공간이 평양 해방구로 옮겨진다. 수세적 방어의 자세에서 능동적이고

공세적으로 바뀐다. 체제 밖에 있던 김일성은 이제 체제 안의 인물이
된다. 이는 마치, 313년에 콘스탄틴 황제가 기독교를 국교로 공인하면서,
이교도의 박해를 받던 기독교가 체제 속의 기독교로 된 것과도 같다.

주체사상과 관련해 북한의 3대 숙청을 간단히 살펴보자. 1차 숙청은
6·25 전쟁이 장기화하면서 전쟁 중 소련에 머물던 허가이와 남로당의
박헌영을 숙청한 것이다. 소련의 종속과 반미라는 사대 예속을 청산한다
는 것이 숙청의 명분이었다. 1956년 8월의 '8월 종파' 사건이라는 2차
숙청 작업은 당내 소련파[4]와 중국파(연안파)[5]를 2년 여에 걸쳐 숙청한
것이다. 1967년 3월에 단행된 갑산파 축출은 군사 민주주의에 대한 청소
작업이었다고 할 수 있다. 박금철과 이효순 그리고 김도만이 갑산파의
주도 인물인데, 이들은 자강도와 평안도 일대에서 김일성의 노선이 아닌
자기들의 주장과 노선을 학습하고 교시했다. 그러나 십리평 회의에서
본 것처럼, 이것이 군사 민주주의가 만들어내는 혼란의 근본 원인이라고
판단하고 이들을 축출한다. 이때부터 이른바 '김일성 유일체제'로 가는
길을 닦는다. 남한의 손광주는 이들 3대 숙청 과정을 거치며 김일성
유일사상의 들러리 구실을 하는 것이 다름 아닌 '주체사상'이라고 본다
(손광주, 2003, 17~55쪽). 그러나 주체사상은 그 이상의 것이다.

남한의 학자들은 이러한 내용들이 평양 해방 공간에서 주체사상이
형성되는 배경이라고 주장한다. 반공 보수주의 학자들이 주체사상의 기

---

3) 김일성은 《세기와 더불어》 제4권(80쪽)에서 중국의 양정우는 34세에, 진한장은 27세에,
   양중충은 29세에 유격대장으로 활동했음을 언급하며, 나이 어린 대장이 무엇이 문제가
   되느냐며 반문하고 있다.

4) 소련파란 소련 공산당이 당의 사업을 지도하기 위해 보낸 재소 고려인들을 일컫는다.
   이들은 소련 공산당의 지원을 받으며 당내에 무시 못할 세력군을 형성하고 있었다. 소련파
   박창옥은 이 무렵 소련 공산당 개인 숭배 노선을 배경으로 김일성을 비판하기 시작한다.

5) 중국 공산당과 손잡고 독립운동에 참가했던 김두봉과 무정 그리고 최창익 등이 연안파의
   거두들이었다. 최창익과 박창옥은 연합 전선을 구축해 김일성을 비판한다.

원을 논할 때면 늘 등장하는 천편일률적인 시나리오인 셈이다. 이들은 만주 유격구 공간의 '주체'론을 한결같이 애써 외면한다. 그러나 평양 해방구에서 3파를 숙청한 이유를 알자면 바로 유격구 시기를 거론하지 않을 수 없는 것이다. 숙청의 주인공들은 김일성과 직접 항일 운동에 참가했던 군부들이고, 이들의 활동을 지지한 인민들 때문에 숙청이 성공할 수 있었던 것이며, 바로 그러한 이유로 고난의 행군 속에서도 역경을 견뎌낼 수 있었던 것이다. 만약 김일성이 단순히 자신의 권력 기반 구축을 위해 숙청을 감행하고 유일사상 체계를 인위적으로 만들어냈다면, 북한 체제 역시 그 생명이 길지 못했을 것이다.

남한 학자들은 이처럼 주체사상의 기원을 고의로 축소해 이해하려고 하기 때문에 그 설득력을 잃고 있다. 그러나 지금부터라도 주체사상을 올바로 이해하도록 노력해야 할 것이다. 한마디로 말해서, 두 공간은 일란성 쌍둥이와 같다. 하나가 실체라면 다른 하나는 그것의 거울과 같은 것이다. 유격대 공간이 실체라면 해방 공간이 바로 그것의 거울인 셈이다. 즉, 전자가 **모형**(*martrix*)이라면 후자는 그것의 **모사**(*imitation*)라고 할 수 있는 것이다. 모형과 모사는 불가분리적이다. 양자를 함께 볼 때 주체사상의 진면목이 드러난다.

다시 정리하면, 주체사상은 마르크스에 집착하는 유물론적 교조주의와 자본주의의 관념론을 동시에 비판하면서 유격구 공간에서 자생적으로 탄생한다. 실천에 앞서 이론이 먼저 있었던 것이 아니라, 그 반대이다. 그런데 남한에서는 이론만 잘라내어 서양의 이론들에 견주어 비판을 가하고 있다. 그러나 모두가 '잘못 놓은 구체화의 오류'이다. 주체사상은 항일 유격활동 과정에서 탄생한 자생적 사상일 뿐만 아니라, 그 속에는 우리 민족의 고유한 **원형**(*archetype*)이 담겨 있는 것이다. 그 고유한 사상이란 선맥이며, 1992년의 단군릉 건립은 이를 입증해주고도 남음이 있다. 사상적 구조에서 보더라도, 마르크스의 사상과는 판이하게 다른 삼원적 구조라고 할 수 있다. 창조성·의식성·자주성, 또는 물질의 존재·속성·운동처럼 그 골격이 모두 삼원적이라는 것이다. 이는 우리 민족 고유한 삼일 철학과 그 맥을 같이하는 것이라고 할 수 있다.

12.3 뇌 이론으로 본 유물론과 관념론

주체사상에는 두 가지 주요한 처지가 있는데, 하나는 **자주적 처지**이고 다른 하나는 **창조적 처지**이다. 이 두 관계는 상호 불가분의 관계 속에 있다. 두 처지는 모두 위에서 말한 정치적 정황을 떠나서는 생각할 수 없다. 자주적 처지에서 보자면, 남북을 포함한 민족주의자들과 연안파·친소파의 반자주파들에 대립하는 것이 주체사상의 처지라고 할 수 있다. 김일성은 만주 항일 유격대 활동에서 만난 이들을 해방 뒤 다시 조우하게 되는데, 이때 이 세력들을 사대주의자들로 규정하고 자주적 처지를 천명한다. 그러나 이들 사대주의자들은 다음에 말할 교조주의자들에 견주면 그 비중이 그렇게 큰 것이 아니다. 마르크스-레닌의 창조적 적용, 중·소 모방주의 반대, 민족 특수성 존중은 어쩌면 같은 사회주의 국가를 상대로 한 자주적 처지라고 하겠다. 이들 교조주의자들의 모방주의에 대해 창조적 처지가 제기된다. 모방주의는 사회주의라는 고유 기반을 흔드는 것이나 마찬가지이다. 고봉지는 "마르크스주의에 대한 교조로부터 빚어진 난국을 마르크스주의의 노동자 계급적 원칙성의 수정으로 초극할 수 없으며 그것은 자본주의에로의 복귀일 것이다"(고봉지, 1992, 21쪽)라고 했다. 김일성은 이미 1930년대부터 이들 교조주의 동료 공산주의자들과 마찰·충돌을 빚었던 것이다. 그러면 마르크스-레닌의 창조적 적용이란 무엇인가? 마르크스-레닌주의의 핵심이 되는 사상은 변증법과 유물론이다. 그러면 주체사상은 어떻게 변증법을 창조적으로 변용시키고 있는가?

김일성은 상해 임시정부를 중심으로 한 민족주의자들의 관념론과 마르크스 교조주의자들이 추종하는 맹목적인 유물론을 현장에 적용하는 데서 오는 오류를 몸소 겪는다. 현장의 실천적 경험을 통해 김일성은 관념론과 유물론의 극복이라는 절체절명의 과제를 안고 평양으로 입성한다. 그가 걷는 이러한 제3의 길은 마르크스 종주국들, 곧 소련과 중국으로부터도 그리고 남한 정부로부터도 애당초 환영받을 리가 없었다. 왜냐하면 주체사상이 유물론과 관념론을 함께 비판하고 있기 때문이다. 이러한 제3의 처지는 김정일의 논문 〈주체사상에 대하여〉에서 잘 드러난다. 관념론에 대해서는 물론 분명하게 비판적 자세를 보이고 있고, 유물론에 대해서도 비판하고 있는 것을 여기서 쉽게 발견할 수 있다. 김정일의 글 〈주체사상의 역사적 의의〉에서도 우리는 이 사실을 한눈에 간파할 수 있다. 분석을 위해 중요한 부분을 그대로 인용해보겠다.

> 역사에는 여러 가지 유형의 세계관이 있었지만 **사람을 중심으로** 세계에 대한 관점과 입장을 밝힌 것은 없었습니다. 세계를 관념이나 정신의 세계로 보는 관념론자들은 더 말할 것이 없고(세계관1), 지난 시기 세계를 물질의 세계로 본 유물론자들도 사람을 중심으로 세계에 대한 관점과 입장을 밝히지는 못하였던 것입니다(세계관2). 주체사상은 사람을 단순히 세계의 한 부분으로서가 아니라 세계를 지배하는 주인으로 내세움으로써 종래와는 달리 세계의 주인인 사람을 중심으로 세계와 그 발전에 대하여 새로운 세계관을 확립하였습니다(세계관3)(괄호와 고딕체 강조는 나의 것임).

김정일은 관념론에 대해서는 '더 말할 것도 없고'라고 했으며, 유물론에 대해서도 분명하게 그 이탈을 선언했다. 나는 편의상 관념론을 '세계관1', 유물론을 '세계관2', 그리고 주체사상을 '세계관3'으로 구분해 앞으로 메타언어(meta-language)로 사용할 것이다. 주체사상은 이러한 세 가지

종류의 세계관을 중심으로 논의된다. 한국은 외부에서 두 세계관이 들어올 때면 언제나 제3의 세계관으로 변혁시켜왔다. 예를 들면, 세계관1에 가까운 이(理) 철학과 세계관2에 가까운 기(氣) 철학이 들어오자, 한국의 사상적 전통은 이율곡을 통해 그것을 창조적으로 변용해 세계관3과 같은 철학을 만들어냈다. 이것이 풍류도의 포함삼교의 정신인 것이다. 이런 선맥을 우리는 주체사상 속에서도 발견하게 될 것이다.[6]

기원전 2000년 무렵 에누마 엘리시와 함께 성의 균열이 생기고 거의 동시에 뇌의 균열이 생기면서, 여성 원리와 남성 원리의 전반에 걸쳐 균열이 일어나기 시작한다. 일종의 도미노 효과처럼 말이다. 뇌의 균열은 가장 심각하고 대표적인 것이다. 두말할 것 없이 관념론은 좌뇌적인, 그리고 유물론은 우뇌적인 특징을 갖는다. 제2차축시대에 들어오면서 아테네 철학자들을 중심으로 전개된 이른바 고대 그리스의 철학 세계는 물질에 대해 정신을 나누는 이원론의 원리에 입각해 형성되었다. 물질에 대한 정신의 우위와 그 실체성을 놓고 소크라테스와 그의 일군이 제자들은 세계관1의 철학 또는 관념론적 철학만을 인정했다. 이 관념론은 서양의 주류 철학이 되었다. 그래서 19세기에 이르기까지 거의 2,500여 년 동안 서양 철학은 관념론 위에서 발전해왔다. 또한 관념론은 중세기 기독교 신학의 바탕이 되고 말았다.

관념론이란 의식이나 정신이 1차적이고 본질적이며 물질은 2차적이고 비본질적이라고 하는 철학으로, 다시 객관적 관념론과 주관적 관념론으로 나뉜다. 주관적 관념론이란 불교와 같이 있는 것은 오직 주관뿐이라는 철학이다. 서양의 주류 철학이란 사실상 객관적 관념론을 일컫는 것이다. 객관적 관념론이란 이데아나 물자체나 절대정신 같은, 개인 의

---

6) 뇌 이론을 가지고 세계관 1·2·3으로 나누어본 연구로는 카를 R. 포퍼의 《자아와 그 두뇌 (*The Self and Its Brain*)》가 있다(포퍼, 1977, 16쪽).

식을 초월한 실재가 있어서 자연과 물질 위에 군림해 객관적으로 존재한다는 철학이다. 마르크스주의에서는 서양의 주류 철학은 물론이고 동양의 성리학 같은 것이 대표적인 객관적 관념론으로 분류된다.

이러한 객관적 관념론은 중세기 신학의 철학적 배경이 되었다. 여기서 말하는 객관적 실재란 다름 아닌 신(神)이다. 객관적 관념론자들은 존재보다 본질이 앞선다고 함으로써, 살이 있는 인간 존재보다 그 존재의 본질을 만든 신이 더 우월하다고 주장한다. 니체가 신은 죽었다고 선포한 때가 19세기 말엽이니, 관념론의 대반역아들은 이 무렵에 세상에 나왔다고 하겠다. 물질의 창조가 정신적 존재인 신에 따른 것이라고 하는 신학의 창조론은 관념론의 전형이다. 이러한 창조론에 대해 역시 19세기의 인물인 다윈은 물질에서 정신이 진화되어 나온 것이라고 함으로써 그 순서를 거꾸로 돌려놓았다. 2,000여 년 만의 대역전극이다.

관념론은 차축시대와 그 궤를 같이하는 만큼 제1차축시대와 제2차축시대를 거쳐 제3차축시대까지, 즉 서양의 근대 철학이 시작되던 16세기까지 연장된다. 근대 철학은 데카르트와 함께 시작한다. 데카르트는 물질과 정신을 두 개의 독립된 실체로 보고, 전자는 연장이 있는 것 그리고 후자는 연장이 없는 것이라고 정의했다. 사실 데카르트를 근대 철학의 효시라고 하는 것은 그의 이러한 이원론 때문이다. 이는 과학의 뉴턴과 함께 근대적 세계관으로 물질과 정신의 두 세계를 갈라놓고 말았으며, 그에 따라 세계관도 둘로 나뉘었다. 그래서 세계관1을 뉴턴-데카르트적 세계관이라고도 한다. 이러한 관념론에 대한 반작용이 바로 실존주의이다. 니체와 함께 근대 실존주의 철학은 실존이 본질에 앞선다고 함으로써 본질을 만든 신을 없애버렸다. 실존의 본질은 실존 자체의 행동으로 만들어질 뿐이라는 것이다. 이러한 실존주의의 함성과 절규는 관념론이 얼마나 인간의 자유를 강압적으로 억압해왔는가에 대한 항변이며, 이는 주체사상이 인간 중심 사상이 되는 한 가닥의 배경이 되는 것이다. 그러나 실존주의의 사람은 개인일 뿐, 사회·집단적 존재는 아니다.

관념론을 배격한다는 점에서는 실존주의와 유물론이 같은 길을 가는 것처럼 보이기도 한다. 그러나 유물론은 관념론을 정반대로 뒤집어 생각하는 것이다. 다윈이 물질과 정신을 뒤집은 것처럼, 마르크스의 유물론 역시 1차적인 것은 물질이지 정신이 아니라고 보는 것이다. 여기서 정신은 물질에 따르는 비본질적인 것이라고 본다. 제1차축시대 이전의 신석기 모계사회에서는 물질의 생산과 자연적 생명의 다산(多産)만이 지고의 가치였다. 뇌의 변연계에 해당하는 부분의 기본적 욕구 충족이 지상의 가치였다고 보면 될 것이다. 물질적 생산양식이 의식을 결정한다고 하는 마르크스의 말은 다분히 모계사회적 가치관인 원시 유물론적 세계관을 반영한다고 할 수 있을 것이다. 이는 곧 인간 뇌의 변연계의 가치를 대변하는 것과 같다. 그러나 마르크스의 유물론은 근대 뉴턴-데카르트적 세계관의 관념론에 대항하는 것이기 때문에, 경험적·과학적 탐구의 결과로서 합리적으로 제시된 유물론이다. 원시적 유물론이 우뇌가 지배하는 신비적 환상 속에서 구축된 것이라면, 마르크스의 유물론은 이미 좌뇌적 영향을 받은 것이다.

때문에 마르크스의 유물론은 초자연적·정신적인 실체를 가정한 원시적·신비적인 설명을 거부한다. 즉, 다산을 위해 태모를 신비적 존재로 만들고 인간을 희생제물로 바치는 것과 같은 모계사회의 비이성적인 의식을 타승하는 것이라고 보면 될 것이다. 주체사상이 관념론과 유물론을 동시에 비판하는 것은 근대 이후 등장한 데카르트적 세계관과 마르크스적 세계관을 동시에 타승한다는 것을 의미한다. 사실 이 과제는 지금 전 지구적 과제이기 때문에, 만약 제3의 길을 가는 주체사상이 주장하는 바가 이론적 설득력을 갖기만 한다면 이는 곧 세계 철학으로 가는 길을 여는 것과 다름없을 것이다. 북한이 이를 진정으로 바란다면 주체사상의 대혁신을 단행해야 할 것이다.

그러면 지금부터 세계관1과 세계관2를 모두 극복하고 세계관3을 향해 가는 길을 찾아보아야 할 것이다. 유물론과 관념론의 균열은 다름 아닌 뇌의 균열의 연장이다. 뇌의 균열과 함께 성의 균열이 일어나고, 도미노 효과에 따라 다음으로 잇따른 것이 바로 유물론과 관념론의 균열인 것이다. 그렇다면 이러한 균열의 치유는 그 기원을 거슬러 올라가 원인을 찾아내고 양자의 화합을 궁구해보는 일이 될 것이다. 김일성은 1930년대에 만주 일대에서 벌인 항일 투쟁 과정에서 유물론과 관념론 양쪽의 폐단을 몸으로 체험한다. 서양은 이미 2,500여 년의 역사 속에서 피비린내 나는 두 세계관의 각축 양상을 겪어왔다. 신석기시대에 제물로 죽어나간 인간들, 청동기시대 이후 관념적인 신의 이름으로 수없이 희생된 인간들, 이러한 참사를 목격한 서양으로서는 두 세계관을 초월하는 새로운 세계관을 모색해야 할 사명이 있는 것이다. 그 방법이란 바로 뇌의 치유를 통한 세계관의 치유이다. 주체사상이 문명사의 치유에 앞장서 나서야 하는 이유가 여기에 있다.

12.4 양 뇌 균형으로 본 과정사상과 주체사상의 비교

유물론과 관념론은 서로 상반된 주장을 하고 있는 것 같지만, 논리적인 구성에서 볼 때 그 바탕이 완전히 같다. 이들 두 갈래의 사상가들이 모두 한결같이 실체론자(substantialist)이기 때문이다. '실체론'이란 물질이든 정신이든 상관없이 그 어느 하나를 고정되고 불변하는 실체로 보는 이론이다. 즉, 관념론자들은 정신이, 그리고 유물론자들은 물질이 그러한 실체라고 보는 것이다. 그리고 실체론은 쉽게 환원주의(reductionism)로 나가게 된다. 다시 말해서, 정신이 물질에 환원되든지, 아니면 물질이 정신에 환원되든지 해야 한다는 것이다. 포스트모더니즘의 최대 과제가

이 환원주의의 극복에 있다고 할 때, 이어서 말하려고 하는 주체사상이 갖는 의미가 한층 더 각별해진다고 할 수 있을 것이다.

데카르트는 정신이 물질을 대표(*representing*)한다고 했는데, 관념론의 이러한 대표설은 정신만을 실체로 보는 환원주의적 표현이라고 할 수 있다. 거꾸로 "물질이란…… 우리의 감각으로부터 독립해 객관적 실재를 표현하기 위한 범주"(Lenin, *Werke*, 제14권, 124쪽)라는 레닌의 말은, 유물론의 차원이라는 점에서 다르지만, 역시 실체론의 핵심을 보여준다고 할 수 있다. 현대 철학의 최대의 과제는 바로 이러한 환원주의를 넘어서는 것이라고 할 수 있다. 이를 위해서는 실체론이라는 집을 허무는 작업이 먼저 진행되어야 한다. 포스트모더니즘은 이러한 실체에서 대표적인 것이 신이라고 본다. 그리고 이 실체의 해체(deconstruction)만이 해답이라고 여긴다. 이에 대해 과정사상가들은 해체만이 해답은 아니라는 주장을 제기한다.

'과정사상'이란 1864년 태어나 수학자·물리학자로 활동하다가 20세기 중엽에 이를 철학과 연관시킨 A. N. 화이트헤드(1864~1947)의 유기체 철학(organic philosophy)을 두고 하는 말이다. 화이트헤드 역시 19세기의 반역아이다. 그는 전통적인 관념론과 유물론이 모두 실체론적 환원론자들의 철학이라고 비판하기 때문이다. 이들의 철학은 모두 물질과 정신의 어느 하나를 실체로 보는 오류를 범한다고 하면서, 이와 같은 오류를 그는 '잘못 놓은 구체화의 오류(*fallacy of misplaced concreteness*)'라고 했다. 그리고 '물질'이나 '정신' 같은 것을 그냥 실체로서, 있지도 않은 것을 단순히 있다고 자리매김한 것에 불과하기 때문에 이를 '단순 정위(*simple location*)'라고 했다. 이 두 용어는 앞으로 주체사상을 이해하는 메타언어로서 매우 중요하다고 할 수 있다.

한마디로 말해서, 과정사상의 용어를 빌려 주체사상의 견해를 표현하면 관념론과 유물론은 모두 '잘못 놓은 구체화의 오류'를 범하고 있는 것이다. 화이트헤드는 그의 주저 《과정과 실재(*Process and Reality*)》에서 관념론과 경험론 모두 이 오류를 범하고 있음을 지적하면서, 서양 주류 철학의 잘못을 낱낱이 드러내고 있다. 과정사상과 맥을 같이하는 주체사상의 3대 원리는 변화의 원리, 통일성의 원리, 인간 중심의 원리이다. 그 가운데 변화의 원리는 고정불변의 실체나 수정 불가능한 절대적 법칙 같은 것을 수용하지 않는 원리이다(김귀룡, 2003, 261쪽). 일견 서양 철학에서 헤라클레이토스가 말하는 만물 유전설과 같아 보인다. 그러나 헤라클레이토스는 변화의 이면에 그것을 가능하게 하는 로고스라는 불변의 법칙성을 상정한다. 그러나 과정사상과 주체사상은 모두 그런 로고스마저 부정한다.

창조론이나 진화론의 오류는 모두 불변하는 법칙성을 포기하지 않는 다는 점이다. 그러나 다윈의 진화론도 결국 불변하는 법칙성이 아닌, 무작위성(stochastic)으로 바뀌었다. G. 베이트슨에 따르면, 진화를 지배하는 고정된 법칙은 없다. 그는 물질에서 정신으로 나가는지 정신에서 물질로 나가는지, 그 방향을 정할 수는 없다고 했다. '어림짐작'에 따른 활쏘기 방법처럼 무작위성만 있다는 것이다. 신이 예정해놓은 길을 따라 불변하는 합법칙성이 우주 질서 속에 있다는 관념론자들의 주장은 모두 폐기될 수밖에 없다. 이런 시각에서 볼 때, 마르크스의 역사 5단계 발전론은 비판받아 바땅하다.

마르크스는 역사가 정반합의 법칙에 따라 원시→노예→봉건→자본주의→사회주의 사회의 순서로 단계적인 발전을 한다고 했다. 이것이 마르크스 사상의 주요 부분이라고 할 수 있다. 그러나 이러한 마르크스 사상을 동양이나 제3세계에서 그대로 받아들이는 데는 문제가 있다. 마르크스의 〈아시아적 생산양식〉에 따르면, 아시아(아프리카까지 포함) 국가들은 아직 자본주의 이전 상태에 있기 때문에 사회주의 공산 사회로 이행하려면 자본주의 사회를 거칠 필요가 있다고 한다. 즉, '봉건' 대

'자본'의 변증법적 과정을 거쳐야 사회주의라는 합(合)이 이루어진다는 것이다. 이것이 바로 마르크스주의와 스탈린주의인 것이다.

마르크스는 시민사회란 오직 유럽에만 존재하며, 비유럽적인 것은 반야만·반문명적이라고 했다. 아시아적 사회가 몰락하지 않으려면 유럽의 부르주아에 따라 시민사회화해야 한다. 즉, 먼저 유럽화해야 한다는 것이다. 마르크스의 도식을 그대로 이어받아 1920년 7월 24일에 있었던 제2차 코민테른 이후 1924년부터 스탈린은 중국 혁명을 직접 주도하면서 어처구니없게도 국민당 장개석 정부를 지원하기 시작했다. 마르크스식 변증법에 맞추어 자본주의 사회를 억지춘향 격으로 끼워 넣기 위해서였다. 이 때문에 1927년 4월 12일에는 공산주의자들이 공산주의자들을 죽이는 대학살극이 벌어졌다. 이것이 이른바 상해 사건이다(송영배, 1988, 409쪽). 이는 김일성 회고록에서 자세히 읽을 수 있다. 사실 그의 회고록은 공산주의 안에서 이러한 마르크스 사상을 교조적으로 적용한 좌경들과의 투쟁 내용으로 가득 차 있다고 해도 지나치지 않다.

1930년대에 이러한 교조주의적 마르크스 사상은 조선 독립운동 속에도 침투해 있었다. 아시아 동양 사회를 반야만·반문명적으로 규정하고는 정반합의 도식에 맞추어, 반(자본주의)이 없는 동양 사회에 억지로라도 그것을 만들어 끼워 넣으려는 교조주의의 태도에 김일성은 동의할 수 없었다. 그는 반이 없는 합을 바로 도출해내려고 했다. 혁명을 위해서라도 자기와 자기 민족을 야만시하는 것을 받아들일 수 없었던 것이다. 여기서 주체사상의 창의적 견해가 세워진다. 그는 변증법을 거꾸로 세워 합에서부터 혁명을 출발시키려고 했던 것이다. 한태동은 이를 가리켜 "그는 〔정과 반이 아닌〕 합으로부터 시작했다. 그 합이란 민족의 동질적인 통일성이다(He instead started with a synthesis, i.e. The homogeneous unified race of Korean people)"라고 했다(한태동, 2003, 15쪽). 고봉지 역시 "주체사상이 유물론이나 변증법의 완성으로 나온 것이 아니라, 주체사상에 의해 유물

론과 변증법의 원리 자체가 새로운 차원에서 발전 완성되었다는 것이
다"(고봉지, 1992, 52)라고 했다. 주체사상은 유물론적 변증법의 완성으로
나온 것도 아니고, 마르크스의 유물론적 변증법으로 해석될 수도 없다.
합으로부터 역으로 변증법을 생각한 것은 일종의 무작위적 사고방식의
소치이다. 이것이 바로 한국적 사고의 특색이다. 또한 주체사상은 이를
3대 원리 가운데 하나인 통일의 원리로 보고 있다.

　김일성은 헤겔–마르크스의 변증법에 반하는 이와 같은 새로운 변증
법을 창의적이라며 스스로 자평한다. 변증법에 대한 이러한 반역 행위는
이미 중국의 모택동과 유소기의 사상 속에도 나타나 있다. 한태동은
이것이 동양 특유의 노장 사상에서 비롯된 음양 합일 사상 때문이라고
본다. 그러나 이러한 김일성의 발상은 우리 민족 고유의 것이며, 그 역시
이 땅에서 태어나고 살아간 조선의 사람들, 그들의 후예였다는 것이
나의 생각이다. 즉, 우리 민족의 고유한 문화목록어인 '한'의 논리로 변증
법을 뒤집는 일이 가능했던 것이다. 그리고 뇌의 구조 속에서 아직 양
뇌가 균열되지 않은 선도 문화의 영향 때문이었던 것이다. 김일성은
좌우 뇌의 변증법이 아닌 뇌량에서 시작했다. 왜냐하면 동양 사상, 특히
중국 사상은 음양이라는 2수 문화의 소산이지만, 한국 고유 사상은 포함
삼교에서 보는 바와 같이 3수 문화의 소산이기 때문이다. 그러면 이어서
3대 원리 가운데 나머지 두 개의 원리인 통일성의 원리와 인간 중심의
원리를 과정사상과 연관해 소개하도록 하겠다.

12.5 삼원적 철학과 삼일 철학의 비교

　마르크스 사상과 주체사상의 근본적으로 다른 점은 '통일의 원리'에
있다. 전자가 대립에서 통일로 정·반·합에 따라 변증법적으로 진행된다

면, 후자는 이와 달리 합에서 정·반으로 진행된다고 한다. 이는 변증법의 앞뒤를 완전히 뒤집은 것으로, '주체 변증법' 또는 '통일의 원리'라고 한다. 인간과 인간, 인간과 세계, 정신과 물질, 의식과 존재, 신과 세계 같은 대립쌍 들의 갈등과 소외에서 시작하는 것이 아니라, 이들 대립의 근원적인 합일에서부터 출발한다는 것이다. 대립쌍의 하나가 여성 원리 또는 우뇌적이라면, 다른 하나는 남성 원리 또는 좌뇌적이다. 마르크스와 헤겔의 변증법이 양 뇌의 균열을 전제로 하는 변증법이라면, 주체 변증법은 뇌량에 따른 통일을 전제로 하는 변증법이다. 여기서는 관념론인가 유물론인가 하는 것이 문제가 아니다. 양자는 변증법을 이해하는 방식에서 서로 다르며, 이러한 다름은 뇌 구조의 상이성에서 비롯된 것이다.

지금까지 변증법을 해설하는 데서 크게 부족한 점은 변증법을 세계관의 견지에서 보지 않고 논리학으로 취급한 것이며, 변증법을 형식논리와 대치시키면서 보통 상식으로는 이해할 수 없는 것처럼 신비화하거나 정·반·합과 같은 간단한 공식으로 도식화한 것이다(황장엽, 2003, 130쪽).

주체사상이 이렇게 서양의 변증법 자체의 구조를 근본적으로 바꾼다고 할 때, 그러면 어떤 구체적인 논리적 대안을 지니고 있는지 묻지 않을 수 없다. 이에 답하자면, 그것은 바로 주체사상의 3원적 구조라고 할 수 있다. 물질과 정신을 통일하는 것은 바로 인간이다. 인간은 이러한 통일체이기 때문에, 인간을 중심에 놓고 생각할 때 변증법의 근본적인 변화가 일어날 수 있다는 것이다.

우리의 변증법은 정신을 가진 물질적 존재인 인간이 발전을 위한 운동을 일으키고 그 운동을 떠밀고 나가는 주체로 되고 있다. 선행 변증법들이 주체가 없는 변증법이라면 우리의 변증법은 주체가 진행하는 발전운동의

변증법이다. 우리의 변증법을 '주체의 변증법'이라고 하는 이유가 여기에
있다(황장엽, 2003, 131쪽).

물질과 정신의 통일적 존재가 바로 인간이라는 말은 좌뇌와 우뇌의
균형적 존재가 바로 인간 그 자체라고 말하는 것과 같다. 그러나 양
뇌의 심각한 균열이 이미 수천 년이나 지속된 서양 전통 속에서, 통일에
서 출발점을 삼는다는 것은 연목구어(緣木求魚)와도 같다. 그런 점에서
주체사상의 바른 이해는 요원하기만 하다.

이에 준거해 주체사상에서는 계급투쟁이 절대적이고 통일은 상대적
이며, 심지어 절대적인 대립에 기초하고 있는 투쟁도 절대적이라고 한
다. 그렇다면 이러한 대립이 절대적이라고 할 때 통일이 어떻게 가능하
며, 거꾸로 통일이 절대적이라고 할 때 대립 투쟁이 어떻게 가능한지
묻지 않을 수 없다(황장엽, 2003, 154쪽). 이는 좌우 뇌가 절대적으로 대립
한다면 통일이 불가능하고, 절대적으로 통일을 이룬다면 대립 투쟁이
불가능하게 될 것이라는 말과 같다. 여기서 상대적 통일론이 나오게
된다. 이에 대한 논리적 배경이 바로 3원적 구조이다.

통일 원리에서 가장 중요한 것은 물질과 정신의 통일이다. 그렇다면
주체 변증법의 첫번째 과제는 물질과 정신의 통일을 이루는 작업이 될
것이다. 마르크스 변증법에서 금과옥조처럼 여기는 명제는 '양이 질을
결정한다'는 것이다. 마치 물을 데우면 기체가 되고 얼리면 고체가 되듯
이, 양은 서서히 질의 변화를 일으킨다는 것이다. 그러나 이 원리는 유클
리드 기하학의 공리, 곧 부분의 합이 전체라는 것에 그 기초를 두고
있다. 이를 존재론에 적용하면, 작은 존재들(beings)이 모여 큰 존재(Being)
가 된다는 논리가 성립한다. 이는 'Being'이 'beings'를 '包涵'한다는 논리
인 것이다. 이를 일컬어 "존재(beings)가 존재(Being)를 구성한다(Being is
constituted by beings)"고 한다.

그러나 화이트헤드는 "생성 과정이 존재를 구성한다(being is constituted by becoming)"고 말하는데, 이를 두고 **존재의 원리**(*ontological principle*)라고 한다. 이렇게 생성 과정에 따라서 만들어진 것들이 바로 그의 '사실 존재(actual entity)'이다. 그에 따르면, 사실 존재들이 아닌 것은 없으며, 신 역시 생성 과정의 사실 존재라고 한다. 생성 과정이란 "여럿이 하나가 되고, 하나는 여럿에 따라 증가"하는 것이다. 이를 두고 창조성이라고 하며, 창조성·하나·여럿은 궁극적 범주에 속한다. 화이트헤드는 큰 존재로서 하나(Being)는 없다고 본다. 이러한 하나를 관념론자들은 정신이라고 하고 유물론자들은 물질이라고 하는 데 문제가 있는 것이다.

이런 점에서 주체사상의 존재론은 바로 과정사상의 그것과 같다. 여기서 하나는 존재와 같고, 여럿은 속성과 같으며, 창조성은 운동과 같다. 그래서 주체사상에서는 존재·속성·운동의 삼원적 관계에 따라 양이 질로 바뀐다고 한다. 여기서 '존재'란 마르크스의 양을 두고 하는 말이다. 그런데 주체사상에서는 이런 존재를 구성요소와 결합구조로 양분한다. 마르크스의 질에 해당하는 것은 성질과 운동이다. 성질은 존재에 따라 제약되는 것이며, 그 성질이 발현되어 나타남이 곧 운동이다. 이렇게 양과 질은 존재·성질·운동의 삼원적 구조로 바뀐다. 여기서 중요한 점은 존재를 '구성요소'와 '결합구조'로 다시 양원적으로 나눈 것이라고 할 수 있다. 물의 경우 구성요소는 수소와 산소이고, 결합구조는 수소 2와 산소 1이다. 같은 수소와 산소라도 결합구조가 달라지면 다른 성질의 존재가 된다. 이러한 양원적 설명은 주체사상의 근간이 되는 인간 중심 철학으로 나아가는 징검다리가 된다.

주체사상에서는 존재의 원리를 그대로 응용해, 삼원적 구조 가운데 '운동'은 존재의 구성요소와 결합구조를 변화시킴으로써 '존재' 자체를 변화·발전시킬 수 있다고 본다. 이는 존재의 원리가 말하는 "생성이 존재를 구성한다"는 말의 다른 표현에 지나지 않는다. 전통 철학에서는 존재가 존재를 구성하지만, 과정사상과 주체사상에서는 운동(과정 또는 생성)이 존재를 구성하고 변화시켜나간다. 있음이 있음을 만드는 것이 아니라, 됨이 있음을 잇달아 만들어나간다는 것이다. 이 말은 양과 질이 서로 상관적이라는 것을 의미한다. 종래의 변증법에서는 서로의 관계에서 어느 하나가 다른 것에 종속되었다. 다시 말해서, 양은 부분이고 질은 전체였다. 그러나 주체사상과 과정사상에서는 양자가 상호적이다.

삼원적 구조는 양과 질의 상호 관계성을 말해준다. 그럼으로써 '새로운 것(novelty)'이 들어올 수 있는 이론적 배경을 마련해준다. 새로운 것이 존재 속에 들어오는 질적 차이를 설명해낼 수 없는 종래의 형이상학에서는 'being'에서 'Being'을 분리해 후자를 절대화하고 전자를 상대화한다. 그리고 또한 후자를 불변하고 절대적인 것으로 신비화해버린다. 'being'과 'Being'은 서로 질적인 차이가 있다고 쉽게 단정함으로써, 결과적으로 'Being'을 신과 동일시해버린다. 그러나 이는 '잘못 놓은 구체화의 오류'인 것이다. 주체사상은 과정사상과 그 궤를 같이하면서 이러한 오류를 철저하게 배격한다.

조선조의 호락논쟁이란 인물성(人物性) 동론과 이론에 따라 갈라진 논쟁으로, 이 논쟁의 결과가 당쟁을 유발하기까지 했다. 이는 곧 사람과 사물이 그 성(性)에서 같은가 다른가 하는 논쟁이었다. 유물론과 주체사상에서는 이 문제를 어떻게 보는가? 관념론은 물론 인간과 물질 그리고 다른 존재 사이에 질적인 차이가 있다고 본다. 무생물과 생명체 그리고 인간 사이에 같음과 다름의 구별은 어떻게 할 것인가? 이에 대해 유물론은 양적 변화가 질적 변화를 가져온다고 본다. 그러나 주체사상은 존재를 다시 구성요소와 결합구조로 나누어 보기 때문에, "보다 더 다양한 구성요소들이 조화롭게 결합될수록 보다 더 다양한 새로운 성질과 보다 더 능동적인 운동 능력을 가진 보다 더 발달된 물질"이 출현한다고 본다. 그래서 인성과 물성 사이의 같음과 다름은 요소와 결합구조의 다양한 수준적 차이에 따른 결과이다. 이 점에서도 화이트헤드는 주체사상과 완전한 일치를 보고 있다. 화이트헤드는 '질서의 정도(degree of order)'라는 말로 이를 대신한다.

그런데 여기서 주의해야 할 것은, 물질의 질적 차이가 요소와 결합구조에 따라서만 규정되는 것은 아니라는 점이다. "질적 규정성의 변화에 따라 양적 규정성 역시 변화될 수 있는 것이다. 물질의 성질은 운동으로 표현되지만, 물질의 성질이 발전하게 되면 물질이 서로 반응하고 상호작용하는 운동 능력이 발전하게 되고, 물질의 운동능력이 발전하게 되면 그것이 물질의 양적 규정성, 즉 사물의 구성요소와 결합구조의 변화·발전에 영향을 미치게 된다"(이신철, 2003, 139쪽 ; 황장엽, 2003, 80쪽). 이는 주체사상적 존재론의 원리인 것이다. 운동의 과정 속에서 존재는 다른 존재를 만나 변화를 겪게 되고 성질도 달라지게 된다. 우주 속의 수소와 산소는 각각의 운동 방향에 따라 다른 원소를 만나서 물이 아닌 다른 것도 될 수 있다. "운동을 통하여 물질의 양적 규정성에서 변화가 일어나면 이에 따라 물질의 질적 규성성에서도 변화가 일어나게 되며, 물질의 질적 규성성에 변화가 일어나면 다시 운동을 통하여 물질의 양적 규정성이 변하게 된다"(황장엽, 2003, 142쪽).

이는 양이 질을 규정하지만 거꾸로 질도 양을 규정할 수 있다는 것으로, 종래의 마르크스의 생각과는 다른 것이다. 이런 상호 순환론적 견해는 바로 한국 전통 사상과 일맥상통하는 점이 있음을 보여주는 것이라고 하겠다. 헤겔의 경우에는 본질적 성질을 그 자체로서 실체적 존재로 파악해버리고 만다. 그래서 그는 과정 자체가 실체라는 생각을 갖지 못한다. 정·반·합적 운동 과정이 존재의 성질을 바꾸어버리는 것을 보지 못하는 것이다. 그래서 그는 상호 순환적 변증법을 일구어내는 데 실패한다. 이러한 양과 질의 상호 규정성에 따른 순환론적 변증법은 인간 중심 철학에서 결정적인 의미를 갖게 된다. 유물론과 관념론을 넘어

제3의 세계관을 개척한 것이 주체사상이라면, 주체사상이 인간 중심의 철학이 되는 것은 당연한 결과이다. "양과 질의 상호 관계가 해명됨으로써 인간은 세계를 자기 요구에 맞게 개조하면서 세계의 주인으로서 끝없이 발전할 수 있다는 신심을 가질 수 있게 된다"(황장엽, 2003, 136쪽).

이와 같이 주체사상이 관념론과 유물론과는 다른 제3의 세계관을 만들어낼 수 있는 근본적인 이유는 삼원적 구조에 있다고 본다. 주체사상 안에는 다양한 삼원적 구조의 원리가 담겨 있다. 정치·경제·문화의 삼원 구조, 자연개조·사회개조·인간개조의 삼원 구조, 창조성·의식성·자주성의 삼원 구조 같은 것이 대표적인 예들이라고 할 수 있다. 존재와 성질에 운동이라는 제3의 것을 가미하면서 종래와는 다른 변증법이 나오게 된 것이다. 이와 비슷하게, 현대 카오스 이론 가운데는 3체 이론이라는 것이 있다. 지구와 달 사이에 제3의 위성인 히페리온이 끼어들면 달의 궤도가 불안정하게 되어버린다는 것이다.

이처럼 2수가 안정을 유지하는 데 기여한다면, 3수는 불안정과 혼돈을 조장해 발전과 변화를 가능하게 한다. 바디우는 이를 '방황(errancy)'이라고 했다. 2수는 대립의 대립을 조장하지만, 3수는 대립물의 통일을 가능하게 한다. 결국 2수 문화와 3수 문화의 대결이 주체사상과 다른 두 세계관 사이의 차이를 드러낸 것이다. 좌뇌와 우뇌 그리고 뇌량이라는 세 관계에서 볼 때, 파충류층과 포유류층과 신피질이라는 뇌의 수직적 삼층 구조에서 볼 때, 모든 것은 숙명적으로 3수적이지 않을 수가 없다. 그런데 2수 문화에서는 어느 하나가 다른 하나를 극단적으로 배격함으로써 세계관을 무자비한 싸움판으로 만들었다. 그러나 각저총의 씨름 그림에서 보는 바와 같이, 씨름꾼들은 상대방의 힘을 자기의 것으로 이용함으로써 약자가 오히려 강자를 이길 수도 있는 것이다. 힘이란 서로 상호 연관적이기 때문이다. 오늘날 강대국이 이러한 논리를 안다면 세계는 한결 평화스러워질 것이다.

12.6 '사람'이라는 말의 뜻과 사람 중심론

앞에서 김정일의 글을 인용하며 세계관을 세계관1·세계관2·세계관3으로 나누어 생각해보았다. 세계관1이란 세계를 관념이나 정신의 세계로 보는 관념론자들의 세계관이다. 그리고 세계관2는 세계를 물질의 세계로 보는 유물론자들의 세계관이다. 주체사상은 바로 이 두 종류의 세계관을 모두 극복하고 지양하면서 세계관3을 드러내 보인다. 곧 주체사상의 세계관인 것이다. 주체사상은 사람을 단순히 세계의 한 부분으로서가 아니라 세계를 지배하는 주인으로서 내세운다. 종래와는 달리 세계의 주인인 사람을 중심에 세우고 세계와 그것의 변화·발전에 대처하는 새로운 세계관인 것이다. 존재의 구성요소와 결합 관계에서 인간은 가장 높은 지위에 있기 때문이다.

여기서 우리는 주체사상이 말하는 '사람'의 의미가 무엇인지 분명히 파악하게 된다. 사람을 관념으로만 파악하려는 세계관1과 물질로만 파악하려는 세계관2의 한계와 잘못을 극복하고 그것을 소통시킬 때 바로 '사람' 그 자체가 나타나는 것이다. 이것이 주체사상의 세계관3에서 말하는 '사람'이다. 여기에 독특한 '사람'의 의미가 있다. 주체사상에서 말하는 이러한 '사람'의 의미를 제대로 파악하지 못한 데서 주체사상에 대한 온갖 오해와 곡해가 생기는 것이다. 이와 같은 오해와 곡해는 주로 남한 학자들 주변에서 일어났는데, 몇몇 사례를 보면 다음과 같다.

먼저 '사람 중심'이라는 말이 무슨 새로운 맛과 의미를 갖느냐며 비판하는 쪽이 있다. 이들은 역대 철학에서 사람을 중심으로 생각하지 않은 적이 있었느냐며 비아냥거린다. 한마디로 말해서 진부하다는 것이다. 서양 철학사를 보면, 르네상스 때부터 인본주의나 인도주의에 관심을 기울여왔으며, 18세기 계몽기에 이르러서는 로크와 루소로 대표되는 사회·정치 철학자들이 인간의 자유·평등·정의·권리 등에 관한 문제를 다루었다. 19세기 중엽부터는 당시 팽배해 있던 관념론에 병행해 존 스튜어트 밀의 정치적 자유주의가 나오고 개인의 발전과 권리가 주장되었다. 마침내 마르크스는 인간 사회의 근본적인 변혁을 주장하고 나왔다. 그는 헤겔이 제시한 인간 소외의 문제를 가지고 당시 자본주의 사회의 모순과 비인간화를 지적했으며, 계급투쟁으로서 인류 역사의 변증법적 발전을 다루게 되었다. 이러한 철학의 역사를 볼 때, 결국 서구 전통 속에서도 '인간 중심' 사상이 있었다는 것이다.

이에 남한의 김갑철은 주체사상에서 말하는 '사람 중심'이 최초의 인간 존중의 철학이라고 하지만, 이는 마르크스의 인간론을 도용한 것이라며 비판을 가한다. 즉, 초기 마르크스의 인간론 속에는 인간 소외의 극복에 대한 내용이 있으며, 1940년대에는 동구권에서도 이러한 운동이 있었다는 것이다. 따라서 '사람 중심'의 논의는 전혀 김일성의 독창적인 것이 아니라는 것이다(김갑철, 1988, 107쪽). 김갑철의 이 같은 공격은 남한의 반주사파적 반응을 그대로 보이고 있다. 반면, 마르크스에 대한 애착을 버리지는 못하고 있으나 주체사상에 대해 비판적인 조총련계의 하수도는 사람 중심 사상이 결국 관념론으로 떨어지고 말았다며 비판한다. 주체사상에서는 인간을 물질에서 진화해 고도로 발달한 정신적 존재로 보고 있기 때문에, 결국 관념론으로 귀착되고 말았다는 것이다. 하수도는 조총련계였다가 거기서 일탈한, 그러나 유물론에 집착하고 있는 사람인 것 같다. 김갑철과 하수도는 각각 관념론과 유물론에 집착하면서 서로 다르게 주체사상의 '사람 중심' 사상을 비판하고 있는 것이다. 그러나 나의 관점에서 볼 때, 이들 두 사람은 문제의 본질에서 멀리 벗어난 비판을 하고 있다. 그 이유는 다음과 같다.

우선 르네상스 이후 서구의 인간 중심 사상은 거의 기독교적 인간관에 대한 반동으로 등장했다는 사실을 알아야 한다. 기독교 역시 초기에는 고대의 원시·자연 종교의 신관으로부터 인간을 해방시키면서 등장했다.

그러나 중세기 스콜라 철학은 인간을 다시 인격신의 예속물로 만들고 말았다. 르네상스 이후 서구 철학은 인간을 신의 복속 상태에서 해방시키려고 했으나, 그 결과 인간을 너무 개별적으로 만들어버리는 과오를 범했다. 인간을 원시의 동물적 형태로 끌고가버린 것이다. 한마디로, 기독교의 형이상학적 인간을 그 반대 방향인 형이하학적 인간으로 몰아버리고 만 것이다.

그래서 나타난 것이 마르크스와 프로이트의 인간관이다. 이들은 인간을 경제적 조건과 성적 본능의 차원에서만 보게 만들었다. 그리고 로크와 밀의 인간관은 인간을 개체적 자아(individual ego)로서, 곧 단편적 존재로서만 파악함으로써 인간 소외를 초래했다. 이 점이 바로 오늘날 자본주의 시민사회가 갖고 있는 인간상의 병폐이다. 이러한 인간관이 형성되는 데는 라이프니츠의 단자론도 한몫 거들었다고 할 수 있다. 그의 '창 없는 단자(windowless monad)'는 창살 없는 아파트라는 공간 속에 인간을 밀폐시키고 말았다. 다시 말해서, 서구적 '인간'이란 정신 아니면 물질에 예속당하는 인간이지, 그것의 종합으로서 인간은 아니다. 같은 '인간'이지만 반쪽짜리 인간인 것이다.

주체사상의 사람 중심 사상은 근대 서구 시민사회에 나타난 이러한 여러 인간상을 비판·극복하기 위해 등장한 것이다. 주체사상의 '사람'은 창 없는 단자가 아니라, '창이 열린 단자(window-open monad)'이다. 즉, 사람은 사회연대적 소속감 속에서 사람다운 사람이 되는 것이다. 그래서 주체사상에서 말하는 사람이라는 말은 쉽게 '인민대중'으로 바뀐다. 비판자들은 이 점 역시 혼란스럽다고 한다. 그러나 주체사상은 근대 시민사회의 인간과 달리, 사람은 인민대중 속의 사람이어야 함을 역설한다. 그래서 "사회적 운동의 주체는 인민대중입니다. 인민대중을 떠나서는 사회적 운동 그 자체가 있을 수 없으며 역사의 발전에 대해서도 말할 수 없습니다"(김정일의 〈주체사상에 대하여〉 가운데)라고 하는 것이다.

　우리는 여기서 북한의 주체사상이 근대 서구 사회에서 등장한 인간관과 중세–고대 사회의 인간관을 동시에 극복하려고 부단히 노력한 것을 일단 긍정적으로 보지 않을 수 없다. 마르크스주의는 토대와 상부구조를 시대 구분의 척도로 규정하고, 인류 역사를 생산양식과 토대 그리고 상부구조가 교체되는 역사로 보았다. 생산양식이 바뀌면 상부구조도 바뀐다는 마르크스의 주장은 관념론적 세계관을 극복하는 데는 어느 정도 공헌했다. 그러나 이러한 마르크스의 사상은 전체적인 것이 아니라 "민중이 아직 운명의 주인으로서의 자각을 가지지 못하고 한낱 역사의 대상으로 간주되어 오던 시기의 시대를 평가하는 데 일정한 의의를 가지는 것이다"(고봉지, 1992, 23쪽). 즉, 인간을 물질적 존재로 규정하는 한에서는 유물론이 옳지만, 이는 인간이 인간으로서 자각을 아직 하지 못한 상태에서 나온 것이기 때문에, 잘못된 것은 아니고, '부분적(partial)'이라고 평가되는 것이다. 주체사상은 인간을 물질로서뿐만 아니라 정신적인 존재로서도 보아야 한다고 말한다. 이러한 통전적 인간상이 바로 '사람'이라는 말이 의미하는 것이다.

　인간이 가장 높은 자리에 위치한 발달된 존재라고 할 때, 그러면 인간들 사이에는 차이와 차별이 없는가? 이 물음 앞에서 '참사람론'이 나오게 된다. 누가 참사람인가? 주체사상에서 말하는, 관념론(세계관1) 그리고 유물론(세계관2)을 지양해 종합한 인간상이 주체사상적(세계관3) 인간상이라면, 이러한 인간상이 언제 어느 역사 속에 있어왔고, 지금은 어느 사회 속에 있는지 물음을 던지지 않을 수 없다. 즉, 물질과 정신이 잘 조화된 이상적 인간이란 과연 있을 수 있는가 하는 물음이다. 주체사상은 말한다. 그러한 '세계관3'의 인간이 바로 당의 '수령'이라는 것이다. 이러한 당의 수령이 지닌 이상적 상태와 관련해 김정일은 "노동 계급의 당은 혁명의 참모부이며 노동 계급의 수령은 혁명의 최고 영도자입니다. 인민대중이 어떻게 혁명적으로 의식화, 조직화되는가, 어떻게 자기의 혁명 임무와 역사적 사명을 수행하는가 하는 것은 당과 수령의 올바른 영도를 받는가 받지 못하는가 하는 데 달려 있습니다"(김정일의 〈주체사상에 대하여〉 가운데)라고 말한다.

수령이 갖는 유일 지도력과 영도력 이론은 여기서 출발한다. 여기서 주체사상의 사람 중심 사상은 대부분의 남한 학자들에게 수령 김일성의 우상화 수단에 불과하다는 비판을 받게 된다. 아마도 주체사상에 퍼붓는 최대의 화살이 바로 이것인 듯하다. 그러나 주체사상의 전모를 알기 위해서는 여기서 멈추어서는 안 된다(하수도, 1988, 24쪽). 주체사상은 수령의 우상화라는 비난의 화살을 다음과 같이 피하고 있다. 즉, 수령이란 중세기의 신처럼 공중에 떠 있는 신비한 복덕방망이(deus ex machina)가 아니며, 화려한 왕관을 쓰고 있는 금관의 예수도 아니다. 이와 달리 수령은 인민대중을 위한 그리고 인민대중 속에 있는 존재이다. 이를 두고 "하나는 전체를 위하여 전체는 하나를 위하여"라고 했다. 이 말은 '수령은 대중 속에 대중은 수령 속에'라는 말과 같다. 아마도 주체사상의 정수는 바로 이 말 속에 있다고 생각한다. 이것은 주체사상의 공준과 같다. 그래서 헌법 제63조 속에 명시되어 있는 것이다. 이 공준을 실천적 행동으로 바꾸어놓은 것이 바로 **군중노선(群衆路線)**이다. 군중노선이란 주체사상의 공준을 구체적인 정책에 반영한 것이다. 김일성은 군중노선에 대해 다음과 같이 주장하고 있다.

인민대중을 위하여 충실히 복무하며 대중 속에 들어가 대중을 교양 개조하여 묶어 세우며 대중에게서 힘과 지혜를 얻으며 광범한 대중을 동원하여 혁명 과업을 수행하는 것은 우리 당의 일관된 군중노선입니다. 또한 군중노선을 관찰하는 것은 혁명 과업 건설에서 승리의 기본 담보입니다(《김일성 주석 저작선집》, 제5권, 590쪽).

실제로 군중노선은 김일성의 현장 지도, 천리마 운동(1956), 청산리 방법(1960), 대안 사업 체계, 3대 혁명 운동(1975), 숨은 영웅들의 모범 따라 배우기 운동(1979), 1980년대 속도 창조 운동(1982)으로 전개된다. 이 군중노선은 1920년대 말부터 1930년대에 걸쳐 김일성의 만주 항일 유격대 활동에서 비롯한 것임은 두말할 것 없다. 주체사상이 이론에서 출발한 것이 아니고 실천에서 출발한 것이라고 할 때, 그 실천의 현장은 바로 항일 유격대의 점령지 유격구였다. 인민들은 밀림의 병기창에서 온갖 무기와 생활 용품을 만들어냈다. 군중노선은 바로 그들의 힘과 지혜에 대한 신뢰로부터 시작된 것이다(김창호, 1989 참고). 무엇보다도 군사 민주주의에 대한 뼈저린 경험은 당에 수뇌부가 있어야 한다는 인식으로 이어졌고, 여기서 수령론이 나오게 된다. 김일성은 남한이 무모하게 도입한 서구식 민주주의도, 마르크스주의 좌경들이 내세운 극단적 민주주의도 모두 거부한다.

군중노선에 따르면, 수령과 대중은 '함께 만들어져가는 존재'라고 한다. 수령은 대중 속의 표본이며, 대중은 이 표본에 동화되어감으로써 주체사상의 이상적 인간상이 만들어진다는 것이다. 이것은 마르크스 사상에 정면으로 배치될 수도 있다. 마르크스에 따르면, 유토피아는 미래의 것이다. 더구나 동양 사회에서는 자본주의라는 반명제, 즉 시민사회와 개인주의가 등장하지 않은 상태이므로 이상적 인간을 말할 수 없는 것이다. 그러나 주체사상은 말한다. 이미 신테시스(종합)가 와 있다고 말이다. 그것이 수령이며, 거기서부터 혁명은 이미 시작되었다고 한다. 시간 이해에서도 주체사상은 시(始)와 종(終)을 뒤바꾸어놓는다. 신테시스의 카이로스(kairos)는 이미 1930년대에 항일 투쟁에서부터 도래해 있었다는 것이다. 테제와 안티테제를 거치지 않은 신테시스를 수령으로부터 출발시키고 있다. 이러한 주체사상은 관념주의자들에게도 유물론자들에게도 골치 아픈 애물단지임에 분명하다. 이 애물단지 속에 또 다른 무언가가 들어 있지는 않은지 한번 찾아보는 것도 재미있을 것이다.

초대 기독교는 '참인간' 예수가 이미 도래해 있다고 했다. 이것이 곧 카이로스 시간 개념이다. 북한 사회에서 수령의 도래는 이처럼 카이로스의 도래와 같은 것이다. 아시아적 생산은 이 앞에서 의미를 잃고 만다.

유물론에서는 정신이 뇌수의 반영(*reflecting*)에 불과하다고 했다. 이러한 설은 환원론의 극치를 보여주는 것이라고 할 수 있다. 물론 유물론자들은 분할 뇌 이론을 잘 모르고 있었다. 뇌의 삼층 구조와 양반구 이론에 대한 논의가 1960년대에 이르러서야 가능해졌으니, 시기상으로도 마르크스와 레닌이 응용한 뇌수 이론은 서투를 수밖에 없는 것이다. 데카르트 역시 몸과 마음 그리고 물질과 정신이 뇌의 송과선으로 연결된다고 가정했다. 물질과 정신의 분리는 결국 남북 분단으로까지 이어졌다고 볼 수 있다. 이에 우리는 '腦' 자의 구조에서 그것의 합일을 찾아야 할 것이다. 우리는 그 단서를 주체사상에서도 발견하게 된다.

12.7 주체사상과 선맥

1990년대에 들어와 북한은 단군릉을 복원한다. 이는 주체사상이 인류 문명사를 파악하기 시작했다는 것을 의미한다. 마침 단군릉 복원은 헌팅턴이 문명 충돌론을 발표하던 때와 시기적으로 일치하고 있다. 1980년대 말 동구 공산권이 무너지는 것을 본 북한은 앞으로 이데올로기 싸움이 아닌 문명 사이의 충돌이 심각하게 대두될 것이라고 내다본 것이다. 주체사상이 단군을 전면에 내세운 것은 이런 점에서 매우 시의 적절했다고 할 수 있다. 마르크스주의는 무너져도 단군의 문명은 영원할 것이라는 새로운 좌표를 적합한 시기에 만들었던 것이다.

1994년 김일성 주석의 서거 당시, 남한 당국은 이점을 간과하고 북한 정권이 하루아침에 붕괴될 것으로 예상하고 준비를 하고 있었다. 그러나 북한은 이미 주체사상을 문명사관으로 발전시켜 단군을 이념의 핵으로 삼아놓았던 것이다. 자주적으로 그리고 창조적으로 살아가는 인간들의 한 모습을 우리는 단군릉 복원에서 발견하게 된다. 단군릉 복원은, 마르크스 사상은 서양의 중심 사상으로 우리 현실에는 맞지 않는다고 파악한 1930년대의 일들을 연상시킨다. 카륜 회의에 오리엔탈리즘에 대한 경계 의식이 포함되어 있었던 것도 이 때문이다. 단군은 이미 1930년대에 예견되어 있었다고 할 수 있다.

단군 사상은 문명 충돌이 아니라 '문명의 공존'이다. 최근《문명의 공존》의 저자 하랄트 뮐러는 헌팅턴의 문명 충돌론에 대해 "현실 적합성이 의문시되기 때문에 그 유익성도 대단히 의심스러운 것이다. 경고를 발해야 할 때이다"(뮐러, 2000, 서문)라고 했다. 그러면서 문명이 충돌이 아닌 공존을 할 수 있는 세 가지 이유를 다음과 같이 제시하고 있다. (1) 문명은 서로 상호 작용을 한다. 따라서 문명 사이의 공통 영역은 넓어진다. (2) 오늘날 정보화는 문명 사이의 의존도와 상호 이해를 도와줄 것이다. (3) 국가 사이에 세력 균형이 이루어져가면서 문명에 대한 적대 의식도 감소된다. 뮐러의 주장은 너무 낙관적인 면이 있지만, 일견 설득력도 있어 충돌론에 대해 능히 반명제가 될 수 있을 것이다.

역사적인 뿌리로 돌아가 문명을 생각할 때, 헌팅턴의 8개 문명권들은 서로 충돌해온 것이 사실이다. 그러나 여기서 우리는 세계의 주요 문명권이 서로 공존했던 역사의 근원을 찾지 않을 수 없다. 또한 우리는 그때 단군을 찾지 않을 수 없게 된다. 단군 시대로부터 유래한 우리의 고유한 선맥에 대해 최치원은 '풍류도'라고 했으며, 풍류도는 '포함삼교'라고 했다. 유·불·도 삼교를 모두 포함하고 있다는 뜻이다. 더욱이 지금은 서양에서 들어온 기독교마저 인구의 4분의 1을 차지할 정도이다. 그래서 우리는 문명의 충돌이 아닌 문명의 공존을 단군에서부터 찾지 않을 수 없는 것이다. 뮐러가 '문명의 공존'을 이러한 역사의 근원에서 찾지 못한 것은 유감이다. 단군릉 복원의 의의는 이런 데 있다. 미래의 또 다른 전쟁을 준비하는 미국의 보수 정객 헌팅턴의 발상은 단군 사상을 통해 타파되어야만 한다. 한마디로, 헌팅턴의 문명 충돌론은 전쟁광 미국이 이념적 대립이 사라진 마당에 또 다른 전쟁 구실을 찾는 자기 예시성(self-prophecy)에 지나지 않는다고 보아야 할 것이다. 여기서 북한의 주체사상은 오리엔탈리즘에 그리고 단군릉 복원은 문명 충돌론에 맞서는 데 적합하다고 하겠다.

그리고 왜 주체사상이 '사람 중심' 사상이 되었는지도 단군으로부터 이해하는 것이 올바를 것이다. 왜냐하면 단군이란 바로 선맥의 주체이기 때문이다. 주체사상에 따르면, 지금까지 서양 사상은 인간을 사회적 존재와 자연적 존재의 통일로서 보지는 못했다고 한다. 그러나 주체사상은 이 두 요소를 창조적으로 조화시킨 인간상을 제시한다. 여기서 3대 개조론인 자연개조론·사회개조론·인간개조론이 나오게 된다. 나는 주체사상의 '사람 중심'이라는 말에 충실하면서 이를 단군의 선맥과 연관해 이해해나가려고 한다. 우선 '사람 중심'이라는 말이 나오게 된 배경을 고찰해보겠다. 이것은 곧 주체사상이 나오게 된 맥락을 찾는 일과도 같은 것이다. 그래서 지금까지 주체사상의 등장 배경을 '사람 중심'이라는 말을 통해 살펴본 것이다.

지금까지 철학은 인간을 '물질' 아니면 '정신'으로만 보아왔다. 인간을 물질과 정신의 유기체적 관계에서 바라본 적은 한 번도 없다. 그래서 '사람' 자체를 이해하지 못한 것이다. 다음으로 '사람 중심'이라는 말이 북한에서 준공된 단군릉 문제와 어떤 관계가 있는지 살펴보겠다. 단군릉을 이야기함에, 역사학계에서 제기하고 있는 역사성과 그 진위 문제는 여기서 다루지 않겠다. 나는 '단군릉'이라는 문제 자체가 가지고 있는 사상적 의미, 즉 그것이 '사람 중심'과 어떤 관계가 있는가만을 다룰 것이다. '단군'을 문제의 중심부에 올려놓았을 때 민족 전통 사상의 문제가 제기되지 않을 수 없으며, 자연히 민족 전통 사상과 주체사상의 관계를 고려해보지 않을 수 없게 된다.[7]

　단군과 관련한 민족 전통 사상과 주체사상을 비교할 때는 '형태론적(morphological)' 방법론을 사용한다. 이 말은 사상의 형태적 구조만을 비교·검토한다는 뜻이다. 마르크스 사상도 불교나 유교처럼 밖에서 전래된 하나의 외래 사상이라고 보고, 주체사상도 원효나 율곡이 그러했던 것처럼 한국적인 형태로 변형시킨 것이라고 보자는 것이다. 그리고 형태론적 구조에서 통일성을 지니고 있는지 이제 살펴보는 것이다. 그럼으로써 다른 모든 한국 사상이 그랬던 것처럼, 주체사상은 서양에서 들어온 마르크스 사상의 '창조적 변혁(creative transformation)'이라고 할 수 있는 것이다. 다시 말해서, 주체사상은 한국 사상에 나타난 것들과 그 맥을 같이하며, 그 원형은 선층에서 찾을 수밖에 없다는 것이다. 사실 이 글에서는 세계관1과 세계관2를 관념론과 유물론에 국한해 생각해보았지만, 여기에 결부된 상징 체계는 거의 무한에 가까울 정도로 많다고 할 수 있다. 카를 융에 따르면, 인간의 집단 무의식은 이러한 상징 체계로 가득 차 있다고 한다. 간략하게 융의 체계에 따라 분류해보면 다음과 같다(Jung, 1964, 18쪽). 그리고 이는 양 뇌 이론에도 그대로 연관된다.

　세계관1 : 정신-하늘[天]-양-남성-아니마-인격신(아버지신)-낮-머
　　　　　리-밝음-좌뇌……
　세계관2 : 물질-땅[地]-음-여성-아니무스-자연신(어머니신)-밤-성
　　　　　기-어둠-우뇌……

---

7) 나는 주체사상과 관련해 지지하고 반대하는 양쪽의 자료들을 고루 참고하려고 했다. 단군과 관련해서는 최근 북한 학자들이 쓴 글들을 엮어 이형구 교수가 펴낸 《단군을 찾아서》(살림터, 1933)와 서울대학교 교수들이 펴낸 《단군 그 이해와 자료》(서울대학교 출판부, 1994) 등을 참고했다.

우리는 100여 년 전에 동학을 중심으로 민족 종교들이 나타나면서 한결같이 인간 중심 사상을 가지고 나온 것을 잘 알고 있다. 수운의 인내천 사상이 바로 그것이다. 그리고 같은 시기에 나타난 강증산은 인류 문명사를 세 시대로 나누어 천존시대·지존시대·인존시대라고 했다. 그러면서 "천존과 지존보다 인존이 크니 이제는 인존시대니라"(《도전》, 2장 13절)라고 했다. 기원전 2000년 무렵 청동기—가부장제가 등장하기 이전까지는 인간이 자연—땅—지모신을 모셨다. 지모신이 곡물의 생산성을 좌우한다고 생각했기 때문이다. 지모신의 분노를 달래고 풍요를 기원하기 위해 인간을 희생제물로 바치기까지 했다. 잉카제국의 유물 분석 결과, 1년 남짓한 기간 동안 약 5만 여 명을 제물로 바쳤다고 한다. 케슬러는 이를 가리켜 인간에 대한 가장 큰 폭력이라고 했다(케슬러, 1993, 20쪽). 지모신의 이름으로 인간에 가한 최대의 폭력인 것이다. 이것이 바로 지존시대, 즉 인간이 땅에 예속되어 살던 시기이다. 이는 청동기 이전의 시기로, 물질적 가치 앞에 인간의 생명이 힘없이 희생제물로 바쳐지던 때이다. 인간이란 없고, 다만 다산과 물질적 이익 추구만을 지상의 가치로 추구하던 시기이다. 이 시기를 '세계관2'라고 한다. 이는 뇌의 아래 두 층을 대변한다.

다음으로 기원전 2000년 무렵을 전후해 가부장제가 도래하면서 하늘〔天〕이 등장했다. 이때 남성 인격신이 나타나 태모와 여자들을 마녀로 몰아 사냥했으며, 인간을 남성—정신적 존재로만 파악하게 되었다. 이 시기를 '세계관1'이라고 하며, 또한 천존시대라고 한다. 천존시대의 극치는 1,000년에 걸친 중세기 기간이라고 할 수 있다. 이른바 암흑시대라고 하는 시기이다. 이때 성행하던 것이 이른바 마녀사냥이었다. 지금도 천존시대는 지속되고 있으며, 하늘 신의 이름으로 온갖 폭력이 자행되고 있다. 이들은 뇌의 상층 신피질을 대변한다.

이렇듯 지금까지 단 한번도 '사람'이 중심이 되는 시대는 없었다는 것이 강증산의 견해이다. 그래서 그는 천존과 지존 두 시대의 종언을 고하고, 인간이 중심되는 후천선경의 인존시대를 감히 선포한다(안경전, 1983, 68쪽). 특히 천존시대를 선천시대라고 하며, 사람들은 이때 모두 한(恨)이 맺히게 되었다. 이 한을 푸는 것이 바로 해원상생(解冤相生)이다. 주체사상 부분에서 인간의 한에 관한 부분을 뽑아 비교해보면 다음과 같다. 관념론적 천존시대에 대한 대반격의 구호가 바로 "만국의 노동자여 단결하라"였다. 신의 이름으로 그리고 관념의 이름으로 억압당한 계급 세력들의 총궐기를 외친 것이다.

사람의 본질에 대한 관념론적이며 비과학적인 견해는 비판받아야 한다. 노동 계급의 철학은 사람을 초역사적으로 그리고 추상적으로 고찰하면서 사람의 본질을 개개의 인간에 내재하는 추상물로 보았다(관념론, 세계관1). 유물 변증법적 견해(유물론, 세계관2)는 이에 반대하며 성립된 것이다. 그러나 지금까지의 철학은 세계의 지배자·개조자로서 사람의 본질적 속성을(주체사상, 세계관3) 밝히지는 못했다.

동양의 유교는 다분히 남성-가부장제를 합리화했고, 거기서 자연히 천(天)과 군자(君子)를 등장시키지 않을 수 없었다. 결국 천의 이름으로 나온 윤리·도덕은 후대에 인간을, 특히 여성을 비인간화하는 결과를 초래하고 말았다. 결국 인간을 인간으로 파악하는 것이 아니라 하늘의 추상물로, 즉 관념으로 보게 되었다는 것이다. 서양 철학 역시 이와 비슷한 과오를 범했다. 유교에서는 인간의 이익 추구를 인욕(人欲)이라고 하면서, 이를 극복하고 천리(天理)를 보존하라고 가르친다. 하늘은 윤리·도덕의 이름으로 인간의 욕망을 억눌렀다. 반대로 유물론은 인간을 물질 속에 예속시키고 말았다. 천존이나 지존이나 후대에 끼친 폐단은 마찬가지였다. 서구 문명사에 등장한 관념론(하늘·정신)과 유물론(땅·물질)은 모두 인간의 비인간화를 안겨주었다. 주체사상은 이 둘을 동시에 극복하려고 하면서 '사람' 중심을 내세웠다. 이는 문명사적으로 매우 의미가 있다고 하겠다. 그리고 그 맥락은 수운이나 증산의 선맥과 상통한다고 볼 수 있다. 이러한 천존과 지존을 모두 극복하고 제3의 인존시대를 열고자 하는 사상적 맥락은 결국 단군 신화에까지 미치지 않을 수 없다. 수운–증산의 '사람 중심' 사상의 바탕은 단군 신화에서 찾을 수밖에 없는 것이다.

환웅은 하늘의 지존이고, 웅녀는 땅의 지존이었다. 이 두 지존파의 두목들은 모두 '사람'이 되기를 원했다. 환웅은 인간 세계를 탐했다[貪求人世]고 하며, 웅녀는 온갖 고통을 견디면서도 사람이 되기를 원했다[願化爲人]고 한다(윤이흠, 1994 참고). 한국인들의 집단 무의식 속에서는 관념적·정신적 존재(환웅)이기도 거부하고 물질적·육체적 존재(웅녀)이기도 거부하고 있음을 알 수 있다. 환웅과 웅녀의 이야기는 바로 이러한 집단 무의식이 반영된 것으로, 양자를 소통시켜 '참사람'이고자 하는, 즉 인간 중심이고자 하는 바람의 표현이라고 할 수 있다. 즉, 한국인 고유의 '사람 되기'를 탐하고 원하는 사상의 표현이라고 할 수 있는 것이다. 이러한 유구하고 뿌리 깊은 집단 무의식이 북한 인민대중들 속에 살아 움직여 표출된 것이 주체사상이다. 1930년대 전후의 항일 유격대 활동을 통해 김일성은 중국과 소련의 극단적 좌경들을 의식하며 유물론의 청산을, 그리고 상해 임시정부의 우익들을 의식하며 관념론의 청산을 절감했던 것이다. 그리고 그는 한국 문화의 원형인 선맥에서 이러한 자각을 했다. 특히 1937년 보천부 전투 이후 백두산을 향해 계속 진격해 가면서 한국의 원형은 살아 생동했다. 회고록 구석구석이 '장백산(백두산)'을 향한 염원으로 가득 차 있다.

이러한 자각은 한국인 고유의 집단 무의식에서 유래한다. 이러한 무의식은 하늘과 땅, 정신과 물질의 상징을 종합한 '참사람'을 지향한다. 이것이 단군릉 복원에 부여할 수 있는 의미일 것이다. 수령을 세계관1과 세계관2를 조화시킨 참사람으로 보는 것이나, 천존과 지존을 결합시킨 참사람으로 보는 것이나, 형태론적으로는 모두 같다. 이런 형태론적 비교를 도식으로 나타내면 다음과 같다.

천존 − 세계관1 − 좌뇌−관념론−환웅 ┐
지존 − 세계관2 − 우뇌−유물론−웅녀 ┘ 인민대중·참사람

우리는 이미 이 두 상징 체계가 유럽에서 심각한 균열을 초래했음을 살펴보았다. 그리고 그것을 일컬어 '유럽적 균열'이라고 했다. 이는 좌우 뇌의 균열과 견주어볼 때 그 양상도 시기도 같다. 반면, 주체는 '한국적 화합'의 결실이다.

단군은 '홍익인간(사람을 널리 이롭게 한다)'을 통치 이념으로 표방하고, 이치로 세상을 다스린다는 '재세이화'를 통치술로 삼았다.[8] 주체사상은 이를 군중노선[9]과 일치시킨다. 위가 아래를 도와주고 대중 속에 들어가는 것, 이것은 마치 환웅이 하늘을 버리고 인간 세상 속에 들어가는 것과 같다. 이는 위가 아래가 되고 아래가 위가 되는 것으로, 군중노선의 기본 정신이 여기에 있는 것이다.

이와 같이 유물 변증법에 대한 주체사상의 변역(變逆) 행위는 사람 중심 사상과 따로 떼어서는 생각할 수 없다. 사람은 신테시스(종합)이며, 그것은 끝이 아니라 시작이다. 주체사상에서 사람은 물질과 정신의 종합

---

8) 아래 구절에서 북한 학자 전영률은 단군과 수령을 간접적으로 일치시키고 있다. 그에 따르면, 단군과 수령은 모두 평양이라는 공통분모를 가지고 있다. 즉, "대동강을 젖줄기로 하고 무연한 벌과 청산준령을 앞뒤에 끼고 있는 평양과 그 일대는 산수 수려하고 산세 좋은 곳이므로 단군과 같이 위인이 태어날 수 있고 국가가 세워져 도읍할 수 있으며 민족이 기원할 수 있는 최상의 적지이다"(이형구, 1994, 117쪽).

9) 《사회주의헌법》 제13조를 보면, "국가는 군중노선을 구현하며 모든 사업에서 위가 아래를 도와주고 대중 속에 들어가 문제 해결의 방도를 찾으며 정치사업, 사람과의 사업을 앞세워 대중의 자각적 열성을 불러일으키는 청산리 정신, 청산리 방법을 관철한다"고 했다.

이다. 그 '사람'으로부터 모든 것이 시작되며, 그 사람은 스스로 창조하는 능력을 가지고 있다. 그 사람은 자기 원인적이며 자주적이다. 정신이 물질의 원인이 되기도 하고 그 반대가 되기도 한다. 양자는 이러한 상호 작용을 통해 상호 원인적으로 된다. 사람은 하늘이나 땅 그 어디에서도 원인성을 갖지 않는, 바로 자기 원인적 존재가 되는 것이다. 이는 불교가 모든 인간이 불성을 지녔다고 함으로써 기독교같이 타자적 인격신을 밖에 따로 설정하지 않는 것과 같다고 할 수 있다.

사람 중심의 3대 강령인 자주성·창조성·의식성은 결국 원인-결과의 고리를 허물고 사람을 자기 원인적으로 보는 논리를 지니게 된다. 수령과 대중은 군중노선 속에서 상호 작용을 통해 서로 영향을 주고받는 내인적 관계(internal relation)를 유지해야 한다. 어느 하나가 일방적으로 상대에게 영향을 주는 외인적 관계(external relation)가 아니다. 이러한 내인적 관계로 파악되는 사상 전통은 우리 한국 철학사 속에 면면히 흐르고 있다. 마르크스와 김일성의 사상적 대결 양상은 사실 외래 사상이 한국에 들어올 때마다 어디에서나 있었다는 사실을 알아야 한다. 변증법이란 원인-결과적 사고를 하게 하고, 직선적 사고를 하게 하며, 처음과 끝을 나누어놓는 사고를 하게 한다. 한마디로 말해서, 정·반·합의 순서로 나란히 줄을 세우는 사고인 것이다. 그러나 한국적 사상의 원형(나는 이를 '한'이라고 한다)은 이러한 나란히식 사고가 아니다. 이제 이러한 비직선적 사고를 삼태극과 당 마크에서 확인해보자.

12.8 삼일 철학과 주체사상 당 마크

주체사상은 앞에서 본 바와 같이 3원주의를 떠나서는 생각할 수 없다. 3원주의는 사회주의 헌법(1998)에 잘 반영되어 있다. 주권은 노동자와 농민 그리고 근로 인텔리에게 있다(제4조와 제8조). 각급 주권 기관은 일반직·평등직·직접직의 원칙에 따라 비밀 투표한다(제6조). 사상·기술·문화의 3대 혁명을 벌여 자주·평화통일·민족대단결의 원칙에서 조국통일을 실현한다(제9조). 특히 제9조의 경우는 3대 헌장탑의 구호이기도 하다. 대외 정책은 자주·평화·친선으로 한다(제17조).

이상의 예에서 보는 바와 같이, 주체사상의 기본 구조는 3원주의에 바탕하고 있다. 존재·성질·운동이라는 3원주의는 물질과 정신을 연결하는 원리이기도 하며, 인간 중심 철학을 확립하는 이론적 토대이기도 하다. 이렇게 주체사상이 3원주의를 강조하는 것과 단군 사상은 불가분의 관계에 있다. 다시 말해서, 한국의 고유문화는 2수 문화가 아니라, 3태극에서 보는 것처럼 3수 문화이다. 음악도 3박자로서, 우리 민족의 고유한 정서를 잘 반영하고 있다. 이러한 3수 문화는 단군 신화의 환인·환웅·단군 삼신에서 비롯되는 것으로 보는데, 여기서 조화주·교화주·치화주는 3대 통치 원리이다. 이는 창조성·자주성·의식성과 서로 일대일 대응이 된다고 할 수 있다.

현대의 카오스 이론에서 말하는 3체 운동과 연관시켜 생각할 때, 사물을 끊임없이 불안정하게 변화하는 운동으로 보는 관점과도 비교할 수 있겠다. 3수는 카오스의 수이기 때문이다. 물질과 정신이 고정된 실체로 존재한다고 생각하는 것이 바로 '잘못 놓은 구체화의 오류'인 것이다. 이러한 오류를 피하는 방법이 바로 3수의 원리이다. 그러면 왜 3수는 혼돈인가? 질서란 부분과 전체가 위계적으로 놓여 있는 상태이다. 그래서 유클리드는 부분의 합이 전체라는 공리를 만든 것이다. 만약 이 공리가 무너지면 모든 질서는 붕괴되고 만다. 그러나 이러한 질서는 수학에서부터 무너진다. 19세기 말 칸토어는 멱집합에서 확인하는 바와 같이 부분의 수는 전체의 수보다 많아지며, 전체가 부분의 한 요소로서 '包含'된다는 것을 보여주었다.

이러한 멱집합의 논리는 1960년대에 홀로그래피가 발명됨으로써 물리적으로도 실험 가능하게 되었다. 포토그래피와는 달리 홀로그래피는 어느 부분도 전체를 반영한다. 이는 1970년대에 프리브람에 따라 뇌 연구에서도 증명되었다. 그래서 좌우 분할 뇌 이론은 근본적으로 수정되지 않을 수 없었다. 부분과 전체는 자기언급을 하며 되먹힘을 한다. 되먹힘의 반복은 곧 양을 질로 바꾸는 논리와 같다. 3태극을 한번 생각해보자. 음—청색과 양—적색의 합이 황색이다. 그리고 3색은 서로 보색이 된다. 따라서 어느 두 색이 부분이면, 다른 한 색은 그것의 합이 된다. 3태극 안에는 3색이 모두 같은 비율, 같은 크기로 담겨 있다. 이것이 우리의 황금비율이다. 그래서 어느 것이 부분이고 어느 것이 전체인지 구별할 수 없다. 부분이 전체이고 전체가 부분이다. 3태극의 이러한 구조는 곧 카오스의 구조이다. 우리는 이러한 구조를 "하나는 전체를 위하여, 전체는 하나를 위하여"(헌법 제63조)에서도 읽을 수 있다.

그런데 주체사상을 실현하는 데 따르는 어려움은 지금부터 시작된다. 왜냐하면 헌법 제63조는 가장 풀기 어려운 철학의 난제를 건드리고 있기 때문이다. 그리스 아테네 철학에서 처음으로 부분과 전체의 문제를 체계적으로 거론한 사람은 파르메니데스이다. 여기서는 《파르메니데스》 편의 한 구절을 소개하는 것으로 결론을 대신하고자 한다.

내가 생각하기로는 자네가 다음과 같은 이유 때문에 각 형상이 단일한 '하나'일 것으로 여기고 있다고 생각되네. 그럴 때 (1) 자네에게 어떤 많은 것들이 큰 것들로 보이게 될 걸세. 그러면 (2) 그 모든 것들을 바라보는 자네에게는 하나이고 같은 그 '하나'인 어떤 이데아가 있다고 여길 것 같은데, (3) 바로 이로 말미암아 자네는 '큰 것'을 단일한 하나로 여길 걸세. 그러나 (4) 마찬가지 방법으로 큰 것 자체와 다른 큰 것들 모두를 자네가 마음속에 그려본다면, (5) 이들 모두를 큰 것으로 보이게 하는 별개의〔제3의〕어떤 큰 것이 나타날 걸세. (6) 그러므로 다시 이 모든 것들을 큰 것들이

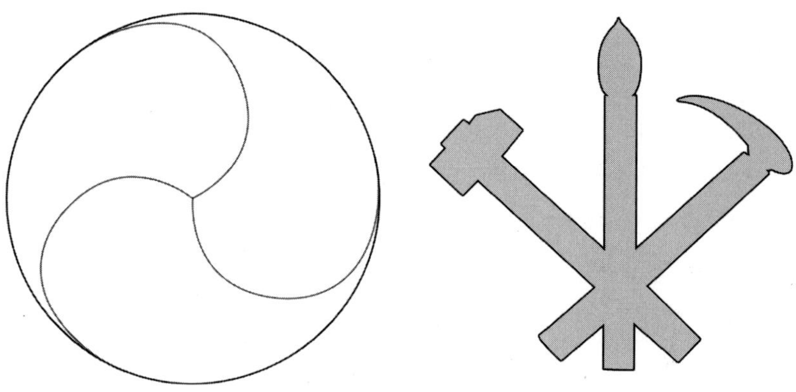

〈그림 1〉 삼태극(왼쪽)과 당 마크(오른쪽)

게끔 하는 다른 것이 또 나타날 걸세. 따라서 각 형상은 결코 단일하지 않고 수에서 무한하게 될 걸세(플라톤, 1994, 132a~133a).

이는 파르메니데스가 젊은 소크라테스에게 풀어보라고 던진 화두이다. 이 화두는 지금까지도 해결되지 않는 난제로 남겨져 있다. 부분과 전체의 관계 문제는 하나와 전체의 관계에 관한 문제이다. 이런 철학의 화두가 한 나라의 헌법 속에 한 조항으로서 명시되어 있는 것은 아마도 북한이 유일하지 않을까 싶다. 이 난제를 푸는 비결은 3원주의에 있다고 생각한다. 이 난제를 해의할 수 있는 주체는 이 지구상에 좌우 뇌의 균형히 잘 잡혀 있는 주체들일 것이다.

주체사상의 3원적 사고방식은 당 마크에 잘 나타나 있다. 좌뇌와 우뇌의 조화를 상징적으로 잘 보여주는 것이 바로 당 마크라고 할 수 있다. 어느 공산주의 국가에서도 볼 수 없는 고유함이 조선 공산주의의 상징물인 당 마크에는 있다. 소련과 중국을 비롯한 모든 공산주의의 마크는 낫과 망치만 보여줄 뿐이다. 낫은 농민을, 망치는 노동자를 상징한다.

그런데 북한의 당 마크에는 여기에 인텔리를 상징하는 붓〔筆〕이 더해진다. 이는 우뇌와 좌뇌의 절묘한 조화 그리고 유물론과 관념론의 조화라는 관점에서 볼 때, 지금까지 뇌 이론으로 본 문명론의 총결산과 같다고 할 수 있을 것이다. 정신과 물질이 통일된 '腦' 자가 역사와 사회 속에서 구현된 것이 바로 삼태극과 당 마크 아닐까? 당 마크에 대한 유래를 들어보면 다음과 같다.

1946년 7월에 김일성 주석은 근로 대중의 통일적 당을 창건하는 문제와 관련해 간부들을 학습시키고 있었다. 그러다가 대중적 정당으로 발전하는 노동당의 성격이 잘 나타나도록 당 마크가 그려진 당기를 만들라며 과제를 주었다. 간부들과 창작자들은 망치와 낫을 새긴 도안을 김일성에게 제시했다. 이를 본 김일성 주석은 도안에 결함이 있다고 하면서, 당 마크에 노동자·농민만이 형상화해 있고 근로 인텔리가 빠진 것을 지적했다. 그러면서 당 마크에는 반드시 **노동자 · 농민** 계급과 인텔리가 함께 어우러져야 한다고 했다. 그래야 노동당이 노동자 계급과 농민, 근로 인텔리를 총망라한 통일적 당이라는 것을 상징적으로 보여줄 수 있다는 것이었다.

동구권 사회주의 국가들이 하루아침에 붕괴된 중요한 원인 가운데 하나가 지식 계층 속에서 당에 대한 불신과 반감이 높았던 때문이라고 할 수 있다. 관념론이 배제된 유물론의 한계가 그대로 드러난 결과이다. 중국 공산당도 엄두조차 낼 수 없는 일을 북에서 해내었다. 중국의 문화혁명은 바로 인텔리에 대한 거부에서 생긴 것이다. 당 마크는 우리 민족의 저류에 흐르는 포함삼교 정신의 발로라고 할 수 있다. 당 마크는 이미 삼태극 속에 분명히 나타나 있는 것이다. 당 마크는 그 구조에서 삼태극과 같다. 유물론이 항상 여럿의, 다자의 철학이라면, 관념론은 하나의, 일자의 철학이다. 이러한 삼태극의 근본 사상에는 우리말 '한'의 사전적 의미 속에 담긴 '하나'·'여럿'·'가운데'·'같음' 등이 모두 함축되어 있다. 그것이 바로 삼태극의 구조이다. 삼태극의 구조는 이렇게 조선 공산당의 당 마크로 나타나게 된 것이다. 그리고 알고 있는 것처럼 고구려에서는 삼족오로 표출되었다. 우리 민족은 끊임없이 3수 문화로 역사의 난국을 타개해왔다. 우리는 바로 좌우 뇌가 잘 균형 잡힌 무리들의 주인공이기 때문이다.

글을 맺으며

이 책을 쓰게 된 동기를 나는 20여 년 전에 읽은 제임스 애슈브룩(James Ashbrook)의 《뇌와 신념(*Brain and Belief*)》에서 얻었다. 애슈브룩은 분할 뇌 이론을 서양의 서방 기독교와 동방 기독교에 적용함으로써, 그것을 고딕과 돔이라는 건축 양식에 비정했다. 그는 뇌에 관한 여러 권의 저술로 이 분야에서 일가를 이루었으며, 특히 신학에 많은 영향을 주었다. 나는 애슈브룩을 통해 좌우 분할 뇌 이론을 전 지구의 서양과 동양에 비정해보고자 하는 유혹을 받았다. 하지만 그러자면 동서양의 문화와 전통을 알아야 한다는 부담감이 생겼다. 그래서 일단 동북아시아 문명권을 동서로 나누어, 서쪽의 중국과 동쪽의 한국을 좌우 뇌에 비유해 글을 쓰기 시작했다. 글을 쓰는 도중에 헌팅턴의 '문명의 충돌론'과 '아시아적 가치' 같은 논쟁거리들이 등장했으며, 특히 중국의 동북공정은 나에게 큰 충격과 자극을 주었다. 이러한 일련의 일들로 연구에 더욱 박차를 가할 수 있었다.

여기 소개한 참고문헌들 가운데 뇌 이론과 관련한 책들은 지난 20여 년 동안 외국을 다녀올 때마다 사 모은 것이다. 특히 2006년부터 미국

UCLA 정문 앞에 살게 된 것은 이 연구에 큰 도움이 되었다. 왜냐하면 이 학교는 지금 뇌신경 연구로 세계적인 권위를 자랑하고 있기 때문이다. 그러나 참고문헌에 나열한 자료들을 모두 소화해 반영하지 못한 것이 가장 큰 아쉬움으로 남는다. 앞으로 있을 후속 연구와 이 분야 연구자들을 위해 목록에 넣어두었으니 많은 참고가 되기를 바란다.

1960년대의 분할 뇌 이론은 1970년대의 홀로그래피 뇌 이론으로 수정되었다. 그리고 최근의 텐서 이론에 이르기까지 뇌 이론은 지속적으로 수정·보완되고 있다. 이 책에서 내가 나름대로 공헌했다고 여기는 것은, '腦' 자의 풀이 외에 뇌 이론을 동북아시아 문명사에 적용해 문명의 충돌이 아닌 문명의 화합을 도출하려고 했다는 점이다. 이로써 동북아시아의 평화, 나아가 지구촌의 평화를 지향하고자 했다. 뇌 이론이 이를 위해 안성맞춤이라고 생각한다. 헌팅턴의 의도적인 문명 충돌론은 하루속히 극복해야 할 대상이다. 뮐러의 '문명 공존' 역시 구체적인 이론적 대안이 없는 주장이라고 할 수 있다. 이에 대해 나는 뇌의 시뮬레이션을 가지고 문명 화합론을 말하고 있는 것이다.

이를 위한 구체적인 방법으로, 축색과 수상의 두 돌기를 '하나'와 '여럿'의 관계로 보아 우리 문화목록어 '한'과 연관시켰다. 두 돌기가 전기 작용과 화학 작용을 통해 하나와 여럿을 조화시켜나가는 방식은 앞으로 이 분야, 즉 미리올로지(mereology) 연구에 시금석이 될 수 있다. 다음으로 홀로그래피의 제작 원리를 통해 뇌 속에서 어떻게 부분과 전체가 홀론을 만드는가를 설명한 것도 나름대로 공헌한 점이라고 자평하고 싶다. 그러나 이러한 연구 결과에도 불구하고 뇌 이론은 말 그대로 원시림이다. 인류 과학 탐구의 미개척 분야로 알려진 뇌 연구 분야는 앞으로 우리 한국이 앞장서서 주도해나가야 할 것이다. 좌우 뇌의 균형자가 뇌 연구에 선봉장이 되어야 하기 때문이다. 인문학을 비롯한 다른 분야에서는 이미 뇌 이론을 활용해 지금까지 미해결로 남겨진 난제들을 해결하는 실마리를 찾고 있다. 이 연구는 그 첫 단추를 끼우는 정도에 지나지 않을 것이다.

책을 전체 3부로 나누어, 제1부에서는 뇌 이론을 소개했다. 조선 초에 양촌 권근이 '心' 자를 풀이하면서 조선 성리학이 시작되었다. 마찬가지로 앞으로 한국에서, 아니 동양권에서 뇌 연구는 '腦' 자 풀이를 통해 이루어지기를 바란다. '腦' 자 속에는 몸과 뇌의 관계, 뇌의 삼층과 양원 구조, 그리고 신경망의 구조가 은유적으로 잘 반영되어 있기 때문이다. '腦' 자를 통해 심신의 문제, 유물론과 관념론의 문제, 감정과 이성의 문제 등을 한눈에 볼 수 있다는 것이다. 이는 난해한 뇌 이론의 이해를 돕기 위해 내가 임의로 시도해본 것이다. 그러나 나는 이 글자 모양에 매료되었다. 성리학에서 오랜 논쟁이 되어온 이(理)와 기(氣)의 문제도 앞으로 분할 뇌 이론으로 설명할 수 있을 것이고, 논쟁의 원인이 무엇이었는지도 한눈에 파악할 수 있게 될 것이다.

이렇게 제1부에서 소개한 이론이 모두 그대로 문명사 이해에 적용되는 것은 아니지만, 앞으로 뇌 이론은 여러 분야에, 가령 여성학·교육학·생태학·철학 등에 적용될 수 있을 것이다. 글을 쓰면서 이를 위한 이론의 문제점들도 열거해보았다. 뇌 이론의 주요 부분은 양 뇌 분할 이론과 삼층 구조론 그리고 뉴런 이론 등이다. 이 책에서는 주로 양 뇌 이론을 소개했다. 좌우 뇌는 뇌량에 따라 연결되는데, 이는 분할 문명론에서 다루는 연결 고리와 같다. 다시 말해서, 뇌량으로 서로 상반된 성격의 뇌를 연결하듯이, 문명 사이에도 뇌량과 같은, 충돌이 아닌 공존의 기틀을 만들 수 있을 것이다. 우리는 그 모형을 뇌에서 찾아야 한다. 홀로그래피 뇌 이론은 모든 문명이 자문화 중심적으로 될 수 있는 길을 열어준다. 팍스 아메리카나도 중화주의도 뇌 이론을 바탕으로 볼 때 설 자리가 없어진다. 뇌의 신비로운 구조 앞에 인간들은 겸허해질 필요가 있으며, 좁은 국수주의의 늪에서 헤어나야 한다.

　제2부에서는 동북아시아 문명사를 분할 뇌 이론으로 살펴보았다. 만리장성을 뇌량으로 해서 서쪽 화하계와 동쪽 동이계는 뇌의 좌우 특징을 유감없이 발휘한다. 이를 신화, 무씨사당 화상석, 고구려 고분벽화 등을 통해 살펴보았다. 중국의 마음과 한국의 마음이 같고 다름을 한눈에 확인할 수 있을 것이다. 좌우 뇌를 연결하는 것을 뇌량이라고 할 때, 한국의 선맥은 바로 문명사의 뇌량이다. 그 선맥이 가장 뚜렷한 곳은 한국의 문화 전통이다. 이 부분은 앞으로 좌우 뇌의 조화를 담당할 주인공이 누구인가를 말하기 위해 기술한 것이다.

　제3부에서는 분할 뇌 이론을 최첨단의 논쟁거리인 오리엔탈리즘, 문명 충돌론, 아시아적 가치, 그리고 주체사상 등에 각각 적용해보았다. 아직 좌우익이라는 말의 효력이 그대로 살아 있는 한국에서 좌우 뇌 이론을 다룬다는 것에 쓴웃음이 나오기도 했다. 특히 제3부 제12장의 주체사상 부분은 이적 행위처럼 보일 수도 있을 것이다. 그러나 내가 여기서 주장하는 것은 정치적·이념적 사안이 아니라, 동서양을 가리지 않고 계급의 충돌, 성의 충돌, 문명의 충돌보다 더 근원적인 것은 뇌의 충돌이었다는 점이다. 출판사에서 편집이 마무리될 무렵 제2차 남북 정상회담이 열렸다. 언론에서는 노무현 대통령은 ‘논리적 대화형’이고 김정일 위원장은 ‘직관적 통치형’이라며 두 지도자의 성격을 판이하게 평가했다. 노 대통령은 좌뇌형 그리고 김 위원장은 우뇌형임을 단적으로 이른 말이라고 할 수 있을 것이다. 그렇다면 좌우 뇌가 뇌량을 통해 조화될 수 있듯이, 통일도 그렇게 오지 않겠는가. 결국 남북의 대결은 뇌의 구조에서 생긴 대결 이상도 이하도 아닐 것이다. 좌우 뇌는 서로 터를 바꾸어놓고 생각[易地思之]해야 할 것이다.

　뇌 이론을 굳이 문명과 연관해 살펴보아야 하는 이유를 끝으로 말해야겠다. 지구와 뇌 가운데 어느 것이 어느 것을 먼저 모방하기 시작했는지 모르겠다. 뇌도 둥글고 지구도 둥글다. 지구의(地球儀)를 동서로 나누는 뇌량이 있듯이, 뇌에도 우뇌와 좌뇌가 있다. 지구의 뇌량은 우랄 산맥이다. 그리고 뇌량을 중심으로 나뉜 좌뇌와 우뇌는 서양과 동양의 특징을 그대로 모방하고 있다. 뇌가 홀로그래피적이라면 지구도 그렇다. 동에도 동서가 있고, 서에도 동서가 있다. 같은 한국 안에도 동서의 차이가 여실히 드러난다. 영남과 호남이 바로 그렇다. 이러한 분할은 거의 무한대이다. 뇌에서 좌뇌가 우뇌를 억압하고 악마화했듯이, 지구촌의 문명사 역시 마찬가지이다.

문명사의 좌우 균열을 치유하고 봉합하는 하나의 방법론으로서 시뮬레이션이 필요할 것이다. 마치 우주인들이 우주여행을 하기 위한 훈련을 우주와 같은 모형(matrix) 속에서 하듯이 말이다. 여기에 '腦' 자는 그러한 모형이다. 몸과 뇌, 정신과 물질, 이성과 감정의 유기적 관계를 이 글자를 통해 파악하고, 다시 뇌로 돌아가 시뮬레이션을 하자는 것이다. 이 책은 한마디로 말해서 이런 시뮬레이션을 위한 안내서라고 할 수 있을 것이다. 그래서 일차적으로 중국이 자행하고 있는 동북공정의 논리부터 차단하고자 했다. 동북아시아 문명의 유기체적 관계를 알려 전근대적인 중화주의와 중국 중심의 신제국주의를 막자는 것이다. 그리고 뇌 이론을 통해 북한의 주체사상도 우리 전통문화인 선의 맥락에서 이해함으로써 민족 동질성을 회복하자는 것이다.

실로 뇌 속에 지구가 있고, 지구 속에 뇌가 있다. 그리고 양자는 일란성 쌍둥이처럼 닮아 있다. 노자는 "사람은 땅을 닮고, 땅은 하늘을 닮고, 하늘은 도를 닮고, 도는 자연을 닮는다〔人法地, 地法天, 天法道, 道法自然〕"(《도덕경》, 제25장)고 했다. 뇌 속에 지구가 있고, 지구 속에 문명이 있고, 문명 속에 지구가 있다. 독자들이 영화 〈매트릭스〉를 보는 듯한 재미로 부담 없이 책을 읽어주었으면 하는 바람이 간절하다. 주인공 네오가 붉은 공과 파란 공 가운데 어느 하나를 선택해야 했듯이, 독자들도 이런 선택을 한번 해보시기를 바란다.

참고문헌

Ashbrook, J. B., *Responding to Human Pain*, New York : Judson Press, 1975.

______, *The Brain and Belief*, Bristol : Wyndham Hall Press, 1988.

______, *Double Brain*, New York : Wyndham Hall Press, 1989.

______, *Brain, Culture, and the Human Spirit*, London : University Press of America, 1993.

Badiou, A., *Being and Event*, New York : Continuum, 2005.

Bloom, F. E., *Brain, Mind, and Behavior*, New York : W. H. Freeman and Company, 1988.

Carter, R., *Mapping the Mind*, Los Angeles : University of California Press, 1999.

Churchland, P. S., *Neurophilosophy*, London : The MIT Press, 1989.

Churchland, P. S. and Sejnowski, T. J., *The Computational Brain*, Cambridge : The MIT Press, 1989.

Claxton, G., *Hare Brain Tortoise Mind*, New York : The Ecco Press, 1997.

Corey, M. A., *Back to Darwin*, New York : University Press of America, 1994.

Csikszentmihalyi, M., *The Evolving Self*, New York : Harper Collins Publishers, 1993.

Denton, D., *The Pinnacle of Life*, New York : Harper San Francisco, 1993.

Dossey, L., *Space, Time and Medicine*, London : Shambhala, 1982.

Eccles, J. C., *Evolution of the Brain : Creation of the Self*, New York : Routledge, 1989.

Eisler, R., *The Chalice and the Blade*, Pacific Grove : Harper SanFrancisco, 1988.

Gershon, M. D., *The Second Brain*, New York : Harper Collins Publisher, 1998.

Goldberg, E., *The Wisdom Paradox*, New York : Gotham Books, 2006.

Goswami, A., *Evolve your Brain*, Deerfield Beach : Health Communication Inc., 2007.

Gould, S. J., *The Measure of Man*, New York : W. W. Norton and Company, 1981.

Greenfield, S. A., *The Human Brain*, New York : Basic Book, 1997.

Hampden−Turner, C., *Maps of the Mind*, New York : Collier Books, 1981.

Harth, E., *Windows on the Mind*, New York : Quill, 1983.

Haugel, J.(ed.), *Mind Design*, Cambridge : The MIT Press, 1981.

Hofstadter, D. R., *The Mind's I*, London : Bantam Books, 1981.

Hooper, J., *The 3−Pound Universe*, New York : G. P. Putnam's Sons, 1986.

Jaynes, J., *The Origin of Consciousness in the Breakdown of the Bicameral Mind*, Boston : Houghton Mifflin Company, 1976.

Joshep, R., *The Right Brain and the Unconscious*, New York : Plenum Press, 1992.

Jung, C. G., *Man and his Symbols*, New York : A Windfall Book, 1964.

Lacan, J., *Ecrits*, Paris : Seuil, 1966.

Laszlo, E., *Introduction to Systems Philosophy*, New York : Gordon on Breach, 1972.

LeDoux, J., *Synaptic Self*, New York : Penguin Books, 2002.

Llinas, R., *The Biology of the Brain From Neurons to Networks*, New York : W. H. Greeman and Company, 1977.

Minsky, M., *The Society of Mind*, London : A Touchstone Book, 1986.

Northrup, C., *Women's Bodies, Women's Wisdom*, New York : Bantam Books, 1989.

Ornstein, R., *The Evolution of Consciousness*, New York : Prentice Hall Press, 1991.

Penrose, R., *Shadows of the Mind*, Oxford : Oxford University Press, 1994.

Poizner, H., *What the Hands Reveal About the Brain*, Cambridge : The MIT Press, 1987.

Popper, K. R., *The Self and Its Brain*, New York : Springer International, 1977.

Ramachandran, M. D. and Blakeslee, S., *Phantoms in the Brain*, New York : Quill William Morrow, 1998.

Rensberger, B., *Life Itslef*, Oxford : Oxford University Press, 1996.

Restak, R., *Brainscapes*, New York : Hyperion, 1995.

______, *The Modular Brain*, New York : A Touchstone Book, 1994.

Russell, P., *The Brain Book*, New York : Routledge, 1979.

Schechter, B., *My Brain is Open*, New York : Simon and Schuster, 1989.

Senzee, A. W. and Litvak, S., *Toward a New Brain*, Englewood Cliffs : Prentice-Hall, 1986.

Sperry, R. W., "The Great Cerebral Commissure", *Scientific American*, Vol. 210, 1964.

Springer, S. P. and Deutsch, G., *Left Brain, Right Brain*, New York : W. H. Freeman and Company, 1993.

Thompson, R. F., 김기석 옮김, 《腦 : 신경과학 입문》, 서울 : 성원사, 1989.

Wilber, K., *Up From Eden*, New York : Anchor Press, 1981.

Wills, C., *Runaway Brain*, New York : Basic Books, 1993.

Winson, J., *Brain and Psyche*, New York : Vintage Books, 1985.

Wittrock, M. C., 고영희 옮김, 《인간의 뇌와 교육》, 서울 : 중앙적성출판사, 1986.

Wonder, J. and Donovan, P., *Whole Brain Thinking*, New York : William Morrow and Company Inc., 1984.

Wonder, J., 고영희 옮김, 《당신의 양쪽 뇌를 사용하라》, 서울 : 양서원, 1991.

Wright, R., *Nonzero*, New York : Vintage Books, 2000.

Young, J. Z., *Philosophy and the Brain*, New York : Oxford University Press, 1986.

갈홍찬, 임동석 역주, 《신선전》, 서울 : 고즈윈, 2006.

강무학, 《한국인의 뿌리》, 서울 : 신세대사, 1982.

강상중, 이경덕 옮김, 《오리엔탈리즘을 넘어서》, 서울 : 이산, 1997.

강현숙, 〈고구려 봉토석실분의 변천에 관하여〉, 《한국고고학보》 31, 1994.

고림, 《주체철학 입문》, 평양, 1988.

고봉지, 《주체사상의 사상적 위상》, 평양 : 자주철학회, 1992.

고영희, 《오른뇌 방식으로 산다》, 서울 : 집현전, 1990.

권태원, 《고대한민족문화상연구》, 서울 : 일조각, 2000.

기 소르망, 박선 옮김, 《열린 세계와 문명창조》, 서울 : 한국경제신문사, 1997.

김갑철·고성준, 《주체사상과 북한 사회주의》, 서울 : 문우사, 1988.

김경일, 《갑골문 이야기》, 서울 : 바다출판사, 1999.

______, 《漢字의 역사를 따라서》, 서울 : 바다출판사, 2005.

김귀룡, 〈인간중심철학의 철학적 의의〉, 《주체사상과 인간중심철학》, 서울 : 예
        문서원, 2003.

김낙필, 《고운의 도교관 : 최고운연구》, 서울 : 민음사, 1989.

김대성, 《금문의 비밀》, 서울 : 컬쳐라인, 2002.

김대중 편저, 《아시아적 가치》, 서울 : 전통과현대, 2001.

김동수, 〈주체사상에서 본 민족〉, 《통일과 민족 교회의 신학》, 서울 : 한울,
        1980.

김상열, 《인간의 두뇌 창조》, 서울 : 광성의 변, 1991.

김상일, 《카오스와 문명》, 서울 : 동아출판사, 1995.

______, 《동학과 신서학》, 서울 : 지식산업사, 2000.

김용환, 〈한의 정신분석 구조와 의미 연구〉, 단군학회, 《단군학연구》, 14호,
        서울 : 경인문화사, 2006.

김원룡, 《청동기 시대와 그 문화》, 서울 : 삼성미술문화재단, 1981.

김일성, 《김일성 주석 저작선집》, 평양 : 사회과학원, 1999.

______, 《세기와 더불어》, 평양 : 조선노동당 출판소, 1998.

김재원, 《단군신화 신연구》, 서울 : 탐구신서, 1982.

김정배, 《韓國民族文化의 起源》, 서울 : 고려대학교 출판부, 1973.

______, 〈고구려 역사의 정체성〉,《고구려의 역사와 문화유산》, 서울 : 서경, 2004.

김종서,《신시·단군조선사 연구》, 서울 : 한국학 연구원, 2004.

______,《신화로 날조되어 온 신시·단군조선사 연구》, 서울 : 한국학연구원, 2004.

김창호,《북한 군중노선 연구》, 서울 : 정신문화연구원, 1989.

나카자와 신이치, 김옥희 옮김,《신의 발명》, 서울 : 동아시아, 2005.

노자, 남만성 옮김,《도덕경》, 서울 : 을유문화사, 1981.

뉴턴코리아, 〈뇌와 마음의 구조〉, *Newton*, 서울 : 뉴턴사이언스, 2007년 5월호.

니스벳, R., 최인철 옮김,《생각의 지도》, 서울 : 김영사, 2007.

다마지오, A., 임지원 옮김,《스피노자의 뇌》, 서울 : 사이언스북스, 2007.

데리다, J., 김다은 외 옮김,《다른 곳》, 서울 : 동문선, 1997.

도광순, 〈중국고대의 신선사상〉,《도교학 연구》, 제9집, 서울 : 한국도교학회, 1992.

레빈탈, C. F., 김기중 옮김,《생리심리학》, 서울 : 법문사, 1986.

레스탁, R., 김현택 외 옮김,《나의 뇌 뇌의 나》, 서울 : 예문지, 1993.

루소, J.-J., 최현 옮김,《인간 불평등 기원론》, 서울 : 집문당, 1974.

류병덕, 〈한국종교 선맥으로 본 원불교 사상〉,《문산 김삼룡박사 화갑기념 논문집》, 이리 : 원광대학교 출판부, 1986.

류승국,《동양철학연구》, 서울 : 근역서재, 1983.

르두, J., 강봉균 옮김,《시냅스와 자아》, 서울 : 소소, 2002.

리성호, 〈단군설화의 역사성〉,《단군과 단군 조선》, 1995.

리키, L. S. B., 최정필 옮김,《오리진》, 서울 : 세종서적, 1995.

마르틴, H. P., 강수돌 옮김,《세계화의 덫》, 서울 : 영림카디널, 2003.

메도우즈, D. H., 다치바나 다카시 공저, 장희범 옮김,《문명의 역설》, 서울 : 한국문화 출판사, 1981.

뮐러, H., 이영희 옮김,《문명의 공존》, 서울 : 푸른숲, 2000.

민영현,《선과 한》, 서울 : 세종출판사, 1998.

박만상,《정신생물학》, 서울 : 지식산업사, 1992.

______,《정신분자생물학》, 서울 : 지식산업사, 1997.

______,《한국인의 두뇌 개발 I》, 서울 : 지식산업사, 1988.

______,《한국인의 두뇌 개발 II》, 서울 : 지식산업사, 1988.

박선식, 〈동아시아 상고시대 탁록전쟁의 시론적 검토〉,《치우연구》, 제1호, 서울 : 치우연구학회, 2001.

박성수 외,《한국 선도의 역사와 문화》, 서울 : 국제평화대학원대학교 출판부, 2006.

박희준, 〈적령부와 치우천왕〉,《치우연구》, 제1호, 서울 : 치우연구학회, 2001.

부잔, T., 라명화 옮김,《마인드맵북》, 서울 : 평범사, 1993.

사세휘,《세계사를 서양인의 눈으로 보지말고 동양인의 눈으로 보자》, 서울 : 한국경제신문사, 1986.

사이드, E., 박홍규 옮김,《오리엔탈리즘》, 서울 : 교보문고, 1997.

사회과학원 력사연구소,《조선전사》, 제1권, 평양 : 조선인민출판소, 1979.

사회과학원,《주체사상의 지도적 원칙》, 평양 : 사회과학출판사, 1985.

서영대, 〈東濊社會의 虎神숭배에 대하여〉,《역사민속학》2, 서울 : 한국역사민속학회, 1992.

______, 〈단군신화의 의미와 기능〉,《단군과 고조선사》, 서울 : 사계절, 2000.

선우현,《우리시대의 북한 철학》, 서울 : 책세상, 2000.

세이건, C., 김명자 옮김,《에덴의 용》, 서울 : 정음사, 1990.

손광주, 〈주체사상의 형성과 변화〉,《주체사상과 인간중심철학》, 서울 : 예문서원, 2003.

송영배,《중국의 사회사상사》, 서울 : 한길사, 1985.

송준만,《마음과 두뇌》, 서울 : 교문사, 1992.

송철민,《김일성주의 대의》, 서울 : 삼학사, 1982.

신일철,《동학사상의 이해》, 서울 : 나남, 1995.

신채호, 최광식 옮김,《天鼓》, 서울 : 아연출판부, 2004.

신형식,《삼국사기 연구》, 서울 : 일조각, 1981.

심백강,《치우연구》, 제1호, 서울 : 치우연구학회, 2001.

안경전,《대순 사상의 현대적 이해》, 서울 : 대순종고문화연구소, 1983.

안휘준, 〈고구려 문화의 성격과 위상〉, 《고구려의 역사와 문화유산》, 서울 : 서경, 2004.

안휘준, 《고구려 회화》, 서울 : 효형출판사, 2007.

안휘준, 《한국의 미술과 문화》, 서울 : 시공사, 2004.

야스퍼스, K., 신옥회 옮김, 《역사의 기원과 목표》, 서울 : 이화여자대학교 출판부, 1986.

양적, 노승현 옮김, 《동서인간의 충돌》, 서울 : 백의, 1997.

에델만, G., 황희숙 옮김, 《신경과학과 마음의 세계》, 서울 : 범양사, 1992.

에드워즈, B., 강은엽 옮김, 《오른쪽 두뇌로 그림그리기》, 서울 : 미완, 1989.

오른스타인, R. E., 이봉건 옮김, 《意識心理學》, 서울 : 성원사, 1992.

오재성, 《동북공정, 알아야 대응한다》, 서울 : 백암, 2006.

오정윤, 〈치우에 관한 한·중 기록의 분석〉, 《치우연구》, 제1호, 서울 : 치우연구학회, 2001.

우실하, 《전통사상 구성원리》, 서울 : 소나무, 1998.

원형갑, 《詩經과 性》, 서울 : 한림원, 1994.

윌슨, J. R., 《마음의 세계》, 서울 : 타임라이프북스, 1978.

윤이흠 외, 《단군》, 서울 : 서울대학교 출판부, 1994.

윤재근, 《문화 전쟁》, 서울 : 둥지, 1996.

이강오, 《한국 신흥종교 총람》, 서울 : 대흥기획, 1992.

이시카와 미츠오, 서상문 옮김, 《동양적 사고로 돌아오는 현대과학》, 서울 : 인간사, 1990.

이상기, 〈용담유사와 무속적 성격 연구〉, 고려대학교 석사학위논문, 1993.

이상두, 《남북한의 이데올로기와 정치》, 서울 : 거목, 1987.

이세종, 《뇌기능 음양론》, 서울 : 진수출판부, 1993.

이승환 외, 《아시아적 가치》, 서울 : 전통과현대, 2001.

이신철 외, 《주체사상과 인간중심철학》, 서울 : 예문서원, 2003.

이형구, 《한국 고대문화의 기원》, 서울 : 까치, 1991.

이형구 외, 《단군을 찾아서》, 서울 : 살림터, 1994.

임재해 외, 《고대에도 한류가 있었다》, 서울 : 지식 산업사, 2007.

장광도, 이철 옮김, 《신화, 미술, 제사》, 서울 : 동문선, 1990.

전호태, 《고구려 고분벽화 연구》, 서울 : 사계절, 2001.

정재서, 《동양적인 것의 슬픔》, 서울 : 살림, 1996.

______, 《불사의 신화》, 서울 : 민음사, 1994.

조법종, 〈청산별곡에 나타난 새와 사슴의 한국고대 종교문화적 전통〉, 《韓國古
代史硏究》 14, 서울 : 고대사연구학회, 1998.

______, 〈古朝鮮關聯硏究의 現況과 課題－단군인식을 중심으로〉, 《단군학연
구》 1, 서울 : 단군학회, 1999.

______, 〈고구려 사회의 檀君認識과 종교문화적 특징－蘇塗文化와의 관련성
을 중심으로〉, 《韓國古代史硏究》 21, 서울 : 고대사연구학회, 2001.

______, 〈고구려 고분벽화에 나타난 단군인식 검토〉, 《단군학연구》, 제12호,
서울 : 단군학회, 2005.

조여적, 이종은 옮김, 《해동전도록 청학집》, 서울 : 보성문화사, 1998.

조육대, 〈치우학 연구에 관하여〉, 《치우연구》, 제2호, 서울 : 치우연구학회,
2002.

주강현, 《왼손과 오른손》, 서울 : 시공사, 2002.

주영헌, 《고구려벽화고분》, 조선화보사, 1985.

쥬커브, G., 김영덕 옮김, 《춤추는 물리학》, 서울 : 범양사, 1989.

처칠랜드, P, 박제윤 옮김, 《뇌과학과 철학》, 서울 : 철학과 현실사, 2006.

초스도프스키, M., 이대훈 옮김, 《빈곤의 세계화》, 서울 : 당대, 1998.

최남선, 〈불함문화론〉, 《최남선전집 2》, 서울 : 현암사, 1975.

최무장·임영철 편저, 《고구려 벽화고분》, 서울 : 신서원, 1990.

카프라, F., 이성범·김용정 옮김, 《현대물리학과 동양사상》, 서울 : 범양사,
1985.

케슬러, A., 최효선 옮김, 《야누스》, 서울 : 범양사, 1993.

콕스, H., 민경배 옮김, 《세속도시》, 서울 : 대한기독교서회, 1969.

파킨슨, N., 안정효 옮김, 《東洋과 西洋》, 서울 : 고려원, 1981.

사회과학원, 《조선유적도》, 제1권, 평양 : 동광출판사, 1990.

프랑케, W., 김원모 옮김, 《동서문화교류사》, 서울 : 단국대학교 출판부, 1977.

플라톤, 최민홍 옮김, 《소크라테스의 변명 외》, 민성사, 1994.

하루키 와다, 이종석 옮김, 《김일성과 만주 항일전쟁》, 서울 : 창작과비평, 1992.

하수도·한백린, 《주체사상 비판》, 서울 : 백두, 1988.

한국선도문화연구원 편, 《한국선도의 역사와 문화》, 서울 : 국제평화대학,
        2007.

한태동, "Thought Form Analysis from Mao Te-tung to Kim Il-Sung", 《사유의
        흐름》, 서울 : 연세대학교 출판부, 2003.

함재봉, 《유교자본주의와 민주주의》, 서울 : 전통과현대, 2001.

핸디, C., 노혜숙 옮김, 《헝그리 정신》, 서울 : 생각의나무, 1998.

헌팅턴, S., 이희재 옮김, 《문명의 충돌》, 서울 : 김영사, 1997.

황장엽, 《인생관》, 서울 : 시대정신, 2003.

찾아보기

〈ㅇ〉